加油站经营与管理

（第二版）

吴金林　毕港峰　主编

中国石化出版社

内 容 提 要

本书较系统地介绍了加油站经营管理方面的理念、知识和方法。与第一版相比，内容上作了全面的更新和充实，主要包括加油站站长的工作职责与方法、油品基础知识、加油站设备管理、安全管理、计量及计量管理、财务管理和会计核算、营销策略、顾客服务、环境管理和加油站非油品业务等。每章后面均附有思考题和案例(除第六、九、十章)，以便于读者学习和分析讨论。

本书突出了新颖性和实用性，适宜作为石油、石化销售企业加油站站长和员工的培训用书，也可作为上述企业有关管理和技术人员的学习用书。设有油气储运等专业的学校，也可将此书作为教材或教学参考用书。

图书在版编目(CIP)数据

加油站经营与管理/吴金林,毕港峰主编.
—北京:中国石化出版社,2000.2(2024.4重印)
ISBN 978-7-80043-910-0

Ⅰ.加… Ⅱ.①吴…②毕… Ⅲ.加油站-经济管理
Ⅳ.U491.8

中国版本图书馆CIP数据核字(2006)第133769号

中国石化出版社出版发行

地址:北京市东城区安定门外大街58号
邮编:100011 电话:(010)57512500
发行部电话:(010)57512575
http://www.sinopec-press.com
E-mail:press@sinopec.com
北京科信印刷有限公司印刷
全国各地新华书店经销
*
787×1092毫米 16开本 15.75印张 395千字
2024年4月第2版第15次印刷
定价:58.00元

前　　言

本书第一版于2000年1月出版以来，受到了广泛的欢迎，被许多石油、石化企业选作加油站站长和员工的培训教材，为加油站职工素质和经营管理水平的提高，发挥了积极作用，我们颇感欣慰。

2000年以来，国内成品油销售市场的内外环境、加油站经营管理的理念和方法均发生了较大变化。因此，一些石油石化企业、加油站站长和中国石化出版社均希望对原书进行相应修改，以满足加油站员工和相关管理、技术人员的培训与学习之需。

在此背景之下，2005年10月份开始启动本书的修改工作。从制订编写大纲、调研、搜集资料到编写定稿，费时近一年，编写组全体同仁和衷共济，反复斟酌，终成此书。其特色主要体现在以下几点：

1. 保留了原书的基本框架和特点

全书仍分十章，其中第十章作了全新的替换。内容上保留了实用性和系统性强的特点。

2. 突出了内容的先进性

考虑到国内外加油站非油品业务的蓬勃发展，故新增了第十章非油品业务。其他九章虽然名称变化不大甚至未变，但内容均作了更新，部分章节几乎重写，如第一章《加油站站长的工作职责与方法》、第五章《加油站计量及计量管理》、第八章《加油站顾客服务》、第二章《油品基础知识》中的汽油、柴油规格标准和车用乙醇汽油、第三章《加油站设备管理》中的信息技术部分、第七章《加油站营销策略》中的客户管理和营销创新等。其他章节也尽可能体现近几年国内外加油站经营管理最新的理念、知识和方法，并考虑了前瞻性。

3. 调整了思考题并新增了案例

为便于读者更好地掌握该书内容，提高分析和解决问题的能力，故重新拟定了思考题，并在多数章节后面增加了案例。

本书由吴金林、毕港峰担任主编。参加编写的同志按章节顺序为：叶永良（第一章）、吴金林（第二章）、曾涛（第三章）、徐玉鹏（第四章）、缪更余（第五章）、毕港峰（第六章）、夏良康（第七章）、贺师纲（第八章）、楼必胜（第九章)、吴金林(第十章)。各章内容均经多次修改，最后由主编总纂定稿。

本书的编写得到了中国石化出版社自始至终的鼓励和支持，特别是黄志华和张国艳同志，亲自参加了本书编写大纲的审定会，提出了许多指导性的意见和建议；得到了中国石化集团销售事业部的支持；得到了很多同行、专家的帮助；在编写过程中参考了很多公开出版和内部发行的资料，在此一并表示衷心感谢。

编书是一项辛苦的工作，也往往是一项遗憾的工作。虽在繁忙的工作之余颇费心力完成了此书，但限于编者的能力和资料掌握的欠缺，书中肯定会有很多不足之处，我们真诚地欢迎广大读者批评指正。

编　者

目　　录

第一章　加油站站长的工作职责与方法

第二章　油品基础知识

第三章　加油站设备管理

第四章　加油站安全管理

第五章　加油站计量及计量管理

第六章　加油站的财务管理和会计核算

第一章 加油站站长的工作职责与方法

现代市场经济的发展，使得大多数企业把自己经营战略的重心移至市场的终端。加油站，作为石油经营企业的市场终端服务组织，其服务的内容、方式和质量，直接影响着企业的知名度、美誉度和客户的忠诚度，从而决定着企业最终的市场份额和经济效益。因此，加强加油站基层组织的建设和管理，对于石油经营企业的可持续发展，具有十分重要的战略意义。

第一节 发展中的加油站

一、加油站的起源与发展历程

20世纪初期，汽车工业在美国亦步亦趋地发展起来了，这促使为之服务的汽车加油站在美国的诞生。1907年，虽然距离美国人亨利·福特发明他那著名的，被视为汽车工业史上具有里程碑意义的T型汽车——同时也是人类历史上真正意义的燃油汽车还有三年的时间，但美国密苏里州圣路易斯的商人哈利·格伦纳与克雷姆·雷辛格就已经嗅到了某些潜藏的商机。他们认为，随着汽车的不断增多，给行驶在途中的汽车加油一定是一桩不错的买卖。而要实现这种设想，就需要在车流量较大的公路两旁，开辟出给汽车加油的场地，同时安置上相应的设备。于是，他们投资创办了世界加油站历史上最初的加油站——美国圣路易斯汽车加油站。那时，加油员要先用重力给油罐连通上一根橡胶软管，然后再通过橡胶软管给汽车加油。这种在今天看来非常简陋的设备和方法，在当年却给开车人带来了极大的方便。这种供需双方的高度吻合，也给加油站带来了丰厚的收入。

最早兴建的加油站，由于技术应用水平和社会化的商业程度都很低，无论在经营规模、经营方式以及设备配置上，与现在的加油站相比都显得很原始。办理经营美国早期加油站的手续十分简便，经营者只需与炼油厂签订一个供油合同，然后再自行配备一台加油机、一个地下油罐和一个招牌就可以开门营业了。由于行业准入门槛低，一时间，在石油公司、汽车修理厂、汽车销售点、五金店，甚至杂货店门前，到处都可以看到安装了加油机等简单设备的汽车加油站。同时，早期加油站还处在起步阶段，加油站的经营和管理方式尚在摸索和发展的过程中，因此，像现在加油站普遍关心的安全和环保等问题，在当时均不属于经营加油站的管理范畴。另外，早期的加油站由于受到当时的技术和设备发展水平的限制，使得人力成本很高。例如，给一辆汽车加油的工作，通常需要三个人配合起来才能完成。

从1908年开始，由于汽车制造技术取得了突破性的进展，汽车生产成本得以大幅下降，汽车产量迅猛提升。到了1910年，全美国的汽车生产总量达到了史无前例的35万辆。汽车工业的快速发展极大地带动了用户对油品的需求，从而促进了加油站业务在美国各地逐渐兴盛起来。

加油站行业发展初期，由于美国政府还没有出台相应的行业管理法规，加之经营者为了追逐利润，短斤缺两以及不顾油品质量等问题时有发生，使得石油公司的形象大受损害。鉴于此，从 1920 年开始，石油公司开始大规模地建设自有加油站网络，并开始建立和推广标准化进程。这一系列举措使用户对石油公司的信心大增。同时，石油公司所推行的标准化进程也得到了市场的认可。1922 年，壳牌石油公司建在美国西海岸的 1841 座加油站中，其中 200 座经过标准化改造的加油站的油品销量上升到当年该公司加油站总销量的 40%。推行标准化的 8 年后，油罐车在美国的纳西维尔出现了。油罐汽车与油库相互结合，便构成了最早的油品物流体系，这极大地促进了美国加油站运营模式的完善与发展。到了 1933 年，全美国的加油站总数达到了空前的 17 万座。纵观美国加油站历史发展的各个时期，可以说 1908 年到 1933 年这段时间，是美国加油站的快速增长期。

随着加油站在美国各地的迅速发展。以埃克森、美孚等为代表的石油巨头在不断开发其美国本土经济领地的同时，更是将触角伸向了包括中国在内的许多国家和地区。终于，到了加油站在美国诞生大约 17 年之后的 1924 年，美孚石油公司在位于今天中国上海市四川中路临近广东路的一处地段，兴建了上海市的第一座公共加油站。这座占地面积约 15 平方米，以经营轿车加油业务和润滑油销售业务为主的小型加油站，据史料记载，也是中国历史上的第一座商业加油站。

自从我国经济改革和对外开放以来，加油站在数量和规模上得到了空前的发展。据资料显示，截至 2004 年 8 月 30 日，我国(大陆地区)共有加油站约 9 万座，其中，除了两大石油集团拥有的加油站(中国石化、中国石油)约 5 万座以外，社会加油站数量约 33000 余座，外资加油站 500 余座。

2004 年底，我国政府为兑现入世承诺，如期开放了成品油零售市场，这使得中国油品零售市场的竞争更加激烈。为赶在跨国石油巨头们正式进入我国成品油零售市场之前，更多地占领油品销售终端市场，几年前，中国石化和中国石油不惜代价，掀起了收购、新建加油站的高潮。据统计，2000 年，中国石化和中国石油各自拥有的加油站数量分别为 16000 座和 5000 余座。如今，中国石化和中国石油已分别拥有加油站 31000 余座和 17000 余座。值得注意的是，中国石化和中国石油将与壳牌、BP 等国外石油巨头合资建立 2000 个加油站。虽然合资加油站在数量上不及中国石化和中国石油目前加油站总数量的 5%，但是跨国巨头们进入的都是中国经济最发达、石油消费需求最旺盛的地区。

随着我国加油站数量的急剧攀升，越来越多的业内人士已经开始意识到，目前我国加油站已经出现了总量过剩，分布不合理等欧美国家在加油站发展过程中曾经遇到过的问题。加油站的整体利润空间呈现下滑趋势。鉴于这种形势，中国石油和中国石化等石油巨头，正在以积极的行动强化加油站的建设和管理，企图继续保持其成品油零售市场的领军地位。

改革开放二十多年来，我国加油站经历了一个由分散经营向规模经营发展，由单一品种向多种经营延伸，由价格竞争向品牌竞争转化，社会各类加油站在竞争中相互促进的时期。

二、加油站的发展趋势

在 21 世纪，随着成品油市场竞争的日趋激烈，加油站未来的发展将呈现出以下四方面的趋势。

(一) 理性与科学性将不断增强

对未来加油站的管理，将更加依赖于有效的制度。从布局开始，加油站管理将会依据严谨的科学评估做出理性的判断，而不会仅凭个人对市场的感觉做出决策。在建设中，将难以见到那种盲目建站，一味追求建站数量而忽视收益的非理性行为。

（二）成本最低化和业态复合化并举

在不断加剧的市场竞争中，无处不在的成本最低化理念，将渗透到未来的加油站从建站开始到日常运营的每一个细节中。为降低不断上升的人力成本，自助式加油站将会不断地得到发展，成为市场的主流形态；物流成本最低原则将在未来的加油站中得到推崇，集中配送的方式将被广泛采用，以降低油品运输的成本；未来的加油站建设，从标识、灯箱到架构、连接杆，会更普遍采用模块化标准设计。这些既能节约设计成本，又能降低运行维修费用的有效方法，将会得到广泛应用。未来的加油站的业态形式，将依据不同国家和地区的特点，呈现出多种不同业态组合的经营方式，或加油站+便利店模式，或超市+加油站模式等复合式业态形式。复合式业态之所以会成为未来的加油站的主流模式，最根本的原因是，加油站行业百年发展的历史告诉人们，仅向油品业务要效益的路是走不通的。非油品业务，不仅现在，而且未来，都会是加油站经营中主要的利润来源。复合式业态形式是未来的加油站发展的必然趋势。

（三）自动化设备与信息化管理紧密结合

先进的自动化设备将成为未来加油站的标准配置。由于自助式加油站将成为未来加油站的主要形式，这就决定了加油站在设备配置上，必须选择先进的现代化设备。用于管理油品进、销、存的自动液位计量监测系统、POS/BOS 系统、卫星行车监控系统等自动化设备与信息化系统，将成为未来的加油站的标准配置。不仅如此，环保对于未来的加油站也将成为最基础的要求。因此，环保设备也将成为未来的加油站不可或缺的标配之一。

（四）人性化管理不断完善

未来的加油站，将高度体现以人为本的人性化管理理念。管理者不再居高临下，在向员工提出严格要求的同时，也应高度重视员工的个人职业发展，时刻向员工传达关怀的信息，以促使员工因体验到被尊重而提升自己的主体感。在未来加油站中，员工的安全始终被放在首位。对此，企业会不惜增加运营成本，以增加对员工安全的保障。未来的加油站应为每一位员工制定出个人未来的发展规划，在每一个细节上帮助员工实现个人的职业发展，从而使得员工将自身的发展与企业的发展融为一体。

三、加油站的地位和作用

在现代经济社会，加油站的地位已远远超出了对企业自身存在和发展的影响，它在很大程度上还影响着整个社会经济的正常发展和人们日常生活的秩序，2005 年下半年广州的“油荒事件”已从反面证明了这一点。因此，保证加油站的正常运行，无论对企业自身，还是对整个社会都具有十分重要的作用。

（一）加油站是石油经营企业的利润源

提高经济效益，实现利润最大化，是任何一个经营企业存在和发展的重要前提。加油站作为现代石油经营企业的前沿阵地，通过其油品销售和提供相关的服务，顺利实现油品从生产领域向终端消费的转移，从而为企业实现产品价值并创造财富。据预测，我国未来每年的油品消费量将保持 8%左右的增长速度，油品销售市场的潜力依然很大，这也是目前国内外石油巨头努力加强加油站终端建设和管理，以争取更大市场份额的主要原因。

（二）加油站是石油经营企业实施现代科学管理的基础

现代企业的发展，必须依赖有效的管理机制和方法。科学管理将企业生产经营的各要素得以最佳组合并得到最充分的利用，从而使企业长盛不衰。加油站作为石油经营企业的基层管理组织，通过落实企业的各项经济技术指标，实施各项规章制度、工艺规程及技术与服务标准，通过专业化和规范化的管理，为企业实施现代科学管理奠定基础。

（三）加油站是石油经营企业提高员工素质的基本场所

在知识经济时代，一个企业的成长和发展，不仅需要有一支高素质的管理队伍，更需要一支观念先进、技术熟练、业务精通的员工队伍。实践表明，企业的优秀人才往往来自于基层。基层组织可通过结合具体的销售和服务任务，开展日常的技术服务培训，提高员工的服务技能和业务素质；同时，在基层组织里，企业员工直接与顾客打交道，相互沟通、相互了解，最能发现经营中存在的问题和积累解决问题的经验。因此，作为石油经营企业基层组织的加油站，是其开发人力资源、提高员工队伍整体素质的最好场所。

（四）加油站是石油经营企业履行社会责任、树立企业形象的窗口

一个长寿的企业，不仅要重视它与股东之间的基本利益关系，满足股东的投资回报要求，而且也要重视它与相关利益群体之间的利益关系。加油站是石油经营企业终端销售服务的窗口，其服务的内容、方式和质量不仅是衡量石油经营企业是否主动履行社会责任（健康、安全、环保等）的重要标志，也是能否树立企业良好的社会形象，从而塑造企业品牌的重要途径。

第二节　加油站经营管理的内容与原则

一、加油站经营管理的内容

加油站的管理是以围绕加油站成品油进、销、存经营业务为中心而展开的，其基本目标是通过向顾客提供优质的油品和相关的销售服务来提高企业的经济效益和社会效益。从实际情况看，尽管各类加油站的经营规模和方式存在着一定的差异，但就其经营管理的基本内容看，都离不开对人、财、物及信息等资源的计划、组织、领导和控制活动。具体包括：

（一）经营管理

分解落实企业下达的各类成品油销售指标，并制定相应的营销和服务措施以保证完成经营目标和任务。

（二）员工管理

根据经营规模和服务工作的质量要求，进行员工的招聘和培训；根据加油站各岗位的工作性质，结合员工的个人特点，分配相应的工作任务并对他们的实际工作进行监督、考核、沟通、激励和指导，以不断提高员工的工作技能；对员工未来职业生涯的发展做出规划，培育员工对企业的忠诚度。

（三）安全管理

由于行业的特点，加油站经营的成品油具有易燃、易爆、有毒等自然属性，因此，加油站的安全管理尤为重要。在管理工作中，要严格落实企业的安全生产责任制，推行 HSE 管理体系，在进、销、存各经营环节和各安全重点部位要经常不断地进行检查，发现隐患，要及时采取预防措施以控制事故的发生。同时要加强对员工的安全理念、安全责任教育和平时的消防演练，实行全员安全管理。

（四）设备管理

加油站的设备主要包括加油机（加气机）、油罐、工艺管道及其附件、信息网络系统、计算机及计量数采设备等。加油站的设备是加油站日常经营工作正常开展的硬件条件，在管理中，要经常检查各种设备的运转状况，并要进行充分的维护和保养。

（五）数、质量管理

成品油数、质量管理，不仅关系到顾客的切身利益和企业的经济效益，而且关系到加油站的社会影响和企业品牌建设。因此，在加油站成品油进、销、存各经营环节上要严格把好计量和质量管理关，要通过盘点、化验、检测等手段防止将数量不足和质量不合格的油品销售给顾客，同时要加强油品的损耗管理。

（六）账册表管理

账册表是加油站各项经营管理活动数据的载体，它是企业对加油站经营活动和财务状况进行分析的基本信息来源和重要依据。因此，在管理中要规范有效地设置各类账册表，进行及时、准确的登统并进行相应的整理和保管。

（七）财务管理

加油站财务管理的主要任务是理顺加油站资金的流转，确保加油站经营活动的有效运行。同时通过对加油站各项财务报表的分析，发现经营中存在的问题，为企业管理部门作出正确的投资和经营决策提供依据。

（八）卫生和环境管理

加油站是面向社会服务的窗口，是展示企业形象的主要场所。加油站的卫生和环境面貌，不仅关系到顾客购买油品的情绪，也影响着员工服务工作的情绪。更影响着社会公众的口碑。一个干净、整洁的加油站，不仅能招来广大的客户，提高效益，不仅能振奋员工的精神，提高服务工作的效率，而且还能大大提高社会公众对加油站的美誉度。因此，要把加油站的卫生和环境管理工作落实到每个班组和每位员工，并进行严格的检查和及时的整改，以长期保持加油站干净、整洁的营业环境。

二、加油站经营管理的基本原则

管理是一门科学，但更是一门艺术。对加油站管理者来说，每天要面对许多的问题，如何提高管理工作的有效性是摆在他们面前的一个重要课题。在这里，我们通过对许多基层管理者成功经验的总结，提出以下几条管理原则，作为加油站管理工作的指南。

（一）以法治站，管理从严

“人管人，累死人”。有效的管理总是以规章制度、程序文件来管理、规范员工的行为，而不是以管理者个人行为来管理、规范员工的行为。以“法治”代替“人治”，必须形成书面的、经员工参与制定的、合情合理的、以企业名义发布的制度，作为全体员工行为规范的准则。在加油站，站长要根据上述提到的各项管理内容，建立起相应的规章制度并实施绩效考核，真正做到求实、务实、抓落实，从而达到有效激励、闭环管理的效果。在绩效考核的过程中，对事不对人，制度管理人，对员工工作成绩突出者给予表扬、奖励，对违反制度者给予批评、教育、处罚。论功行赏，论过惩罚，奖罚分明，及时兑现。

（二）以人为本，管理有情

市场的竞争、企业间的竞争归根到底是人才的竞争，是稳定的、有知识、有技能、高素质的员工队伍的竞争。人的因素是企业管理中的首要和基本因素，人才资源是企业的第一资源和宝贵财富。企业要持续发展，不但要引进优秀人才，还要在培育人的才干、开发人的智力、发掘人的潜能等方面大量投入，才能使员工队伍的知识、技能、素质得以提高。在加油站，员工既是被管理的客体，也是应给予尊重的主体，人本管理就是以人为中心的管理。加油站站长在管理活动中要推行有人情味的管理，注重精神激励的作用。在工作上应给予员工尊重、理解、信任和支持；在生活上应给予员工关心、爱护和帮助，提倡讲信义、重人情，倡导和气生财。

（三）宽严并济，管理有度

每个企业都有维持生存、发展的企业特色和本企业长期积累下来的价值观念、行为规范和管理方法——企业文化。在任务目标分解、绩效考核过程中要结合各层次人员的知识、技能和综合素质进行量化，使企业利益与个人利益紧密结合，在利益机制的驱动下，提高工作效率，实现企业的经营目标。在企业中，不存在圣人与全才，"人非圣贤，孰能无过"。因此，加油站规章制度、程序文件及绩效考核细则中，要允许员工犯错误，但不允许犯重复性错误，更不允许犯原则性错误。犯错误按制度和程序文件规定给予责任者批评、教育直至处罚，要罚得有理、有度，使受处罚者口服心服。同时，加油站站长应注意坚持意见要有度。从原则上讲，站长要有主见，要坚持正确的意见。但在许多时候，不能硬性坚持自己的意见，而要采取谦和、退让的办法。坚持意见有度，不但能够团结人，而且给自己留下活动空间和回旋余地，会使自己主动得多。作为一名管理者，"度量有多大，事业就有多大"。要能容人之言，容人之行，容人之过。

（四）关注过程，管理靠"导"

现在，我国许多加油站都实施了目标管理的方法。目标管理的一个重要特征是以结果为导向，因此很多管理者认为布置了工作后，希望看到的是满意的结果，而不管完成工作采用什么方法。但是这样会导致另外的结果出现，就是员工在工作时没有找到好的方法而对工作效率产生影响。因此，加油站站长应发挥员工工作的参谋作用，因为每个人的思想和工作习惯不同，他们的行动也会不一样，但是需要"用对方法，做对事"，所以站长需要知道员工通过什么样的方式来完成工作，对员工的行动了如指掌，才知道在什么时候需要指引，什么时候需要鼓励员工大胆创新。

（五）以小见大，细节决定成败

"把每一件简单的事做好就是不简单，把每一件平凡的事做好就是不平凡"，这是海尔总裁张瑞敏的管理哲学。加油站站长每天所做的事可以说都是一些看起来既简单又平凡的事，但要做好每一件事却需要付出极为艰苦的努力。现代的加油站，面临着日益激烈的市场竞争，产品和服务的同质化使得竞争越来越集中于细节，因此一项产品或者服务要想赢得更大的市场，除了在质量、营销策略、优质服务方面下苦功之外，每一个环节的有效管理也是非常重要的。我们经常说"一招不慎，全盘皆输"，一个环节出乱子，紧接着就是联锁效应。有一位成功的企业家曾写下这样一个等式：100-1=0。大意是一个单位、一个部门就像一部高速运转的机器，每一个员工就像一个部件，一旦失灵，就可能导致整台机器运转失常。可见企业如果不严格控制每一个环节的管理，其结果会是多么的糟糕。这里，有一个案例很能说明这一点。有一次，广东某著名矿泉水企业委托某调查公司作了一项关于功能饮料的市场调查，由于在后期分析时客户提出来需要就现有的数据增加几项统计分析，该公司的技术科长就与客户发生了争执，其实做那样的一个分析顶多就费一两天的时间，但是该技术科长觉得麻烦就拒绝了要求，最后这位客户非常生气，毅然决定将数据外包给另外的调查公司做分析。后面该矿泉水企业再也没有和该调查公司合作，而以往该企业每年都会为该调查公司直接贡献 80 万的营业额。这种客户服务一个细节上的失误，其造成的损失是无数次优质服务都弥补不了的。其实加油站的工作也一样，作为服务行业，往往很小的失误就会造成很坏的后果，为此，加油站站长需要每天反省自己，是否在每一个细节上都做到位了？

第三节　加油站站长的职责及素质要求

一、加油站站长的工作职责

现代意义上的加油站，不仅负有实现企业自身经济利益的使命，而且还承担着一定的社会法律和道义上的责任。因此，作为加油站经营管理第一责任人的加油站站长，我们不能单纯地从组织自身的角度去定义其工作职责，还必须从社会法律和道义的角度去考虑其工作职责。事实上，作为现代加油站站长，根据其在企业内外关系中所处的位置而扮演着不同的角色，对上，他是一位执行者；对下，他是一位领导者；对外，他是一位协调者。根据这样的角色定位，加油站站长具体应承担如下的工作职责。

（一）作为一名执行者的工作职责

（1）贯彻执行上级部门制定的有关加油站经营管理的各项政策、方针和制度；

（2）落实上级部门下达的经营指标，按企业既定的模式进行管理；

（3）实施上级部门制定的加油站营销活动计划和策略，并运用正确的商业途径，向员工进行日常运作规范培训，分析本站油品及其他商品的客户消费结构，找出利润点，为油品和商品结构调整提供建议，从而最大限度地增加各种货品的销量，包括润滑油销售额。以保证利润最大化。

（二）作为一名领导者的工作职责

（1）以身作则，将上级部门的服务理念带给全站每一位员工，并在日常服务工作中做员工的表帅。

（2）及时掌握加油站的销售情况，认真阅读、分析各种报表并找出原因，提出提高销量的计划并采取行动，使加油站保持良好的发展势头；

（3）对本站的销售量、利润、人员发展拟定目标和行动计划；

（4）管理加油站的固定资产，负责对加油站应收账款在规定时间收回，确认所有营业款、预收款的数字，并监督定期上缴指定银行；

（5）通过科学、合理的措施，最大限度地降低油品损耗；

（6）确认加油站各项报表的准确性；

（7）进行员工招募，根据员工的特长分配相应的岗位，以维持加油站最佳的人力；

（8）运用激励机制，负责加油站员工的绩效考核，在日常的经营服务中注重与员工的感情沟通，关心员工的工作、生活，并对员工进行培训和指导，激发员工的工作热情和提升员工的素质。

（三）作为一名协调者的工作职责

（1）加强与加油站所在地管理部门和社区公众的沟通，使之为加油站的发展提供指导和帮助。

（2）收集客户的意见并评估他们的形态、消费趋势，根据加油站建立的客户档案，定期对客户进行拜访活动，以了解客户的消费趋势和要求，并提出具体的服务行动来不断满足客户的需要。

（3）及时、妥善地处理客户的各种异议，不断改进服务质量以提升客户的满意度。

（4）文明经商，开展合理合法的竞争。

二、加油站站长的素质要求

加油站站长不是部门级的专项管理人才，而是负责加油站日常经营管理的复合型人才。加油站站长要扮演和履行好上述三种角色及相应的各种工作职责，必须注意培养以下素质和能力。

（一）优秀的品格素质

1. 应具备较强的事业心、责任心、进取心及实干精神

事业心是工作的动力和源泉，是干好工作的基本保证。因为，只有有了强烈的事业心，才能勤勤恳恳、兢兢业业、踏实肯干、不图虚名，才能克服各种困难和挫折。有了事业心，才能为国家、为企业竭尽全力，才能在工作上干出一番事业来。

责任心是事业心的基础和保证。这就是说，作为加油站站长，仅有事业心是不够的，还要有责任心，二者缺一不可。加油站站长应该时刻牢记自己的职责，树立“以站为家”的思想，以高度的事业心和责任感，全力以赴抓好营销工作，为企业发展贡献力量。反之，如果缺乏事业心和责任心，浑浑噩噩混日子，是不能搞好加油站工作的。

进取心是事业心的延伸和发展。俗话说，创业难，守业更难。在高科技、高技术日新月异的今天，不断开拓进取是企业生存和发展的希望所在。进取心就是不断创新，进取心就是不断开拓。在企业间竞争十分激烈，市场营销环境越来越不稳定的条件下，作为加油站站长就要面对现实，知难而进，积极进取，不满足已取得的成绩和已实现的市场目标。要勇于创新，不断设计新的服务项目和服务内容，取得新的业绩。

实干精神也是加油站站长必须具备的重要品质。加油站站长处于加油站营销和管理的第一线，一般不脱产。除了日常营销活动外，还会遇到抢修加油机、事故处理、清罐等许多紧急情况。因此，作为加油站站长要比员工更能吃苦耐劳，遇有脏、累、苦、险的工作，要不怕困难，不惧艰险，毫不犹豫地冲在前，走在头。这就是要求加油站站长必须具备实干精神，要比员工多操心，多费力，多付出。因此，加油站站长如果没有强烈的事业心和实干精神，是难以胜任加油站经营管理工作的。

2. 作风正派

加油站站长必须秉公办事，光明磊落，严于律己，宽以待人。处理问题要公平合理。待人处事坚持原则，公正无私，实事求是，既不居功自傲，又不诿过于人。这也是加油站站长所必须具备的品格素质之一。

（二）综合的知识素质

知识是一个人能力的基础。加油站站长作为一个复合型的人才，只有掌握与加油站日常经营管理有关的各种知识，才能使其领导和管理成为有本之木。为此，加油站站长要在从事日常经营管理工作的同时，积极主动地抽出时间，加强学习，努力提高自身的知识素质，并带动全站员工开创一个学习型的加油站。具体要求：

（1）努力提高文化基础知识。从现代管理和未来发展趋势看，低文化素质的管理者，肯定不能适应现代管理的需要，因此，对于加油站站长来讲，文化基础知识是相当重要的。

（2）要掌握一定的经济理论知识、市场营销理论知识、现代管理理论知识和法律法规常识。

（3）要熟悉有关石油商品经营所必须的各种专业实务知识，包括油品知识、设备维护与保养知识、安全与环保知识、账表登统与核算知识等。

（三）较强的能力素质

市场经济是竞争经济，市场就是战场。加油站要想在市场竞争中立于不败之地，首要的一条是加油站站长必须具备适应市场需要的比较全面的能力素质。

1. 营销能力

加油站站长的营销能力不仅关系到销售业绩和利润，而且关系到加油站的生存和发展。可以说，营销能力是考核加油站站长合格与否的首要条件之一。

（1）要树立与营销有关的七种观念。即竞争观念、效益观念、服务观念、安全观念、质量观念、营销观念、信息观念。是否具有这些观念，或者说这些观念的强弱，是检验加油站站长营销能力的前提。竞争观念：加油站本身就处在竞争的市场环境之中，摒弃了计划经济之后，营销靠竞争；开拓市场、提高市场占有率靠竞争；增加销售新的石化产品、开展换油洗车一条龙服务等更要靠竞争。因此，竞争是赢得市场的基本手段。对此必须要有切实而清醒的认识，丢掉幻想，不等不靠，发挥自身优势，积极参与竞争。营销观念：营销观念是营销能力的基础。提高营销能力，首先要树立营销观念，其次要强化营销观念，把营销作为加油站站长的首要职责和加油站的中心工作来抓。再次要组织员工开展营销活动。效益观念：加油站是为了效益而建立、存在和发展的，离开了效益，加油站就失去了存在的必要。服务观念：服务不仅仅是竞争的需要，服务更是一种品牌。服务的本质是顾客对油品质量和服务质量的认同，从而吸引更多的回头客，以扩大市场占有率。安全观念：安全是效益的保证，没有安全就没有效益，营销建立在安全的基础之上，安全要为营销保驾护航。质量观念：质量是加油站的生命。营销的油品必须保质保量，必须从正规渠道进油。绝不能以眼前的小利而丢掉企业信誉这个“大义”！信息观念：搞好营销首先要了解市场信息，掌握市场信息，才能驾驭市场，取得营销的主动权。

（2）提高公关交际和营销策划能力。在现代条件下，关系对竞争起着重要的作用。谁的关系多，关系广，谁的顾客就多。有人说，人际关系也是生产力。这话虽然不科学，但是巨大的人际关系网，可以成为强大的营销网，却是不争的事实。要通过联谊会、行业协会、上门推销、电话订货等多种渠道和营销方式，建立起营销网络。要采取“有奖销售”、“广告促销”等营销手段，扩大零售量。要通过各种关系，与客户结成广泛的联系。

2. 管理能力

管理活动是保证加油站营销活动得以顺利开展的重要手段。因此，在日常工作中，加油站站长既要敢于管理又要善于管理。

（1）要做到严格管理，赏罚分明。对于违纪违章现象要及时给予批评、纠正和制止；对于不听指挥的员工要采取果断措施，及时停止作业或调离工作岗位，以保证加油站各项活动的正常有序进行。

严格管理是搞好加油站工作的前提。严格管理就是严格按照规章制度办事。俗话说，“没有规矩不成方圆”。要通过严格执法来体现和维护规章制度的严肃性，规章制度是约束人们行为的条文，它具有严格性、客观性、公正性和稳定性，不能随意制定，更不能朝令夕改。以规章制度管理，体现了法治精神。

严格管理，重要的是奖罚分明。奖罚不分明，甚至无奖无罚，就谈不上严格管理。奖罚是严格管理的手段，是严格管理的表现。恪尽职守，完成或超额完成任务的，应给予奖赏；

玩忽职守，各行其事甚至完不成任务，或出现严重错误，造成损失浪费的必须处罚。

奖惩必须严格执行，否则谈不上分明。所谓执行，就是必须动真格的，不能只是说说而已。只有在实践中奖惩分明，才能推动管理前进。

（2）正确处理人际关系。加油站营销和管理活动的过程，是不断处理各种关系的过程。实践证明，人际关系处理得是否得当，会对加油站营销和管理活动产生影响。从企业内部来讲，首先要处理好与上级职能部门的关系，取得上级的信任、理解和支持。其次，协调好与同级的关系，对同级要互相支持和互相尊重。再次，要处理好与员工的关系。要靠高尚的品德，真才实学以及优异的工作成绩树立站长的权威。要以平和的态度主动和员工接近，从各方面关心员工，得到员工的信任和尊敬。要尊重员工的合理要求，为其自我实现积极创造条件。

（3）提高组织协调能力。加油站站长要善于根据每位职工的特点安排落实加油站各项工作任务，要充分发挥和调动全体员工的工作积极性和主动性。对于出现的各种问题和矛盾要从全局出发，及时处理和化解，搞好协调配合。

（4）提高团队管理技能。加油站站长既是业务经营管理人员，又是团队的带头人，能不能带出一个好的团队并把团队的功效发挥到最大，直接关系到团队目标的实现。因此，加油站站长应学会团队管理的技能，带出一支优秀的团队，从而为顺利实现加油站的经营管理目标提供组织保障。

3. 业务技术能力

石油商品是技术密集型产品，油品的收发运存各环节不仅技术性强，而且要求高。加油站站长作为加油站一线业务指挥员，必须具有较高的业务技术能力。要熟悉加油站的各个业务环节，了解加油站各种设备的结构性能和简单的维修方法。如碰到加油机、电气设备等故障要能及时排除，以保证加油站业务和设备的安全正常运行。如果技术不精通，业务不熟练，一旦出现问题，轻则解决不了，重则容易造成损失。

石油商品又属于特殊商品，经营过程中，有时会发生跑、冒、混油等特殊事故。也会发生诸如加油车辆突然起火，油品闪燃起火等火灾险情。这些事故或火险，性质不同于其他商品，因此要求加油站站长不仅具有处理突发事件的能力，而且要具有处理专门技术问题的能力。

第四节　加油站站长的工作方法

工作方法是我们实现既定的工作目标而运用的具体方式和手段。它好比我们过河时用的船只和桥梁。工作方法得当，会取得事半功倍的效果，反之则事倍功半，甚至事与愿违。身为基层领导的加油站站长，必须结合加油站经营管理的特点，有效运用各种领导方法和手段，最大限度地调动员工的工作积极性和主动性，从而顺利完成加油站的各项经营管理目标和任务。

一、加油站组织管理的基本特征

加油站是石油经营企业的基层组织，是企业里的一个最基本的工作单元，它具有“小”、“细”、“全”、“实”、“连”的特点。

（一）组织结构小

这是相对而言的，主要是指加油站员工的数量不多，岗位设计和组合较为简单，服务的内容和标准比较统一。

（二）组织管理细

是指加油站的任务分配细，各种考核细，管理工作细。

（三）组织工作全

是指企业的任何工作最终都要贯彻落实到加油站，如经营战略目标、营销策略、经济核算、安全管理、环境卫生、销售服务等都要通过基层加油站落实到每位员工，所以，加油站是石油经营企业全部工作的一个缩影。

（四）管理事务实

是指加油站站长在日常管理中要面临和解决许多具体的实际问题，特别是服务质量、劳动用工、工资奖金分配等涉及用户和员工切身利益的实际问题。

（五）组织作用连

是指加油站站长在企业的组织序列中处于承上启下的地位。承上，就是对于企业的规章制度、决策及目标任务，加油站站长是具体的传达和落实者。启下，就是加油站站长要按照决策、目标要求带领员工具体地执行。

二、加油站站长的日常工作方法

根据加油站组织管理的特点，加油站站长应当掌握并运用以下工作方法。

（一）既重视情感交流，又能够展示人格魅力

任何组织，无论其规模和结构如何不同，管理的中心问题都是对人的管理，都必须坚持以人为本的管理原则。加油站站长不断加强与员工的情感交流，学会尊重员工，这是加油站站长搞好工作的基础。所谓人格魅力，也是建立在尊重别人和被别人尊重的基础之上的。

加油站站长在与员工的相处过程中，要分清场合——工作中是领导，是上下级关系，生活中则应该是朋友、同事关系。作为领导，最忌讳不分场所与员工生硬交往，比如，在非工作场合居高临下地对员工指手画脚，放不下领导的架子；或者把“哥们儿”关系带进工作，搞得文恬武嬉，令不行禁不止。

人际关系是一面镜子，您把别人往好处想，就会发现别人有很多优点，会对别人好，而别人呢？也大多都会投桃报李，给你一个好的反应。站长在做员工工作的时候，应该善待员工，要做到与人为善，从根子上消除那些不可见人的东西，绝对不能搞阴谋诡计，用阴一套阳一套对付员工。

早期西方企业把工人和机器相提并论，认为工人是“经济人”，也就是除了赚钱还是赚钱的人；但现代管理理论强调，人除了赚钱、生存以外，还有自己的理想，自己的志向，自己的追求，甚至可以为了追求精神上的满足而放弃经济利益。现代加油站员工的文化素质正在逐步提高，他们有更高远的精神追求，所以，站长应该充分认识这一点，在前途上关心员工进步，在工作上帮助员工提高技能，指出其在工作中的缺点和错误，在生活中设身处地为员工解决实际困难。

上下级之间因为看问题的角度不同，很容易产生这样那样的矛盾。基层领导由于要时常保持与员工的直接接触，所以更容易产生一些摩擦，站长要争取主动，减少对立，化解矛盾，自己要受得了气，吃得了亏，冲突中姿态放高一点，这样，才能赢得下属的尊敬和拥护。在日常工作中，站长如果注意更多地融入感情，会有助于避免和消除一些对立事件的产生。因此，站长要注意与员工多谈心、多交流，动之以情，晓之以理，在潜移默化中培养感情，树立威信，推动工作。

（二）既做到严以律己，又能够公正公道办事

一位哲人说得好："人和人的心灵是平等的"。在工作中，领导处理同种类型的问题，一定要有同一个标准，而不应该有双重标准甚至多重标准。同时，要做到严以律己，宽以待人。

身为站长要把自己放在一个较高的层次上去观察思考问题，对自己严格要求，不断提高自己的管理水平；对下属则不必在一些细节上求全责备，要有宽阔的胸怀。

同时，站长还要做到办事公道，符合政策。站长在管理具体的工作人员，办理具体的工作任务时，往往需要临时决断，随机处理相关的事情，这很容易流露出个人的好恶，这个时候，不能激动，不能用情感代替政策，不能说过头话，要注意公道办事，按照政策办事。

此外，严于律己还意味着站长要以身作则，切实发挥模范带头作用。大家常说，身教重于言教。通常，站长在员工心目中是一根标杆，处处向他看齐。站长的实际行动就是无声的命令，最有号召力，最能说服人。因此，站长必须做到：凡是自己提倡或要求员工做到的事情，自己都要首先身体力行，带头去做，并努力做好，起到示范和引路作用；凡是要求员工不做的事，自己首先不要做。俗话说："喊破嗓子，不如做出样子"。一个站长，如果在每一项工作中，自己都能走在前，干在前，就会使大家受到感染，自觉自愿跟着走，跟着干。这样的站长才有说服力和号召力，就能一呼百应，指到哪儿，员工就跟到哪儿。如果自己指手画脚，光说不做，或者说的头头是道，行动对不上号，员工就会不买你的账，工作也必然搞不好。

（三）既注意依靠骨干，又能够发动群众弘扬正气

加油站是一个"小社会"，工作千头万绪，光靠一个站长不行，还必须有几个好帮手，同全体成员团结一致，才能完成工作任务。在加油站，骨干员工包括业务骨干、技术骨干、党团员和站里的先进人物。这些员工是加油站班组的中坚力量，是站长的好助手。依靠骨干首先是依靠他们的意见，放手让他们开展工作。他们的思想统一，行动一致了，就能带领其他员工完成各项任务。如果没有他们的支持和配合，站里的工作就很难打开局面。其次，要多同其他员工商量。有些站长，并非不愿意做好工作，他们很热心，积极性很高，但是站里工作就是搞不上去，其中一个很重要的原因，就是不善于同大家商量办事，结果失去了群众，得不到大家的支持就会孤军作战。同群众商量，就要十分尊重大家的意见，做到不管别人说的对与不对，都抱欢迎态度，让人家把话讲完。有的站长只喜欢听顺耳的意见，不愿听或根本听不进不同的意见，尤其不愿听批评意见，或者表面上愿意听，但心里不愉快，总以为别人是找碴儿，挑毛病，这是很不对的。这样时间一长，也就没人提意见了，这不利于工作的开展。

任何一个单位，一个集体，正义正气总是主流，总是占主导地位。关键是站长要善于抓住主流，弘扬正气。要摸清规律，运用正确的工作方法，瓦解对立意识和对立情绪。人的本质特征是人的社会性。任何个体的思想和行为都对员工有着影响，反过来，群体的状况对于个体的思想和行为，也有巨大的控制作用和调节作用。

在一个群体中，往往存在着许多非正式的不成文的"规则"，这些"规则"对群体的成员常常有一种无形的制约力量。这些"规则"有积极的，也有消极的。例如：在加油站量化计酬中，如果有人为了多得报酬而弄虚作假，就会遭到群众的舆论谴责。但是这些"无形的规则”，有时又像“无形的手”，左右着一些人，形成消极的一面。例如：有的员工当了先进，受到表扬，有的人挖苦讽刺，甚至纠集几个人孤立人家。又如，有的员工加油量总是第一名，在全站最高，拿的奖金最多，有的人也会嫉妒，甚至背后辱骂打击，这就影响了一些员工的积极性，使有的员工感到“先进不起”，还是随大流的好。于是他们完成定额后，就再也不愿超过了。因此，站长一定要有识别是非的能力，及时了解和掌握员工的思想动态。要采取适当的措施，扶正祛邪，弘扬正气。要通过及时过细的思想工作，努力减少消极影响，使正气不断上升。

（四）既适当突出重点，又能够合力弹好钢琴

讲究管理艺术，是加油站站长做好工作的一个重要方面。加油站经营管理工作的内容相当广泛，如果站长的组织工作安排不当，往往会产生顾此失彼的现象。在加油站，有不少站长感到工作难做，领导难当。解决这个问题的办法，就是要学会“弹钢琴”。

毛泽东主席曾经指出：“弹钢琴要十个指头都动作，不能有的动，有的不动，但是，十个指头同时按下去，那也不成调子。要产生好的音乐，十个指头的动作要有节奏，要相互配合”。在加油站经营管理工作中，当出现多个头绪、多种问题时，站长应当学会 ABC 管理法，认真思考，仔细分析和归类，注意轻重缓急，安排先后次序，不能平均使力，“眉毛胡子一把抓”。

（五）既善于疏通关系，又能充分协调矛盾

在涉及加油站同各方面的关系中，站长面临着内外矛盾和错纵复杂的关系，如何处理好内外关系，协调相互间的矛盾，使加油站的工作在团结、轻松、和谐的氛围中得到健康发展，这也是加油站站长施展工作艺术的一个重要方面。

在处理上下级关系时，必须遵循下级服从上级的原则，如有不同意见，应说明情况和理由，在领导未改变原定指令或工作方案之前，站长应边执行边反映边协调。切忌顶撞或背后在员工面前发牢骚。在处理同级关系时，要相互尊重，相互支持，充分理解，不要相互推诿、相互埋怨和相互指责。在处理外部消费者和社会公众意见时，要实事求是，在充分调查研究的基础上及时采取解决问题的对策，同时积极向上级主管部门反映。

加油站站长在疏通关系和协调矛盾的过程中，可考虑以下几种具体的方法：

1. 创造相互关心帮助的环境

加油站站长平时要在生活上多关心和照应下属员工，要以自己的模范带头作用促进下属员工珍视团结，珍惜友谊。在协调下属成员之间关系时，要注意培养相互关心、相互帮助的心理气氛，努力在加油站创造一种亲密合作的同事感情。

2. 促进成员间的交流和沟通

人际关系有个“相近性”原则，即人际关系的优劣与交往频率和熟悉程度密切相关。依据这一原则，站长除了要善于利用正式渠道交流外，可在站内开展一些轻松愉快的文体活动，如组织郊游、参观等，以此增进成员间的交往和沟通，使大家的关系更加融洽和谐。

3. 善于处理成员间的各种矛盾

在加油站，时常会出现一些小矛盾，对这些矛盾，应在坚持原则的基础上，因人而异，因事而异。有时，可采取说理、批评、谈心的方法；有时则要从中调解，采取婉转的方法来解决。这就需要站长善于和巧于斡旋，正确地加以调节。要善于抓住和分析发生矛盾前的“蛛丝马迹”，打好“预防针”，力争把矛盾消灭在萌芽状态。

【思考题】

1. 加油站是如何产生的？目前我国加油站面临着一种什么样的市场形势？

2. 未来加油站的发展呈现出哪些趋势？

3. 简述加油站在社会经济中的地位和作用。

4. 加油站经营管理的内容是什么？应遵循哪些原则？

5. 简述加油站站长的角色及其主要的工作职责。

6. 优秀的加油站站长应具备哪些素质条件？

7. 加油站经营管理工作具有什么特点？

8. 加油站站长在日常管理工作中应注意哪些方法？

【案例题】

案例一　李站长的成功之路

曾经在日货行业干得有声有色的李小凤并没有想到会当上加油站站长。一个偶然机会，让她与加油站结缘，当上了粤东分公司河婆加油站的站长，而这一干就是6年多。

信誉卡敲开市场大门

河婆加油站地处揭西县城通往揭阳市的公路旁，2001年改造前加油站简陋不堪，销量很小。而当时担加任河婆加油站站长的李小凤，已经将加油站的月销量从接手前的60几吨提高到95吨。

2002年初改造一新的河婆加油站重新投入运营。加油站大了，设备新了，但销量怎么增加？开业之初，加油站没有天时地利，又地处经济不发达的山区，单靠门前销售已经无法实现销量的稳定增加。李小凤立即主动上门，以服务吸引固定用户。2002年3月的一天，天空下着细雨，初春的空气仍然夹杂着一丝寒意，李站长抱着一颗期望而又忐忑不安的心来到县电力局开拓业务。遗憾的是，尽管作了很大努力，但第一家客户成交的希望破灭了。首家上门推销的失败没有将她击倒，而是激起她更加积极的推销念头。细心的她开始向老业务员讨教经验。在一个老业务员的介绍和指导下，她开始印刷信誉卡，到各个单位去逐个推广。同时，加强加油站员工优质服务意识，向顾客兑现服务承诺。卡片没有漂亮的广告语，更多的是像“随时满足用户用油需求”的承诺。就这样，在开业后不到一年的时间里，加油站从县政府到百米之遥的餐馆酒店等大大小小的记账客户新增加了37个。记账客户的销量成为助长加油站销量的主要力量。目前，在该县城的系统内外6座加油站中，河婆加油站销量就占近六成。

在去年开始的润滑油销售中，李站长发现一个多月后小包装润滑油销售量仍然非常低，在了解了市场情况后，她果断地开始将目标转移到大包装和大桶装销售上。她一边向原有记账客户推销，扩大润滑油销售信息的传递范围，一边到县城里模具制造工厂等推销润滑油。没有配送工具，她就租用三轮车，只要有客户需要就马上备货送上门。渐渐地销售有了起色，从刚开始的单月941升提高到今年2月份的2830升。现在，大包装和桶装润滑油成为销量增长的主要力量。

付出总会有回报

把客户拉进站只是完成了增销的第一步，设法留住客户才是增销的重要保证。“只要你心里时刻装着客户，付出总会有回报。”，这是李站长经常对加油员说的一句话，她自己也是这样做的。

在加油站，经常可以看到李站长与大巴司机、大型货车司机等顾客就像邻居一样，打招呼、问寒问暖。显然，客人也没有把她当作外人。现在，加油站已经为县医院等四个从记帐户转变为IC卡固定用户的客户提供IC卡用油管理的服务。由于这四个客户均在本县城，使得这种管理方式让客户感到十分放心。这四个单位总共20几部车辆，对方把每一部限制加油车辆号码提供给加油站，让员工熟悉。加油站只能给客户提供了车号的车辆加油，加油时由加油员核对具体号码。对于不对应的车辆，司机需向对方用油主管电话确认同意，并由司机、加加油站当班班长和站长三方签名确认后才能加油。尽管这项服务给加油站增添了工作量，提高了工作难度，但由于确确实实为顾客解决了管理用油的难题，赢得了顾客的长期信赖。

有一天，县城一个酒家一个星期内连续叫加油站送油两次，而按照其正常消耗量每个星期只要一次就够用了。李站长了解情况后，立即跟配送员到酒家了解情况。在酒家，她首先提醒工作人员检查盛放油灌是否发生泄漏。经过仔细检查，酒店工作人员果然发现油罐在靠墙角不起眼的底部一滴滴地往外冒油。为此，加油站使客户及时挽回损失并避免了一次安全事故。而在同一天，李站长通过记录本了解到县殡葬所好久没有配送油品了，就要求配送员马上电话联系，果然对方也正等着加油站把油送过去。这两次事件，站长不仅给员工上了深刻的一课，也让加油站员工真正认识到什么叫关心顾客。

功夫不负有心人。加油站销量从第一年的月均220吨，发展到今年的661吨，取得质的飞跃。

职工临终前的惦念

谈到管理，李站长说：“站长与员工的关系就像一根‘弹簧’，站长如果能够用心关爱员工，员工也会紧紧地靠近站长。加油站和客户的关系也是同样的道理。”

加油站有一位女员工身体一向比较虚弱。站长每次看到她脸色不好，经常就让她到站长室休息会儿，自己顶替上去继续为顾客加油。在去年3月份的一个晚上，在加油站上班的她突然晕倒在加油站，李站长发现后立即把她送到县人民医院治疗，后经诊断是得了癌症。天空下着倾盆大雨，这一消息不仅让这名员工感到突然而绝望，也让站长感到万分的惊讶和同情。而此时李站长的父亲打电话来着急地说，感冒了一个多星期的女儿发烧到了40度，要赶快送医院。一边是自己心爱的女儿，一边是自己属下员工，偏偏在同一个时候都需要照顾。李站长先把临时凑好的3000元交给医院，一边守候着该员工，直到她亲属到来后才离开。这时，已经是晚上10点了，她顾不上疲劳，又马上背起女儿往医院。那一夜，等到李站长回到家里吃饭已经是晚上3点多了。第二天一早，她又准时到加油站上班了。

后来，该员工在临终前给李站长写了一封信，字里行间流露出其对站长的感激之情。在信的最后嘱咐：“小凤姐，你一定要注意多休息，一定要保重好身体”。

凭借自己的勤劳和一颗诚挚的心，李小凤在平凡的岗位上做出了不平凡的业绩。在公司历年考评中，她带领的河婆加油站成绩均名列前茅。在过去的百日竞赛中，她带领员工获得了全省“百日竞赛先进单位”称号，还被评为2005年度公司先进加加油站站长。

案例讨论题

作为一名加加油站站长，你认为李小凤事业成功的主要因素是什么？

案例二　吴氏管理法

一名普通的加油站经理，在实践中学习总结、创新提高，创造出一套独特的加油站管理经验，这个人就是中国石油河北销售衡水分公司第九加油站经理吴炳章。

2000年7月，吴炳章在华北油田有偿解除劳动合同关系，2001年9月在河北销售公司实现二次就业。5年来，他先后当过4座加油站经理，邯郸永年三站日销量由3吨提高到10吨；衡水桃城十站日销量由几百公斤提高到5吨；衡水十八站日销量由2吨提高到17吨；衡水九站日销量由6吨提高到10吨。其中衡水十八站和九站被评为三星级加油站；九站还被河北销售公司树为样板站。吴炳章连续4年被所在地区分公司评为优秀加油站经理，2005年分别被河北销售公司和华北销售公司评为模范加油站经理，并光荣加入了中国共产党。

2006年4月1日，河北销售公司在衡水召开企业改革和管理现场会，省公司领导把吴炳章的工作经验概括为“吴炳章管理法”，并在全系统宣传推广。

奖惩同一法

为受处罚的员工创造受奖励的机会，激活内在动力，焕发进步热情。

坚持以人为本，尊重员工人格，维护员工利益，引导员工成长，是“吴炳章管理法”的核心与灵魂。

吴炳章带过的4座加油站，员工平均年龄22岁。吴炳章认为，谁都会犯错，谁都可能成功，年轻人更是如此。员工出现过失给以处罚，理所应当，但青年员工涉世不深，很容易背上思想包袱，留下心理创伤，甚至从此一蹶不振。因此，吴炳章给员工犯错误的机会，也给他们改正的机会，创造立功的平台。他在管理中，施处罚与奖励于一人，做到“处罚——震撼心灵，奖励——抚平创伤”，使他们在前进的道路上不掉队。

有一次，河北销售公司到衡水九站检查工作，加油员马晓松值守的加油机有渗漏点被扣分，影响了加油站考核成绩。吴炳章按规定对马晓松罚款100元，以教育本人，警示他人。半个月后，一次夜里下大雪，马晓松清晨第一个起床，将现场积雪清扫干净，还帮助其他员工扫雪，受到大家好评，被评为当月优秀员工，吴炳章照样奖励他100元。这一做法，使员工们从中懂得“奖罚皆有因，关键在个人，受罚别气馁，改过有机会。”

一位哲人说过：“失败的味道挺苦，包含其间的道理却是甜的。”吴炳章的“奖罚同一法”的实质是善于从本质上发现和调动员工积极性，体现了“尊重人格，注重价值，实事求是，奖罚并举，公平公正，机会均等”的现代管理原则。

因果启迪法

围绕员工最关心、最直接、最现实的切身利益，因果辨析，兴利除弊。

吴炳章曾经在日本企业学习交流一年，对现代管理知识早有接触。他结合加油站实际，围绕员工最关心、最直接、最现实的销量、利润、成本、费用、工资、奖金等热点问题，运用因果互动理论，辩证思考，对应归纳，总结了“十四点因果启迪法”，即雇佣思想克服一点，责任意识就增强一点；加油服务热情一点，顾客满意就提高一点；油品销量扩大一点，兑现工资就增加一点；节水节电抓紧一点，吨油费用就降低一点；遵章守纪自觉一点，事故险情就离远一点；日常学习抓紧一点，综合知识就丰富一点；细小工作勤快一点，评价基础就加厚一点。

“十四点因果启迪法”说常见事，讲普通理，成为拨动员工心灵的钥匙，争创业绩的思想动力。永年县盛产建筑砂石，大型运砂车加一箱油就是300多升。白天交通部门禁止超载，运砂车只能夜间出动，许多司机为了抢时间顾不上吃饭。吴炳章带领员工给每个司机提供两块蛋糕、一杯热奶、一碗开水。有司机反映饭菜不对胃口，他们就增加馒头、小菜，深受司机欢迎，“回头客”不断增加。就这样，每天夜间11时到凌晨2时，成了永年3站的加油高峰期。全体员工不顾疲劳，天天夜战，销量蹭蹭往上涨，开业不久日销量就接近6吨，最高达10吨。

为了降低成本，员工们认真履行管理责任制，消灭长流水、长明灯，罩棚射灯晚10点以后关闭一半，宿舍、食堂、营业室全部安装节能灯，所有房间做到人走灯灭。经邯郸、衡水两个分公司考核，吴炳章带过的4座加油站，吨油费用、吨油现金营销成本、吨油利润等3项主要经济指标居当地加油站最高水平。

痕迹导向法

通过批阅员工学习笔记，沟通心灵，指明错误，催人奋进。

吴炳章无论在哪个加油站工作，都引导员工做学习笔记，记录业务知识、制度要点、学习心得、生活感悟、一日见闻、意见建议等，这成为5年来他搞好加油站管理的一个“法宝”。他把批阅学习笔记视为了解员工心灵的窗口，征求意见的信箱，交流思想的渠道，情感互动的平台，加油鼓劲的驿站。

字为语言，言为心声。吴炳章批阅员工学习笔记不是“千人一面，千篇一律”，而是“对什么人，写什么话”，具有鲜明的个性化和很强的针对性。

他的笔记批语，大致分为“六种类型”，即节日祝福型、情感交流型、正面表扬型、善意批评型、鼓舞激励型、真诚自责型。例如，今年春节上班第一天，他在胡静的学习笔记上写道：“没回家过年，是不是想家了？感谢你为中国石油做出的贡献，希望你在以后的工作中锻炼得更加坚强。”员工马吒吒的学习笔记上有一篇“致经理一封信”。吴炳章写下这样的话：“我的确微笑服务做得不够，整天板着面孔让人有压抑感，今后一定改正。”这些批语发自内心，情真意切，员工们看了深受感动。

5年间，吴炳章培养出43名加油站经理，13名计量员，10名核算员。吴炳章每次工作调动，员工们都依依不舍，含泪相送，情景非常感人。员工们说：“吴炳章是经理，更是亲人。”

案例讨论题

加油站管理最重要的因素是什么？你从吴炳章的管理方法中领悟到了“人本管理”的哪些内涵？

第二章　油品基础知识

石油产品的种类、牌号繁多，但加油站经营的石油产品主要是汽油和柴油以及供各类车辆使用的润滑油、脂。本章介绍这些油品的使用性能和用油知识。

第一节　汽　　油

汽油是汽油发动机的专用燃料。按其应用场合分为车用汽油（简称汽油）和航空汽油；按其组成特性分为车用无铅汽油、城市车用汽油、高标号车用无铅汽油和车用乙醇汽油等。

一、性能要求

根据汽油机的工作原理，先将汽油和空气混合气吸入汽缸，经过压缩后由火花塞点燃，放出热量，使空气膨胀，产生压力，推动活塞下行，经连杆带动曲轴旋转而对外做功，同时将废气排出。由此可概括出汽油应具有的使用性能为：良好的蒸发性能；良好的抗爆性能；良好的抗氧化安定性能；良好的抗腐蚀性能和良好的清洁性能。

（一）蒸发性

汽油由液态转化为气态的性能，称为汽油的蒸发性。汽油蒸发性是否良好，直接影响汽油机中的油汽混合气的燃烧是否正常，影响发动机的功率和经济性能，因而汽油的蒸发性能十分重要。

汽油必须具备适宜的蒸发性能，蒸发性能太好，则汽油在未达到汽化器前就会在供油管路中蒸发，形成气栓，导致汽油不能顺利进入汽化器，严重时会中断供油，使发动机熄火，停止工作，这就是所谓的气阻现象；汽油蒸发性太差，会使油气混合气中含有较多的悬浮状汽油液滴，混合气组分不均匀，燃烧不完全，发动机工作不稳定。液滴进入汽缸后会破坏汽缸壁上的油膜，流入润滑油箱则会稀释润滑油。最终导致发动机功率下降，磨损加剧，燃料耗量增大，甚至缩短发动机的使用寿命。

因此，汽油要具有良好的蒸发性能。我国用馏程和蒸气压两个指标来评定，汽油的馏程为35~205℃。

（二）抗爆性

汽油的抗爆性是指汽油在发动机中燃烧时不发生爆震现象的性能。汽油应具有良好的抗爆性，以保证发动机运转正常，不发生爆震，充分发挥功率。用来评定汽油抗爆性能的指标是辛烷值和抗爆指数。

辛烷值是车用汽油最重要的质量指标之一，是一个国家炼油工业水平和汽车设计制造技术水平的综合反映。汽油的辛烷值越高，其抗爆性越好。

所谓辛烷值是指和汽油抗爆性相同的标准燃料中所含异辛烷的体积百分数。在使用中，汽油的辛烷值则是与标准燃料在试验仪器上测定得到的一个比较值。

辛烷值的测定方法有马达法和研究法两种，马达法测定条件较为苛刻，因而同一种汽油用研究法测定的辛烷值要比用马达法测定的辛烷值高 8 个单位左右。

抗爆指数(ONI)是同种汽油研究法辛烷值(RON)与马达法辛烷值(MON)的算术平均数，即 ONI=(MON+RON)/2。

ONI 用来表示汽油在汽车行驶中的抗爆性能，更接近于车辆运行时的实际情况。

随着汽油发动机压缩比的不断提高，发动机的功率随之提高，经济性增强，但发动机产生爆震的倾向增大，为此对辛烷值的要求也越高。提高辛烷值的方法有：改进炼油工艺；在汽油中加入高辛烷值组分和加入抗爆剂。

(三) 安定性

汽油在常温和液相条件下抵抗氧化的能力，称为汽油的抗氧化安定性。安定性好的汽油，长期储存也不变质，反之汽油在储存和使用过程中会出现颜色变深，生成粘稠胶状沉淀物。使用这类安定性差的汽油，会在油箱、输油管和过滤器中形成胶状物，堵塞油路甚至中断供油。胶状物还能使气门粘滞，关闭不严，降低发动机功率，在高温时会分解生成积炭沉积在汽缸盖、汽缸壁和活塞顶上，致使汽缸散热不良、发生过热，引起爆震和加大磨损。此外，汽油胶质的增加会使辛烷值下降，酸度升高，因此，汽油必须具有良好的安定性。

汽油安定性用实际胶质和诱导期两个指标来评定。

影响汽油安定性的根本原因是汽油中存在不安定组分，特别是不饱和烃如二烯烃等。它们虽含量不多，但极易氧化，对油品质量危害很大。

汽油的安定性还受到储存条件的影响，如温度、空气、阳光、水分和金属等，都会加速汽油的氧化变质。

改善汽油安定性的方法通常有：采用先进的炼油工艺，如重整和加氢裂化，尽可能除去汽油中的不良组分；采用降低储存温度、减少温差变化，尽量使油罐容量装至安全高度，避免与水分、金属接触等措施，以延缓油品的氧化变质速度，也有利于减少蒸发损耗；加入抗氧化添加剂，提高汽油的抗氧化能力。

(四) 腐蚀性

在储运和使用过程中，油品中的不良成分对与之接触的金属产生腐蚀的能力称腐蚀性，汽油中的不良组分包括硫及硫化物、水溶性酸或碱和有机酸性物质等，当然，质量指标符合国家标准的合格汽油是不会对金属产生严重腐蚀的。

评定汽油腐蚀性的指标有：硫含量、硫醇(博士试验或硫醇硫含量)、腐蚀试验，水溶性酸或碱和机械杂质及水分。

(五) 清洁性

随着社会对环保要求的日益提高，国家对汽车尾气排放的标准越来越高，所以，降低汽车有害物质的排放已成为汽油的重要使用性能。

汽油在使用过程中减少有害物质的排放，改善汽车燃料供给系统的清洁，保证发动机正常工作的性能称汽油的清洁性。评定汽油清洁性的指标有机械杂质及水分、苯含量、芳烃含量、烯烃含量和烯烃与芳烃总含量等。

苯是致癌物质，不论是汽油中的还是在汽车中燃烧所形成的苯，都会严重污染空气。芳烃在燃烧过程中不仅会在发动机内部形成沉积物，而且在燃烧后的尾气中形成致癌物质，芳烃含量增加还导致尾气污染物的增加。烯烃是不稳定物质，容易使汽油氧化生成胶质沉积，影响正常使用，也会使汽车尾气排放的污染物增多，如果汽油中的烯烃挥发到大气中，遇光容易生成臭氧。因此限制汽油中苯、芳烃和烯烃的含量，就能减少汽车尾气中有害物质如一氧化碳(CO)、碳氢化合物(HC)、氮氧化合物(NO_x)、硫化物(SO_2)和颗粒(PM)的排放，有利于人体健康和环境保护，也有利于汽车的平稳运行和功率的正常发挥。由此可知，未来汽油发展的趋势是低芳烃、低烯烃、低硫甚至是无硫和高辛烷值，即对人类健康和环境有害的排放物质降到最低。

二、车用汽油的品种、牌号和选用

我国车用汽油按现行标准有四个品种9个牌号。

(一) 车用无铅汽油

按研究法辛烷值划分为90号、93号和95号3个牌号。其含义如90号汽油表示其研究法辛烷值不低于90。车用无铅汽油相当于国际上的普通汽油，产品标准为GB 17930—1999，技术要求见表2-1。

表2-1 车用无铅汽油技术要求

项目		质量指标			试验方法
		90号	93号	95号	
抗爆性					GB/T 5487
研究法辛烷值(RON)	不小于	90	93	95	GB/T 503
抗爆指数(RON+MON)/2	不小于	85	88	90	GB/T 5487
铅含量[1)]/(g/L)	不大于	0.005			GB/T 8020
馏程					GB/T 6536
10%蒸发温度/℃	不高于	70			
50%蒸发温度/℃	不高于	120			
90%蒸发温度/℃	不高于	190			
终馏点/℃	不高于	205			
残留量/%(V/V)	不大于	2			
蒸气压/kPa					GB/T 8017
从9月16日至3月15日	不大于	88			
从3月16日至9月15日	不大于	74			
实际胶质[2)]/(mg/100mL)	不大于	5			GB/T 8019
诱导期[3)]/min	不小于	480			GB/T 8018
硫含量[4)]/%(质)	不大于	0.10[5)]			GB/T 380
硫醇(需满足下列要求之一)					SH/T 0174
博士试验		通过			GB/T 1792
硫醇硫含量/%(质)	不大于	0.001			
铜片腐蚀(50℃，3h)/级	不大于	1			GB/T 5096
水溶性酸或碱		无			GB/T 259
机械杂质及水分		无			目测[6)]

项目		质量指标			试验方法
		90号	93号	95号	
苯含量/%(体)	不大于	2.5			附录A
芳烃含量/%(体)	不大于	40			GB/T 11132
烯烃含量/%(体)	不大于	35[7)]			GB/T 11132

注：1. 如加入有机含氧化合物，其氧含量不得大于2.7%(质)，试验方法采用SH/T 0663。

2. 锰含量，其检出限量为不大于0.018g/L，试验方法采用附录B。

3. 铁不得人为加入，考虑到在炼油过程和运输、储存产品时铁的污染，其检出限量为不大于0.01g/L，试验方法采用附录C。

4. 从2000年7月1日起，在北京、上海和广州销售的车用无铅汽油中应加入有效的汽油清净剂。

1）本标准规定了铅含量最大限值，但不允许故意加铅。为了便于与加铅汽油区分，车用无铅汽油不添加着色染料。考虑到2000年1月1日全国停止生产含铅汽油，2000年7月1日全国停止销售和使用含铅汽油，加油站在2000年7月1日前允许车用无铅汽油铅含量不大于0.013 g/L。

2）实际胶质允许用GB/T 509方法测定，仲裁试验以GB/T 8019方法测定结果为准。

3）诱导期允许用GB/T 256方法测定，仲裁试验以GB/T 8018方法测定结果为准。

4）硫含量允许用GB/T 17040方法测定，仲裁试验以GB/T 380方法测定结果为准。

5）为适应大城市环保的需要，本标准规定从2000年7月1日起，在北京、上海和广州执行硫含量不大于0.08%(质)；从2003年1月1日起，在全国范围内执行硫含量不大于0.08%(质)。

6）将试样注入100mL玻璃量筒中观察，应当透明，没有悬浮物和沉降的机械杂质及水分。在有异议时，以GB/T 511和GB/T 260方法测定结果为准。

7）从2000年7月1日起，在北京、上海和广州实施；从2003年1月1日起，在全国范围内实施。

（二）城市车用汽油

按研究法辛烷值划分为90号、93号、95号和97号4个牌号。

城市车用汽油适用于城区汽车。由于城市人口集中，密度大，汽车拥有量高及运营频繁，汽车尾气排放是造成城市大气污染的主要原因之一。所以，城市车用汽油的清洁性指标要求比车用无铅汽油严格。其标准为Q/SHR 007—2000，技术要求见表2-2。

表2-2　城市车用汽油技术要求

项目		质量指标				试验方法
牌号		90号	93号	95号	97号	
抗爆性						GB/T 5487
研究法辛烷值(RON)	不小于	90	93	95	97	GB/T 503
抗爆指数(RON+MON)/2	不小于	85	88	90	91	GB/T 5487
铅含量[1)]/(g/L)	不大于	未检测出				GB/T 8020
馏程						GB/T 6536
10%蒸发温度/℃	不高于	70				
50%蒸发温度/℃	不高于	120				
90%蒸发温度/℃	不高于	190				
终馏点/℃	不高于	205				
残留量/%(体)	不大于	2				

续表

项目		质量指标				试验方法
牌号		90号	93号	95号	97号	
蒸气压/kPa						GB/T 8017
从9月16日至3月15日	不大于	82				
从3月16日至9月15日	不大于	68				
实际胶质/(mg/100mL)	不大于	5				GB/T 8019
诱导期[2]/min	不小于	480				GB/T 8018
硫含量[3]/%(质)	不大于	0.02				GB/T 380 GB/T 11140 SH/T 0253
硫醇(需满足下列要求之一)						SH/T 0174
博士试验		通过				GB/T 1792
硫醇硫含量/%(质)	不大于	0.001				
铜片腐蚀(50℃，3h)/级	不大于	1				GB/T 5096
水溶性酸或碱		无				GB/T 259
机械杂质及水分		无				目测[4]
苯含量/%(体)	不大于	2.0				附录A
烯烃含量/%(体)	不大于	30				GB/T 11132
烯烃和芳烃总含量[5]/%(体)	不大于	60				GB/T 11132

注：1. 如加入有机含氧化合物，其氧含量不得大于2.7%(质)，试验方法采用SH/T 0663。

2. 铁不得人为加入，考虑到在炼油过程和运输、储存产品时铁的污染，其检出限量为不大于0.01g/L，试验方法采用附录C。

3. 附录A、C均采用GB 17930的相同附录。

4. 城市车用汽油应加入有效的汽油清净剂。

1）铅未检测出，即达到或低于试验方法的检测界限。为了便于与加铅汽油区分，城市车用汽油不添加着色染料。

2）诱导期允许用GB/T 256方法测定，仲裁试验以GB/T 8018方法测定结果为准。

3）硫含量允许用GB/T 11140、SH/T 0253方法测定，仲裁试验以GB/T 380方法测定结果为准。

4）将试样注入100mL玻璃量筒中观察，应当透明，没有悬浮和沉降的机械杂质及水分。在有异议时，以GB/T 511和GB/T 260方法测定结果为准。

5）芳烃含量不得超过GB 17930《车用无铅汽油》规定的指标，即不大于40%(体)。

(三) 97号、98号车用无铅汽油

97号、98号车用无铅汽油分别按Q/SH ZH 0.0.004—2000、Q/SH GZ 01—2000标准生产，根据研究法辛烷值划分牌号，其技术要求分别见表2-3和表2-4。

表2-3 企业标准

项目	质量指标	试验方法
抗爆性		GB/T 5487
研究法辛烷值(RON) 不小于	97	

注：其他指标与GB 17930—1999“车用无铅汽油”国家标准一致。

表2-4 企业标准

项目	质量指标	试验方法
抗爆性		GB/T 5487
研究法辛烷值(RON) 不小于	98	

注：其他指标与GB 17930—1999“车用无铅汽油”国家标准一致。

97 号、98 号汽油是我国目前市场上性能较好、价格较高的汽油，相当于国际上的高级汽油，与其他车用汽油相比，具有抗爆性好、污染少、油耗低等优点，是高档轿车和高级跑车使用的理想油品，无论是从环境改善、人体健康、汽车保养，还是从与国际接轨角度看，97 号、98 号汽油的生产使用势在必行。

(四) 高清洁汽油

在车用汽油中加入汽油清净剂的称清洁汽油或高清洁汽油，其牌号与选用和车用汽油一致。由于汽油清净剂是一种具有清净、分散、抗氧、破乳和防锈性能的多功能复合汽油添加剂，因而它能有效地抑制发动机内部沉积物的生成，并能分散、清除已生成的氧化沉积物，保持金属表面的清洁。从而保证发动机动力性能的正常发挥，节省燃料，降低 HC、CO、NO_x 等污染物的排放，减少汽车维修费用。与此类似还有高清洁柴油。汽油清净剂可直接加入油罐车或汽车油箱中，加入量(质量比)一般为 1：2000~2500，具体可参照产品说明书。

使用高清洁汽油的优点是明显的，因此市场不断扩大，销售数量不断增加，受到越来越多用户的肯定和欢迎。

(五) 93 号专用汽油

为减少空气污染，达到举办“绿色奥运”的目标，93 号专用汽油为北京市汽车使用，根据 DB11/238—2004 标准生产，该汽油关系环境的指标要求十分严格，其他指标与车用无铅汽油相近，具体技术要求见表 2-5。

表 2-5　93 号车用汽油(北京)合格证

按 DB 11/238—2004 执行

项　　目	质量指标	检测方法
研究法辛烷值(RON)	≥93	GB/T 5478
抗爆指数(RON+MON)/2	≥88	GB/T 503
铅含量/(g/L)	≤0.005	GB/T 8020
铁含量/(g/L)	≤0.01	SH/T 0712
密度(20℃)/(kg/m^3)	720~775	GB/T 1884、GB/T 1885
馏程		GB/T 6536
10%蒸发温度/℃	≤70	
50%蒸发温度/℃	≤120	
90%蒸发温度/℃	≤190	
终馏点/℃	≤205	
残留量/%(体)	≤2	
蒸气压(从 9 月 1 日至 4 月 30 日)/kPa	≤88	GB/T 8017
蒸气压(从 5 月 1 日至 8 月 31 日)/kPa	≤65	GB/T 8017
实际胶质/(mg/100mL)	≤5	GB/T 8019
诱导期/min	≥480	GB/T 8018
硫含量/%(质)	≤0.015	SH/T 0253
铜片腐蚀(50℃，3h)/级	≤1	GB/T 5096
水溶性酸或碱	无	GB/T 259
机械杂质及水分	无	目测

续表

项　　目	质量指标	检测方法
硫醇(需满足下列要求之一)		
博士试验	通过	SH/T 0174
硫醇硫含量/%(质)	≤0.001	GB/T 1792
氧含量/%(质)	≤2.7	SH/T 0663
苯含量/%(体)	≤1	SH/T 0713
烯烃含量/%(体)	≤25	GB/T 11132
芳烃含量/%(体)	<35	GB/T 11132

(六) 车用乙醇汽油

是指在不含氧化合物的专用汽油组分油中，按体积比加入一定比例的(我国目前暂定为10%)的变性燃料乙醇，按 GB 18351—2004 标准，通过特定工艺混配而成的点燃式内燃机车用燃料。

车用乙醇汽油按研究法辛烷值分为 90 号、93 号、95 号、97 号 4 个牌号，其标识：E10 乙醇汽油 90 号、E10 乙醇汽油 93 号、E10 乙醇汽油 95 号、E10 乙醇汽油 97 号，其选用同车用无铅汽油。车用乙醇汽油的技术要求见表 2-6。

表 2-6　车用乙醇汽油技术要求

项　　目		质量指标				试验方法
		90 号	93 号	95 号	97 号	
抗爆性						GB/T 5487
研究法辛烷值(RON)	不小于	90	93	95	97	GB/T 503
抗爆指数(RON+MON)/2	不小于	85	88	90	报告	
铅含量[1)]/(g/L)	不大于	0.005				GB/T 8020
						GB/T 6536
馏程						
10%蒸发温度/℃	不高于	70				
50%蒸发温度/℃	不高于	120				
90%蒸发温度/℃	不高于	190				
终馏点/℃	不高于	205				
残留量/%(体)	不大于	2				
蒸气压/kPa						GB/T 8017
从 9 月 16 日至 3 月 15 日	不大于	82				
从 3 月 16 日至 9 月 15 日	不大于	74				
实际胶质/(mg/100mL)	不大于	5				GB/T 8019
诱导期[2)]/min	不小于	480				GB/T 8018
硫含量[3)]/%(质)	不大于	0.08				GB/T 380
						GB/T 11140
						GB/T 17040
						SH/T 0253
						SH/T 0689
						SH/T 0742

续表

项　目		质　量　指　标				试验方法
		90号	93号	95号	97号	
硫醇(需满足下列要求之一)						SH/T 0174
博士试验		通过				GB/T 1792
硫醇硫含量/%(质)	不大于	0.001				
铜片腐蚀(50℃, 3h)/级	不大于	1				GB/T 5096
水溶性酸或碱		无				GB/T 259
机械杂质		无				目测[4]
水分/%(质)	不大于	0.20				SH/T 0246
乙醇含量/%(体)		10.0±2.0				SH/T 0663
其他含氧化合物/%(质)	不大于	0.1[5]				SH/T 0663
苯含量[6]/%(体)	不大于	2.5				SH/T 0693 SH/T 0713
芳烃含量[7]/%(体)	不大于	40				GB/T 11132 SH/T 0741
烯烃含量[7]/%(体)	不大于	35				GB/T 11132 SH/T 0741
锰含量[8]/(g/L)	不大于	0.018				SH/T 0711
铁含量[9]/(g/L)	不大于	0.010				SH/T 0712

1) 本标准规定了铅含量最大限值，但不允许故意加铅。

2) 诱导期允许用 GB/T 256 方法测定，仲裁试验以 GB/T 8018 方法测定结果为准。

3) 硫含量允许用 GB/T 11140、GB/T 17040、SH/T 0253、SH/T 0689、SH/T 0742 方法测定，仲裁试验以 GB/T 380 方法测定结果为准。

4) 将试样注入 100mL 玻璃量筒中观察，应当透明，没有悬浮和沉降的机械杂质及分层。在有异议时，以 GB/T 511 方法测定结果为准。

5) 不得人为加入甲醇。

6) 苯含量允许用 SH/T 0713 方法测定，仲裁试验以 SH/T 0693 方法测定结果为准。

7) 芳烃含量和烯烃含量允许用 SH/T 0741 方法测定，仲裁试验以 GB/T 11132 方法测定结果为准。

8) 锰含量是指汽油中以甲基环戊二烯三羰基锰(MMT)形式存在的总锰含量。含锰汽油在储存、运输和取样时应避光。

9) 铁不得人为加入。

1. 车用乙醇汽油的优点

(1) 燃料乙醇作为增氧剂。当燃料乙醇按 10%(体)混配于汽油中，可使氧含量达到 3.5%，增强助燃效果，促使汽油充分燃烧，提高汽油的燃烧效率。

(2) 燃料乙醇作为抗爆剂。燃料乙醇的辛烷值(RON)达 111 个单位，按 10%的比例混配于汽油中，可使辛烷值提高 2~3 个单位，提高了油品的抗爆性能。

(3) 降低尾气有害物排放。车用乙醇汽油由于燃烧充分，可使汽车尾气中的 CO、HC、NO_x 等有害物排放总量降低 1/3 左右。

(4) 燃烧充分、减少积炭。车用乙醇汽油由于燃烧彻底，能够有效地预防和消除发动机燃烧室、气门、火花塞、排气管等部位积炭的产生，避免了因积炭形成引起的故障，延长了发动机的使用寿命。

（5）燃料乙醇是性能优良的有机溶剂。燃料乙醇能有效地溶解消除汽车油箱及油路系统中燃油杂质的沉淀和凝固(特别是胶质胶化现象)，具有良好的油路疏通和清洁作用。

（6）无需改变发动机结构。乙醇常温下为液体，储存、运输、使用方便。与传统的发动机技术有继承性，当使用 E10 乙醇汽油时，无论是电喷式或化油器式发动机的在用汽车，不需要改变发动机的结构可保持正常运行。

当然，E10 乙醇汽油在使用中也存在一些问题，如容易产生气阻，对金属有一定的腐蚀作用，且与汽车密封橡胶等材料的适应性差。特别是乙醇的吸水性强或混入水分，车用乙醇汽油的水含量超过标准指标后，容易发生液相分离，影响使用。不过这些问题可以通过采取相应的办法和措施完全能够得到解决，不影响车用乙醇汽油的正常使用。

2. 车用乙醇汽油初期使用出现的问题及排除

车用乙醇汽油初期使用中可能出现的问题及排除方法见表 2-7。

表 2-7　车用乙醇汽油初期使用出现的问题及排除

故障现象	原　因	排除方法
油耗不稳	油路系统被杂质堵塞	清洁油路、油箱
	水分超标，燃烧不良	放出油箱内燃油，加注合格燃油
	混合气偏稀，点火时间偏迟	对化油器、点火时间做适应性调整
动力性能下降	油路不畅、堵塞	清洁油路、油箱
	水分超标，燃烧不良	放出油箱内燃油，加注合格燃油
	混合气偏稀，点火过迟	对化油器、点火时间做适应性调整
油路气阻	超压气体进入供油管路	检查油箱蒸汽阀，予以疏通或更换

（七）选用

选用汽油的依据是压缩比。压缩比是发动机汽缸的总容积与燃烧室容积之比值。压缩比高的汽车，应使用高辛烷值(高牌号)的汽油，反之，选用较低牌号的汽油。

表 2-8 列出了部分汽车的压缩比与适合选择的车用无铅汽油的标号。

表 2-8　国内外典型汽车压缩比与推荐和理想选用的无铅汽油标号

车　型	压缩比	推荐选用汽油标号	理想选用汽油标号
红旗 488 发动机	8.5	93	93~95
捷达(普通)	8.5	不低于 93	93~95
捷达 CI	9.0	不低于 93	95~97
捷达 CT	9.0	不低于 93	95~97
捷达 AT	9.0	不低于 93	95~97
宝来 1.6L 5V	10.3	93~97	98 以上
宝来 1.8L 5V	10.5	93~97	98 以上
宝来 1.8L 5V	9.3	93~97	97~98
奥迪 100	9.0	93~97	95~97
奥迪 A6	10.0	不低于 93	98 以上
奥迪 A8	10.8	不低于 95	98 以上
桑塔纳(普通)	8.2	不低于 93	93~95

续表

车　　型	压　缩　比	推荐选用汽油标号	理想选用汽油标号
桑塔纳(普通)	8.5	不低于 93	93~95
桑塔纳	8.7	不低于 93	93~95
桑塔纳 2000	9.0	不低于 93	95~97
桑塔纳 2000(新型)	9.5	93~95	95~97
帕萨特(Passat)	10.3	97	98 以上
大众 POLO	10.0	97	98 以上
别克	9.4	93~95	97~98
赛欧	9.4	93~95	97~98
富康 1.4L	9.3	93~95	97~98
富康 1.6L	9.6	93~95	97~98
富康 988EX	9.6	93~95	97~98
毕加索 1.6L	10.3	97	98 以上
夏利 2000	9.3	93~95	97~98
夏利 TJ7101	9.5	93~95	97~98
夏利 TJ7130UA	9.5	93~95	97~98
长安 奥拓	9.4	93~95	97~98
长安 铃木 SC7101	9.0	93	95~97
吉利	9.3	93~95	97~98
东风 风神 2000	9.5	93~95	97~98
盐城 悦达	9.7	93~95	98
海南马自达 普利马	9.1	93~95	95~97
海南马自达 323	9.3	93~95	97~98
贵州 云雀 7606	8.5	93	93~95
本田 2.3	8.9	93	95~97
本田 2.0	9.1	93~95	95~97
本田 3.0	9.4	93~95	97~98
本田 思域 CIVIC	9.2	93~95	97
丰田 世纪	8.6	93	93~95
丰田 CORONA	9.5	93~95	97~98
丰田 皇冠	10.0	97	98
大宇 王子 2.0L	8.8	93	95~97
日产 蓝鸟	9.5	93~95	97~98
福特 TAURUS V6	9.3	93~95	97~98
福特 WINDSTAR V6	9.0	93	95~97
林肯 大陆 V8	9.0	93	95~97
林肯 马克 V8	9.8	97	98
奔驰 S280	10.0	97	98
奔驰 E320	10.0	97	98
奔驰 E280	10.0	97	98
(沃尔沃)VOLVO 940 GL	9.3	93~95	97~98
欧宝	10.5	97	98

表 2-9 是我国汽车工程学会油料委员会提出的与国内外典型汽车压缩比相适应的汽油标号推荐表。

表 2-9　按照压缩比理想选用的车用无铅汽油标号

压 缩 比	90 号	93 号	95 号	97 号	98 号
7.5~8.0	√	√			
8.0~8.5		√	√		
8.5~9.0			√	√	
9.0~9.5				√	√
9.5~10.0					√

注：√表示理想选用的车用无铅汽油。

三、注意事项

（1）汽油具有一定毒性，平时不要以汽油作溶剂洗手或洗其他物品，严禁用嘴吸汽油，也尽可能少吸闻油蒸气。在加注油品时，应站在油品挥发的上风口。

（2）注意储存油品的质量变化，尤其要注意实际胶质的变化。加油站对经营油品要做到“先进先出”。

（3）严格执行有关的操作规程，在储运、接卸油过程中，严防水分、机杂及其他油品混入。

（4）当汽车使用不匹配牌号的汽油时，可通过调整点火提前角来保证发动机正常工作。当加用低于要求的牌号汽油时，应告诉驾驶员可将点火角适当推迟；当使用高于要求的牌号汽油时，可将点火角适当提前，以保证发动机的功率，降低汽油消耗。

（5）为防止汽车在夏季高温地区行驶中可能发生气阻，特别是载重汽车和大型客车等，要加强对发动机的冷却、通风，必要时，对汽油泵、进油管可采用隔热、滴水等方法。

（6）汽车油箱要经常装满汽油，以减少油箱中的空气量，防止汽油氧化生胶。

（7）乙醇具有吸水性，要特别注意车用乙醇汽油中混入水分，以免水分超标引起液相分离，影响使用。

第二节　柴　　油

柴油主要作为柴油机的燃料。由于柴油机具有热效率高、功率大、耗油少、燃料火灾危险性较小等优点，使用广泛，消费量逐年增加。

一、性能要求

由于柴油机的结构特点与汽油机不尽相同，两者的工作原理也不一样，柴油机的工作原理是先将新鲜空气吸入汽缸并压缩，使压力、温度升高，接着将柴油以雾状喷入被压缩的高温空气中形成混合气，即着火燃烧，使气体急剧膨胀产生高压，推动活塞向下运动，经连杆带动曲轴旋转而对外做功，同时将废气排出。因此柴油在性能上要求有：良好的蒸发和雾化性能；良好的燃烧性能；良好的安定性能；无腐蚀性及低磨损性能和良好的清洁性能。

（一）蒸发和雾化性

柴油要具有良好的蒸发性，能与空气形成均匀的可燃混合气，为此要有合适的馏分组成和一定的粘度范围，既能保证柴油机动力的正常发挥，降低油耗，减少磨损；又能保证高压油泵的润滑和柴油的雾化质量。

柴油的蒸发性用馏程和闪点两个指标来评定。柴油的馏程为200~365℃。闪点对柴油的蒸发性能并无多大联系，它可看作是柴油在储存、接卸和使用中的防火安全指标。

柴油粘度过大或过小都会影响对发动机的供油、雾化、与空气均匀混合程度、燃烧和油耗以及对高压油泵的润滑。所以，粘度是柴油的一项重要质量指标，标准中对各牌号柴油都规定了允许的粘度范围。

有必要提一下柴油的凝点和冷滤点。凝点指柴油失去流动性的最高温度。冷滤点是指柴油中形成蜡结晶不能通过滤网的最高温度，同种柴油，冷滤点高于凝点4~6℃。

柴油的凝点越低，输转倒装作业越顺利，发动机泵送性越好。但凝点不能作为柴油可能使用的最低温度，因为在温度降低时，柴油在凝固之前蜡结晶的出现就会造成供油不畅甚至中断，因而柴油凝点要比环境温度低5~7℃，这种柴油才能顺利使用。冷滤点与柴油的实际使用温度有良好的对应关系，且不管柴油是否加有流动改进剂，都可用来判断柴油可能使用的最低温度。

（二）燃烧性

柴油的燃烧性也叫发火性或抗爆性，它表示柴油自燃的能力。

柴油经高压油泵喷入燃烧室雾化，与空气形成可燃混合气自行燃烧，这个过程的长短决定了柴油机能否正常工作。为此要求柴油具有良好的燃烧性能，在较短的时间内自燃并正常地完全燃烧。

评定柴油燃烧性能的指标是十六烷值。

十六烷值是指和柴油燃烧性能相同的标准燃料中所含正十六烷的体积百分数。柴油十六烷值的测定和汽油辛烷值测定相似，使用中柴油的十六烷值是与标准燃料在专门试验机上测试得出的比较值。

使用十六烷值高的柴油，易于启动，燃烧均匀且完全，发动机功率大，油耗率低，但过高反而会加大油耗量。因而高速柴油机可使用十六烷值不小于45的轻柴油，中低速柴油机可使用十六烷值35~40的重柴油。

（三）安定性

柴油的安定性是柴油在储存和使用过程中抵抗氧化的能力。安定性好的柴油在储存过程中外观颜色变化不大，不易生成胶质。安定性差的柴油储存一定时间后颜色明显变深，实际胶质增加，影响正常使用。

柴油安定性的好坏和汽油一样，除受储存条件的影响外，主要决定于其化学组成，直馏柴油烯烃含量很少，安定性好。用两次加工馏分调合的柴油，含有较多烯烃，安定性就差，易氧化，不宜长期储存。

评定轻柴油安定性的指标有氧化安定性、总不溶物和10%蒸余物残炭，在柴油质量指标中都作了严格和明确的规定。

（四）腐蚀性及磨损

不论是轻柴油，还是重柴油，都不能有大的腐蚀性，否则会腐蚀柴油机部件，缩短使用寿命。柴油中，硫含量、酸度和水溶性酸或碱等指标不合格，均能引起发动机供油系统和汽缸等零部件的腐蚀和磨损。灰分是柴油燃烧后残留的无机物，灰分会使汽缸中的积炭变得坚硬耐磨，加剧机件磨损。所以，轻柴油规格标准对上述各项指标均作了严格规定。

(五) 清洁性

影响柴油清洁性的主要因素是柴油的化学组成和混入到油中的机械杂质及水分。随着排放要求的日趋苛刻，柴油的清洁化程度不断提高。在柴油标准中，硫含量不断降低，对多环芳烃含量和总芳烃含量也作了控制，以减少柴油机尾气中有害物质的排放。

柴油中一般不含机械杂质及水分，但在储存、运输和加注过程中有可能混入。柴油中如有较多水分，燃烧时降低柴油的发热量，在低温下结冰，使燃料供给系统堵塞。而机械杂质不仅会引起油路堵塞，还可能造成油泵柱塞、喷油嘴等精密零件的磨损和卡塞。因此轻柴油标准中规定水分含量不大于痕迹，机械杂质不允许存在。

二、品种、牌号与选用

柴油分轻柴油和重柴油两种。

(一) 轻柴油

轻柴油(简称柴油)是1000r/min以上的高速柴油机的燃料，目前我国生产使用三种不同质量级别的柴油。

1. 轻柴油

按标准GB 252—2000生产的轻柴油，根据凝点划分为10号、5号、0号、-10号、-20号、-35号和-50号7个牌号，是目前用量最大的一类柴油，其技术要求见表2-10。

表2-10　轻柴油技术要求

项　　目		质　量　指　标						试验方法
		10号	5号	0号	-10号	-20号	-35号	-50号	
色度/号	不大于	3.5							GB/T 6540
氧化安定性，总不溶物[1]/(mg/100mL)	不大于	2.5							SH/T 0175
硫含量[2]/%(质)	不大于	0.2							GB/T 380
酸度/(mg KOH/100mL)	不大于	7							GB/T 258
10%蒸余物残炭[3]/%(质)	不大于	0.3							GB/T 268
灰分/%(质)	不大于	0.01							GB/T 508
铜片腐蚀(50℃，3h)/级	不大于	1							GB/T 5096
水分[4]/%(体)	不大于	痕迹							GB/T 260
机械杂质[4]		无							GB/T 511
运动粘度(20℃)/(mm^2/s)		3.8~8.0				2.5~8.0	1.8~7.0		GB/T 265
凝点/℃	不高于	10	5	0	-10	-20	-35	-50	GB/T 510
冷滤点/℃	不高于	12	8	4	-5	-14	-29	-44	SH/T 0248
闪点(闭口)/℃	不低于	55					45		GB/T 261
十六烷值	不小于	45[5]							GB/T 386
馏程									GB/T 6536
50%回收温度/℃	不高于	300							

续表

项　　目		质　量　指　标							试验方法
		10 号	5 号	0 号	-10 号	-20 号	-35 号	-50 号	
90%回收温度/℃	不高于	355							
95%回收温度/℃	不高于	365							
密度(20℃)/(kg/m³)		实测							GB/T 1884 GB/T 1885

注：1）为保证项目，每月必须检测一次。在原油性质变化，加工工艺条件改变，调和比例变化及检修开工后等情况下应及时检验。

2）可用 GB/T 11131、GB/T 11140 和 GB/T 17040 方法测定。结果有争议时，以 GB/T 380 方法为准。

3）若柴油中含有硝酸酯型十六烷值改进剂，10%蒸余物残炭的测定，必须用不加硝酸酯的基础燃料进行。柴油中是否含有硝酸酯型十六烷值改进剂的检验方法见附录 A。可用 GB/T 17144 方法测定。结果有争议时，以 GB/T 268 方法为准。

4）可用目测法，即将试样注入 100mL 玻璃量筒中，在室温(20℃±5℃)下观察，应当透明，没有悬浮和沉降的水分及机械杂质。结果有争议时，按 GB/T 260 或 GB/T 511 测定。

5）由中间基或环烷基原油生产的各号轻柴油十六烷值允许不小于 40。可用 GB/T 11139 或 SH/T 0694 方法计算。结果有争议时，以 GB/T 386 方法为准。

2. 城市车用柴油

按标准 Q/SH 008—2000 生产的城市车用柴油，根据凝点划分有 10 号、5 号、0 号、-5 号、-10 号、-20 号 6 个牌号。这类柴油主要用于城区柴油汽车，为了改善城市的生态环境，该柴油的硫含量很低，并对多环芳烃含量和芳烃总含量提出了要求。其技术要求见表 2-11。

表 2-11　城市车用柴油的技术要求

项　　目		质　量　指　标						试验方法
		10 号	5 号	0 号	-5 号	-10 号	-20 号	
色度/号	不大于	3.5						GB/T 6540
氧化安定性1)/(mg/100mL)	不大于	2.5						SH/T 0175
硫含量2)/%(质)	不大于	0.030						GB/T 380
酸度/(mg KOH/100mL)	不大于	7						GB/T 258
10%蒸余物残炭3)/%(质)	不大于	0.3						GB/T 268
灰分/%（质）	不大于	0.01						GB/T 508
铜片腐蚀(50℃，3h)/级	不大于	1						GB/T 5096
水分4)/%(体)	不大于	痕迹						GB/T 260
机械杂质4)		无						GB/T 511
运动粘度(20℃)/(mm²/s)		3.0~8.0				2.5~8.0		GB/T 265
凝点/℃	不高于	10	5	0	-5	-10	-20	GB/T 510
冷滤点/℃	不高于	12	8	4	-1	-5	-14	SH/T 0248
闪点(闭口)/℃	不低于	55						GB/T 261
十六烷值5)	不小于	50						GB/T 386
多环芳烃含量/%（质）	不大于	5						SH/T 0606

续表

项　目		质 量 指 标						试验方法
		10 号	5 号	0 号	-5 号	-10 号	-20 号	
总芳烃含量/%（质）	不大于	25						SH/T 0606
馏程								GB/T 6536
50%回收温度/℃	不高于	300						
90%回收温度/℃	不高于	355						
95%回收温度/℃	不高于	365						
密度(20℃)/(kg/m^3)		实测						GB/T 1884 GB/T 1885

注：1）为保证项目，每月必须检测一次。在原油性质变化，加工工艺条件改变，调和比例变化及检修开工后等情况下应及时检验。

2）可用 GB/T 11131、GB/T 11140 和 GB/T 17040 方法测定。结果有争议时，以 GB/T 380 方法为准。

3）若柴油中含有硝酸酯型十六烷值改进剂，10%蒸余物残炭的测定，必须用不加硝酸酯的基础燃料进行。柴油中是否含有硝酸酯型十六烷值改进剂的检验方法见附录 A。可用 GB/T 17144 方法测定。结果有争议时，以 GB/T 268 方法为准。

4）可用目测法，即将试样注入 100mL 玻璃量筒中，在室温(20℃±5℃)下观察，应当透明，没有悬浮和沉降的水分及机械杂质。结果有争议时，按 GB/T 260 或 GB/T 511 测定。

5）可用 GB/T 11139 方法计算。结果有争议时，以 GB/T 386 方法为准。

3. 车用柴油

按标准 GB/T 19147—2003 生产的车用柴油，根据凝点划分有 10 号、5 号、0 号、-10 号、-20 号、-35 号和-50 号 7 个牌号。其技术要求见表 2-12。

表 2-12　车用柴油技术要求和试验方法

项　目		质 量 指 标							试验方法
		10 号	5 号	0 号	-10 号	-20 号	-35 号	-50 号	
氧化安定性总不溶物[1]/(mg/100mL)	不大于	2.5							SH/T 0175
硫[2]/%(质)	不大于	0.05							GB/T 380
10%蒸余物残炭[3]/%(质)	不大于	0.3							GB/T 268
灰分/%(质)	不大于	0.01							GB/T 508
铜片腐蚀(50℃，3h)/级	不大于	1							GB/T 5096
水分[4]/%(体)	不大于	痕迹							GB/T 260
机械杂质[4]		无							GB/T 511
润滑性									ISO 12156-1
磨痕直径(60℃)[5]/μm	不大于	460							
运动黏度(20℃)/(mm^2/s)		3.0~8.0				2.5~8.0	1.8~7.0		GB/T 265
凝点/℃	不高于	10	5	0	-10	-20	-35	-50	GB/T 510
冷滤点/℃	不高于	12	8	4	-5	-14	-29	-44	SH/T 0248
闪点(闭口)/℃	不低于	55				50	45		GB/T 261

续表

项目		质量指标							试验方法
		10 号	5 号	0 号	-10 号	-20 号	-35 号	-50 号	
着火性(需满足下列要求之一)									GB/T 386
十六烷值	不小于	49				46	45		GB/T 11139
或十六烷指数	不小于	46				46	43		GB/T 0694
馏程									GB/T 6536
50%回收温度/℃	不高于	300							
90%回收温度/℃	不高于	355							
95%回收温度/℃	不高于	365							
密度(20℃)/(kg/m³)		820~860					800~840		GB/T 1884 GB/T 1885

注：1）为出厂保证项目，每月应检测一次。在原油性质变化，加工工艺条件改变，调和比例变化及检修开工后等情况下应及时检验。对特殊要求用户，按双方合同要求进行检验。

2）可用 GB/T 11131、GB/T 11140、GB/T 12700、GB/T 17040 和 SH/T 0689 方法测定。结果有争议时，以 GB/T 380 方法仲裁。

3）可用 GB/T 17144 方法测定。结果有争议时，以 GB/T 268 方法为准。若柴油中含有硝酸酯型十六烷值改进剂及其他性能添加剂时，10%蒸余物残炭的测定，必须用不加硝酸酯和其他性能添加剂的基础燃料进行。柴油中是否含有硝酸酯型十六烷值改进剂的检验方法见附录 A。

4）可用目测法，即将试样注入 100mL 玻璃量筒中，在室温(20℃±5℃)下观察，应当透明，没有悬浮和沉降的水分及机械杂质。结果有争议时，以 GB/T 260 或 GB/T 511 测定。

5）为出厂保证项目，对特殊要求用户，按双方合同要求进行检验。

与汽油一样，对柴油质量的要求也越来越高，据统计，我国轻柴油中车用柴油仅占30%左右，其余为农用、船用、矿山用和民用等，这种状况今后若干年内不会发生突变，因此，没有必要将我国所生产的全部轻柴油向国外车用柴油靠拢，而只需根据我国的要求制订车用柴油标准即可。所以将车用柴油、城市车用柴油从通用柴油中分离出来，制定单独的标准，是符合我国在用柴油的实际情况的，也有利于石油能源的合理利用。

4. 选用

正确选用柴油的原则是：所选用柴油的凝点小于使用温度 5~7℃，冷滤点约等于使用气温。具体来说可按下列情况选用：

10 号轻柴油适用于有预热设备的高速柴油机；

0 号轻柴油适用于风险率为 10%的最低气温在 4℃ 以上的地区；

-10 号轻柴油适用于风险率为 10%的最低气温在-5℃ 以上的地区；

-20 号轻柴油适用于风险率为 10%的最低气温在-5~-14℃的地区；

-35 号轻柴油适用于风险率为 10%的最低气温在-14~-29℃的地区；

-50 号轻柴油适用于风险率为 10%的最低气温在-29~-44℃的地区。

风险率为 10%的最低气温表示最低气温低于该温度的概率为 0.1，或者说最低温度低于该温度的可能性不超过 1/10。

(二) 重柴油

重柴油是 1000r/min 以下的中低速柴油机的专用燃料。按凝点分为 10 号、20 号和 30 号

3 个牌号。其质量执行 GB 445—1998 国家标准，见表 2-13。

表 2-13 重柴油标准(GB 445—1998)

项目		质量指标			试验方法
		10	20	30	
凝点/℃	不高于	10	20	30	GB/T 3535
硫含量/%	不大于	0.5		1.5	GB/T 387
闪点(闭口)/℃	不低于	65			GB/T 261
运动粘度(50℃)/(mm^2/s)	不大于	13.5	20.5	36.2	GB/T 265
水溶性酸或碱		无			GB/T 259
机械杂质/%		0.1	0.5		GB/T 511
水分/%(体)	不大于	0.5	1.0	1.5	GB/T 260
残炭/%	不大于	0.5		1.5	GB/T 268①
灰分/%	不大于	0.04	0.06	0.08	GB/T 508

① 残炭允许用 SH/T 0170 方法测定，仲裁试验以 GB/T 268 方法为准。

各牌号的适用范围：

10 号重柴油用于 500~1000r/min 的中速柴油机；

20 号重柴油用于 300~700r/min 的中低速柴油机；

30 号重柴油用于 300r/min 以下的低速柴油机。

三、注意事项

（1）防止水分、机械杂质混入油中。

（2）严禁与汽油混合后用于照明或作煤油炉燃料。

（3）同一级别牌号不同的柴油，由于它们的质量指标除凝点和冷滤点外基本相同，所以当资源不足时，可以在适合气温用油的情况下混用。

（4）严防曝晒及明火加热，尽量在较低温度下储存。冬季使用柴油时，可进行必要的预热。

（5）柴油在使用前，都须经过沉淀、过滤，除去杂质和水分，以保证柴油机燃料供给系统的正常工作。

（6）使用重柴油每次启动前或停车后，都要用轻柴油运转 5~15min，使发动机预热或冲洗柴油管路，以免重柴油凝结影响下次启动。

第三节 润滑油、脂

汽车使用的润滑剂主要有内燃机油、齿轮油、制动液和润滑脂等。其作用是降低摩擦，减少磨损，散热冷却，密封防护，促使汽车的正常工作。所以车用润滑剂品质优劣，用油是否合适，不仅关系油耗多少、成本高低，而且影响汽车的营运能力和使用寿命。

一、润滑油

（一）内燃机油

内燃机油（简称机油）包括汽油机油和柴油机油，是以深度精制的矿物油或合成油作基础油，加有多种添加剂制成的优质润滑油。其用量最大，约占润滑油总消费量的 40%。

1. 性能要求

内燃机工作时具有温度高、温差大、运动速度快、负荷重、受环境因素的影响大等特点，为了保证内燃机的正常工作，内燃机油应具有适宜的粘度和粘温性能，粘度受温度变化的影响小；良好的清净分散性能，能及时把发动机零件上的胶状物和沉积物清洗下来；较好的抗氧、抗腐性能，延缓或阻止油品氧化进程，有效保护金属表面；良好的抗磨性能，减少摩擦、磨损，保证机件的可靠润滑，并具有中和酸性物质的能力。

2. 分类

(1) 粘度分类。我国内燃机油粘度分类国家标准 GB/T 14906—1994 和国际通用的 SAE(美国汽车工程师协会)粘度分类法相同，见表 2-14。

表 2-14　我国内燃机油的粘度分类

SAE 粘度级	最大低温粘度/mPa·s	最高临界泵送温度/℃	100℃运动粘度/(mm^2/s)	
			不小于	不大于
0W	-30℃　3250	-35	3.8	
5W	-25℃　3500	-30	3.8	
10W	-20℃　3500	-25	4.1	
15W	-15℃　3500	-20	5.6	
20W	-10℃　4500	-15	5.6	
25W	-5℃　6000	-10	9.3	
20			5.6	9.3
30			9.3	12.5
40			12.5	16.3
50			16.3	21.9
60			21.9	26.1

表中带尾缀 W 的粘度级号是适宜低温下使用的内燃机油，不带尾缀 W 的粘度级号适用于常温和高温环境，通常称这类润滑油为单级油。由上述两个不同粘度级号组成的油称多级油或冬夏通用油。如 SAE10W/30，前面一组数字表示其低温粘度符合 SAE10W 要求，后面数字表示其 100℃运动粘度符合 SAE30 要求。多级油粘度指数高，粘温性能好，可以全年通用，节约燃料，润滑油耗量少。

(2) 用途分类。用途分类亦即内燃机油的质量等级分类，我国参照 API(美国石油学会)分类制定了 GB/T 7631.3—1995 内燃机油分类标准，具体见表 2-15、表 2-16。表中未列出的 SA、SB 和 CA、CB 4 个质量等级，国家已在 1995 年发文予以废除。

表 2-15　汽油机油分类

质量等级	特性和使用场合
SC	用于货车、客车或其他汽油机以及要求使用 API SC 级油的汽油机。可控制汽油机高低温沉积物及磨损、锈蚀和腐蚀
SD	用于货车、客车和某些轿车的汽油机以及要求使用 API SD、SC 级油的汽油机。此种油品控制汽油机高、低温沉积物、磨损、锈蚀和腐蚀的性能优于 SC，并可代替 SC

续表

质量等级	特性和使用场合
SE	用于轿车和某些货车的汽油机以及要求使用API SE、SD级油的汽油机。此种油品的抗氧化性能及控制汽油机高温沉积物、锈蚀和腐蚀的性能优于SD或SC，并可代替SD或SC
SF	用于轿车和某些货车的汽油机以及要求使用API SF、SE及SD级油的汽油机，此种油品的抗氧化和抗磨损性能优于SE，还具有控制汽油机沉积、锈蚀和腐蚀的性能，并可代替SE、SD或SC
SG	用于轿车、货车和轻型卡车的汽油机以及要求使用API SG级油的汽油机。SG质量还包括CC(或CD)的使用性能。此种油品改进了SF级油，控制发动机沉积物、磨损和油的氧化性能，并具有抗锈蚀和抗腐蚀的性能，并可代替SF、SF/CD、SE或SE/CC
SH	用于轿车和轻型卡车的汽油机以及要求使用API SH级油的汽油机。SH质量在汽油机磨损、锈蚀、腐蚀及沉淀物的控制和油的氧化方面优于SG，并可代替SG
SJ	用于各种高级轿车和赛车，具有优越的低温启动性和高温润滑性，减少磨损，节约燃料，是一种高质量档次的节能型润滑油

表2-16　柴油机油分类

质量等级	特性和使用场合
CC	用于在中及重负荷下运行的非增压、低增压或增压式柴油机，并包括一些重负荷汽油机。对于柴油机具有控制高温沉积物和轴瓦腐蚀的性能；对于汽油机具有控制锈蚀、腐蚀和高温沉积物的性能，并可代替CA、CB级油
CD	用于需要高效控制磨损及沉积物或使用包括高硫燃料非增压、低增压及增压式柴油机以及国外要求使用API CD级油的柴油机。具有控制轴承腐蚀和高温沉积物的性能，并可代替CC级油
CD-Ⅱ	用于要求高效控制磨损和沉积物的重负荷二冲程柴油机以及要求使用API CD-Ⅱ级油的发动机。同时也满足CD级油性能要求
CE	用于在低速高负荷和高速高负荷条件下运行的低增压和增压式重负荷柴油机，以及要求使用API CE级油的发动机，同时也满足CD级油性能要求
CF-4	用于高速四冲程柴油机以及要求使用API CF-4级油的柴油机。在油耗和活塞沉积物控制方面性能优于CE并可代替CE，此种油品特别适用于高速公路行驶的重负荷卡车
CG4	用于高增压高效柴油机，抗热氧化、抗腐抗磨、抗积炭性能极好的节能、环保型高质量柴油机油。适用于公路上重型柴油车

3. 选用

(1) 质量等级选用。汽油机油的质量等级一般是根据发动机负荷、压缩比等进行选择，见表2-17。但首先应当遵照生产厂家说明书规定选用润滑油。

表2-17　汽油机油质量等级选择

压缩比	发动机附属装置	质量等级
6.5~7.0		SC
7.0~8.0	曲轴箱正压排气(PCV)	SD
>7.5	废气循环	SE
>8.0	废气循环	SE或SF
>8.0	涡轮机增压	SF/CC或SE/CC

柴油机油的选用主要依据是汽车使用说明书中的要求，对选择柴油机油的质量和粘度级别，作有明确和具体的规定。也可根据柴油机的强化系数来选择，见表 2-18。

表 2-18　柴油机油质量等级选择

强化系数	质量等级	强化系数	质量等级	强化系数	质量等级
35~50	CC	50~80	CD	>80	CE、CF-4

选用内燃机油质量等级时，如果车辆运营中有下列情况之一，使用的润滑油要考虑提高一个质量档次或缩短换油期。

① 停开频繁，如城市公共汽车、出租车；

② 长期低温（气温小于 0℃）、低速下（速度小于 16km/h）行驶；

③ 长时间在高温、高速下工作尤其是满载长距离行驶；

④ 2t 以上的牵引车，满载（带拖挂）长时间行驶；

⑤ 在煤场、矿山等灰尘污染严重的场所作业。

（2）粘度选用。粘度对发动机工作的影响很大，必须选用粘度适宜的内燃机油，才能保证发动机的经济运行和正常润滑。具体选用可参考表 2-19。

表 2-19　推荐选用粘度表

气　候	地　区	气温范围/℃	适用牌号
严　寒	东北、西北	-25~-30	5W
		-30~30	5W/20
寒	华北、中西部及黄河以北地区	-20~-25	10W
		-25~30	10W/30
		-15~-20	15W
		-20~20	15W/20
		-20~30	15W/30
寒-温	黄河以南、长江以北	-5~-15	20W
		-15~30	20W/30
温	长江以南、南岭以北	-10~30	20
		0~30	30
温-热	南方	10~50	40

4. 内燃机通用油

内燃机通用油即汽油机、柴油机通用的内燃机油，在使用性能上既能满足汽油机的要求，又能满足柴油机的要求。如 SE/CC 级内燃机油，既可用于要求使用 SE 级的汽油机，也可用于要求使用 CC 级的柴油机。通用油的优点是给用户的保管、使用带来了方便。

5. 换油期

内燃机油在使用过程中，由于污染或油品本身发生化学变化，使粘度升高、酸值增大、不溶物增多，导致不能继续使用，必须更换新油。

换油应根据汽车说明书的要求，结合使用条件，定期更换。定期换油操作方便，是用户主要采用的方法，见表 2-20。有条件时，最好定期对机油进行化验分析，根据化验结果对照换油指标确定是否需要换油，当使用中的机油有一项指标达到换油指标时应更换新油，这样既可满足发动机的润滑要求，又可节约油料。

表 2-20　常用车型参考换油里程

车　型	机油品种	路面状况	参考换油里程/km
东风 EQ140	SC	一般路面	15000~20000
解放 CA141	SD	较好路面	12000~15000
解放 CA141	SD	一般路面	10000
小轿车	SE	一般路面	8000~10000
丰　田	SE	一般路面	15000
通用汽车	SF	一般路面	13000
解放 CA15K	CC	3~4 级	20000
黄河 JN162、JN163	CC	3~4 级	12000~15000

汽油机油、柴油机油换油标准分别见表 2-21、表 2-22。

表 2-21　汽油机机油换油标准(GB/J 8028—1994)

项　目	指　标	项　目	指　标
100℃运动粘度变化率/%　超过	±25	酸值/(mgKOH/g)	>2.0
水分/%	>0.2	铁含量/(mg/kg)	>250(SC)，>200(SD)，>150(SE)
闪点(开口)/℃	<165(单级)，<150(多级)	正戊烷不溶物/%	>1.5(SC，SD)，>2.0(SE)

表 2-22　柴油机机油换油标准(GB/T 7607—2002)

项　目	指　标	
	CC、SD/CC、SE/CC	CD、SF/CD
100℃运动粘度变化率/%　超过	±25	
碱值/(mgKOH/g)	<新油的 50%	
正戊烷不溶物/%(质)	>3.0 >1.5①	
铁含量/(mg/kg)	>200 >100①	>150 >100①
酸值增值/(mgKOH/g)	>2.0	
闪点(开口)/℃	单级油<180，多级油<160	
水分/%(质)	>0.2	

注：①适用于固定式柴油机。

6. 注意事项

(1) 应选用粘度略小而能保证发动机正常润滑的内燃机油，若粘度过大会使燃油耗量增加，发动机功率下降。

(2) 长距离、重负荷运营的车辆或发动机已磨损严重，所用内燃机油的粘度应该大一些。新车走合期中，不论季节或气温变化，都应使用低粘度的内燃机油。

(3) 内燃机油使用不久后颜色变深是正常现象。这是因为油中的清净分散剂将积炭、漆膜、烟怠等清净分散成微粒悬浮在油中的原因，从而可以减少发动机部件上漆膜和积炭的生成。

(4) 高质量级别的内燃机油可以代替低质量级别的内燃机油，但不能用低质量级别的内燃机油代替高质量级别的内燃机油，否则会导致发动机故障甚至损坏。

(5) 合理使用内燃机油的关键是确定合理的换油期，换油期过长会增加发动机磨损，过短会造成内燃机油浪费。

(6) 为了延长内燃机油的作用期限，换油前要将污油放净，清洗残存油品，然后加入新油，以防降低使用效果。加入量要适中，不要过多或过少。

(7) 售卖润滑油同样也应遵循“先进先出”的原则。

(8) 严防水分等杂质混入油中，特别是中、高档润滑油和酯类合成油，以免造成油品质量变坏。

(9) 倒装和加注润滑油时要保持容器和工具的清洁，防止水分、灰砂、铁锈等通过容器或加注工具进入油中影响油品质量。

(10) 为方便用户，加油站应配备自动加气机和换(机)油机，同时注意废油的回收和利用。

7. 二冲程汽油机油

用于国产和进口摩托车、摩托艇和小型农林动力机械等的二冲程发动机润滑。

(1) 性能要求。在二冲程汽油机工作过程中，润滑油是混在汽油中使用的，属于一次性润滑，润滑条件和环境苛刻，因此不仅要求其与汽油有很好的混溶性，与汽油的比例越小越好(目前可达 100∶1)。而且润滑油必须具有良好的耐高温性和润滑性，优良的高温清净性，低灰分，少积炭，低排烟，少污染环境，保证发动机正常润滑。此外还应具有良好的抗腐防锈性、与橡胶密封圈的相容性、合适的粘度以及流动性能。所以要使用抗磨抗擦伤性好的优质专用润滑油。

(2) 分类。我国参照 API 等标准，按特性和使用场合把二冲程汽油机油分为 ERA、ERB、ERC、ERD 4 种，分别与 TSC-1、TSC-2、TSC-3、TSC-4 相对应，其分类标准见表 2-23。也有按 JASO(日本汽车标准化组织)标准生产的 FB、FC 和按 NMMA(美国国家船舶制造商协会)标准生产的 TCW-Ⅱ、TCW-Ⅲ等二冲程汽油机油。JASOFC 为低烟二冲程汽油机油，是国际上通行的环保型产品。而 TCW-Ⅱ、TCW-Ⅲ专用于水上摩托艇水冷式二冲程汽油机。

表 2-23　二冲程汽油机油分类

质量等级	特性和使用场合	API
L-ERA	用于缓和条件工作的小型风冷二冲程汽油机。具有防止发动机高温堵塞和活塞磨损的性能；另外还能满足发动机其他一般性能要求	TSC-1
L-ERB	用于缓和至中等条件下工作的小型风冷二冲程汽油机。具有防止发动机活塞磨损和由燃烧室沉积物引起提前点火的性能，另外还满足发动机其他一般性能要求	TSC-2
L-ERC	用于苛刻条件的小型至中型的风冷二冲程汽油机。具有防止高温活塞环粘结和由燃烧室沉积物引起提前点火的性能，另外还能满足发动机其他一般性能要求	TSC-3
L-ERD	用于苛刻条件下工作的中型至大型水冷二冲程汽油机。具有防止由燃烧室沉积物引起提前点火、活塞环粘结、活塞磨损和腐蚀，另外还能满足发动机其他一般性能要求	TSC-4

二冲程汽油机油的粘度分类与汽油机油相同，在此不再述及。

(3) 产品应用。国产二冲程汽油机油主要适用于不同类型的风冷及水冷二冲程汽油机，不同级别的油品适用范围及燃油比见表 2-24。

(4) 注意事项

①为保证二冲程汽油机的润滑和延长使用寿命，保护环境，要指导顾客使用专用的二冲

程汽油机油。

② 由于润滑油是加在汽油中起混合作用，汽油的辛烷值有所降低。因此二冲程汽油机要选择辛烷值稍高的汽油。

③ 二冲程汽油机油属特殊油品，应单独存放，储存和使用中不可遇水，不能用明火加热，应按说明书提供的燃油比使用。

表 2-24　不同品种二冲程汽油机油适用范围

质量等级	推荐适用范围	燃油比(体)
ERA	适用排量为 50mL 以下的轻负荷风冷式二冲程汽油机。如小型农林动力机械、机动自行车等	40：1
ERB	适用排量为 50~250mL 操舟机和摩托车等二冲程汽油机。如国产箭牌 67 型、72 型，嘉陵 50 型、幸福 250 型、WY50 型，进口雅马哈 DX-100 型、铃木、川崎、山叶等摩托车	40：1~50：1
ERC	适用各种排量的摩托车、操舟机快艇、链锯、割草机、雪撬等较大负荷、较高强度的风冷二冲程汽油机以及部分水冷发动机	50：1

（二）车辆齿轮油

由于齿轮结构和润滑的特点，其润滑条件十分苛刻，所以对齿轮油的质量要求较高。

1. 性能要求

具有适当的粘度和较好的粘温性能，良好的低温流动性和抗泡沫性以及较好的热氧化安定性和抗腐防锈性能。特别要求有较强的极压抗磨性，在齿轮摩擦面接触压力非常高的条件下，齿轮油能在齿轮表面形成牢固的油膜，防止齿面擦伤和烧结，保证在高温高压状况下的润滑作用。

2. 分类

（1）粘度分类。我国车辆齿轮油的粘度分类采用 SAE J306C 粘度分类标准，见表 2-25。

表 2-25　车辆齿轮油的粘度分类

SAE 粘度级	动力粘度达 150000mPa·s 时最高温度/℃	100℃运动粘度/(mm^2/s)	
		最　低	最　高
70W	55	4.1	
75W	40	4.1	
80W	26	7.0	
85W	12	11.0	
90		13.5	24.0
140		24.0	41.0
250		41.0	

（2）质量分类。我国车辆齿轮油的质量分类是参照 API 标准制订的，与 API 分类对应关系见表 2-26。

表 2-26　我国车辆齿轮油的分类与 API 性能分类对应关系

车辆齿轮油	对应的 API 分类	车辆齿轮油	对应的 API 分类	车辆齿轮油	对应的 API 分类
普通车辆齿轮油	GL-3	中负荷车辆齿轮油	GL-4	重负荷车辆齿轮油	GL-5

3. 选用

车辆齿轮油的选用，一方面要根据齿轮类型和工作条件来确定齿轮油的质量档次，另一方面要根据最低使用环境温度和传动装置的运行最高温度来确定粘度等级。

(1) 质量档次的选择　普通车辆齿轮油适用于中等速度和负荷比较苛刻的手动变速器和螺旋伞齿轮的驱动桥；

中负荷车辆齿轮油适用于低速高扭矩、高速低扭矩下操作的各种齿轮，特别是客车和其他各种车辆的准双曲面齿轮；

重负荷车辆齿轮油适用于高速冲击负荷 、高速低扭矩和低速高扭矩下操作的各种齿轮，特别是客车和其他各种车辆的准双曲面齿轮。

(2) 粘度级别的选择　车辆齿轮油粘度级别的选择主要依据是最低使用温度，同时考虑运行时最高工作温度，见表 2-27。

表 2-27　车辆齿轮油粘度级别选用

SAE 粘度级	使用温度范围	SAE 粘度级	使用温度范围
75W	-40℃以上严寒区冬季	85W/90，85W/140	-12℃以上地区冬夏通用
80W/90	-26℃以上地区冬夏通用	90	长江以南冬季气温不低于-10℃的地区全年使用

由表 2-27 可知，我国长江以南冬季气温不低于-10℃的地区，可以全年使用 90 号油，东北及西北寒区可以全年使用 80W/90 号油，其余地区可以全年使用 85W/90 号油，85W/140 号用于云南、海南重负荷汽车和功率高、负荷重的牵引车或工程车。

4. 换油指标

普通车辆齿轮油换油指标可参照 SH/T 0475—92 标准，见表 2-28，当使用中的油品有一项达到换油指标时应换新油。该标准也推荐相应的换油里程为 45000km。中、重负荷车辆齿轮油的换油期尚无统一标准，表 2-29 的数据可作参考。

表 2-28　普通车辆齿轮油换油标准

项　　目	标　　准
100℃运动粘度变化率/%	+20～-10
水分/%	>1
酸值增加值/(mgKOH/g)	>0.5
铁含量/%	>0.5
正戊烷不溶物/%	>2

表 2-29　中、重负荷车辆齿轮油的换油期参考标准

项　　目	指　　标
100℃运动粘度变化率/%	±10～15
水分/%	>0.5
酸值增加值/(mgKOH/g)	>0.5～1.0
正戊烷(石油醚)不溶物与苯不溶物之差/%	>0.5
灰分或金属含量	显著增加

5. 注意事项

(1) 齿轮油的加油量不可过多或过少。过多时会增加齿轮的搅拌阻力，增加燃料消耗；过少则会造成润滑不良、温度升高，加速齿轮磨损。

(2) 普通车辆齿轮油绝不能与重负荷车辆齿轮油混存混用，也不能代替内燃机油或其他油使用，以免发生事故。

(3) 齿轮油在使用中质量变化较慢，耗量较小，但也应及时补充，不能忽视。

(4) 更换齿轮油，最好在停车后趁热放出旧油，并将齿轮和箱内清洗干净，然后加入新油。

(5) 要按规定调整好齿轮间隙，注意齿轮箱的密封，防止齿轮油渗漏和水分、杂质等侵入。

(6) 在冬季不要因为齿轮油粘度变大影响汽车启动而烘烤齿轮箱，也不要往齿轮油中兑柴油、煤油、机油等。因为这些做法都会使齿轮油变质，使用性能降低，造成齿轮损坏。

(三) 汽车制动液(刹车油)

目前应用的主要产品为合成制动液，合成制动液的代号由符号(HZY)和标记(阿拉伯数字)两部分组成。其中H、Z、Y分别为合成、制动和液体的汉语拼音的第一个字母。阿拉伯数字作为序号，无其他含义。

1. 性能要求

汽车在正常工作温度范围内，刹车灵敏可靠，这是制动液最根本的要求；不产生气阻，具有足够的粘度、粘温特性和良好的润滑性能；具有较好的抗氧化安定性和热安定性，不腐蚀金属；对刹车系统的皮碗皮管相容性好。

2. 品种牌号

根据GB 12981—2003把合成制动液分为HZY3、HZY4、HZY5 3个品种，与《汽车制动液使用技术条件》国家标准中的JG3、JG4、JG5相对应。其使用性能全面，质量达到国际先进水平。此外，我国按企业标准生产4603、4604和4606等汽车合成制动液。

3. 产品应用

1989年我国制订了GB 10830—89《汽车制动液使用技术条件》，把合成制动液分为6类，即JG0、JG1、JG2、JG3、JG4、JG5，并对各类制动液的推荐使用范围予以明确，该标准是合成制动液选用的指南，见表2-30。其他合成制动液的应用范围见表2-31。

表2-30 各级制动液推荐使用范围

级　别	推荐使用范围
JG0	严寒地区冬季使用，如最低月平均气温在-20℃以下的黑龙江、内蒙、新疆等地区
JG1	高温抗气阻性能已达SAE J1703C水平，我国一般地区均可使用
JG2	相当于SAE J1703水平，我国广大地区均可使用
JG3	相当于ISO①4926和DOT②3水平，我国广大地区均可使用
JG4	相当于DOT4水平，我国广大地区均可使用
JG5	相当于DOT5水平，特殊要求车辆使用

注：① ISO指国际标准化组织。
② DOT指美国联邦运输部。

表2-31 其他合成制动液应用范围

制动液名称	应　用　范　围
4603-1	适用于载重汽车和工程机械的液压制动系统，使用气温-30℃以上地区
4603	与4603-1相同，但不宜在湿热条件下使用
4604	适用于各种高级轿车和其他类型车辆的液压制动系统，尤其适用于制动液操作温度较高的进口轿车，全国通用，四季通用
4606	适用于各种高级轿车、客车，微、轻、重型车的液压制动系统和离合器系统，特别适用于制动液操作温度较高的进口轿车

4. 注意事项

(1) 不同类型和牌号的制动液绝对不能混存混用，在更换制动液时，应先用酒精将制动系统清洗干净，待晾干后加入新油。

（2）在换用新品种橡胶皮碗时，应先考察其与使用制动液的适用性。

（3）合成制动液中有的品种呈弱碱性，对人体皮肤有轻微刺激作用，在使用中应注意避免与人体接触。

（4）制动液是与汽车行驶安全密切相关的产品，在保管、使用过程中，应存放于库房内或干燥通风处，容器要盖紧，防止杂质混入、蒸发或吸潮变质。

（5）制动液的换油期一般营业车每年换一次，自备车两年换一次，或者 20000～40000km 更换，但在山区油温经常到 140℃以上，可适当缩短更换时间或里程。

二、润滑脂

（一）性能特点

润滑脂是塑性的膏状物质，具有很高的粘附力，较强的润滑性，在摩擦面上不易流失，其作用主要是润滑、密封和保护，但不能取代润滑油，由于它的粘滞性强，设备启动负荷增大，流动性差，散热冷却不好，供脂、换脂不方便，限制了润滑脂在高温（250℃以上）、高转速（超过 2000rpm）条件下使用。

润滑脂的上述性能特点是由其组成所决定的。它由基础油、稠化剂、添加剂和稳定剂四部分组成。

1. 基础油

润滑脂中的基础油（即润滑油）含量占 75%～90%，它对脂的使用性能影响很大，如基础油的种类、凝点高低、粘度大小、粘度指数等，直接关系到润滑脂的流动性、润滑性、粘温性和胶体安定性等。所以基础油的性能必须满足润滑脂的使用性能要求。

2. 稠化剂

稠化剂在润滑脂中的含量为 10%～20%，它是润滑脂的骨架，能把基础油吸附在骨架内使其失去流动能力而成为膏状物质。稠化剂的性质和含量决定了润滑脂的粘稠（软硬）程度以及耐水和耐热等使用性能。稠化剂有皂基和非皂基两大类，目前常用的一些润滑脂大多是由皂基稠化基础油制成。

3. 添加剂

为了改善和强化润滑脂的某些使用性能，以适应润滑脂在一些特殊环境下工作，在润滑脂中需加入一种或几种和一定数量的添加剂。

4. 稳定剂

稳定剂使基础油和稠化剂稳定地结合在一起，否则就会油皂分离不能使用。常用的稳定剂是水和甘油等。

（二）品种、牌号和使用

加油站经营的主要是汽车用润滑脂，常用的有钙基脂、钠基脂、钙钠基脂、锂基脂和石墨脂等。其性能特点和应用情况如下：

1. 钙基润滑脂

钙基脂俗称黄油，是由动植物油与石灰制成的钙皂稠化中等粘度的矿物油制成。按锥入度分为 1 号、2 号、3 号、4 号 4 个牌号，号数越大，脂越硬，滴点越高。

（1）性能要求。耐水性好，遇水不易乳化变质，能在潮湿环境或与水接触的情况下使用；胶体安定性较好，储存中分油量少。但其抗热性能差，使用寿命短。

（2）用途。主要用于汽车的轮毂轴承、水泵轴承、变速器前轴承以及分电器凸轮等部分。通常使用2号和3号。使用温度范围为-10～60℃。

（3）注意事项。耐热性差，它是以水为稳定剂，应注意不要超过规定的使用温度，以免失水破坏结构，引起油皂分离，失去润滑作用；更换润滑脂时，要将轴承洗净擦干；应置放室内，密封储存防止雨淋及杂质混入。但也不要长久堆放，避免下层脂负重引起分油。

2. 钠基润滑脂

钠基脂是以钠皂稠化矿物油而制成。按锥入度分为2号、3号2个牌号。

（1）性能要求。具有良好的耐热性、吸潮性，但抗水性能差，可作为通用减摩润滑脂。

（2）用途。最适用于工作温度较高（120℃以下）的摩擦部位，如汽车离合器轴承、传动轴中间支承轴承等，不适用与水相接触的润滑部位。

（3）注意事项。亲水性强，不宜在潮湿或与水接触的润滑部位上使用。其他注意事项同钙基脂。

3. 钙钠基润滑脂

此脂是以动植物油钙钠混合皂稠化中等粘度的矿物油而制成，又叫轴承润滑脂。按锥入度分为1号、2号2个牌号。

（1）性能要求。有较好的抗水性和耐温性，抗水性优于钠基脂，耐温性优于钙基脂。可以适应湿度不大、温度较高的工作条件。但该产品不适于低温情况下工作。

（2）用途。适用于铁路机车和列车的滚珠轴承，汽车上多用于轮毂轴承等部位。

（3）注意事项。钙钠基脂不能与其他润滑脂混用。其他注意事项同钙基脂。

4. 石墨钙基润滑脂

该脂由动植物油钙皂稠化中等粘度矿物油并加入10%鳞片状石墨制成。

（1）性能要求。具有较好的抗磨极压性，能适应重负荷、粗糙摩擦面的润滑，并有较好的抗水性，能适应与水或潮气接触设备的润滑。

（2）用途。适用于工作温度在60℃以下的汽车钢板弹簧、吊车、重型汽车齿轮盘及其他粗糙、重负荷的摩擦部位。

（3）注意事项。不适用于滚动轴承较精密的机件上润滑。该脂缺少时，可用2号钙基脂调入10%石墨来代替，在配制时加热温度不应超过60℃，以免钙基脂失去水分破坏结构，影响润滑效果。其他注意事项同钙基脂。

5. 通用锂基润滑脂

通用锂基脂是由脂肪酸锂皂稠化精制矿物油并添加抗氧剂等制成。按锥入度分为1号、2号、3号3个牌号。

（1）性能要求。具有良好的抗水性、机械安定性、防锈性和氧化安定性及高低温性能。

（2）用途。属于长寿命、多用途的润滑脂，可取代钙基、钠基及钙钠基脂，是这些润滑脂的换代产品。广泛应用于-20～120℃温度范围内各种高速和与水接触的机械部件上。除严寒地区外，可全年在各种汽车的用脂部位使用。

（3）注意事项。通用锂基脂不宜用大容器盛装，以免引起析油。如有少量析油，可在常温下搅拌或研磨均匀后，仍可使用。不要与其他脂类混合使用。其他注意事项同钙基脂。

6. 汽车通用锂基润滑脂

该脂是以脂肪酸锂皂稠化精制矿物油并添加抗氧剂等制成的润滑脂。

（1）性能要求。具有良好的机械安定性、防锈性、氧化安定性和抗水性，并具有优良的高低温性能。

（2）用途。适用于汽车轮毂轴承、底盘、水泵和发电机等摩擦部位的润滑，使用温度为−30～120℃。

（3）注意事项。严禁与其他润滑脂混用，并要密封保管，防止水及杂质混入。

三、油品简易识别

油品识别是根据油品的外观、颜色、透明度、有无机械杂质、水分和沉淀等判断油品的类别、牌号、质量和是否混油等。这对于不具备化验设备的加油站做好质量管理和维护具有实用意义，以防止油品错收、错发、错用、错存以及混油事故，所以，油品识别是加油站员工必须掌握的一项基本技能。

应当说明，同一品种和牌号的油品，由于炼厂不同，或虽是同一炼厂但生产时间不一，或所用原油、炼制工艺不同和使用添加剂相异，都会使油品外观、色泽、气味等存在差异。因此，要根据加油站经营中经常接触的油品反复实践，认真观察，摸索规律，总结一套切实可行和有效的识别方法。

（一）看

看油品的外观。一般来说不同种类的油品都具有不同的颜色。颜色浅、透明的多是轻质馏分和深度精制的油品即燃料油类或是轻质润滑油产品；颜色深、半透明的或不透明的油品一般是重质润滑油产品。在观察颜色时，油样应装在无色透明、大小一致和厚薄相同的玻璃瓶(管)内，且光源和光照强度相同，否则会影响判断的正确性。

至于润滑脂，其颜色为浅黄色至暗褐色，多呈纤维结构，具有一定光泽，为不透明或半透明体。如钠基脂是暗褐色、长纤维。锂基脂具有光滑细小的纤维。各种钙基脂显淡黄色或褐色，具有细小纤维或看不出纤维结构。钙钠基脂为黄色到棕黄色，呈团粒结构，但石墨脂为黑色并有光泽的石墨粒子存在。

（二）闻

闻油品的气味。油品的种类不同，其气味存在差异，一般分为汽油味、柴油味、煤油味、酸味、芳香味、糊焦味等。油品中加入添加剂的具有一定的酸味；齿轮油具有糊焦味；轻质溶剂油具有芳香味。各种皂基润滑脂都具有一定程度的油脂气味和香味，但非皂基润滑脂没有香味。这种闻气味的方法只能鉴别油品的大概类别。

（三）摸

用手摸油品。体验其光滑、软硬和凉热等。

手接触汽油，由于其蒸发快，手有发涩和发凉感；柴油、煤油蒸发较慢，手有光滑感。

不同种类的润滑油和润滑脂，与水作用后呈现不同状态，一般含添加剂的润滑油遇水易乳化，不含添加剂的油品不易乳化；钠基脂遇水乳化，钙基脂不易乳化。

精制程度深的油品光滑感强，反之，油品光滑感较差。

（四）摇

观察油的稀稠程度。把油样装在白色透明的玻璃瓶中摇动，观察油膜挂瓶情况和气泡的产生、消失快慢等现象。粘度小的油，产生气泡多，但消失快，挂瓶少；粘度大的油，产生气泡少，消失慢，油挂瓶较多。这种方法可以基本区别出油品的不同牌号。

【思考题】

1. 汽油牌号与发动机压缩比之间有何关系，为什么？

2. 何谓汽油、柴油的清洁性？

3. 汽油、柴油各依据什么划分牌号，各有几个品种、牌号？

4. 解释辛烷值与十六烷值的概念与使用上的意义。

5. 储存中的轻柴油颜色为什么会变深？

6. 冬季柴油汽车因蜡堵塞油路启动不了，可采用哪些合适办法？

7. 何谓单级油、多级油，各有何使用特点？

8. 什么叫内燃机通用油，有何使用特点？

9. 三种润滑油分别是 SF/CC 15W/40 、CD 15W/30 和 GL-5 85W/90，请问各是何种润滑油，适用何种车辆或车辆部位？

10. 柴油机油 CF 与 CF-4 一样使用吗？

11. 润滑脂由何组成，与润滑油比较具有什么特点？

12. 加油站为何要重视和提倡在卖油的同时卖用油技术？

【案例题】

案例一

某石油公司从两个不同的厂家进了牌号相同的 90 号车用无铅汽油，卸入公司同一油库，随后用油罐车发往各加油站销售。购买使用该汽油的用户不久陆续向公司反映：使用这批汽油后，发动机动力性能变差，油耗增加等。后经质检部门对这批汽油的试样进行检测，发现其硫含量严重超标，铜片腐蚀也不合格，认定是一起油品质量事故。

请分析：

1. 发生这起油品质量事故的原因是什么？

2. 为什么汽车发动机会出现工作不正常？

3. 如何采取措施避免此类事故的再次发生？

案例二

某石油公司租用一条刚装运过食用油的油轮装运 93 号车用汽油，卸入公司油库，随后用油罐车把这批汽油分送给各加油站销售。购买了该批汽油的用户在使用中感觉到：发动机工作不稳定，动力明显不足，油耗上升。后经质检部门对这批汽油的样品进行了化验检测，发现其实际胶质超过国家标准规定的几倍。试分析：

1. 导致该批 93 号汽油实际胶质超标的原因是什么？

2. 发动机使用这批汽油为何会出现工作不正常？

3. 应采用什么措施来解决油品储运和使用中的问题？

案 例 三

某运输公司的一驾驶员某日在驾驶一载重柴油车时，发觉发动机声音异常，工作粗暴，而且柴油机油压下降。经停车检查发现：机油油面上升，粘度大幅度下降；打开发动机发现主轴轴瓦和连杆轴瓦烧损。试分析：

1. 导致该柴油车运行故障的原因是什么？

2. 如何消除故障使车辆正常工作？

第三章　加油站设备管理

加油站设备管理是加油站管理工作的重要组成部分。加强设备管理是确保加油站经营顺利安全的基础和保障，本章主要阐述加油站设备管理的基础知识、工作要求和使用须知。

第一节　加油站设备管理概述

一、加油站主要设备

加油站是经营易燃易爆危险品的场所。加油站设备的性能是否完好，工作是否正常，直接关系到加油站的安全和经营。加油站设备管理与其他行业的设备管理相比，有其特殊性。加油站的设备主要包括加油机、加气机、油罐、工艺管道及其附件、信息网络系统、计算机及计量数采设备等。随着加油站竞争的日趋激烈，信息化、网络化、自动化、数字化等现化化技术手段已经成为加油站运营的基本手段，因此，本章适当增加了信息技术部分的篇幅，力求满足读者了解和掌握加油站中不断出现的新技术、新设备的要求。

二、加油站设备管理的基本要求

加油站设备的品种较多、类型繁杂，设备数量相对加油站的员工人数而言也不算少，而且石油销售企业对加油站员工的要求往往是“一人多岗，一专多能”，大多数加油站无专职的设备维修和保养人员。因此，加油站设备管理的原则是“保养重于维修”。要克服“重使用轻管理”的错误认识，防止“只管用，用坏换”的败家子作风。应每天对加油机进行检查和日常保养，发现问题及时修理。做到设备不带病运行，小修不出站，报修要及时。报修时故障现象的描述要尽量正确全面，以便于维修人员做好充分的准备，修理时要准确迅速地发现故障原因。只有这样才能延长设备的使用寿命，将设备完好率保持在一个合理的水平上，降低设备的使用成本，提高加油站的经济效益。

加油站设备管理应从基础资料入手，有完整的文字记录，建立科学管理方法，注重专业技术培训，使加油站的设备管理做到标准化、制度化、专业化。

(1) 保证购置设备的质量。应选择国标或优质产品，尽量从设备的生产厂家直接进货，并与生产厂家保持售后服务的联系。

(2) 建立设备技术档案。各类设备应登记在册，并附有设备的出厂合格证、说明书及图纸资料等。各类设备可按其性能和作用归类，编号建卡，并有运行和检修、维修保养记录。

(3) 贯彻“科学管理、正确使用、预防为主、保养重于维修”的原则，制定设备管理制度和操作规程。编制设备检修计划。

(4) 根据加油站具体情况，配备必要的检测器具和维修工具，购置适量的加油机主件和零部件。设立台账，登记配备的器具、工具和主件、零部件的品名、规格、数量及价格。有专人保管，专库存放，规范领用手续。

(5) 设备维修人员要通过专业技术培训和工作实践，提高设备维修保养技能。一般来说，维修人员应经有关部门考核合格后，持证上岗。

(6) 维修人员在维修工作中应把安全放在首位，自觉遵守设备管理制度和操作规程。维修人员应熟悉各类设备的技术状况，按照检修计划和抢修急用设备相结合的方法开展维修保养工作。在操作中，要集中精力，仔细认真，确保安全，注意质量，力求节约，不断提高各类设备的完好率。

第二节　加　油　机

一、加油机

加油机是能够安全地完成输油和计量功能的设备，是加油站的主要设备，了解和熟悉加油机的技术指标、产品构造和工作原理，是使用和维护好加油机的基础。

加油机的种类很多，按计数指示装置的不同可分为机械型加油机、电子型加油机和电脑型加油机。

机械型加油机采用的是机械式计数器，电子型加油机用电子计数器代替了机械计数器，同时增加了光电传感器，电脑型加油机采用的是电脑控制计数器。电脑控制计数器在 CPU 微机控制下，除了完成简单的计数功能外，还增加了运算和控制功能，计价功能，预置升或预置金额加油功能等。另外，电脑加油机还具有升和金额总累计显示和保存功能，掉电复显示功能，提前关机量和提前关阀量置入功能，以及与计算机通讯、接受计算机的指令等功能。

按每台加油机所含加油单元的多少分单枪加油机与多枪加油机(双枪、四枪、六枪等)。在多枪加油机中，按每台加油机所能加的油品数量分为单油品加油机、双油品加油机和三油品、四油品、六油品加油机等。

按加油机是否含液压源分为含泵型加油机与不含泵的高液位型自流式加油机。后者油罐的液位高于加油机，利用油液的位能加油，加油机本身没有油泵和油气分离器。

另外，还有一些特殊的加油机，如车用加油机、潜油泵加油机和 IC 卡电脑加油机等。车用加油机是安装在流动式加油车上的加油机，其结构与工作方式与普通加油机大同小异。

而潜油泵加油机顾名思义，其油泵位于地平面以下，直接安装于罐区内。因为这类加油站地平面以上的管道中流动的是高于大气压的正压油，故潜油泵也称为正压泵。这类加油机是未来发展的方向，它与自吸式加油机比较，具有噪音低、运转平稳、质量可靠、故障率低等优点，是大型加油站、城市人口密集区域加油站的首选机型。

IC 卡电脑加油机是电脑加油机安装上 IC 卡设备后具有卡机联动功能的加油机，此类加油机随着中国石化和中国石油两大集团在所属加油站的加油卡工程的全面实施，已经成为国内加油机市场的主流。有关它的内容将在后面作重点介绍。

由于上述这些类别加油机的机械部分结构完全相同，故下面先对加油机机械部分的构造和维护进行简单的介绍。

(一) 加油机的构造

加油机的构造如图 3-1 所示，加油机一般用型钢焊接成矩形框架，加油机的各个部件均装在框架上。整个框架一般可以分为五个层次，由下至上，第一层和第二层用于安装电动

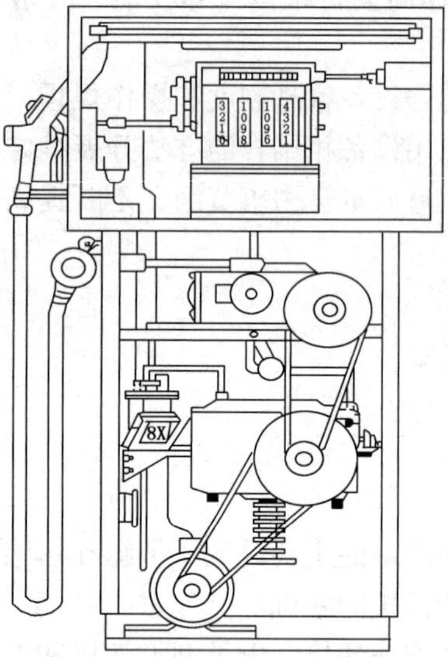

图 3-1　加油机的构造

机、油泵和油气分离器；第三层为计量器；第四层为计数器和油枪支架座；最上面一层为照明灯及照明电器盒。

在框架内还装有防爆接线盒、继电器盒和开关盒等电器盒。在框架的侧板外边，装有示油器、输油胶管、加油枪和灯开关。油枪支架座内有一杠杆支板，可同时控制行程开关和计数器的自动回零开关。加油机的外壳由薄板成型，在正反两面的上部装有玻璃，便于观察计数器的大、小字码。

（二）加油机的工作原理

如图 3-2 所示，当把油枪从侧板的油枪支架上取下时，侧板里面的行程开关动作，通过中间继电器启动电动机，带动油泵工作。同时带有自动回零装置的计数器在这时将显示数字(大字码)回零。油罐中的油品在大气压力的作用下从单向阀经出油管到达加油机的软管，通过过滤器进入油泵。在油枪开启前，油泵出口的油品全部通过溢流阀流回到油泵的进口；油枪开启后，油泵出口的高压油品进入油气分离器，被分离出的气体通过油气分离器的出气管排入大气。开启油枪后，具有一定压力的无气油品进入计量器后，即驱动四个活塞作往复运动，活塞的行程即与通过的一定体积的油品相对应，同时计量器传动轴转动对应的角度。计数器根据传动轴转动的角度，不断地记录和显示流过计量器的油品体积(大字码显示本次加油量，小字码显示累计加油量)。油品流过计量器后，通过管道进入视油器及油枪，最后将油输入到受油的容器里。加油完成时，首先关闭油枪，将油枪挂回支架，侧板在挂枪外力的作用下，带动行程开关切断电动机的电源，油泵停止工作，从而完成一次工作循环。此时计数器(大字码)显示数即是本次加油的容积数，并一直保存到下一次加油开机时才自动回零。

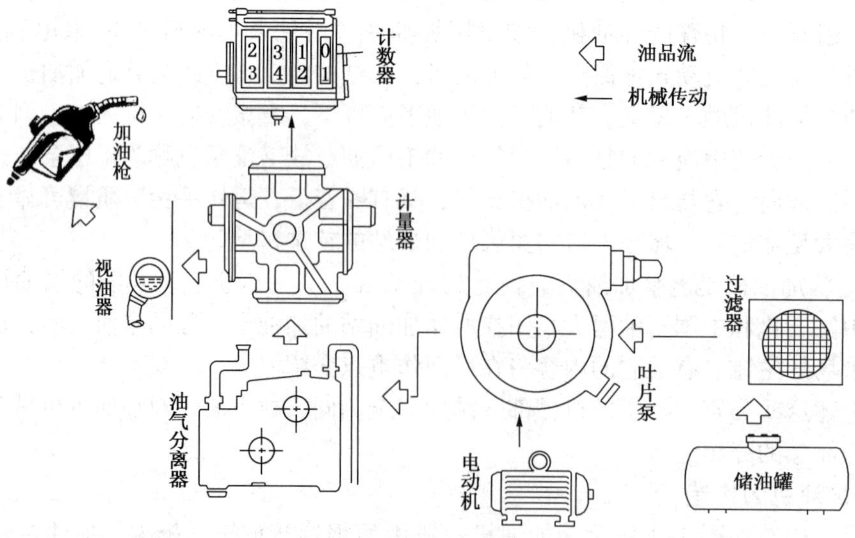

图 3-2　加油机工作流程示意图

（三）加油机的使用与保养

1. 加油机的使用

正确使用加油机是对每一名加油站员工的基本要求，使用加油机要严格遵守操作规程：

（1）加油员在使用加油机前，应检查加油机运转是否正常及有无渗漏油品现象。并保持加油机的整洁。

（2）无技术监督部门发放合格证的加油机，计量器无技术监督部门铅封、铅封不完整的加油机，不得给用户加油。

（3）加油员在启动加油机前，应先收取用户的有效提油凭证，并在汽车熄火并打开油箱盖后方可启动加油机。

（4）加油员为顾客加油前，必须将计数器回零。

（5）在非自动加油站，加油中油枪不得交给顾客，由顾客自行加油。

（6）加油过程中，应注意加油机的工作状况及视油器中油品的显示情况，发现异常，应停机检查，消除故障后，方可继续使用。

（7）加油员要熟悉车型及油箱状况，加油要精神集中，严防油品的洒冒。

（8）操作加油机时要注意油枪轻拿轻放，加油胶管不得折扭，或强行拉长，不得用油枪支撑身体，防止损坏设备。

（9）加油完毕，应将油枪内残油控净后，方可将油枪挂回加油机上。

（10）加油作业中，如遇有暴雨、雷电时应暂时停止作业。

（11）油罐车卸油时，严禁启动加油机加油。

（12）每日业务终了，应将加油机锁好，并切断电源。

2. 加油机的保养

做好加油机的日常保养工作，是保障加油机正常工作，减少加油机损坏的有效措施。加油机的日常保养只需要做好以下两项工作，关键是要持之以恒，落实到人。

（1）交接班及当班作业中的检查

加油员在交接班和当班作业中都应经常性地检查加油机的工作情况。检查方法可通过：听，加油机运转的声音是否正常；看，加油机的外壳和整机的各部位连接处有无渗漏、变形，计数器字码是否运走；嗅，加油机工作时有无异味。

检查加油机工作情况要留意、细心。发现加油机有异常现象应立即停机，待维修后再使用。

（2）日常保养检修

加油机日常保养检查、维修的主要工作见表3-1。

表3-1　加油机检修主要工作

检查周期	检查项目	检查要求
一　周	渗漏	检查视油口、胶管、胶管接头、波纹管接盘、泵进油口、流量计进出油口有无渗漏，如有立即修理
	排气管	检查排气管头有无渗漏，如有立即修理
	铅封	检查铅封是否安全可靠
	滤网	清洗或更换

续表

检查周期	检查项目	检 查 要 求
按需要	清理加油机	先切断电源，打开门板清除机内污物。外表面清洗不允许使用汽油、煤油等可燃性液体
	流量计	检查准确度
	过滤器	清洗或更换流量计入口滤网
半年	油枪	检查操作灵活性，不灵活可用硅润滑脂润滑
	泵	检查流量，如偏小，须维修
	门锁	转动是否灵活

加油员可在交接班或加油空闲时，对加油机的外壳进行擦拭，做到清洁无灰尘，无污垢。维修人员要经常打开加油机门，擦除机内的污垢，并对加油机的泵轴承、计数器轴承及传动部位加注适量润滑油。三角皮带松动应及时调整档距或更换。

（四）加油机常见故障的诊断与处理

加油机作为加油站的主要设备，在工作中发生故障的概率也较高，在加油站的设备维修中加油机也有较高的比例。在实际工作中，加油机的故障现象多种多样，不可能一一列举，同时加油机维修工作是属于专业技术工作，是一种技能，需要一定的实践经验，不可能仅靠技术手册就解决问题。但是作为一名加油站管理者，对加油机的理论知识掌握得越多对工作越有利，这一点大多数加油站站长深有同感。在此，仅提供一些分析故障原因的思路和解决问题的方法，供参考。在维修工作中经常遇到的问题是，同一故障现象可能由不同的原因引起，同一故障原因往往有不同的表现形式，所以在具体工作中要结合实际，多观察、勤思考、细检查、巧分析，逐步提高维修技术。要十分强调在维修工作中认真执行有关安全生产规章制度和操作规程的重要性，避免发生设备事故和人身伤害事故。在维修工作中，应该执行有关加油机计量方面的规章制度。

1. 加油机不出油

引起加油机不出油的故障原因较多，机械、强电、弱电、管道阀门甚至油品质量问题都可能成为原因。因此，首先应分析故障原因的可能范围。一般说来，观察加油机的电动机运转情况是关键点（此处不考虑使用潜油泵的加油机），电动机运转正常，排除电气故障，进一步检查机械部分、管道阀门、油品等方面，否则检查电路。电路中电源方面有：电压、相序、频率、缺相等问题；电路控制方面有：弱电信号的有无、执行器件（开关、继电器、熔丝）的好坏、线路连接是否可靠，电动机是否有故障等。如电动机运转正常，首先应排除三角皮带的过松、油泵卡死故障（此类故障容易发现）。此时，听油泵的声音可初步估计故障是高压侧堵塞还是低压侧漏气。根据先易后难的原则逐一排除，找到故障点再对症处理。可参考表 3-2。

表 3-2 加油机不出油故障原因及排除方法

故 障 原 因	排 除 方 法
1. 电机不转（此处是区分电气或机械故障的关键点）	检查线路、开关、熔丝、继电器、电动机等
2. 油泵转动方向与箭头所示方向不符	调整电动机电源的相序
3. 电动机三角皮带太松，油泵转速不足	调整皮带张力或更换三角皮带
4. 油罐中存油不足或油罐已空	油罐应进油

续表

故 障 原 因	排 除 方 法
5. 油品质量不好(此情况在新进油品后发生)	更换合格油品
6. 底阀失效	检查阀面，修理或更换底阀
7. 油罐与加油机连接管道漏气	检修管道与有关接头、阀件的密封性
8. 过滤器中污物过多	清洗或更换过滤器
9. 泵卡死不转(叶片卡在槽内)	应拆开清洗并更换泵叶片
10. 泵叶片破碎	应拆开清洗并更换泵叶片
11. 叶片泵使用时间长、效率差	更换叶片泵
12. 溢流阀黏在开的位置或溢流阀弹簧已断	应拆开清洗或更换弹簧
13. 进油口与泵吸口连接不密封(有大量空气)	检查外壳是否破损、加密封垫、拧紧螺栓
14. 回流室浮阀底座上有污物	清洗底座、检查回油阀的密封
15. 回流室浮子卡在内壁上	更换支架或浮子
16. 流量计卡死	拆检流量计，清除异物或更换损坏零件
17. 电动机转速低、电压低或发电机组转速不准	调整电源电压或发电机转速使电源频率正常

2. 加油机出油量显著减小

加油机出油量显著减小的故障也是常见病，其原因有些与加油机不出油的故障相似，两种表现往往只是程度不同而已，故修理方法也常常相同。具体可参考表 3-3。

表 3-3 加油机出油量显著减小的故障原因及排除方法

故 障 原 因	排 除 方 法
1. 同表 3-2 的 1、3、8、10~15、17	同表 3-2 的相应方法
2. 空气分离器回油浮子破损而浮力不足	更换浮子
3. 空气分离器出口处单向阀未固定	修理或更换单向阀
4. 储油罐油管未固定或过长	检查油管长度
5. 油液杂质太多，过滤器堵塞	清洗过滤器和储油罐
6. 集油管法兰连接外泄漏等	重新安装、防止泄漏
7. 供油管部分堵塞、吸油困难	疏通管道，使吸油正常
8. 电压不稳(不足)	采取稳压措施，提升电源电压
9. 加油枪胶管堵塞、加油枪阀的开启度变小	检查胶管、开关的有效行程、顶杆的灵活性

3. 出气管喷油或出油含有气泡

这两种故障均与油气分离器有关，具体可参考表 3-4、表 3-5。

表 3-4 油气分离器出气管喷油的故障原因及排除方法

故 障 原 因	排 除 方 法
1. 油气分离器回油浮子破损、卡死，不能浮起	更换或修复回油浮子，使其运动自如
2. 油气分离器回油阀不能开启或堵塞	清理、修复回油阀
3. 油气分离器高低压腔隔离壁破损	更换油气分离器壳体或堵塞破损处
4. 油气分离器上盖密封垫破损或失效	更换上盖密封垫

表 3-5　出油含有气泡的故障原因及排除方法

故障原因	排除方法
1. 油气分离器低压腔漏气	检查低压腔各密封垫的性能和安装位置
2. 油气分离器排气阀孔堵塞	清理、修复排气阀
3. 油罐与加油机连接管道漏气	检修管道与有关接头、阀件的密封性
4. 油气分离器出口处单向阀卡死不能关闭	修复或更换单向阀

4. 计量误差增大且无法调整

计量误差大已无法调整到正常的故障大多数是计量器故障，也有可能是机械计数器、脉冲发生器或电脑主板的故障。具体可参考表 3-6。

表 3-6　计量误差增大且无法调整的故障原因及排除方法

故障原因	排除方法
1. 分配阀的阀平面接触不良	平面进行研磨
2. 计量器中密封圈、衬套或活塞磨损	更换密封圈、衬套或活塞
3. 计量器中连杆槽磨损	更换连杆和轴承
4. 计量器中连接块、胶木轮等磨损	更换损坏件
5. 计量器与脉冲发生器之间传动轴损坏	更换损坏件
6. 脉冲发生器损坏或接触不良	更换脉冲发生器或检查连线、接插件、焊点
7. 计量器的仪表系数调整不当	进入电脑调整状态，检查并调整正确
8. 电脑主板损坏	更换电脑主板

5. 加油机噪声大，震动大

此类故障的排除方法可参考表 3-7。

表 3-7　加油机噪声大、震动大的故障原因及排除方法

故障原因	排除方法
1. 油罐底阀开启度太小	清洗、修理或更换油罐底阀
2. 进油过滤器堵塞	清洗过滤器
3. 溢流阀调整不当	正确调整溢流阀
4. 溢流阀卡死、或弹簧太紧	修复或更换溢流阀
5. 叶片泵轴与转子松动	更换转子
6. 叶片泵轴套磨损，间隙太大	更换轴套

6. 油枪不自封或漏油

油枪不自封或漏油的原因及排除方法可参考表 3-8。

表 3-8　油枪不自封或漏油的故障原因及排除方法

故障原因	排除方法
1. 进气管道堵塞	清洗、疏通进气管道
2. 主阀关闭不严	调整主阀或更换耐油橡胶垫
3. 顶杆密封失效	调整或更换密封圈
4. 进油口密封不严	更换密封圈

7. 出油不计数

出油不计数一般是由计量器、计数器、脉冲发生器的故障造成，但也可能是其他原因造成。请参考表 3-9。

表 3-9　出油不计数的故障原因及排除方法

故　障　原　因	排　除　方　法
1. 计量器传动弯头轴销脱落	换装轴销
2. 计量器传动轴两端弹簧销断	换装轴销
3. 机械计数器损坏	检修计数器，更换损坏件
4. 脉冲发生器损坏或接触不良	更换脉冲发生器或检查连线、接插件、焊点
5. 计算机主板损坏	更换计算机主板
6. 计算机存在程序错误或程序后门	更换计算机主板或升级计算机程序
7. 显示器组件损坏或接触不良	更换显示板或检查连线、接插件、焊点

8. 常见电气故障原因与排除方法

电气故障是加油机较易发生的故障。特别是电脑加油机形式、电路、应用元器件不尽相同，有强弱电、软硬件等不同部分，技术要求较高，一般应由专业人员处理。以避免发生扩大故障范围、损坏其他元器件，防止发生人身伤害事故或设备损坏事故。在维修时必须注意安全。表 3-10 介绍一些加油机的常见电气故障原因与排除方法，供参考。在实际工作中，应以随加油机提供的操作手册和维修手册为准。

表 3-10　加油机的常见电气故障原因及排除方法

故障现象	故　障　原　因	排　除　方　法
电动机不转或运转不正常	1. 三相电源故障	检查供电电压(频率)、线路、开关、熔丝等
	2. 继电器损坏	更换继电器
	3. 电脑输出驱动电路坏	更换损坏件或电脑主板
	4. 电脑主板坏	更换电脑主板
	5. 防爆电动机坏	维修或更换防爆电动机
	6. 启动开关坏或调整不当	更换或调整开关
关机后电动机不停机	1. 继电器断电后不释放	维修或更换继电器
	2. 电脑输出驱动电路坏	更换损坏件或电脑主板
	3. 电脑主板坏	更换电脑主板
	4. 计算机存在程序错误	更换计算机主板或升级计算机程序
加电前后显示板均无显示	1. 无交流电或交流电不合格	检查电源、线路、稳压器、开关、熔丝等
	2. 机内电源坏或接触不良	检查机内电源电路和接插件等
	3. 显示板损坏或接触不良	更换显示板或排除接触不良
显示器缺笔画	显示板坏或接触不良	更换显示板或排除接触不良
键盘失灵	键盘受潮或损坏、接触不良	更换键盘、排除潮气或接触不良
数据易丢失	电池电压不足或主板坏	更换电池或主板

二、IC 卡电脑加油机

近年来，中国石化、中国石油正在实施“一卡在手，各地加油”的加油卡工程。该项工程中的一个主要设备是卡机联动加油机，所谓卡机联动加油机，即没有加油 IC 卡，加油机就不能启动加油，只有使用合法、有效的加油卡，加油机才能启动加油，加油结束后，加油机自动从加油卡扣除加油金额。下面对IC卡及卡机联动电脑加油机的相关内容作简要介绍。

(一) 加油IC卡概念

IC卡(Integrated Circuit Card)即集成电路卡，也叫智能卡(Intelligent Card)，它是一种随半导体技术的发展和社会对信息的安全性等要求的日益提高应运而生的，一种将具有微处理以及大容量存储器的集成电路芯片嵌装于塑料(一般为PVC或ABS)等基片上而制成的卡片。

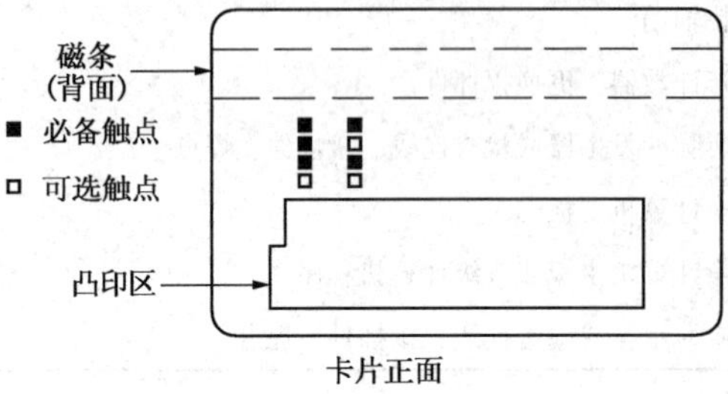

图3-3 加油IC卡外观图

其外形和信用卡一样，但卡上含有一个或多个符合国际标准化组织(ISO)的有关标准的集成电路芯片IC(Integrated Circuit)并封装成便于人们携带的卡片，具有可进行自我保护的存储器，具有暂时或永久性的数据存储能力。

加油IC卡无论内部结构或是外观尺寸都严格符合ISO7816的系列标准，与普通IC卡没有区别。图3-3是加油IC卡的外观图。

IC卡的外形尺寸如表3-11所示。

表3-11 IC卡外形

卡的类型	长 度	宽 度	厚 度
ID-1	85.47~85.72mm	53.92~54.03mm	0.76~1.05mm ±0.08mm

IC卡标准规定IC卡有C1~C8共8个触点，如表3-12所示。

表3-12 IC卡触点的定义

C1	电源电压(Vcc)	C5	地(GND)
C2	复位信号(RST)	C6	不使用(1)
C3	时钟信号(CLK)	C7	输入/输出(I/O)

C4和C8不使用，可以不作实际设置。C6在物理上也可不存在，但如果C6存在的话，则应将其同集成电路本身和IC卡上的其他触点实行电隔离(电隔离是指当加载5V直流电压时，C6与其他触点间的电阻10MΩ)。

(二) 加油IC卡的安全性

加油IC卡不是一般的单片机，由于它要携带大量必须严格保护的信息，所以需要具备很高的安全性。不仅要防止种种不当的使用方法，还要能够制止各种非法的访问和操作。因此，加油IC卡从设计、生产开始，就加入有效的防护机制，使其具有很强的防攻击能力。主要的芯片级安全措施有：芯片识别码，芯片防分解，芯片防探测，芯片防擦除，芯片数据加密等等。

1. 芯片识别码

每一个芯片都设置了惟一的识别码，称为“芯片序列号”，用于保证芯片的惟一性；亦可作用于加密处理。

2. 芯片防分解

芯片内设有光敏器件和压敏器件监测芯片的环境机械受力情况，一旦芯片的封装被开启，IC 卡将立即毁灭所有敏感数据。

3. 芯片防探测

为防止非法探测卡片内部数据，采用了高电压/低电压感应器，低频监测感应器和扰频技术，以防止对芯片数据进行非法静态分析和非法操作。

4. 芯片防擦除

芯片采取了有效措施防止用紫外光、X 射线和其他能量束来擦除存储器内容。

5. 芯片数据加密

ROM 区存放的芯片操作系统是 CPU 卡的核心。操作系统掩膜采用代码加密方式，并且芯片可以采用特殊工艺隐藏 ROM 区结构，使得操作系统代码一经写入即不可再现。同时保密感应器能够迅速擦除整个 RAM 区，起到保护密钥和临时数据的作用。

对于 EEPROM 区，芯片在生产工艺中可以采取特殊的安全防护措施，例如：EEPROM 区加密。

（三）加油 IC 卡的种类

以中国石化加油卡为例，加油 IC 卡可以分为以下种类：

- 用户卡
  - 单用户卡
    - 单位单用户卡
    - 个人单用户卡
      - 记名卡
      - 不记名卡
  - 多用户卡
    - 单位多用户卡
      - 主卡
      - 副卡
    - 个人多用户卡
      - 主卡
      - 副卡

- 内部卡
  - 员工卡
  - 维修卡
  - 验泵卡
  - PSAM 卡

1. 用户卡

车辆驾驶员等用户持有的加油 IC 卡。目前中国石化加油卡提供两个应用功能，即电子油票应用，加油积分应用，并预留有银行应用区。加油卡有个人密码(PIN)。加油时，用户需从加油机键盘输入个人密码。

用户卡按其持有者的持卡数可分为单用户卡和多用户卡，这两类卡又均可按其持有者的身份分为单位单(多)用户卡和个人单(多)用户卡。单用户卡可按其开户时是否申报客户资料分为记名卡和不记名卡，不记名卡不能挂失，不能获得积分，可在填报客户资料后转为记名卡。多用户卡包括主卡和副卡，主卡既可加油也可用于对本户下的资金和副卡进行账目分配或交易查询等管理，副卡只能用于加油。

2. 内部卡

内部卡包括员工卡、验泵卡、维修卡、PSAM 卡四类。

员工卡：加油站普通加油员持有的加油 IC 卡。加油员使用自己的员工卡上岗、下岗，为无卡用户加油。员工卡同样具有个人密码。

验泵卡：由加油站站长或油管员使用、管理，可用于加油机验泵回罐，在员工卡出现故障时可代替员工卡进行加油机下岗操作。

维修卡：由加油站或其上级公司使用、管理，可用于加油机调修回罐，可在一个公司所属的多个加油站范围内使用。

PSAM 卡：PSAM 卡是用于对以上 4 种卡片的合法有效性检验的卡片，PSAM 卡安装在卡机联动加油机的读卡器上，没有 PSAM 卡的加油机是无法使用的，同时 PSAM 卡也是必须严格控制管理的卡片，卡机联动加油机一般都提供多个 PSAM 卡座，以便多种卡应用。

3. 卡号规则

以中国石化加油卡为例，其卡号规则详见表 3-13。

表 3-13　中国石化加油卡卡号规则

1	保留	填 0
2	行业	1＝中石化加油
3~4	合作银行代号	02＝中行
5~6	卡类型	01＝用户卡
		04＝员工卡
		05＝验泵卡
		06＝维修卡
		02＝管理卡
		10＝PSAM 卡
7	批次	卡密钥版本(用于省中心卡片密钥的认证)/1
8~9	地区号	按照中石化省编码/10
10~11	保留	全部填 0
12~20	顺序号	顺序号

(四) 黑、灰、白名单

1. 黑名单

由于挂失等原因对卡片进行止付的 IC 卡数据清单，黑名单上的卡即为黑卡，黑卡在各地加油站均不能加油。

2. 灰名单

对加油消费时扣款不成功的卡，加油机会将卡片临时锁住，被锁住的卡即为灰卡，灰卡的未扣款记录构成灰名单，灰卡未解灰(补扣)前在各地加油站均不能加油。

3. 白名单

某一加油站可使用的内部卡名单，未列入白名单的内部卡不能在该站使用。

(五) “卡机联动”简介

1. “卡机联动”的概念

(1) “卡机联动”的基本要求。具有识别磁卡、IC 卡或其他用户标识载体功能的加油机，可以实现加油的分散控制。即：加油机自动识别用户插入的标识载体，并根据其类型进行用户信息的核实和确认。如果成功，则自动对加油机授权；授权生效后，可以摘枪完成一笔加油交易；挂枪后，结束交易，同时，当次授权失效。

加油机对用户标识的识别方式分在线识别和离线识别。

在线识别：加油机将用户的标识送到管控机，管控机根据标识的类别和用户标识发放地

(银行、数据中心等)联系，用户身份确认成功，再授权启泵加油。此方式多用于磁卡、射频卡等加油机。

离线识别：加油机根据其安全认证体系的规定，对用户标识载体上的信息进行核实，核实正确，授权启泵加油。此种方式只能用于具有严格的安全保障体系的用户标识载体，如CPU卡。

(2)“卡机联动”的附加要求。除了具有“卡机联动”的基本含义外，还应符合“卡控加油”的要求。即“卡”和“机”联合工作，无卡不能加油。“卡”为加油卡(CPU卡)，“机”为卡机联动加油机。具体含义为：

① 不插入合法的加油卡的情况下，卡机联动加油机处于休眠状态，不接受任何和加油业务有关的操作。

② 当插入合法的加油卡，卡机联动加油机的IC卡控制单元和加油卡之间进行双向认证，只有双方都通过对方的合法认证，才能操作卡机联动加油机，其中包括加油机设置和加油操作。

③ 如果是加油操作，卡机联动加油机必须检查加油卡内的余额，当其满足系统的要求，卡机联动加油机才能被授权可以摘枪加油。

④ 在加油过程中，一旦加油卡被拔走，卡机联动加油机立即停止加油，并将此交易记录存入IC卡系统中；此加油卡只有重新插入系统中能扣款的终端上完成上次扣款后，才能变成合法的加油卡。

(3)“卡机联动”的实现方式。

① 加油卡和IC卡终端之间的双向认证保障。加油卡为CPU卡。发卡时已经灌入了和加油机认证体系相匹配的密钥系列。密钥体系中包含加油卡的扣款、置灰、密码认证等操作密钥。加油机中的IC卡控制单元包含具有加密功能的密钥载体(常用PSAM卡或安全模组)；认证体系的密钥执行多版本方式，版本的控制由IC卡系统的数据中心指挥。

IC卡系统支持黑卡(挂失卡)和灰卡(加油未正常扣款的卡)操作。

② IC卡系统对加油机操作的控制。加油机加油操作授权必须由IC卡系统惟一控制；IC卡系统具有加油过程监视功能；IC卡系统可以控制加油机油泵或电磁阀的关闭；IC卡系统控制加油机键盘有关油价、油品更改的操作。

2. IC卡电脑加油机的构造

本节前述内容中已从机械部分介绍了加油机的构造，以下将侧重从电气控制部分对加油机进行简要介绍。

图3-4是单油枪加油机的结构示意图。图中虚线示出的是加油机机械部件，又称为加油机液压部件。实线示出的部件就是加油机的电气控制部件：计量税控主板、键盘板、显示板、电动机电磁阀控制电路、电动机、电磁阀、传感器、枪开关、电源板和交流电接线盒、通信线接线盒，它们组成了加油机的电气控制系统。

双枪加油机与单枪加油机在电气控制系统结构方面无大差别，多一套显示、键盘、电机电磁阀控制，并适当加大电源功率而已。也有用两套单枪的系统组合为双枪加油机的，这样处理的缺点是加大了成本，多数厂家都不采用这种形式。

加油枪的数量超过四把，就可以称为多枪加油机。目前国内厂家生产的多枪加油机大多为双枪加油机的叠装型，也就是四枪机实际是两台双枪机组合在一个机架内，而六枪机则是三台双枪机的组合。有一些六枪加油机是采用一套电气控制系统的，但是局限于税控的技术

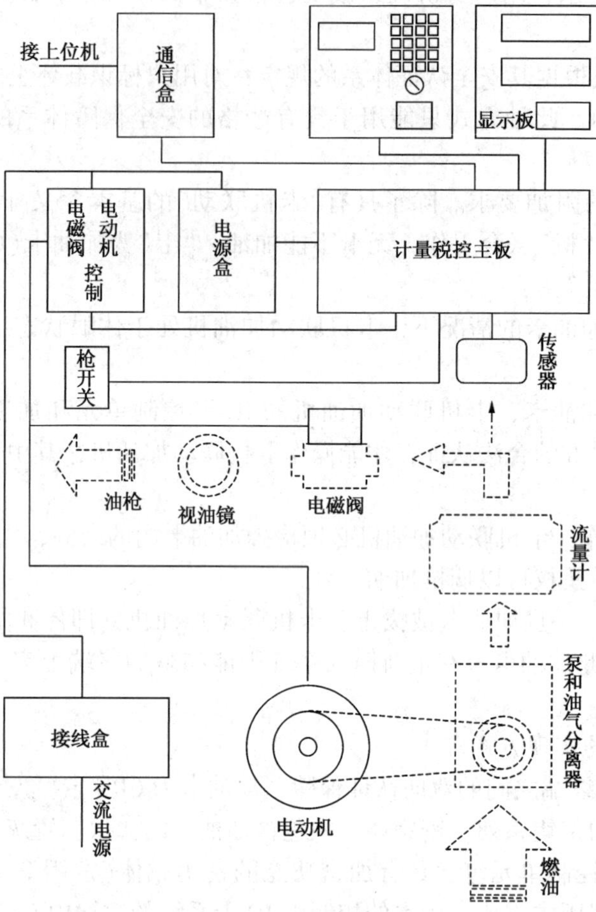

图 3-4　单油枪加油机结构示意图

因素，这种六枪机同时只能有两条枪加油，只是同一机位可以实现多种油品加油，使用上与双枪机相同。

所以，掌握了双枪加油机的结构，就可以说，也掌握了多枪加油机，因此，本节以介绍双枪加油机为主线。

加油机的电气控制系统中，计量税控主板是系统的核心。通常人们把有微机控制系统的加油机称为“电脑加油机”，就是因为这类加油机有这样一块微机板。对加油机的启停控制，加油量的计算、累计，税务数据的生成和存储，人机界面的响应等诸多功能，都是在这块计量税控主板的控制下进行。

显示板、键盘板和加油机启停开关(俗称枪开关)是主要的人机界面。加油站工作人员对加油机的控制指令，主要是通过键盘和枪开关输入加油机的。加油机要向人显示报告的信息和数据主要是通过显示板实现的。

加油机流量脉冲变换器(俗称传感器)的功能是将加油机已付油料数量转换为计算机可以识别的电脉冲信号，供计量税控主板计量加油量，生成税务数据。

电动机是加油机油泵的运转动力，电磁阀的功用是防止加油机定量加油时出现超付(俗称“过冲”)。计量税控主板对电动机、电磁阀的启停控制，是通过电动机、电磁阀控制电路实现的。

电源板是加油机电气系统的能源，它的功能是将引入的交流电转换为加油机电气系统需要的稳定的干净的直流电源。

卡机联动加油机实际上是税控加油机加上一个 IC 卡读卡器，目前，大部分的卡机联动加油机，结构上是将加油机的键盘和读卡器键盘合而为一，连接到读卡器上，保留税控加油机原来具有的全部加油计量和控制功能，读卡器则通过税控加油机的通讯口，利用税控加油机与中控机的通讯协议(读卡器与税控加油机主板的通讯协议实际上要比中控的通讯协议复杂而且严密许多)，实现对税控加油机的控制，并从加油机读取需要的加油数据，实现加油结算和卡机联动功能。因此，下面重点介绍一下 IC 卡税控加油机使用的 IC 卡读卡器。

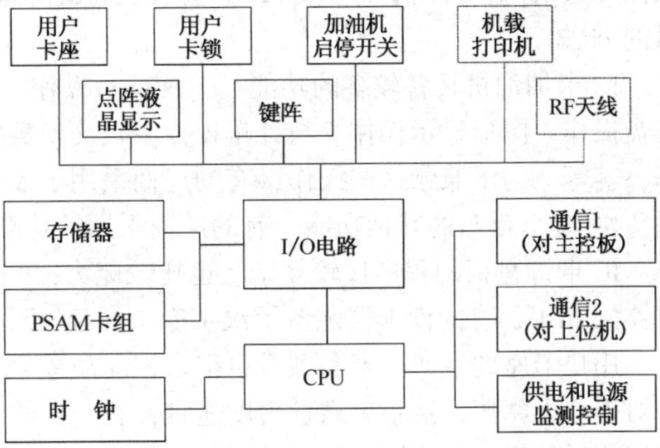

图 3-5 IC 卡读卡器的基本结构示意图

加油机用 IC 卡读卡器的基本结构见图 3-5。

图 3-5 中，CPU 是读卡器的核心器件，通常采用具有 32K 以上字节程序存储器的 CPU，读卡器的所有功能都是在该 CPU 的控制下完成。

通讯口一负责与加油机通讯工作，实现对加油机的控制，从加油机读取加油数据，下载油品单价，发送用户通过键盘对加油机的操作信息。

通讯口二负责与加油站监控管理计算机交换加油数据，向后台监控管理计算机发送加油记录，从监控管理计算机读取黑、白名单，油品单价等重要信息，黑名单、灰名单查询等等。

存储器存储加油记录信息和黑、白名单信息。

时钟电路为加油记录提供加油记录产生的时间。

点阵液晶用于显示汉字，以提示用户操作和显示加油卡内余额用。

PSAM 卡组内放有承担安全认证和加油数据加密用的 PSAM 卡。

用户卡座用来插用户加油卡；用户卡锁可以锁定加油卡，防止加油过程中拔卡，但大部分的 IC 卡加油机不具备此功能。

键盘为读卡器和加油机共用键盘，加油操作首先由读卡器接收下来，然后再通过通讯口送加油机。

原加油机的枪开关放在读卡器板上，便于形成加油机主板控制加油机机械部分运转，读卡器控制加油机主板工作，加油站管控计算机控制读卡器工作这种逐级控制层次。

打印机属选购件，大部分的 IC 卡加油机不具备此功能。

RF 天线为将来采用射频卡加油而设。

IC 卡税控加油机的读卡器和加油机使用同一个键盘，在结构上读卡器一般都紧靠键盘安装，所以有的厂家干脆把读卡器和键盘作成一个 IC 卡加油部件，既便于安装，又符合操作要求，此部件统称为“IC 卡键盘”

加油机的 IC 卡键盘在结构上与商用 IC 卡 POS(IC 卡消费终端装置)没有太大区别，它实际就是 IC 卡加油机专用的消费终端装置(POS)。

IC卡键盘作为IC卡税控加油机的一个重要部件，通过税控加油机主板上的计量CPU，利用税控加油机与中控机的通讯协议，实现从计量CPU读取加油数据，修改加油机参数、油价，控制加油机的启动、停止等工作。

税控加油机主板一般使用电流环通讯接口方式，在与IC卡键盘通讯时，有的厂商去掉电流环通讯口，采用了计量CPU的输入、输出口和读卡器CPU的输入、输出口直接串行通讯的方法。

IC卡加油机具备较多的功能：卡片读写操作、数据处理、安全认证、数据存储和管理、键盘操作、图形显示操作、与计量税控主板交换数据，和加油站管理系统交换数据、电源管理，等等，为了兼顾这些操作，有的厂商采用了多片单片机，其中一片用于卡片操作，另一片负责IC卡键盘的其他功能。有的厂商采用一片高速单片机完成，两者各有利弊。

IC卡键盘板的程序比较复杂，也比较庞大，一般都采用具有32K字节以上的FLASH存储器的CPU，有的读卡器配备了汉字库，便于以汉字方式提示用户操作。

用户卡座的生产厂家和型号也很多，品质差别很大。一般采用下落式IC卡座，要求卡座对卡片无摩擦，接触牢靠且力度适宜，有一定的强度，以保证卡座的寿命，有防震、防尘的措施，最好有卡片锁定装置。

不同厂家不同品牌不同型号的IC卡税控加油机键盘的电路结构会有不同，在加油机的电气部件里，IC卡键盘可能是区别和变化最大的，但是，一般都具备图示的基本逻辑单元。

3. IC卡电脑加油机的工作原理

IC卡电脑加油机结构示意如图3-6所示。

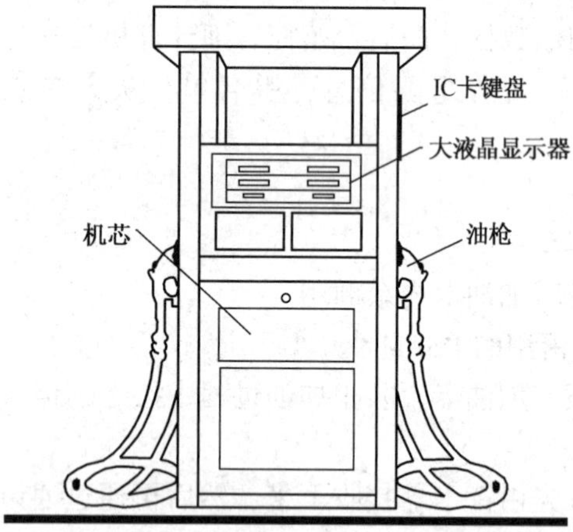

图3-6　IC卡电脑加油机结构示意图

在正常情况下，税控加油机是这样完成其加油过程的：

税控加油机接通电源，供电电源电路为加油机电脑头的各单元电路提供所需电源，系统初始化后，加油机处于待机状态；当计量CPU查询到开机信号(提枪开关闭合)后，首先启动电动机，打开小流量电磁阀，油枪出油后，计量CPU检测到传感器送出的流量脉冲，开始计算加油量，同时，打开大流量电磁阀，加油机进入大流量加油状态。

计量电路依据流量传感器供给的流量脉冲信号计算已付加油量及加油金额，连同油品单价，送至税控CPU，由税控CPU控制显示电路，实时显示当前加油结果。

如果是任意加油，计量CPU在查询到停机信号(或提枪开关断开)后，即关断电磁阀和电机，一次加油结束。

如果是预置加油，当已付加油量接近预置量(一般使离设定值差100~300mL)时，计量CPU先关闭大流量电磁阀，保持小流量电磁阀处于打开状态，继续加油，至已付加油量等于预置量时，关闭小流量电磁阀，再关闭电机，将本次的最终加油量，加油金额，油品单价，送税控CPU，税控CPU将最终加油结果送加油显示器，同时形成加油记录和纳税额，存入税控存储器备查，至此，一次加油过程结束。

大流量，小流量之比一般为 10 : 1。程序如此安排，是为了减小大流量加油时，高压油路造成的“过冲”现象，使加油机准确地停止在预置的加油量。

在加油过程中，税控 CPU 一直监测油价和传感器的工作状态，一旦发现油品单价发生变化，或者传感器发生故障，税控 CPU 立即关闭电磁阀、电动机，禁止加油机继续加油。

卡机联动加油机的加油中间过程与税控加油机相同，不同之处是加油过程中，读卡器的 CPU 要经常查看读卡器内是否还存在加油卡，一旦发现加油卡不存在了，读卡器立即命令加油机主板停机，禁止加油。

另外加油开始前，读卡器首先验证插入的加油卡是否合法，再查询该加油卡是黑名单卡或灰卡，如果是黑名单卡，读卡器发命令锁定该卡，并报警，该加油卡不能再用来加油。

如果插入的是灰卡，读卡器则查询灰记录，看有无与该卡相匹配的灰记录，如果有，则利用相匹配的灰记录为该卡解灰，解灰后该卡可以用来加油。如果没有与该卡相匹配的灰记录，则禁止该卡加油。

4. IC 卡电脑加油机的使用方法

如图 3-7 所示，IC 卡电脑加油机的操作方法如下。

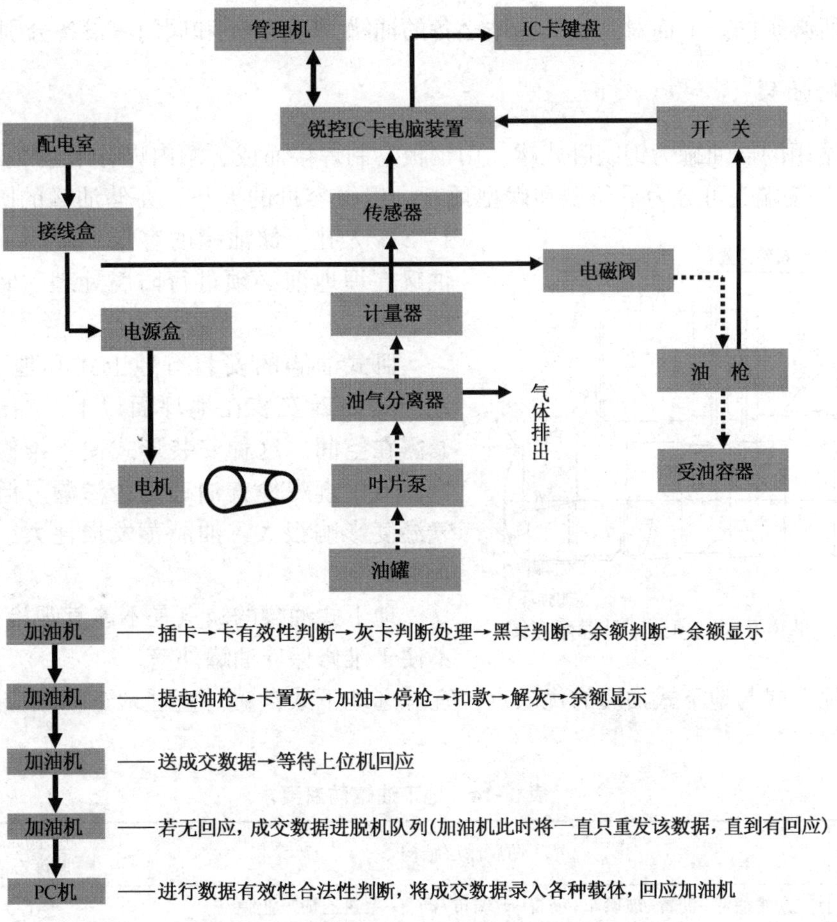

图 3-7　IC 卡电脑加油机操作方法

每次完成加油操作后，如果没有连续加油操作，要求拔出加油卡(IC 卡)，因为 IC 卡长期插在 IC 卡座里，会使 IC 卡座的触点弹簧长期处于工作状态，弹簧不能很好地复位，长期如此，会减少 IC 卡座触点弹簧的弹性，影响加油卡插入时加油卡金属面和 IC 卡座弹簧触点的充分接触，增加读卡器读加油卡的出错概率。

加油卡的管理，当不使用时应该用卡套把加油卡放在卡套里面，以防止加油卡变形和减少金属面污染或划伤。由于加油站的环境较其他使用 IC 卡的应用环境差，大量的油气和灰尘包围加油卡卡座触点；加油卡触点上面也沾有油气、手上的汗液和灰尘等等，在使用加油卡加油时，这些污物会在 IC 卡座弹簧触点上遗留下来，形成污垢，使插入的加油卡的金属面和 IC 卡座弹簧触点不能充分接触。导致接触不良现象出现，因此，要求周期性的清洗 IC 卡座弹簧触点，清洗的方法是：拆开卡座，用脱脂棉沾无水乙醇直接清洗 IC 卡座弹簧触点（这种方法效果最好，建议三个月作一次这样的例行维护）。另外，每周用专门的清洗卡清洗卡座一次。

第三节　储 油 设 备

储油罐是加油站的基本储油设备；连接储油罐与加油机的管道，连接油罐槽车与储油罐的卸油管、呼吸管和量油管等通称为工艺管道；阀门等工艺设备是加油站业务流程、环境保护和安全生产所必须的。下面对这些加油站必备的油罐、工艺管道和阀门等设备分别进行介绍。

一、储油罐

加油站用的储油罐为钢制卧式罐，用钢板卷制焊接而成，罐内焊有用型钢焊接的支撑架（加强环）。按端头可分为平顶型和碟型顶管，根据容量的大小，在储油罐的圆周上焊接了1~2 个人孔。储油罐的容量一般为 15~50m^3。储油罐在埋地前必须进行防腐处理。储油罐外形见图 3-8。

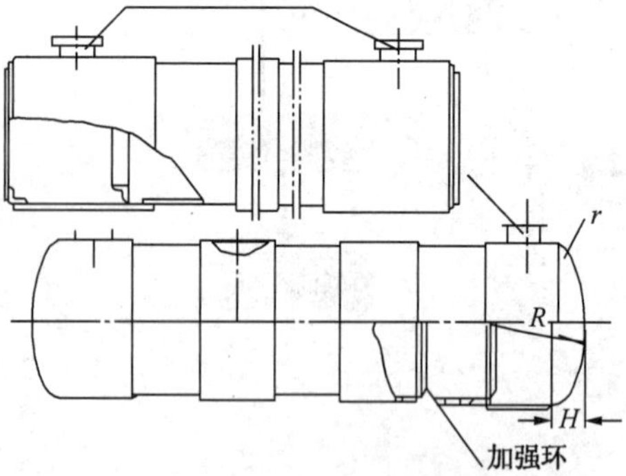

图 3-8　平顶及碟型顶地下卧罐示意图

卧式油罐的安装有地上式和地下式两大类。地上式油罐安装在地坪面以上，油罐外不覆土，暴露在空间。这种安装形式便于维修保养油罐外壁，便于直观检查油罐是否渗漏。但这种罐受大气温度影响很大，油品蒸发损耗大，使用中的安全度低。

地下式油罐的缺点是不能直观检查油罐渗漏，不便于维修保养油罐外壁。

比较地上式与地下式油罐的优缺点，宜首选地下式油罐。直埋地下油罐应符合表 3-14 的要求。

表 3-14　地下油罐防腐要求

防腐涂层等级	防腐涂层结构	每层沥青厚度/mm	涂层总厚度/mm
普通防腐	沥青底漆-沥青-玻璃布-沥青-玻璃布-沥青-聚氯乙烯工业膜	≈1.5	≥4.0
加强防腐	沥青底漆-沥青-玻璃布-沥青-玻璃布-沥青-玻璃布-沥青-聚氯乙烯工业膜	≈1.5	≥5.5
特强防腐	沥青底漆-沥青-玻璃布-沥青-玻璃布-沥青-玻璃布-沥青-玻璃布-沥青-聚氯乙烯工业膜	≈1.5	≥7.0

GB 50156—2002《汽车加油加气站设计与施工规范》中规定：

（1）汽车加油站的储油罐应采用卧式钢制油罐。油罐所采用钢板标准规格的厚度不应小于5mm。钢制油罐的设计和建造，应满足油罐在所承受外压作用下的强度要求。

（2）加油站的汽油罐和柴油罐应埋地设置，严禁设在室内或地下室内。

（3）油罐的外表面防腐设计应符合国家现行标准《钢制管道及储罐腐蚀控制工程设计规范》SY 0007 的有关规定，并应采用不低于加强级的防腐绝缘保护层。

（4）当油罐受地下水或雨水作用有上浮可能时，应采用防止油罐上浮的措施。

（5）油罐的人孔，应设操作井，当油罐设在行车道下面时，人孔操作井宜设在行车道以外。

（6）油罐的顶部覆土厚度不应小于 0.5m。油罐的周围，应回填干净的沙子或细土，其厚度不应小于 0.3m。

（7）对建在水源保护区内以及建在地下建筑物上方的埋地油罐，应采取防渗漏扩散的保护措施，并应设置渗漏检测设施。

（8）油罐的各接合管，应设在油罐的顶部，其中出油接合管宜设在人孔盖上。

（9）油罐的进油管，应向下伸至罐内距罐底 0.2m 处。

（10）当采取自吸式加油机时，油罐内出油管的底端应设底阀。底阀入油口距离罐底宜为 0.15~0.2m。

（11）油罐的量油孔应设带锁的量油帽，量油帽下部的接合管宜向下伸至罐内距罐底 0.2m 处。

（12）一、二级加油站的油罐宜设带有高液位报警功能的液位计。

油罐投产后使用人员一般不须进行保养维护，但使用一定的年限后应由专人使用专用设备定期进行清罐、排污并检查油罐的腐蚀程度。

注：　　　加油站等级划分表格

级　别	油罐容积/m^3	
	总　容　积	单 罐 容 积
一　级	$120<V\leqslant180$	$\leqslant50$
二　级	$60<V\leqslant120$	$\leqslant50$
三　级	$V\leqslant60$	$\leqslant50$

注：V 为油罐总容积；柴油罐容积可折半计入油罐总容积。

二、工艺管道

加油站中的加油机与油罐是靠管线连接的。管线布置的合理与否，关系到加油站的基建投资、安全运转和正常营业。加油站的工艺管道系统包括卸油管、出油管、呼吸管和量油管等。

加油站的工艺管道应采用流体输送用无缝钢管。连接方式除与设备的接口采用法兰连接外，其余应焊接。管道应埋地敷设，埋地敷设的管道应采用不低于加强级的防腐蚀保护层，以防管线腐蚀穿孔跑气，造成油气积聚。

（一）吸油管

吸油管又称出油管。它是储油罐到加油机之间的输油管路，吸油管上装设底阀，当加油机停止工作时，油品不致倒流至油罐内。

凡是罐底比加油机油泵中心低的油罐，吸油管底部的底阀吸油管口距管底不能太高，否则会有大量油不能抽出。但距罐底也不能太低，低了会把罐底的水分和污物吸入泵内。吸油管距离罐底一般为 0.15m。

油罐与加油机之间的吸油管路应尽量直线布置，减少不必要的管路弯头和管道长度。因为加油机吸油是靠油泵抽成真空 ，产生负压，在大气压作用下，把油压上来，吸油管一般长度为 15m 左右。潜油泵一般不受此限制。吸油管应坡向油罐，其坡度不应小于 0.002，便于检修时排空管线油品，也可检验储油罐底阀是否严密。

当一个油罐向多台加油机供油时，每台加油机应单独设置进油管，以免加油机操作时相互影响。

当一台加油机使用两个油罐时，为避免罐与罐之间的影响，在每罐的支油路上应设置阀门。当使用一罐时，另一个罐的输油管阀门应关闭。

(二) 卸油管

卸油管又称进油管，它的作用是将油品从油罐车卸入地下储油罐。为避免接卸油品喷淋飞溅，产生静电火花，卸油管端部伸入罐内，距罐底 0.2m 处。端部可做成伞柄形，也可开成斜口。为消除卸油时管内产生的气阻，在罐内部分的卸油管根部应设有两个直径为 20 mm 的排气孔，两孔相距 50mm。

卸油管应设 0.002 的坡度，坡向油罐。汽车油罐车向油罐卸油时，必须采用密闭式卸油方式。罐车卸油胶管与储油罐连接处采用密封快速接头，管径为 ϕ80mm，进入油管部分管径为 ϕ65mm。应将不同油罐的卸油管与油罐车连接的一端装在一个卸油井中，以便汽车定位卸油，不妨碍加油作业。

(三) 量油管

量油管，装于人孔盖上，油罐纵向长轴线靠近油罐顶端，它的作用是提供测量油高和水高的测量点，以保证日后对罐内油品计量的准确性。量油管的管径为 ϕ65mm。量油管上端与油罐人孔操作井盖保持 20cm 距离。上端应有管帽以防止杂物进入罐内。使用液位计时量油管口为传感器安装处。

(四) 呼吸管

呼吸管又称透气管，每个储油罐的呼吸管宜单独设置，并必须在管口安装行之有效的阻火器。呼吸管的直径不应小于 55mm，否则因阻力大，延长卸油时间，且不能满足透气的需要。

呼吸管线的管口与建筑物门窗的距离不小于 3.5m；与加油站围墙的距离不应小于 3m；与地面的距离不应小于 4m。沿建筑物的墙(柱)向上敷设的呼吸管的管口应高出建筑物的顶面或屋脊 1m，防止呼吸管排出的油气进入建筑物内。吸油管、卸油管、呼吸管、量油管均从人孔盖上进入油罐。吸油管 、卸油管和呼吸管在人孔盖上的接合部位均应采用法兰连接，便于拆卸维修。表 3-15 为常用无缝钢管规格对照表。

表 3-15　无缝钢管规格对照表

英制/in	通径/mm	英制/in	通径/mm
1/2(4 分)	15	2.5	65
3/4(6 分)	20	3	80
1	25	3.5	90
1.25	32	4	108
1.5	40	5	130
2	50	6	150

（五）油气回收系统

根据国家有关环保法规的规定，加油站特别是大、中城市繁华街区的加油站必须采用密闭式卸油和密闭式量油工艺。因此，目前已有许多新加油站在建设时就采用了符合环保规定的工艺设计，避免日后再进行改造。我们将在下面的内容中对密闭式工艺系统进行简单的介绍。加油站密闭卸油和密闭量油系统的设计及工作原理见图 3-9。

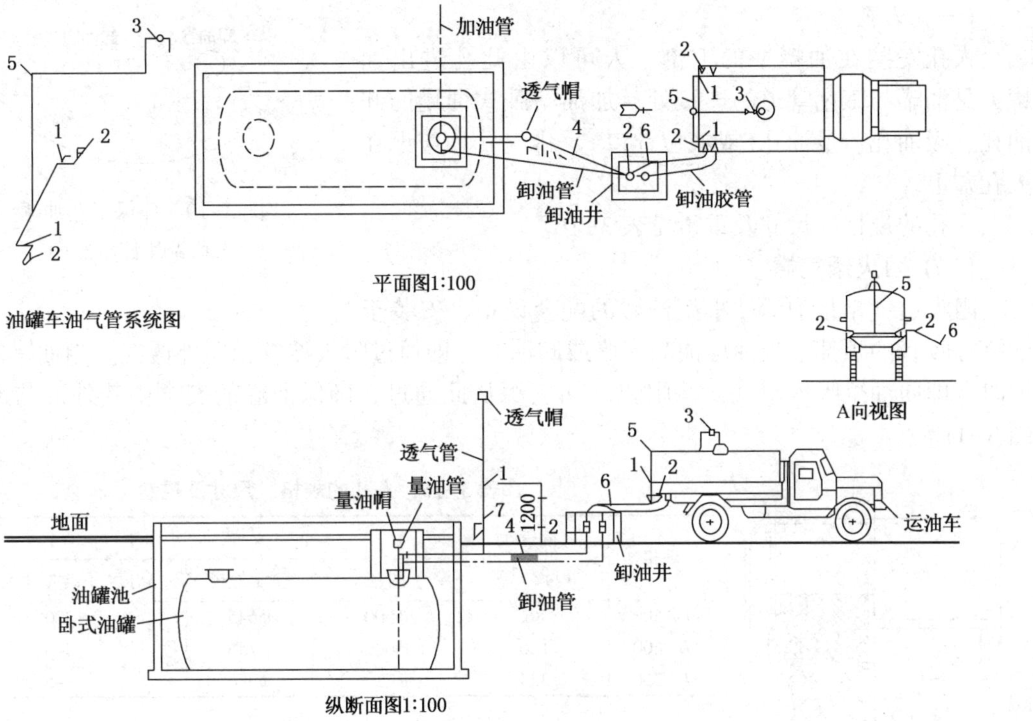

图 3-9　加油站密闭式工艺系统设计图

1—磨塞（×13W-6T *DN*50）；2—快速接头（*DN*50）；3—活接头 *DN*50；4—油气管（埋地），为镀锌钢管 *DN*50；5—油气管（轴车），为镀锌圆管 *DN*50；6—油气管（联接），为耐油胶管 *DN*50；7—呼吸阀（组装件 *DN*50）

根据加油站的现状和环保局的计划，加油站环保工艺改造将分两步实施：一期工程通过对油罐车、油罐和有关工艺设备进行改造，回收罐区内卸油时排放出的油气，实现密闭式卸油；通过在加油站中安装液位计量系统，进行油罐库存的自动测量，实现密闭式量油。一期工程加油站罐区的具体改造内容是：

（1）在油罐与集中卸油区之间增加卸油回气管，该管道在卸油时可供密闭式罐车与地下油罐保持密封和压力平衡。

（2）在油罐人孔盖上增加一个装入液位仪探棒的管口，在罐区与加油站控制室之间敷设地下通讯线管，安装全套液位量油系统进行密闭量油。在原来的量油口上加装一个可拆卸的密封盖，以便液位仪出现故障时进行紧急量油。

（3）在油罐原来的呼吸管上增加阀门，卸油时先将油罐与罐车的卸油管和回气管分别对接，再将此阀门关闭后开始卸油。卸油过程完成后，可将此阀门打开以便加油。

环保二期工程是在加油泵岛与油罐之间敷设加油回气管，采用回收油气式加油机，实现密闭式加油。图 3-10 是根据环保工艺设计的连接一根吸油管的油罐人孔盖孔位示意图。加油站二期工程完成后，加油站1区、2区排放的油气才能全部回收，但由于二期工程改造难度大，回收油气式加油机成本高，出油速度慢，对加油站经营将造成一定影响。

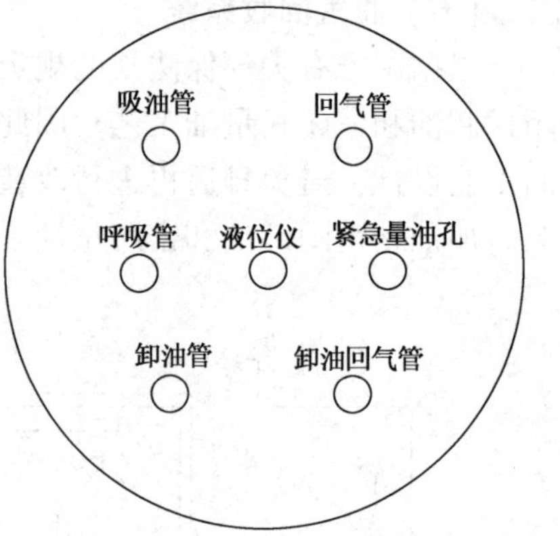

图3-10　环保工艺油罐人孔盖孔位示意图

三、工艺管道附件

（一）人孔

人孔安装在油罐壁的上部，人可以由此孔进出油罐，是油罐与工艺管道的连接处。加油站卧式油罐的卸油孔、吸油孔、量油孔（或液位计口）、排气孔均应设在人孔盖上。

人孔的规格、尺寸及重量见表3-16。

（二）阻火透气帽

阻火透气帽是加油站小型油罐的配套设备，安装于油罐呼吸管的顶部。当油罐油品膨胀或卸油时，即通过阻火波纹板向外透气。当油罐向外供油时，即向油罐吸入空气，并阻止一切火源从此通过，确保油罐的安全。其外形与剖面见图3-11。

表3-16　人孔的规格、尺寸及重量

规格	重量/（kg/只）	安装尺寸/mm		
		内径	顶盖外径	高度（不含把手高度）
*DN*500	86	$\phi500$	$\phi645$	320
*DN*600	126	$\phi600$	$\phi755$	340
*DN*750	334	$\phi750$	$\phi980$	345

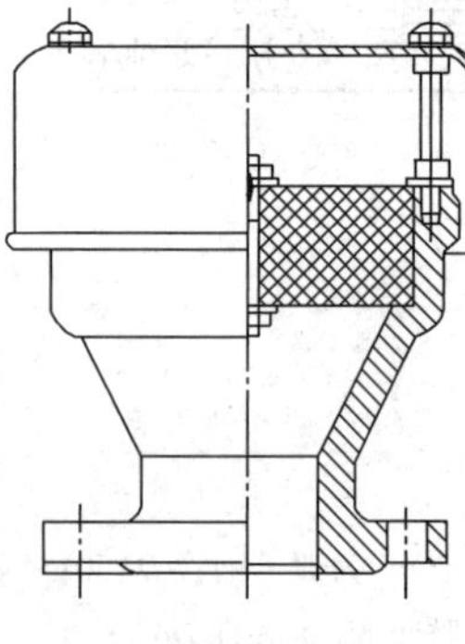

图3-11　阻火透气帽示意图

（三）双门底阀（又称单向阀、止回阀）

用途：安装于油罐内吸油管的进油处（底部），用于阻止油品在加油机不吸油时从管道和加油机中回流到油罐内。当加油机吸油时阀芯被吸起，底阀开启进油。当加油机停止吸油时，阀芯在油压和重力作用下自垂下落，使底阀关闭。加油机的底阀不同于一般泵用低阀，它的双门阀可有效地保证管路中的油品不倒回油罐内，减少空气进入，保证加油机油泵的正常工作。双门底阀的外形与构造见图3-12。

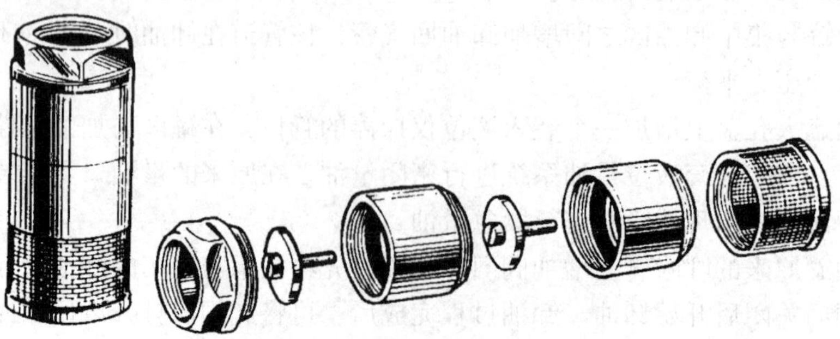

图3-12　双门底阀外形及构造示意图

(四) 紧急切断阀(又称安全切断阀)

图 3-13 所示的紧急切断阀是配合潜油泵使用的安全阀门，安装在加油机的底部管道上。由于使用潜油泵的加油机与油罐之间的管线中的油品为潜油泵出口端高压油，当发生加油机被汽车碰撞等事故时，如果加油机与地下管道连接处管道断裂，很可能造成大量油品从断裂处高速喷出，给加油站安全带来极大的威胁。

图 3-13　紧急切断阀的图片

紧急切断阀为铝或锌合金制造，阀体内装有不锈钢弹簧和阀芯。它的作用为在管线断裂时，自动地紧急切断管道中的流油。

第四节　加　气　机

一、加气机

(一) 功能

加气机是加气站的主要设备之一，它应具有充装和计量的功能。并具备安全可靠、计量准确、密闭充装、显示清晰、操作简便的特点。

(1) 安全可靠。机械及电子部件整体可靠性好，连续无故障工作时间长，适应频繁启动，故障率低。每枪日加气量不低于 2 吨，日作业次数不少于 100 次。

(2) 计量准确。加气机是用于贸易结算的计量器具，按计量法规定属强检计量器具，因此气液分离要好、计量精度要高、重复性要好。

(3) 密闭充装。加气机在整个工作过程中处于带压密闭作业,这是由液化石油气具有气液转换的特性决定的。充装要求加气枪上的加气嘴和汽车的受气口配套,且加气嘴设置自密封阀。加气作业的整个系统不允许有泄漏点,如发生泄漏,当达到一定数值时,系统可自行关闭。

(4) 显示。应具备加气量(体积或质量)和金额、累计加气量和累计金额显示的功能。

(二) 分类

1. 按流量计类型划分

(1) 体积流量计。计量器采用双作用缸或四作用缸循环进行液体体积计量。LPG(液化石油气)经气液分离后进入流量计进行计量，缸体循环一次的容积是 1 升。加气机以升为单位进行流量显示和累积。这种计量方式与加油机计量原理基本相同，不同的是液化石油气受温度影响较大，因此为了保证其计量精度，应增加随温度变化进行体积修正的功能。目前，大多数加气站采用容积式流量计的加气机，但有的还不具备温度补偿功能。

(2) 质量流量计。计量器直接计量流体质量(也可换算成体积)。

优点：不受介质密度影响，计量精度高，适宜大流量、长时间工作。

缺点：价格偏高，工作稳定性较差。

2. 按加气枪数量划分

按加气枪数量可划分为单枪、双枪、多枪加气机。

(1) 单枪　一机一枪。

优点：性能稳定，价格便宜，速度较高，操作简便，使用最普遍。

缺点：不经济，占地面积大，只能为一辆车加气，工作效率低，出故障时无备用枪。

（2）双枪　一机双枪。

优点：覆盖角度更大，利用率高，可同时为两辆车加气，方便车辆加气。两枪可互为备用，适宜加气量大、作业频繁的加气站使用。

缺点：价格比单枪贵，如充装泵匹配不合理，会影响流速和工作效率。

（3）多枪　一机两枪以上。

优点：可同时为多辆车进行加气作业或同时加注多个品种的LPG。占地面积小，工作效率高，备用性强。

但受价格、技术、工艺设计等多种因素的制约，目前国内还鲜有使用。

（三）工作原理

加气机内不带泵，入口压力是充装泵提供的正压，压力一般为1.2~1.8MPa。加气枪出口压力应比汽车储气瓶蒸气压力大0.2MPa。

加气机与管路、储罐构成的整个供气系统形成回路，工作原理如下：储罐内的LPG由潜液泵，使其处于液体状态输送到加气机的气液分离器内，将液体中的气体分离出来，液体送到流量计中进行计量，经流量计计量后的液体，由软管经拉断阀，通过加气胶管和加气枪进入汽车储罐钢瓶。流量计计量后得到的电信号，送到加气机的电子计控装置中进行运算、显示并按预置量实现控制。汽车钢瓶内的LPG气相经回流口、加气胶管气相空间、加气机气液分离器出口，并联汇总后回到LPG储罐，形成工艺系统回路。

（四）加气机的构成

加气机主要是由气液分离器、流量计、电子计控装置和加气枪等四大部分组成。具体部件如下：

（1）开关截止用球阀。位于LPG液相管路的入口处，作用是开启关闭管路入口，有球阀和角阀两种类型。有的截止阀内置过流阀，如有意外事故发生，大量LPG泄漏，可自行关闭。

（2）过滤器。防止杂质进入加气机，保证气质清洁，保护加气机。过滤器应能阻止大于0.2mm的固体微粒通过。

（3）气液分离器。有两种形式，一种是浮子式，另一种是比例常开式。容积一般为2L，双枪及多枪加气机应加大容积，至少不应小于3L。其作用是消除液化气气泡，避免气液混量造成的计量不准，保证计量精度。

（4）单向阀。只允许气液分离后的液体正向通过。

（5）压力表。显示液相管道压力，压力范围一般应在10~20kg以内。其作用是判断系统工作是否正常。

（6）流量计。双作用缸或四作用缸，缸循环容积为1L，精度±0.5%，可通过汽缸顶部调节螺钉进行调校。

（7）安全阀。应具有压力调节功能，回流阀的控制能力应与充装泵出口处回流阀的控制压力匹配，一般应低于充装泵最高压力0.15~0.20MPa。其作用是，当加气机系统内的压力超过其最大设计压力(2.4MPa)时，安全阀开启，释放压力以保证安全。

（8）脉冲发生器。将计量器的机械转数转换成电脉冲数，发送给电脑计量容积。

（9）电脑。显示单价\体积\质量等数据。一般用升作计量单位，最小分度值为0.1L。它装有两个无法清零的累加器。一个用于体积累加，另一个用于质量累加。电脑经温度补偿可将体积自动换算成15℃时的质量。该系统设有不间断电源，断电后100h，仍能显示数据，且不会丢失内存数据。

(10) 压差阀。作用是保持流量计液相压力远远大于LPG蒸气压力，避免LPG气化造成计量精度偏差。当压差值小于设定水平，加气作业会出现气化现象，该阀会关闭，停止LPG的输送。

(11) 观察孔。观察液体流动有无杂质。

(12) 拉断阀。连接在加气机和加气枪的胶管中间，当其受到外力作用时，可自行断开，同时两端自行封闭。由此引发的泄漏量不大于50mL。加气胶管内LPG工作压力为0.2~0.8MPa，拉断阀的分离拉力不大于400N。

(13) 加气胶管。是双层通道。内液外气双通路，承压不应小于9.6MPa，有效服务半径不应小于2.5m，胶管长度不应大于5.0m。

(14) 加气枪。用于与汽车储气瓶联接。有螺纹、卡套两种连接方式。加气枪嘴型式和尺寸应与液化气钢瓶瓶口相匹配，加气嘴应配置自封阀，断开后应自行关闭，由此引发的泄漏不大于5mL。

(15) 校准口。位于加气机气相回流管处，用于调校加气机精度或加气系统安装试车用。

(16) 截止阀。装于校准口之后。其内应有小型过流阀，回路。用于管路或加气机设备的检修。

(五) 主要技术参数

(1) 加气系统设计压力为2.4MPa。

(2) 加气速度。

① 额定压差下的单枪加气速度不应小于30L/min，双枪加气速度不应小于50L/min。

② 最小工作压力差为0.2MPa的单枪加气速度不宜小于15L/min，双枪加气速度不宜小于25L/min。

③ 最大工作压差为0.8MPa时的单枪加气速度不应大于60L/ min。

④ 最小流速不宜低于0.5m/s，最大流速不宜大于3.5m/s。

⑤ 额定流量是指加气机在正常的工作条件下，单位时间内的流量。不同的机型有差别，一般在40~45L范围内。

(3) 计量精度。容积活塞式计量器一般设有可调节精度的螺钉，调节范围在0.05%~0.1%之间。

(4) 计量显示。加气量一般以L或kg显示，最小分度值为0.1L或0.1kg。

加气机可以进行金额显示，最小分度值为0.01元。

单项计量显示的范围0~9999.99L或kg或元。

累计计数范围0~999999.99L或kg或元。

(5) 流量预置。加气机大多具备预置功能。预置单位可以是L、kg或元。预置范围在1~9999之间。加气量达到预定值或气瓶加满后自动停止加气。

(6) 温度范围。加气机可在-30~+50℃范围内工作。

(7) 过滤精度。应能避免0.2mm杂质通过。

(8) 电磁阀。高排量加气机的电磁阀直径一般是20mm，低排量加气机一般是10mm。

(9) 加气软管。长度4~5m。

(10) 拉断阀。拉力大于27kg/cm^{2}自动拉断。

(11) 电源。电脑电源220VAC(10%~15%) 20~50VA；照明电源220V、40W。

(12) 防爆形式。隔爆型或本安混合型。

二、充装泵

充装泵是LPG加气站工艺系统中用于将储罐内的LPG增压送至加气机，再为汽车加气的设备，是加气站的“心脏”。

(一) 作用

LPG具有气液二相性质。常温无压条件下是气态，一定压力或低温条件下是液态。LPG是以液态向汽车钢瓶内加压和充装的。充装泵的作用一是增压，保证泵出口的液化石油气在加压条件下为液态；二是输送，将液态的石油气送到加气机；三是为加气机提供动能，使加气机在压力作用下进行工作。充装泵与加气机配套联动，完成给汽车加注液化气的任务。

(二) 工作特点

输送低粘度、易气化、易升温的介质；频繁启停的工作状态；小排量中压和密闭的运行方式。要求充装泵能承受一定压力，耐腐蚀、耐气蚀、不气阻、可靠性高和维修性好。

(三) 分类

充装泵有多种，大致可分为三类：一类是国内外应用较普遍的潜液式充装泵，分离心式和涡轮式两种；一类是涡轮泵或螺杆泵；还有一类是压缩机性质的充装泵。下面主要介绍一下潜液式充装泵。

潜液式充装泵。该泵的最大特点是其竖向垂直安装于加气站LPG储罐中。泵入口在储罐底部，距罐底70~120mm，且正压吸入，能有效防止LPG气蚀现象的发生，保证LPG在液态下工作。泵的运行相当可靠。尤其适用于地下布置，节约土地，有效解决了LPG气蚀对泵工作的影响，技术比较成熟，在国外广为使用。

潜液泵按工作原理和结构的不同，又分为离心式和涡轮式两种。

该泵结构是电机与泵一体化的紧凑型结构设计，体积相对较小，重量轻，便于安装，正压输送，维护方便。其电机功率小(2.2kW)，耗电量少，节约运营成本，运行平稳，噪音低。与其他类别潜液泵比较，价格便宜，经济性良好。具有明显的综合优势，被国内外加气站广泛采用。

三、卸车泵

加气站销售的LPG采用罐车公路运输。卸车作业是加气站的一项日常作业。如果LPG罐车无自带泵或加气站储罐数多于两个,同时有倒罐作业要求的,应设置专门的卸车泵进行作业。

(一) 作用

卸车泵的作用是将LPG汽车罐车中的LPG抽吸并加压卸入加气站储罐。

(二) 分类

加气站卸车有三种方法：一是LPG罐车带泵，站内供电；二是地面泵(LPG滑片式刮板泵)；三是LPG压缩机。

(三) 滑片式刮板卸车泵介绍

1. 作用

加气站卸车多用滑片式刮板卸车泵，该设备主要用于输送LPG或性质相似的其他挥发性石油产品。机械密封性能可靠，使用寿命长。最适合地上液化气瓶的灌装以及LPG卸车和倒罐用。

2. 工作原理

滑片泵的转子为圆柱型，具有径向槽道，槽道中安放滑片，滑片数一般为 4~10 片，滑片能在槽道中自由滑动。泵转子在泵壳内偏心安装，转子表面与泵壳内表面构成了一个月牙型空间。转子旋转时，滑片依靠离心力或弹簧力(弹簧放在槽底)的作用紧贴在泵内腔。在转子的前半转时，相邻两滑片所包围的空间逐渐增大，形成真空，吸入液体，而在转子的后半转时，此空间逐渐减少，就将液体挤压到排出管。为保护管路系统，保证泵正常运转和使用寿命，此类泵设有安全阀。当出口管路系统压力超出安全阀已调好的额定压力时，内置式安全阀可自动打开，使液体在泵内循环，起到保护管路系统安全的作用，使泵能正常运转，延长使用寿命。

3. 主要技术参数

(1) 流量。排量不宜小于 10~15m^3/h，如排量过小则卸车速度慢，作业时间长，但过快不利于安全。

(2) 出口管径匹配。泵的流量及出口管应与工艺管径匹配，保证 LPG 以稳定的安全流速输送液化气。口径一般以 50mm 为宜，不宜过大。

(3) 额定工作压差。一般在 0.35~0.5MPa。

(4) 最大允许压差。一般在 0.5~0.7MPa。

(5) 额定功率。一般为 5.5~7.5kW。

(6) 密封方式。应有可靠的密封措施，通常至少有两道密封，不能用橡胶管密封。

四、储气罐

(一) 设计要求

加气站内 LPG 储罐的设置应符合《汽车加油加气站设计规范》国家标准中的规定。

(1) 储罐应采用卧式罐。

(2) 储罐的设计应符合现行国家标准《钢制压力容器》GB150、《钢制卧式容器》JB4713 和《压力容器安全技术监察规程》的有关规定。

(3) 储罐设计压力应为 1.8MPa。

(4) 储罐的出液管道端口接管位置，应按选择的充装泵要求确定，其他管道端口接管位置宜设置在罐顶。进液管道和液相回流管道宜接入储罐内的气相空间。

(二) 其他要求

1. 储罐总容积

按加气站设计规范中加气站等级的规定确定总容量，此外还应考虑运气槽车的容积，一般不应大于槽车容积的 1.2 倍，条件许可时还可更大些。这样可保证商品不脱销，卸车作业及加气的连续性。

2. 储罐直径

应综合考虑以下几点。

(1) 地下罐直径宜大些，可减少占地面积，节约土建配套投资。

(2) 应与潜液泵性能计算数据相吻合，使泵能高效工作。

(3) 罐的直径与标准封头一致。

3. 开孔

储罐应尽量少开孔，减少泄漏点。工艺管线开孔应集中设在储罐人孔大法兰上。加气站采用罐车带泵卸液方式且单罐布置，宜开设一个人孔。加气站设有卸车泵且双罐布置时，宜开设两个人孔。储罐的液位计开孔应设液位浮球导向筒，防止液位波动浮球被卡住，导致液位显示失真。

第五节　信息技术在加油站的应用

21 世纪是信息时代，运用信息技术改造提升传统产业是成品油销售企业应对市场竞争的重要战略举措。为了提高市场占有率和市场控制力，近几年来国内加油站普遍推广了电子化的支付工具，建立了加油站的计算机应用系统，提高了加油站的管理和服务水平，为扩大市场占有率，建立具有国际竞争力的销售网络奠定了基础。本节将以加油 IC 卡系统为主对信息技术在加油站的几类主流应用进行简单的介绍。

一、加油 IC 卡系统

（一）加油 IC 卡系统概述

加油 IC 卡工程是成品油销售企业为应对加入 WTO 和经济全球化所带来的挑战，为实现成品油零售业务信息化、电子化、自动化和规范化的目标，利用先进的信息技术，以 IC 卡为载体，对成品油零售业务进行的再造与提升。

以中国石化为例，其加油 IC 卡工程的目标是在公司所属的 30000 座加油站中安装 IC 卡系统，以 IC 卡这一现代支付工具取代传统的现金、油票等结算方式，实现加油款的电子支付和交易数据的自动采集；在各级石油公司和加油站安装零售业务管理信息系统，提高加油站经营管理的科技含量和服务水平，从而进一步提高工作效率，降低成本，增强抵御市场风险的能力，使中国石化在市场竞争中处于有利的地位。

中国石化加油 IC 卡工程在设计上采用 4 层结构：总公司级（包括中国石化管理总中心和中国石化数据交换总中心）、省级（包括省级管理中心和省级数据中心）、地级（包括地级管理中心和地级前置系统）、各业务终端（包括县级管理终端、加油站、发卡网点等）。加油 IC 卡交易系统以省作为运行和数据处理、管理的基本单位，它通过省级数据中心联接中国石化的各个地级前置系统，再通过地级前置系统连接辖内加油站、加油卡发卡网点和 POS，构成了以省为单位的加油 IC 卡的交易体系，在省级数据中心和省级管理中心之间通过专线相连，在中国石化管理总中心和中国石化数据交换总中心之间也通过专线相连，解决管理系统与交易系统之间的互联问题。同时，建立中国石化数据交换总中心，和各省级数据中心相连，负责数据交换，实现异地资金清算，从而实现“一卡在手，各地加油”的建设目标。下面先对加油卡系统的总体结构进行简要的介绍。

（二）总体结构

中国石化加油 IC 卡工程总体的系统结构与节点划分如图 3-14 所示。从系统总体结构上来讲，采用了四层结构。

1. 加油站

加油站是中国石化成品油零售业务的末端，客户加油的交易过程在加油站内部完成。加油站负责接受 IC 卡加油，交易数据每天定期通过地级前置系统，上传到省级数据中心，即脱机交易，定时上传。加油站能够接受各级管理中心通过地级前置系统下传的管理控制信息，包括油价调整、黑、灰名单等。加油站也能够实现对每位员工的业务统计。

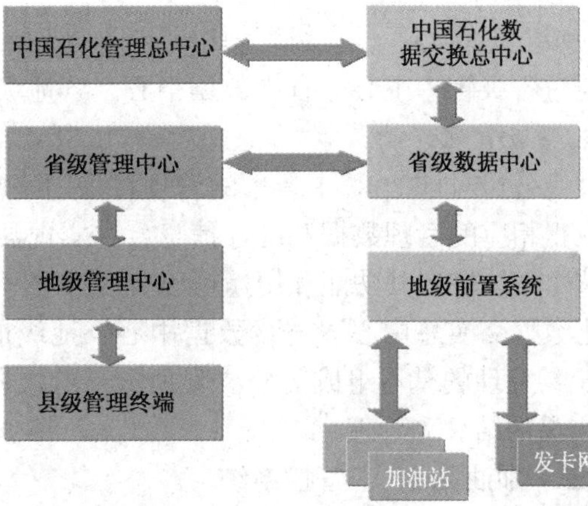

图 3-14　加油卡系统总体结构

2. 发卡网点

发卡网点负责完成加油 IC 卡用户开户、发卡、充值、圈存、挂失等交易，即联机交易。这些交易均需联网到地级前置系统，到省级数据中心联机完成。PC 发卡网点通过拨号或专线联网到地级前置系统，直接采用网络路由的方式连接到省级数据中心。

3. 地级前置系统

地级前置系统负责与省级数据中心连接，同时为加油站、发卡网点提供网络接入服务。地级前置系统负责对交易数据进行转发，对 PC 发卡网点发卡交易直接转发。

地级前置系统接收并保存由省级数据中心下发的黑名单和灰名单信息、油价信息等管理信息，等待加油站下载。

4. 省级数据中心

省级数据中心是中国石化加油 IC 卡系统业务管理和数据处理的核心。省级数据中心建立该省(市)加油 IC 卡系统的中心账务系统，负责处理各业务节点发生的交易，即加油站产生的脱机交易和发卡网点产生的联机交易；负责中心账务系统的每日处理；负责产生相应的异地交易信息供中国石化数据交换总中心进行资金清算；负责存储、处理中国石化各级管理中心产生的管理信息并下发到加油站、发卡网点等业务单位，负责产生本省黑、灰名单，并经中国石化数据交换总中心汇总后下发。

5. 中国石化数据交换总中心

中国石化数据交换总中心负责异地交易的清分，黑、灰名单的汇总和存储，以及中国石化管理总中心产生的管理信息的存储。各省级数据中心每日把各地的异地交易信息、黑、灰名单信息通过中石化网络上传至中国石化数据交换总中心进行交换；中国石化数据交换总中心每日定时把清分后的异地交易信息发给客户所在省的省级数据中心和中国石化管理总中心，把黑、灰名单下发到各省级数据中心，并通过省级数据中心最终下发到加油站。

6. 中国石化管理总中心

中国石化管理总中心设在中国石化总部，负责对基于加油 IC 卡交易系统的零售业务进行管理，通过访问数据交换总中心的数据库，管理并下发加油 IC 卡管理控制等信息。

7. 省级管理中心

省级管理中心负责省内的加油 IC 卡交易的管理。通过访问控制省级数据中心的管理业务数据，实现对省内所有加油 IC 卡业务的管理，包括油价、人员管理等控制信息，并通过省级数据中心和(或)银行网络最终下发到各业务终端。

8. 地级管理中心

地级管理中心通过省级管理中心对本地加油零售业务进行管理；同时，产生管理控制信息，通过省级管理中心、省级数据中心、各地级前置系统最终下发到加油站。

9. 县级管理终端

县级公司对加油 IC 卡业务的管理将采用终端的方式，通过石化网络连接到地级管理中心，取得相应的管理数据和统计信息，并实现县级管理业务。

整个系统按照其功能和用途可以分为交易子系统和管理子系统两大类。交易子系统由中国石化数据交换总中心、省级数据中心、地级前置系统、加油站和发卡网点构成，是加油 IC 卡交易处理的基本组成部分；管理子系统由各级管理中心组成，主要作用是完成对加油 IC 卡交易的结算和管理。

（三）加油站 IC 卡管控系统

加油站 IC 卡管控系统是加油卡系统的数据源，也是与加油站关系最密切的一个模块，下面对这一系统进行一些结构和功能上的介绍。

1. 硬件结构

如图 3-15 所示，加油站 IC 卡加油管理监控系统主要由四部分组成，卡机联动加油机，管控计算机及相关配置(打印机，UPS 等)，油罐液位检测仪，联网集线器和 MODEM。

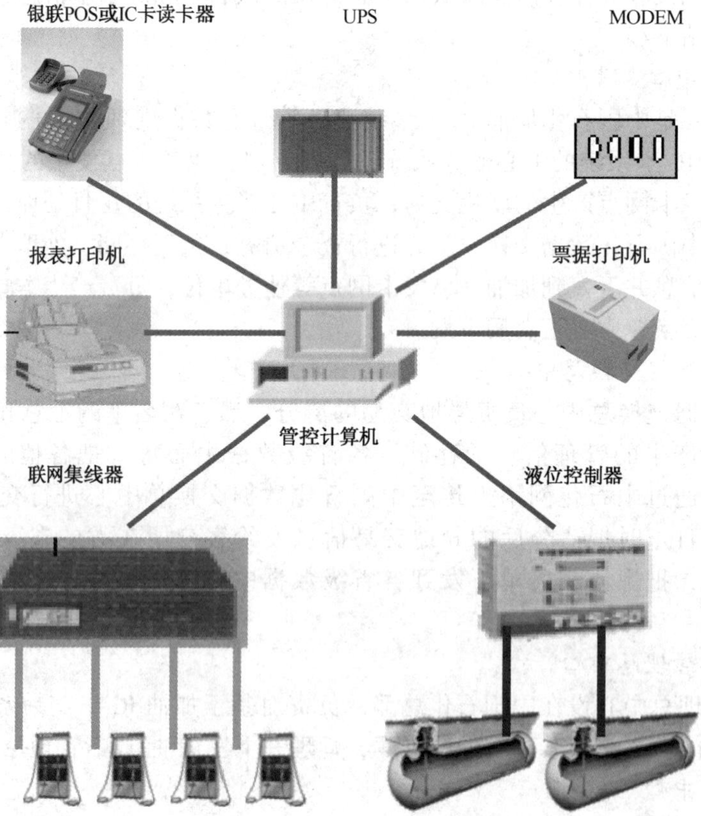

图 3-15　加油卡管控子系统结构

各部件的功能分别是：

联网集线器：加油机通过联网集线器和加油站交换油品、油价、加油记录等信息。

液位控制器：将油罐液位传感器传来的液位信息转换为液位数据送管控计算机。

报表打印机：打印各种统计报表。

票据打印机：打印发票。

UPS：备用电源。

MODEM：加油站通过电话线和上一级管理公司和 IC 卡管理中心发送加油数据，接收上一级管理公司和 IC 卡管理中心下发的控制信息。

POS：银行信用卡扣款。

IC 卡读卡器：加油 IC 卡可在加油站监控室内充值或圈存。

管控计算机：运行加油站管控软件，实现加油站的计算机管理。

2. 功能结构

如图 3-16 所示，管控系统共分为七个模块：数据通讯、油机监控、业务管理、客户管理、员工管理、交接班、日结。以下将系统登录及七个模块的主要功能简要介绍如下：

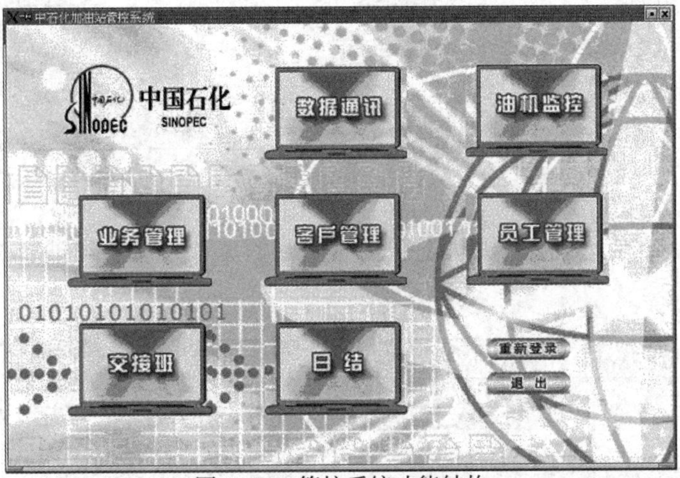

图 3-16　管控系统功能结构

（1）系统登录功能　验证员工的身份，如果系统中不存在此员工，系统将拒绝登录，见图 3-17。

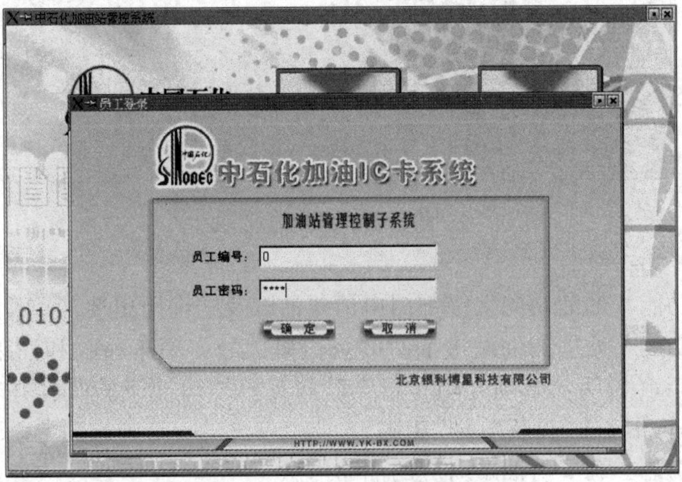

图 3-17　管控系统登录

（2）数据通讯功能　从中心下载数据，从加油站向中心上传数据，从管控计算机向加油机下传数据。在加油站通讯时，系统会自动进行对时和通讯情况的校验，并把校验结果保存起来，通过业务管理模块中的“校验日志查询”可查询到校验的详细信息。通讯时，系统自动判断是否有新的版本，见图3-18。

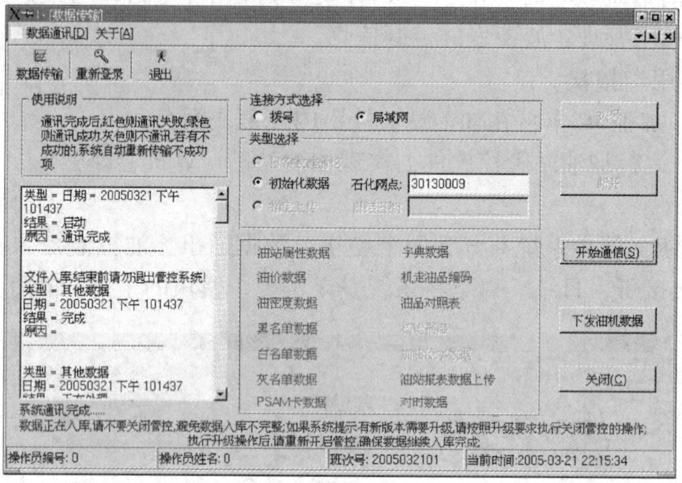

图3-18　数据通讯

（3）油机监控功能　监控油机状态和实时交互信息，并能够与油机进行数据通信，见图3-19。

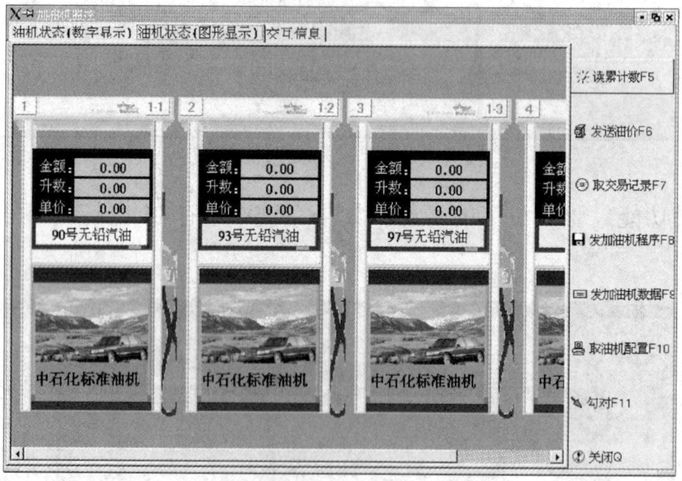

图3-19　油机监控

（4）业务管理

① 要油登记功能　加油站向上级部门申请要油以及查询历史要油单。

② 进油登记功能　处理加油站进油时的登记单，分为罐车验收和油罐验收，并且可对历史进油单进行查询（说明：必须先填写罐车验收，再填写油罐验收，并且油罐验收的“提货单号”必须与罐车验收的“提货单号”相同）。

③ 油品调节功能　调节与油罐对应的油品信息。

④ 非机走销售功能　登记所有非机走销售记录。

⑤ 月盘点登记功能　能够根据起止时间，对所有油品的进销存进行盘点，并且能够对历史盘点信息进行查询。

⑥ 损溢查询功能　查询运输损溢、卸油损溢和储发损溢。

⑦ 损溢核销查询功能　查询本加油站经上级部门审核后的各种油品的损溢核销。

⑧ 交易数据备份。

i. 交易数据备份

功能　按月备份和恢复流水数据，只能备份 2 个月以前的数据。

ii. 日志文件删除

功能　删除 ./muxtemp 中无用的流水日志文件。

⑨ 校验日志查询功能　查询校验日志。

⑩ 进油核对单报表功能　查询并打印历史进油单的明细。

⑪ 盘点月报表功能　查询并打印盘点月报。

⑫ 黑卡查询功能　查询某时间段的所有黑卡，或查询某卡是否为黑卡。

⑬ 灰卡查询功能　查询某时间段的所有灰卡，或查询某卡是否为灰卡。

⑭ 加油站信息查询功能　显示本加油站的单位信息、加油站属性和建设情况，见图 3-20。

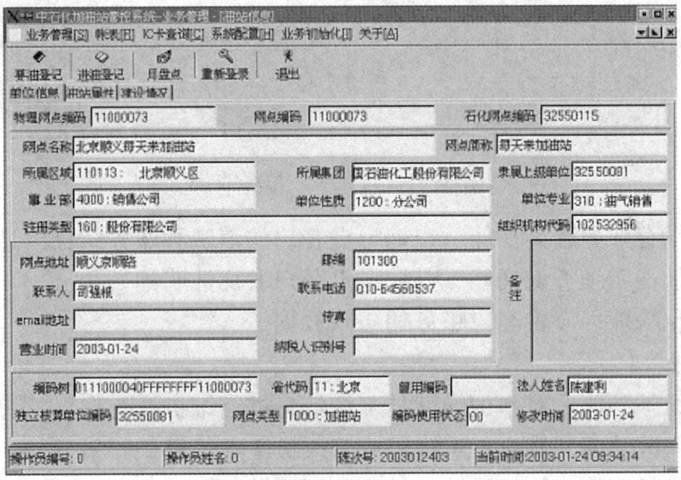

图 3-20　加油站信息查询

⑮ 油品信息查询功能　查询上级部门下发给本加油站的所有油品的基本信息和所有已生效的历史油价、油品密度信息。

⑯ 常用油品设置功能　根据本加油站的使用情况，设置常用成品油。

⑰ 设备信息功能　维护加油站的油机、油罐、油枪等信息，具有新增、修改、删除等功能。

⑱ 油罐容积表设置功能　将加油站现有的油罐容积表手工输入或直接导入。容积表中至少要输入最大容积和最小容积。

⑲ 油罐初始化功能　设置油罐的初始数据。

⑳ 系统参数设置功能　修改系统的各种参数设置。

㉑ 版本查询功能　查询系统安装过的所有版本信息。

(5) 客户管理

① 定点客户信息功能　定点客户资料的维护及查询。

② 定点客户建账功能　为已经建立客户信息的定点客户建立不同油品、不同记账类型的账户，并能查询某个定点客户的账户信息。

③ 定点客户缴款/退款功能　对已建账的定点客户进行缴款登记，并能查询某个定点客户的已缴款信息。

④ 定点客户缴款查询功能　定点客户的交款/预存查询。

⑤定点客户账务查询功能　定点客户的账务查询，见图 3-21。

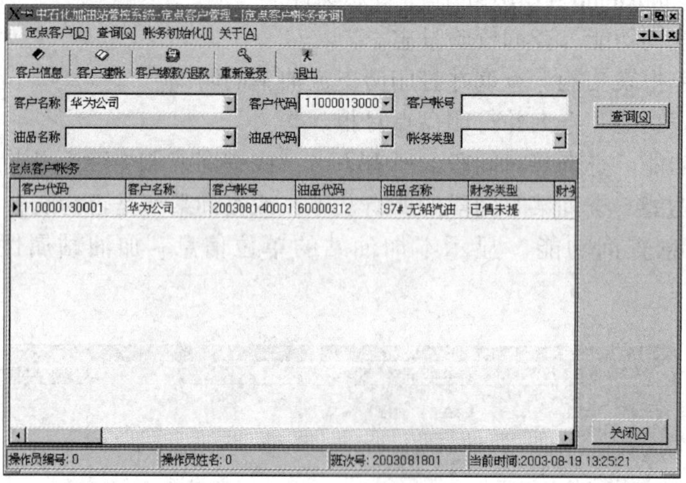

图 3-21　定点客户账务查询

⑥ 定点客户结存账务查询功能　查询定点客户的消费和账务结存信息。

⑦ 定点客户加油明细查询功能　查询定点客户的加油明细。

⑧ 账务初始化功能　设置客户账务的初始数据。

(6) 员工管理

① 员工信息维护功能　对本加油站员工的信息进行维护及查询。

② 员工密码修改功能　修改员工密码或修改员工卡信息。

③ 员工权限维护功能　给加油站员工分配不同的角色。

④ 员工绩效管理功能　对员工的销售额进行设定，并对其完成情况进行统计，见图 3-22。

⑤ 员工卡信息读取功能　显示员工卡的卡号、员工卡密码和员工号。

⑥ 内部卡分配功能　将上级下发的员工卡分配给员工(说明：一张员工卡只能分配给一个员工，一个员工可以被分配多张员工卡)。

⑦角色信息维护功能　根据加油站员工的不同分工，设置相应角色。

⑧角色权限维护功能　给每个不同的角色赋予不同的权限。

(7) 交接班

① 班次维护功能　手动维护班次。系统会自动进行交易流水的终端交易序号的连续性校验，交易流水的泵码连续性校验，若有不连续的终端交易序号或泵码，系统会弹出提示信息，提示油机上送入库数据有问题，需要进行回叫处理(具体操作见“⑪交易流水数据报

警”)，系统会把相应校验信息记录下来，通过业务管理模块中的“校验日志查询”，可查询到校验的详细信息。

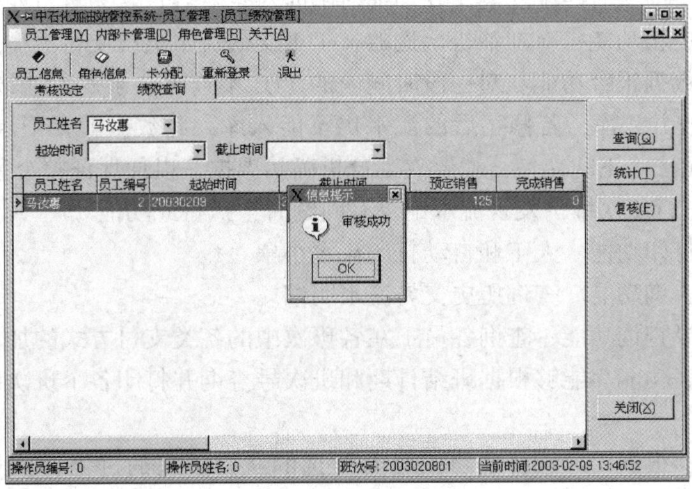

图 3-22　员工绩效管理

② 泵码交接功能　交接泵码和查询泵码交接信息。

③ 油罐交接功能　油罐的交接录入和查询。

④ 发票交接功能　票据的交接录入和查询。

⑤ 油票回笼功能　油票回笼的录入和查询。

⑥ 润滑油交接功能　小商品的交接录入及查询。

⑦ 班结功能　统计本班次进油、销售、回罐等进销存信息，生成交接班报表。系统会自动核对交接班报表数据与交易流水数据。交接班报表数据、交易流水数据都是按付油类型统计的，主要核对以下几项内容：现金付油升数、笔数，油票付油升数、笔数，记账付油升数、笔数，IC 卡付油升数、笔数，IC 卡积分付油升数、笔数，汇总合计升数。并且系统会把相应校验信息记录下来，通过业务管理模块中的“校验日志查询”可查询到校验的详细信息，见图 3-23。

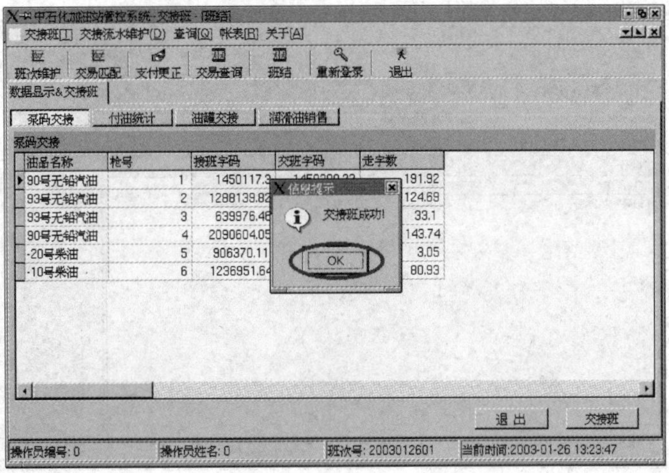

图 3-23　班结

⑧ 定点客户交易匹配功能　在交易流水中将定点客户的交易记录标记出来，以便对定点客户的账务进行结算。

⑨ 定点客户交易实时匹配功能　在加油时随时对定点客户交易进行匹配。

⑩ 支付类型更正功能　对加油机上送的员工卡交易流水进行支付类型的更正。

⑪ 交易流水数据报警功能　对一段时间内的 TTC 不连续、泵码不连续的油机流水记录补采(回叫)，更改并入库，若修正后的流水仍不能入库，此数据就要记录下来，说明油机上送的数据存在无法修正的交易，就要人工分析确认数据，以便保证整个系统中数据的正确性和完整性。当进行班次维护发现流水记录有问题时，执行此功能。

⑫ 交易小票打印功能　人工和自动打印流水小票。

⑬ 交易流水查询功能　查询历史交易流水明细。

⑭ 交接班记录查询功能　查询各员工在各班次中的各类支付方式的加油明细。

⑮ 交接班报表功能　能够根据班结日期和班次号查询并打印各个班次的交接班信息。

(8) 日结

① 功能　能够根据用户选择的班次号对所选的所有班次的进销存信息进行分类汇总，并产生各类日报表所需的各类数据(一天内可以允许多次日结)，并能够查询已经日结过的班次信息。在日结时，系统会自动进行加油流水和日结报表的校验，日结报表间数据的校验，日结文件的校验，并把校验结果保存起来，通过业务管理模块中的“校验日志查询”可查询到校验的详细信息。

加油流水和日结报表的校验：校验当日加油流水的付油总数和当日付油日报总付油数，校验当日加油流水的销售总数和当日销售日报销售总数。

日结报表间的数据校验：校验加油流水中现金、IC 卡、IC 卡积分三种消费的升数与付油日报中现金、IC 卡、IC 卡积分三种消费的升数，校验加油流水中现金、IC 卡、IC 卡积分三种消费的金额与销售日报中现金、IC 卡、IC 卡积分三种消费的金额。

日结文件的校验：校验数据库中已日结流水笔数、未日结流水笔数、错误流水笔数分别和已日结流水文件中的交易笔数、未日结流水文件中的交易笔数、错误流水文件中的交易笔数。

② 付油日报表功能　能够根据日结日期和日结时间查询并打印某天日结后统计出来的付油报表，见图 3-24。

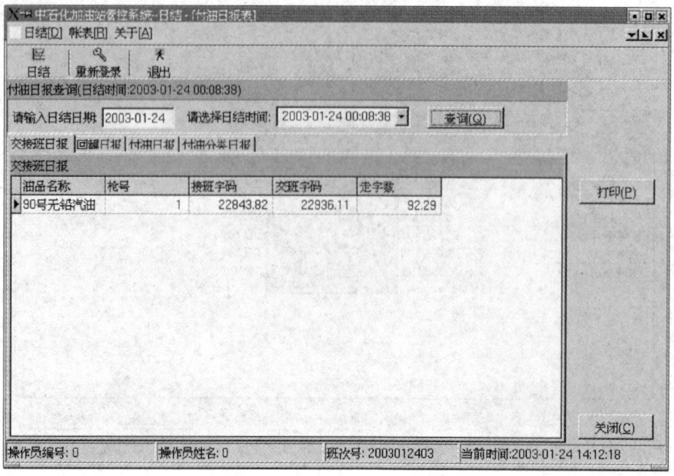

图 3-24　付油日报表

③ 销售日报表功能　能够根据日结日期和日结时间查询并打印某天日结后统计出来的销售报表。

④ IC 卡销售日报副表功能　能够根据日结日期和日结时间查询并打印某天日结后统计出来的 IC 卡交易销售报表。

⑤ 油品分罐保管登记账功能　查询并打印某个时间段的油品分罐保管账。

⑥ 库存商品明细分类账功能　查询并打印某个时间段的库存商品明细分类账。

二、信息技术在加油站的其他应用

(一) 油罐自动计量系统

油罐自动计量系统是加强加油站库存管理，实现库存信息准确、安全、实时、自动采集的一个重要手段。随着加油卡系统和二次物流系统的普及，自动计量系统具备了更好的实施条件，可以发挥更大的作用。下面对自动计量系统中的主流设备进行简要的介绍。

1. *磁致伸缩液位仪*

(1) 结构。磁致伸缩液位仪主要由电子头、探测杆和浮子三大部分组成，探测杆上装有固定装置、E 型挡片及安装环，见图 3-25。电子头由专用集成芯片构成，实现了测量、通讯和诊断等全部功能。

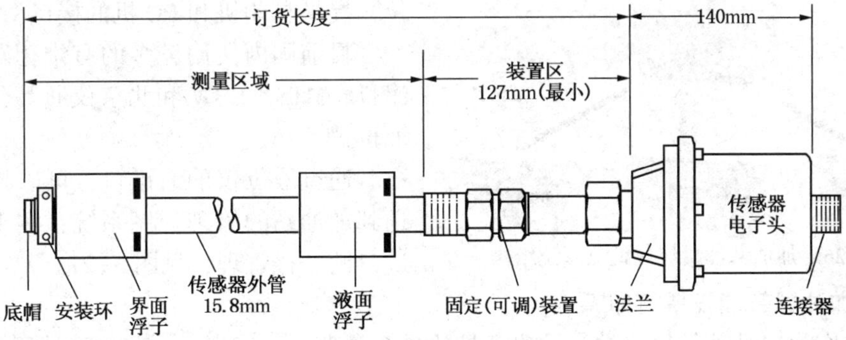

图 3-25　USTD 结构

(2) 工作原理。探测杆是由三条同轴的圆管组成。由耐腐蚀材料制造的外管起保护作用，中间的圆管装配有一个或多个温度传感器(RTD)，最中心的是一条磁致伸缩材料制造的波导管。探测杆外面套有浮子，浮子随液位的变动沿探测杆上下移动，通过探测浮子所处的位置来测量液位。

测量时液位仪电子头发出一脉冲电流，此脉冲电流在探测杆内产生一磁场。两个磁场相互作用使浮子处的波导管产生一个扭曲应力波，此应力波以恒定速度向波导管两端传播。已知其速度，通过测量应力波到达电子头的时间可知其传播距离，因而可确定浮子的位置。

(3) 主要性能。液位仪主要性能见表 3-17。

表 3-17　液位仪主要性能

项　目	内　容
测量参数	液位、界位、五个单点温度及液面下的平均温度
测量范围	0~3800mm
非线性	≤0.025%F.S. 或±0.4mm 之中的最大者

续表

项　　目	内　　容
重复性	±0.001%F.S 或 0.127mm
输出形式	RS485 接口
输入电压	24VDC
工作温度	-35～+36℃（电子头）、-30～+70℃（波导管）
工作压力	依赖所选浮子，最大可达 6.89MPa
传感器外管	316L 不锈钢
安装方式	3/4″NPT 调节
安全认证	PTB 本安认证 国家级仪器仪表防爆安全监督检验站、本安认证：ExiaIIBT4
密封方式/防护等	IP67；NEMA6

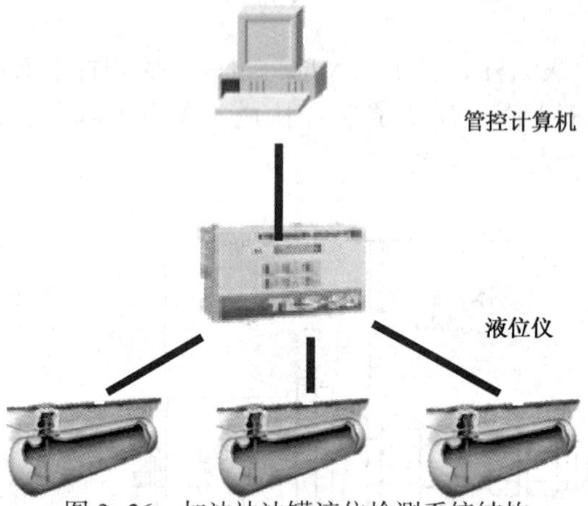

图 3-26　加油站油罐液位检测系统结构

2. 液位检测系统

液位仪一般可以连接 6 根或 16 液位传感器，实现对油罐液位、界位、温度等参数的测试，配合不同传感器，可以实现油罐静态测漏，同时液位仪以图形方式显示油罐液位，提供打印机和 PC 机的接口，见图3-26。

目前国内使用较多的有维德路特、青岛澳科、MTS、EBW 和北京仪通等公司生产的液位仪。

通过液位仪的通讯口，可以将液位数据送到加油站的管理控制系统，实现加油站的进、销、存管理，见图 3-27。

（二）加油站智能发票打印系统

加油站作为成品油零售终端，发票开具数量非常大。近年来，一些加油站配备了智能发

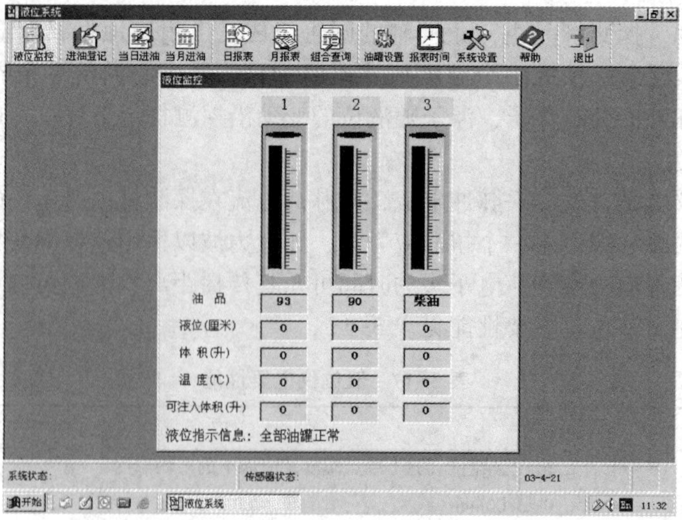

图 3-27　液位检测系统界面

票打印系统，规范了开具发票的业务，但由于这些系统多数均为手工录入开票数据，效率较低，而通过与加油卡管理控制子系统连接的智能发票打印系统可以自动采集加油交易记录，通过智能发票打印机，实现加油、开票、统计全过程的智能化，也可实现发票分发和使用环节的信息管理与监控，减少手工开票的工作量，提高发票的开具速度，提升客户的满意度，下面对该系统进行简要的介绍：

1. 系统网络结构

智能发票打印机通过串口连接到加油站的管控机器上，接收发票打印指令开具发票，并将打印结果返回给发票开具子系统。

管控机每日日结时通过拨号连接应用服务器，将开票信息上传到应用服务器，并将发票领用信息、代码更新数据等下载到管控机。各级机构间的数据传输利用现有零售管理系统的通讯模块实现。

区县级管理中心和市级管理中心的操作人员通过浏览器访问 WWW 服务器，进行发票的库存管理和发票信息管理。(具体见图 3-28。)

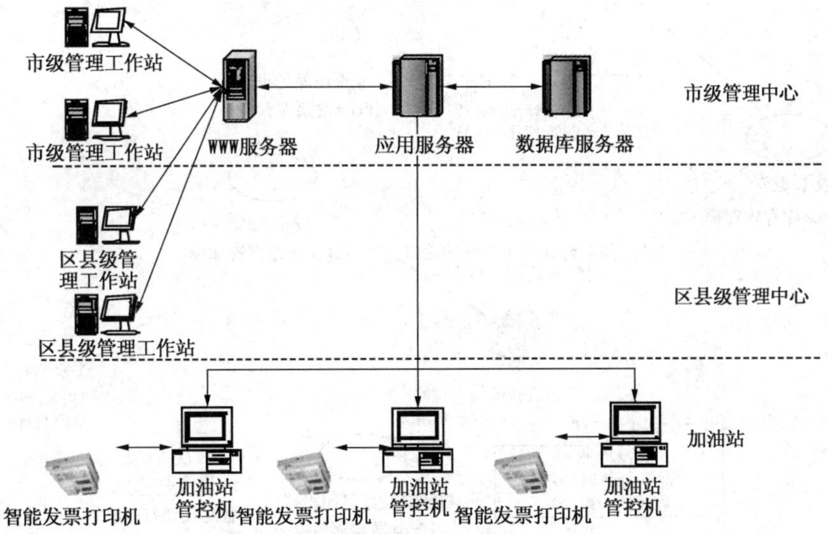

图 3-28　智能发票打印系统网络结构

2. 系统业务流程图

图 3-29 大致描述了发票打印与管理系统的基本流程。由此可见，该系统是集发票打印、发票分发与管理于一体的综合性业务系统，涉及到税务机关、市级管理中心、区县级管理中心以及加油站等多个业务单位。

市级管理中心从税务机关购领发票后，执行发票入库操作；加油站和区县级管理中心需要领用发票时，先由上级机关执行出库操作，然后执行入库操作。

加油站发票开具子系统接收管控系统的指令，根据参数决定是否开票；同时操作人员可以通过手工录入的方式对某笔或某些加油交易手工开票。智能发票打印机接收加油站发票开具子系统的指令，根据参数决定自动开票还是经过加油员的确认后开票，并将开票结果返回给发票开具子系统。

加油站每日将开票记录通过文件的方式传送给区县级管理中心，该信息自动显示在市级管理中心。该数据流是从业务流程层面来分析的，从技术实现上，该数据可以通过区县级管理中心的数据交换前置机转发给应用服务器，也可以直接发送给应用服务器。

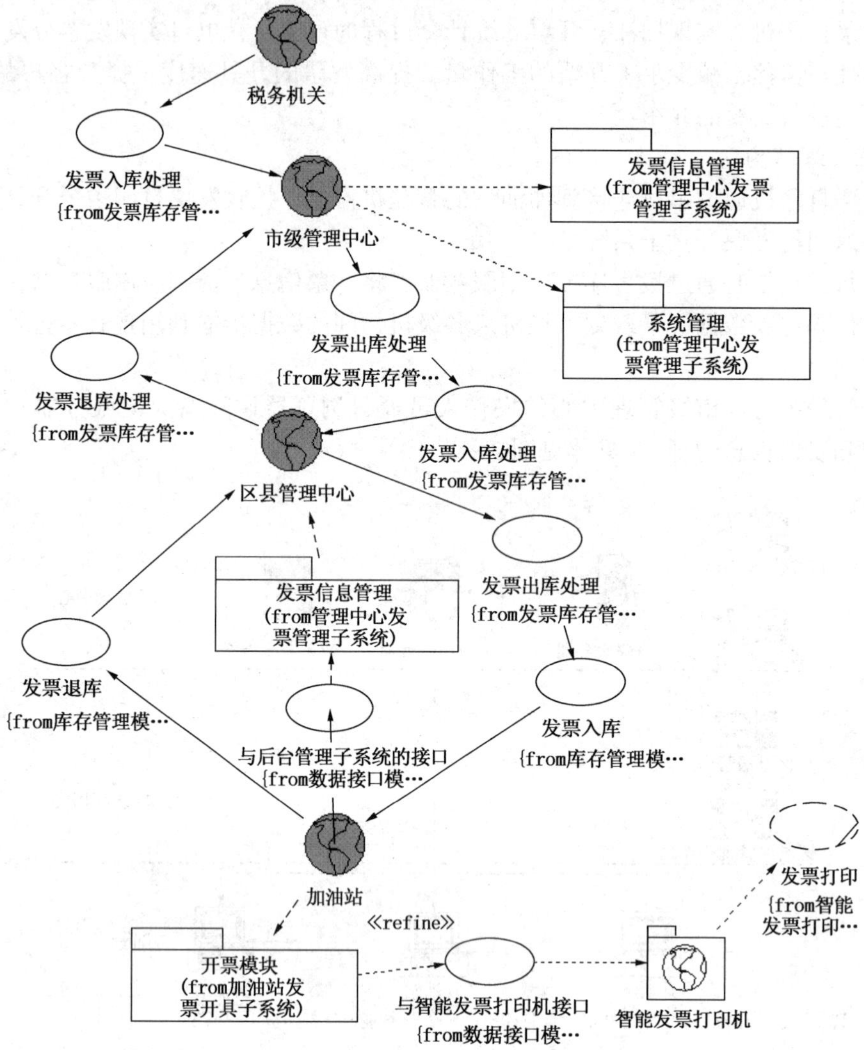

图 3-29　系统业务流程图

对于一些非正常业务(如发票退库等)，其数据流从下级机关传送给上级机关。传送方式与传送开票记录的方式相同。

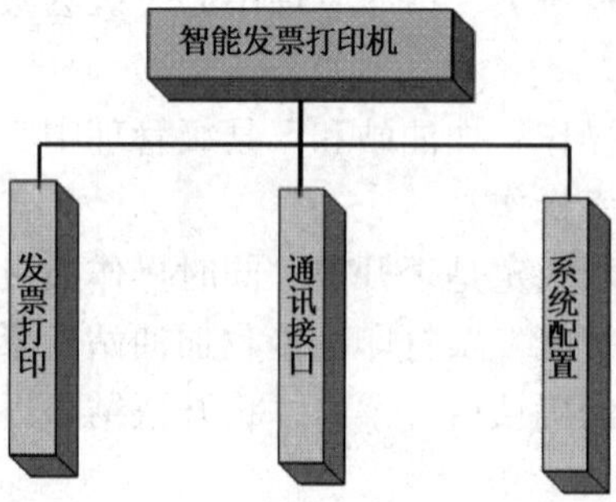

图 3-30　智能发票打印机功能

同时，系统为各级操作员提供查询统计的功能，为不同机构和不同岗位的操作员制定不同的操作权限。

3. 系统功能

(1) 智能发票打印机

见图 3-30。智能发票打印机包括发票打印功能、系统配置功能以及与加油卡管控系统的通讯接口。

(2) 加油站发票开具子系统。见图 3-31

(3) 管理中心发票管理子系统。见图 3-32。

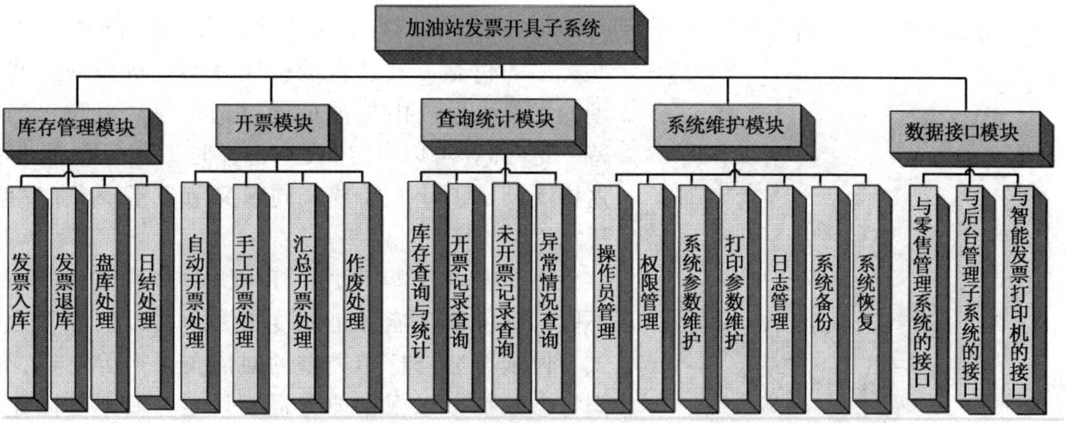

图 3-31　发票开具子系统功能

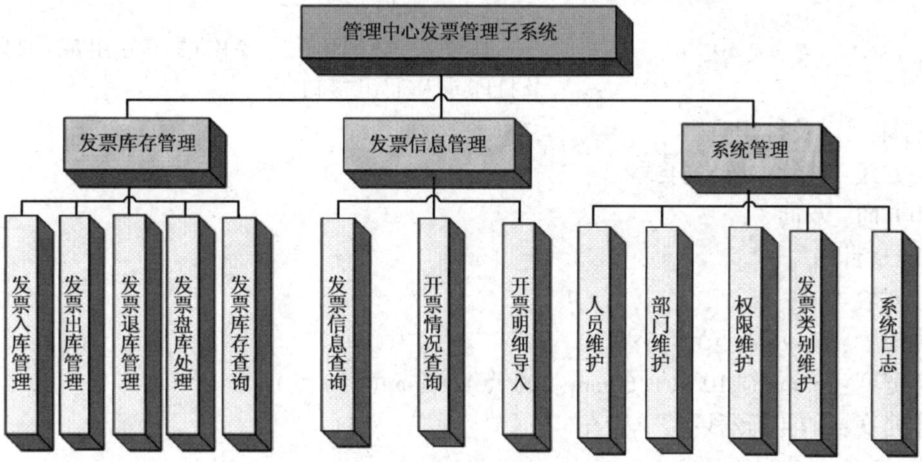

图 3-32　管理中心发票管理子系统功能

4. 系统运行环境

智能发票打印系统运行环境见表 3-18。

表 3-18　智能发票打印系统运行环境

子　系　统	硬　　件	软　　件
发票开具子系统	P3 1.0G 256M 内存 15 号以上显示器 5G 剩余硬盘空间	TurboLinux(中石化版) MySQL
发票管理子系统(WWW/应用服务器)	P4 2.0G 以上 1G 内存 10G 剩余硬盘空间	Apache Tomcat JDK 1.4.2
发票管理子系统(数据库服务器)	P4 2.0G 以上 1G 内存 20G 剩余硬盘空间	Sybase

5. 智能发票打印机

(1) 功能与特点

智能发票打印机主要功能包括发票打印、与主机的数据通讯以及系统参数配置。智能发票打印机与普通发票打印机不同之处在于其具有“智能性”：

一方面，智能发票打印机支持自动打印与人工选择打印两种方式。通过系统配置，对某些类型的付款方式，自动打印发票；对另外一些类型的发票，可以由加油员通过选择是否开票，当等待一定时间(可以设定)没有选择时，自动取消打印。这样既满足了业务需要，同时又节省了资源(发票、墨水以及打印头)。

图 3-33　智能发票打印机

另一方面，智能发票打印机与普通发票打印机不同，其各项功能都是高度参数化设计。如发票样式、付款类型与打印类型的对应关系、等待选择时间等参数都可以根据业务需求设定，而不是固化在打印机中，见图 3-33。

(2) 组成结构

智能发票打印机主要由两部分组成：打印驱动及打印头和通讯接口。

① 打印驱动及打印头。

打印方式：连续点阵击打式

打印方向：双向

针数：9 针

打印列数 42 列

字体配置：7×9(半点)或 5×9

打印宽度：63mm(210 点)/60mm(200 点)/45mm(150 点)

打印速度：约 4 行/秒

行距：1/6in(默认)

进纸方式：摩擦进纸

进纸速度：约 140mm/s

纸的宽度：76mm±0. 5mm(3. 0in)/57. 5mm±0. 5mm(2. 25in)

纸卷直径：最大 85mm(3. 35in)

纸卷轴：12mm±1mm(内径)，18mm±1mm(外径)

切刀可靠性：30 万次(仅对切刀型)

色带类型：盒式带

颜色：单色(紫或黑)

色带材料：尼龙 66(40 号极少)

色带寿命：紫色为 3 百万个字符

最大尺寸：140(W)×225(D)×163(H)mm

② 通讯接口　通讯接口的主要功能是接收上位机的开票信息开票，并将开票结果信息传回上位机。

智能发票打印机通过串口与加油站管控机上的发票开具子系统通讯，对于智能发票打印机与管控机距离较近的情况(小于 12m)，可以选择 RS232 接口；对于距离较远的情况，可以采用 485 接口。

上位机通过加装 ISA(首选)或 PCI 插槽的串口卡与打印机进行连接。

(3) 智能发票打印机的使用环境要求。

由于打印机有精密步进电机，所以需要防尘和防水。打印机的打印头对最低温度和最高温度都有要求。

如果智能发票打印机放在室外加油机旁边，极大地方便了客户索要发票。但是如果放置在室外，温度控制、防尘、防水以及防暴要求的实现非常困难，需要设计专门的装置来放置该打印机，大大提高了施工难度和成本，延长了设计周期。

综上所述，智能发票打印机最好放在房间内，同时注意保障其防水、防尘、温度等要求。

(三) 加油站银联 POS 交易系统

1. 银行卡

银行卡是指由商业银行(含邮政金融机构，下同)向社会发行的具有消费信用、转账结算、存取现金等全部或部分功能的信用支付工具。随着金融业务和信息化的发展，银行卡凭借其安全、便捷、卫生等特点，已经成为国内的一种常见的消费手段。近年来，银行卡也陆续进入了许多大中城市的加油站，发展势头不断加快，银行卡加油也成了司机的一种新选择。

国内发行的银行卡一般都符合银联标准，如图 3-34 所示，具有银联标识，可以在贴有银联标识的机具上实现跨行交易。

图 3-34　银联标识

银行卡可以有以下几种分类方式：

(1) 按是否能提供信用透支功能，可分为信用卡和借记卡；

(2) 按发卡对象不同，可分为单位卡(商务卡)和个人卡；

(3) 按银行卡的使用范围，可分为国际卡、国内卡和地区卡；

(4) 按持卡人的从属关系，可分为主卡和附属卡；

(5) 按银行卡的清算币种不同，可分为人民币卡、外币卡和双币种卡。

2. 信用卡

信用卡是银行卡的一种主要类型，如图 3-35 所示，信用卡具有以下特点：

图 3-35　信用卡正反面示意图

(1) 按卡片信息的存储方式区分为磁条卡、IC 卡和复合金融卡；

(2) 大部分信用卡刷卡时无需输入密码；

(3) 信用卡以持卡人签字为支付凭证，因此须核对签名；

(4) 信用卡需同时具备卡号凸印、持卡人姓名拼音、有效期限和防伪标识四个特征。

3. POS 机构造及流程

以百富 P70-T 为例，POS 机的构造如图 3-36 所示，它的工作流程如下：

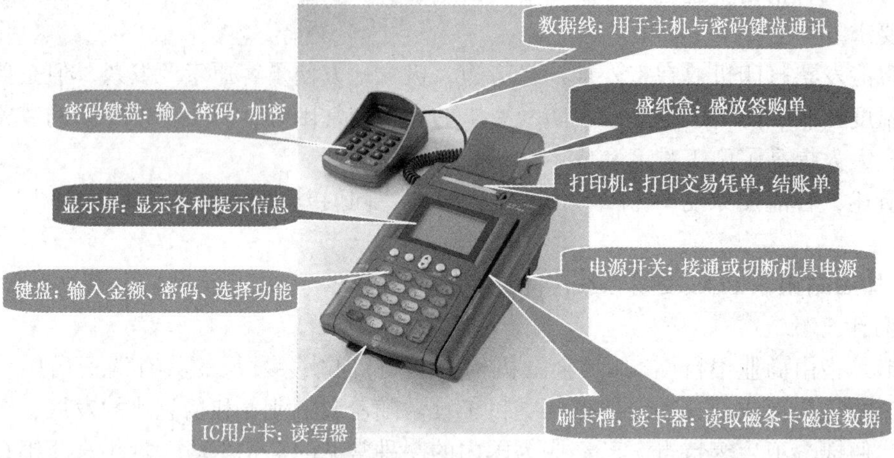

图 3-36　POS 机构造

(1) 基本业务流程。开机→签到→进行各种交易(加油消费、购物消费、查余额、撤销、退货)→结算→签退→关机。

(2)受理银行卡操作流程

① 验卡。

i. 检查持卡人所持信用卡的颜色、图案和标志与相应发卡银行是否相符；

ii. 核对信用卡的有效期，收银员遇到过期卡或未生效卡应拒绝受理；

iii. 查验卡片签名条上无“样卡”或“专用卡”等非正常签名的字样，否则应拒绝受理；

iv. 查验卡片无打洞、剪角、毁改或涂改的痕迹，否则应拒绝受理。

② 执行 POS 机操作　交通银行太平洋信用卡和深圳发展银行的部分信用卡需验证卡的密码。

③ 核对签名　交易成功后，收银员应要求持卡人在 POS 机打印出的签购单上签名，并核对签名是否与信用卡背面预留的签名相符。如有怀疑请立即与发卡银行联系。

④ 交还卡片及交易凭单持卡人联　交易完成后，将卡及交易凭单持卡人联一并交给持卡人。

(3) 系统交易流程。如图 3-37 所示。银联主机每晚 11 点进行日结，并于次日凌晨将清

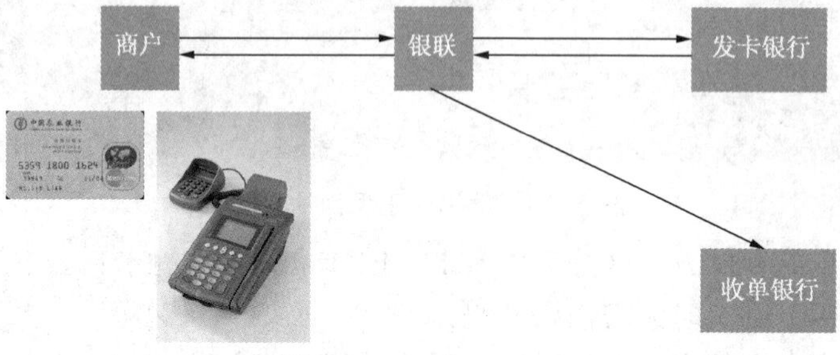

图 3-37　POS 机交易流程

算数据下传给收单银行，收单银行接收到清算数据后按清算数据将交易款项划至每家商户的银行账户上。

4. POS使用注意事项

（1）POS机具为精密仪器，需注意防水、防电、防尘。

① 若POS进水，则会烧坏POS机电路板，导致POS不能正常做交易；

② 注意防雷电、防静电；

③ 若刷卡磁头长期沾满灰尘则会导致磁头读取磁条信息不全而影响正常交易。

（2）注意轻拿轻放，避免磕碰，否则可能会导致POS机应用程序或字库文件丢失而不能正常做交易。

（3）避免POS机的刷卡槽和进、出纸槽内进入大头针、碎纸屑等细杂物。

（4）若要修改油品价格，则必须是在班结和日结后。

（5）每日下班前必须做班结，然后再签到，再做日结。商户每天下班前必须结账，否则退货交易金额、外卡交易金额永远不会到达商户账户(若是收单行外卡商户，还需先将外卡结算，后将人民币卡结算)。对于开通外卡的商户，刷卡时消费的实际金额直接输入人民币金额，不需兑换汇率。

（6）使用机具，注意上班签到，下班结算，人离开机具时要锁定键盘。

（7）插拔电源线时注意带扣。

（8）插拔电话线时注意LINE端口，防止水晶头脱落。

（9）串接电话机时最多1部且无防盗打功能。

（10）刷卡姿势应注意

① 磁条朝下，对着磁头；

② 平行于卡槽，平稳滑过(10~100mm/s)；

③ 可双向刷卡。

（11）受卡过程中应注意卡不离手(核对完签名后与签购单一并给持卡人)，卡远离强磁场(条码机)。

（12）金额输入时应注意最小交易金额是人民币1元，核对金额和按“0”补位。

（13）消费撤销与退货的区别是：撤销是在消费当天尚未结账前进行，是将对应的消费金额整笔撤销，交易金额立即回到持卡人卡中；而退货则在消费已结账后，并可在数天以后进行，退回对应消费交易的金额或部分金额，但交易金额无法立即回到持卡人卡中，且退货的最高限额为2万元。

5. POS机常见故障及排除

（1）卡纸。掀开进纸槽机盖，清除卡纸。

（2）交易成功，未打印账单。

① 卡纸　见以上处理办法；

② 缺纸　上纸，重新打印上笔交易凭单。

（3）前一天已经结账，第二天结账时仍有前一天的交易明细；前一天结账，未等签退就关机了。

（4）签到时显示“解包处理码不符”。关掉POS并拔掉电源，重新签到。

（5）显示“占线，请检查线路”

① 原因的可能性从大到小有：线路原因、POS原因、后台占线。

② 先检查线路是否正常。拿起一个电话机，将插在 POS 的 LINE 口的电话线拔下，插到电话上，拨一个电话号码看是否正常。能不能拨通，是否有大的杂音。如果不正常，则表示线路有问题。

③ 如果线路为分机，询问有几条外线。或者拨几次电话查看有几次能拨通。

④ 串接电话是否有防盗打功能。

⑤ 交换机不支持数据传输功能。

(6) 刷卡无反应

① 可能卡本身消磁了，换张卡试一下；

② 关机重启一下；

③ 刷卡姿势是否有误；

④ 磁头是否有损坏。

(7) 显示“接收超时”。查询余额，如成功则继续交易。

(8) 显示“解包错”。断电重启，重新签到。

(9) 显示“无拨号音”或“无载波”

① 电话线插错端口；

② 电话欠费；

③ 电话交换机设置改变(分机-直线)；

④ 电话线串接设备太多。

(10) 显示“刷卡错误”

① 卡被磨损、划坏；

② 刷卡姿势有误；

③ 反方向刷卡。

(11) 显示小方格。字库文件掉失。

(12) 显示“NO PROGRAM”。机具程序掉失，需轻拿轻放。

(13) 若出现了账务问题，可与收单银行账务联系人联系。

(14) 若出现机具损伤或其他问题，记清出现故障时的故障现象向 POS 公司报修。

【思考题】

1. 加油站主要包括哪些常见设备？
2. 加油站设备管理的原则是什么？
3. 加油机机械部分的构造主要由哪些部分组成？
4. “卡机联动”与“卡控加油”的含义是什么？
5. 什么是黑、灰、白名单？
6. 加油站如何实现密闭卸油和密闭量油？
7. 简述加气机的工作原理。
8. 加油站 IC 卡管理控制系统的硬件结构主要包括哪几部分？
9. 简述磁致伸缩液位仪的工作原理。
10. 加油站智能发票打印系统有哪些功能？

【案例题】

案例一　计量器渗油引起加油机燃烧

1997年7月16日11时，某加油站停电，站长启动自备发电机后离开加油站回家。当天11：30分左右，一辆货车进站加注0号柴油，加油工李某在加油过程中发现加油机内冒烟着火，急忙停止加油，呼喊同班人员灭火。由于加油站在岗人员不会使用灭火器，直至邻近单位救火人员赶来，动用了加油站全部灭火器才将火扑灭，造成了严重的经济损失。事故的主要原因是站长因加油站停电而启动自备电源后，没有检查调整发电机输出电压，因电压过低，造成电动机发热，热表面引燃油品。更加不应该发生的是该站加油机的计量器密封垫存在破裂渗油现象，没有及时检修，渗出油品滴在电动机上，提供了燃烧物。而且在着火后，加油站在岗人员不会使用灭火器，未能扑灭初期火灾，造成火势扩大，增加了损失。

案例讨论题

这起事故带给我们的教训是什么？

案例二　使用非防爆手电照明引发爆炸燃烧

1988年4月12日晚，某承包加油站向地下卧式油罐接卸汽油时，因接卸人员使用非防爆手电照明，引发油罐爆炸燃烧，并引燃相邻的3座汽油罐，大火燃烧了4小时，造成1人死亡。这是一起因使用非防爆手电照明引发的责任事故，事故的主要原因是：

1. 接卸人员违章使用非防爆手电照明。

2. 加油站接卸系统没有按规范要求设置密闭卸油系统，而是采用喷溅式卸油将卸油管插入量油孔卸油，进而产生大量静电和油气。

3. 油罐和接卸油场地没有设置导静电接地装置，使卸油产生的静电不能消散。

4. 石油公司没有对承包人进行安全教育和安全监督，没有按照规范要求对加油站进行整改。

案例讨论题

加油站的密闭式卸油工艺和操作规程是什么？为什么不能采用喷溅式卸油，不能使用非防爆设备？

案例三　国内某公司发票管理系统应用情况

1　项目概况

2003年11月，某公司实现统一纳税，所属加油站全部使用由该公司统一购买的销售商品专用发票(普通发票)及增值税专用发票，其中加油站普通发票每月用量在4万本左右，每年约50万本，计1250万份左右。在实际工作中，手工填写普通发票存在员工劳动强度高、发票开具速度慢、内容填写不规范、开具额无法核对、海量发票存根联保存困难等弊端。为解决发票使用与管理方面的问题，充分发挥440余座加油站已安装的加油卡管控系统的作用，公司筹划在管控系统中新增发票打印的功能，充分利用卡机联动加油机自动生成的开票信息，通过系统接口驱动发票打印机自动出具发票。

2 解决方案

2.1 网络拓扑图

该公司与北京中兴通电子技术有限公司及加油IC卡工程集成商合作，共同开发、实施了加油站智能发票打印系统。如下图所示，整个系统主要分为两级，从管理中心子系统的角度看，分成服务器端和各区管理中心端；从开票管理子系统的角度看，分成服务器端和加油站端。

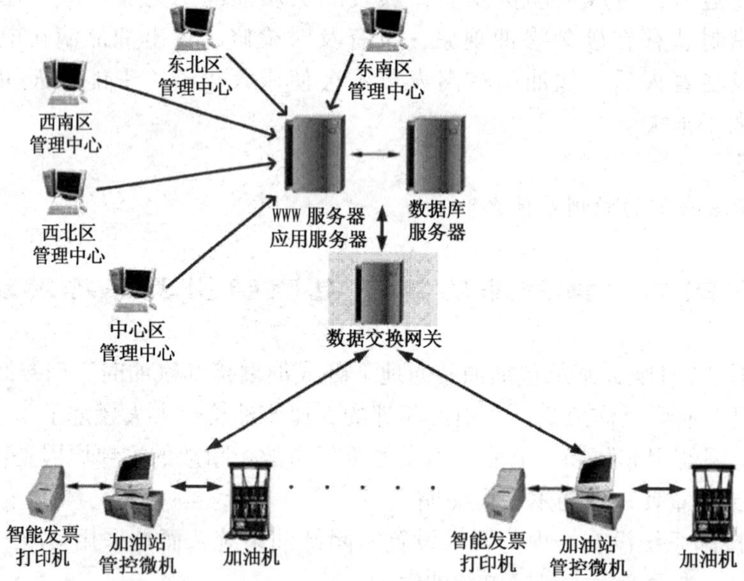

服务器端包括两台服务器，其中一台为数据库服务器，另外一台服务器同时作为Web服务器和应用服务器。

该公司根据地域划分为东南、东北、西南、西北、中心五大区域管理中心，各个管理中心设置一个管理工作站，执行后台管理。各个区域所属的加油站到对应管理中心领取发票。

各个加油站的发票开具子系统安装在管控微机上。管控微机通过拨号或VPN与后台应用服务器进行数据交换。

2.2 系统架构

如图3-38所示，整个系统从架构上分为四层，他们是基础网络、系统平台、应用平台、业务系统。

基础网络主要借助原有IC卡零售管理系统的网络，实现加油站与管理中心的通信。

系统平台采用统一的Turbo Linux操作系统平台。

应用平台包括中间件、数据库等应用系统。中间件采用Tomcat，数据库根据使用平台和目的的不同，加油站开票子系统配备MySQL数据库，MySQL数据库轻便，性能优良，对Linux平台支持得非常好。后台管理子系统由于需要存储大容量的数据，需要容量大、并发性能强、长时间不间断运行的大型数据库系统，根据现有条件，配置Sybase数据库。

业务系统主要分成发票开具子系统、发票管理子系统、智能发票打印机三个部分，各个部分的模块划分如图所示。

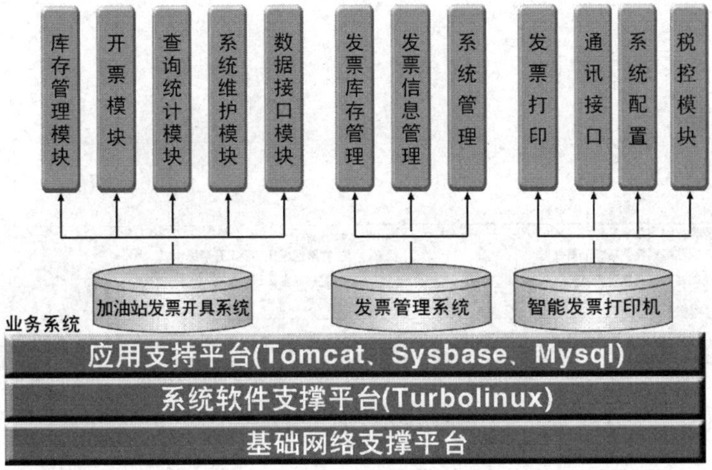

图 3-38　系统框架

2.3　主要软件功能模块介绍

2.3.1　加油站发票开具子系统

加油站发票开具子系统安装在加油站的管控机上，通过驱动智能发票打印机，完成发票开具功能。同时，作为发票管理的终端，实现发票的库存管理。该子系统与其他系统的关系如图 3-39 所示。

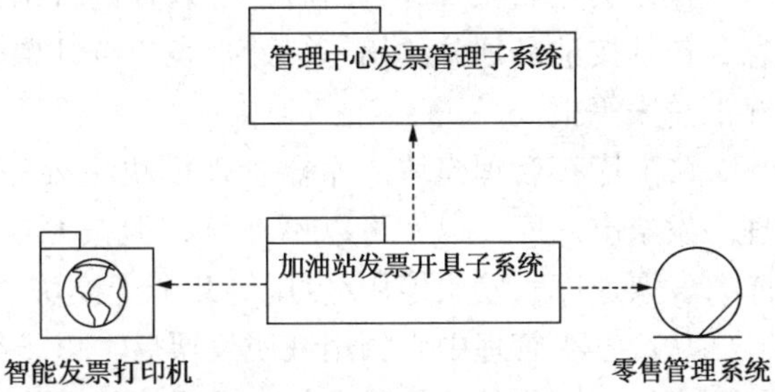

图 3-39　发票开具子系统

该子系统从功能上划分，包括开票模块、日月结模块、库存管理模块、查询统计模块、系统维护模块和数据接口模块、其他等 7 个模块。

(1) 开票模块。主要包括自动开票、手工开票、IC 卡预收款开票、作废发票等 7 个子模块。

自动开票支持自动打印和加油员确认后打印两种方式，也支持多打印机，使得业务繁忙的时候系统可以自动选择空闲的打印机完成开票业务。

手工录入开票包括由于客户的反复或打印机硬件故障等原因引起的手工开票需求。包括补开发票、作废后重开发票、红字票(负数票)、手写普通发票、手写增值税发票以及其他非油品的销售发票(如便利店销售)。

(2) 日、月结模块。每日在做完管控日结后，开票系统将做日结处理，以便生成汇总票和各种上报数据，如图 3-40 所示。操作员在开票系统中选择管控生成的日结文件后，系统会根据管控日结文件的明细按公式分油品生成并打印汇总票。汇总票的作用是将各个油品下未正常打印出发票的记录将金额和数量汇总后开出的发票。这样所有之前开的发票与汇总票之和将与日结后的总金额总数量保持一致。

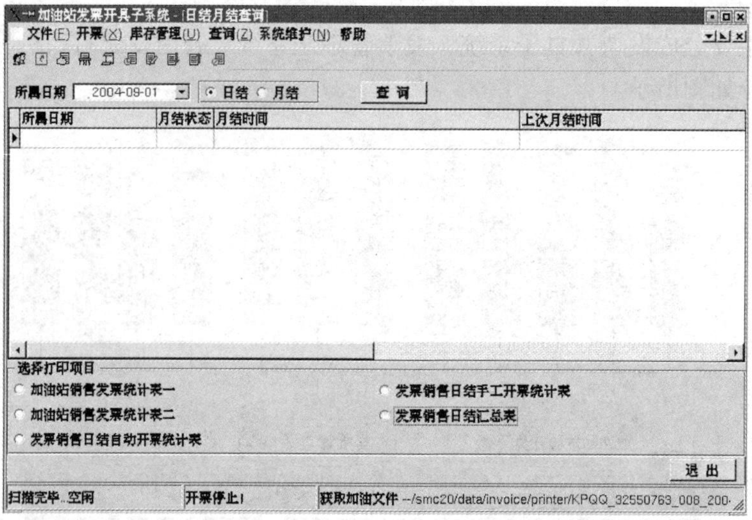

图 3-40 日、月结

完成日结后，操作员可以将当日交易明细(所有开票信息，包括废票信息)生成日结报表，打包成数据文件，然后将该文件通过数据接口上传到后台管理系统。

操作员在月末做完所有日结后，选择月结，将当期所有已经日结交易明细(所有开票信息，包括废票信息)生成月结报表，打包成数据文件，然后将该文件通过数据接口上传到后台管理系统。

操作员在做完日、月结后，可以查询日结月结信息，并可查看打印该日结的各种报表信息，包括按油品划分的销售统计报表、按开票类型划分的销售统计报表、所有发票的使用情况汇总表等报表。

(3) 库存管理模块。库存管理模块主要完成加油站的原始发票的领用、退库与盘存处理。发票出入库、退库可以不连续，但按照税控标准，最小单位为一卷。主要包括发票入库、发票退库、发票停用/启用等几个子模块。

从区县级管理中心领用纸质发票后，电子数据通过数据接口模块或者税控 IC 卡自动下载到本地。操作员选择该文件，按系统提示将该信息导入本系统。发票领用信息包括：发票领用凭证序号、发票代码、发票起始号码、发票终止号码、领用机构代码、领用人代码、领用时间等。

当加油站由于各种原因，对已领用的发票不再使用时，可以使用发票退库将发票退回上级机构(区县级管理中心)。退库请求包括：发票代码、发票起始号码、发票终止号码、退库机构代码、退库人代码、退库时间等。

对各种情况下发票不能使用的，进行停用操作，停用后的发票可以重新使用。

(4) 查询统计模块。操作员和管理员通过查询统计模块可以对开票记录和库存记录进行查询，如图 3-41 所示。操作员选择查询条件，单击查询按钮，系统将列出符合条件的开票记录。

开票记录查询的条件包括：起始日期、发票状态、日结状态、油枪号码、油品代码、付款类型、开票类型等，各种条件是与的关系。输出数据项包括发票代码、发票号码、开票时间、付款类型、开票类型、油品代码、单价、数量、金额、发票状态等。

库存记录查询的条件包括库存状态，发票代码、发票号码起止、领用起止日期等，各种条件是与的关系。输出数据项包括库存状态、发票代码、发票号码起、发票号码止、领用时间、开始使用时间、锁定时间、退库时间、打印机编号等。

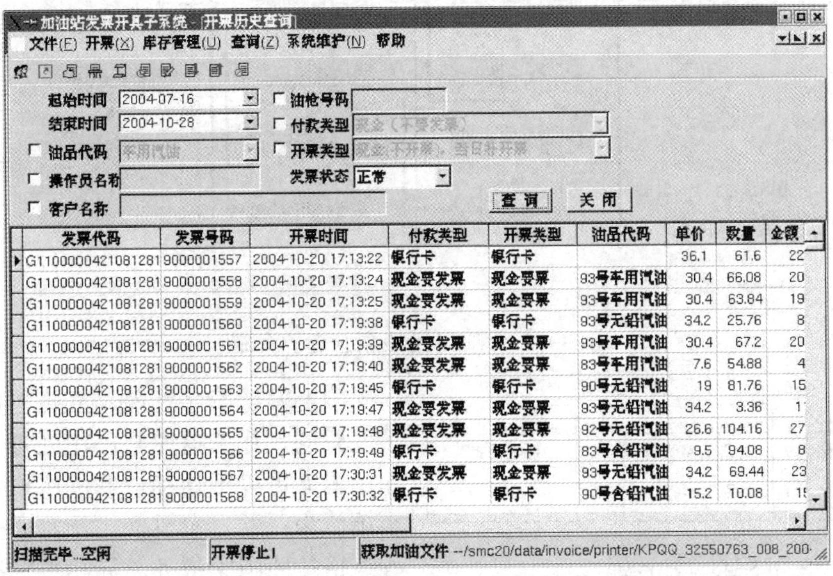

图 3-41　查询系统

(5) 系统维护模块。加油站管理员使用该模块对开票系统后台管理数据进行相关设置。包括对角色进行增加、修改、删除查询等操作；对加油站开票员进行增加、修改、删除查询等操作；对发票开具系统的系统参数进行配置(如：发票领用地址、退库地址、加油站名称、加油站代码、联系电话等参数进行配置)；对打印的票样进行配置，可根据实际需要更改打印票样而不用修改程序；增加、修改、删除打印机，并配置打印机的端口等。

系统还支持远程自动升级，当服务器的程序升级或者油品相关参数变更时，系统可以通过远程后台数据进行自动更新操作。

(6) 数据接口模块。主要包括三个接口，与加油卡管控系统、智能发票打印机、以及与管理中心发票管理子系统连接的接口。发票开具子系统与加油卡管控系统之间通过文件方式交换数据。管控系统每接收到一条加油记录，则向指定的目录写入一个加油记录文件。加油站发票开具子系统与后台发票管理系统之间也是采用 XML 格式作为信息交换协议。数据的上传和下载通过现有 IC 卡系统的通讯平台实现。

2.3.2　管理中心发票管理子系统

市级和区县级管理中心的相关操作员通过管理中心发票管理子系统完成发票原始票据的分发、发票数据的监控，如图 3-42 所示。

该子系统包括发票库存管理、发票信息管理和系统管理三个模块，如图 3-43 所示。

为了减少系统的维护工作量、提高系统的处理能力，系统采用基于 J2EE 的 B/S 架构。系统操作员通过浏览器访问 WWW 服务器，提交业务请求；应用服务器接收到 WWW 服务器的请求，访问数据库服务器，将处理结果通过 WEB 页面的形式返回给操作员。这样实现了显示-业务处理-数据存储的分离，提高了系统的可用性和处理能力。同时，由于用户端不需要安装任何软件，降低了系统的维护工作量。

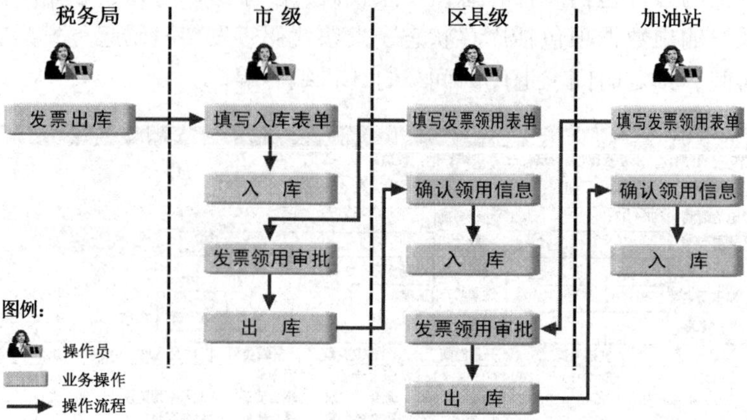

图 3-42 管理中心发票管理子系统

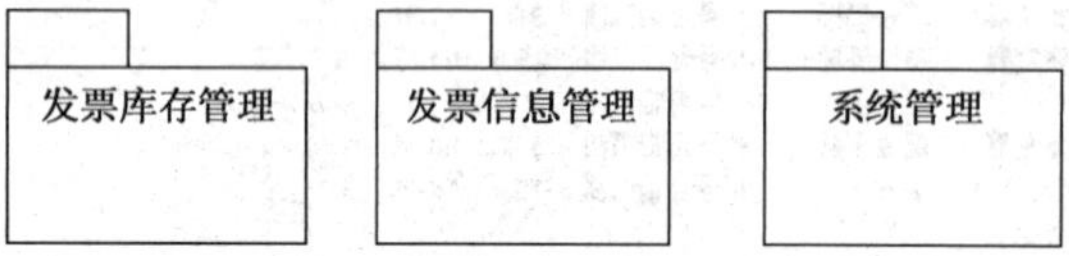

图 3-43 三个模块

（1）发票库存管理。主要包括加油站电子发票的领用、退库与停用处理。发票出入库、退库可以不连续，但按照税务标准，最小单位为一卷。发票格式及发票分发管理流程严格按照国家税务总局相关标准设计，完全符合税控标准。

（2）发票信息管理。每天系统定时将加油站通过税控 IC 卡或者网络上传的开票明细信息导入到系统数据库中，以便进行查询和统计，如图 3-44 所示。

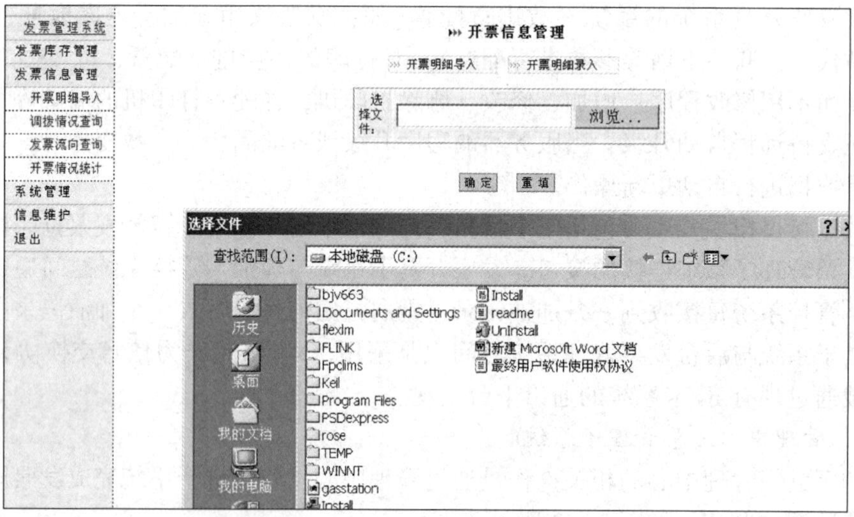

图 3-44 发票信息管理

操作员可以查询任意一张发票在系统中经历的所有状态，也可以查询目前发票的分布使用情况，了解各个区域的发票库存和使用情况。

此外，操作员还可以按日结、月结、时间区间、机构、报表类型等查询条件查询发票信息，以及输出各种报表信息。

（3）系统管理。主要用于对系统的用户、组织机构、人员权限、油品参数等后台管理数据的维护。包括添加、修改、查询操作员信息；添加、修改机构(如区县单位、加油站)等信息；直接从其他系统导入机构信息，避免重复录入；将各种权限根据业务特点划分为权限组(也即系统角色)，赋予或收回操作员的某些权限；对用户组及用户组拥有权限进行维护操作以及油品代码的增加、修改、删除、查询、导出等功能。

2.4 在该公司实施的效果

该系统投用后，与原有模式相比，主要具有以下四点好处：

(1) 提高服务水平。机打发票每张约需3秒钟，手工填写发票每张约需10秒钟，新开票模式既缩短了客户的等候时间，也降低了员工的劳动强度，规范了发票的开具格式，提高了客户的满意度。

(2) 降低运作成本。机打发票系统的运行使该公司加油站的专职开票员减少了100余人，节约了用工成本。同时，由于机打滚筒式发票与手写式发票相比减少了三联，也降低了发票购置费用。

(3) 促进零售增量。机打发票功能的实现，进一步提高了该公司的市场形象，吸引了部分财务部门对发票要求严格的用户从手写发票的系统外加油站转到机打发票的该公司加油站加油，达到了“增量”的效果。

(4) 便于监督管理。机打发票管理系统还具有发票入库、分发、查询、统计、分析等管理功能。通过在发票使用全过程进行信息化管理，该公司的发票管理人员提高了工作效率和管理水平。

案例四 国内某公司液位仪应用情况

1 硬件设备

1.1 简介

在各个加油站配备专门的数据采集、上传设备PD-3N

PD-3N中文触摸屏显示仪(以下简称：PD-3N)是青岛澳科仪器有限责任公司自主研发生产的。PD-3N与澳科仪器的PLS型液位计及电源控制器共同组成了一套完整的液位仪计量系统。

PD-3N是液位仪系统的显示终端，能够同时监视1~16个油罐。以中文和图形方式实时显示油罐内油品的体积、空容、油高、水高、温度，以及各种报警和故障信息。

1.2 系统组成

具备网络上传功能的PD-3N是普通PD-3的升级版。PD-3N具有普通PD-3的所有功能，并在普通PD-3的基础上增加了网络功能，具备了PD-3通过互连网向远程服务器上传数据的能力。

PD-3N的前面板与普通PD-3一致，接口面板上增加了一个网络端口(如图3-45所示)。能够通过本地局域网、宽带、拨号等方式连接Internet，可以向远程服务器上传交班数据、整点罐存数据、报警信息和卸

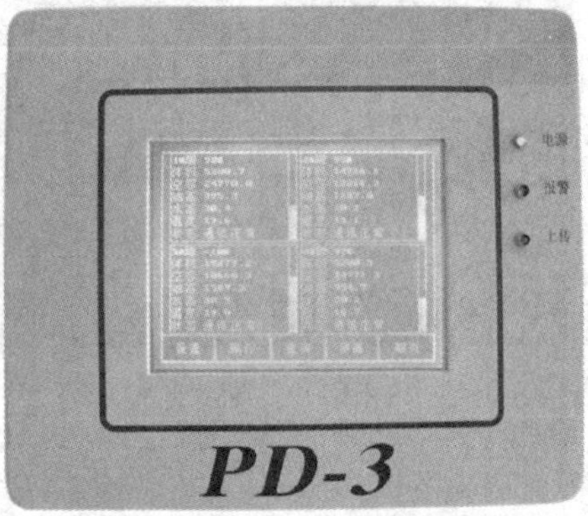

图3-45 PD-3的前面板

油数据。

PD-3 的前面板有一个触摸屏中文液晶显示器，三个发光二极管指示灯(绿色电源指示灯、红色报警指示灯和黄色的数据上传指示灯)与一个报警蜂鸣器。

PD-3 具有一个并行打印机端口和两个 RS-232 串行通讯端口(一个用于连接电源控制器，与液位计通讯；另一个用于连接计算机)，如图 3-46 所示。

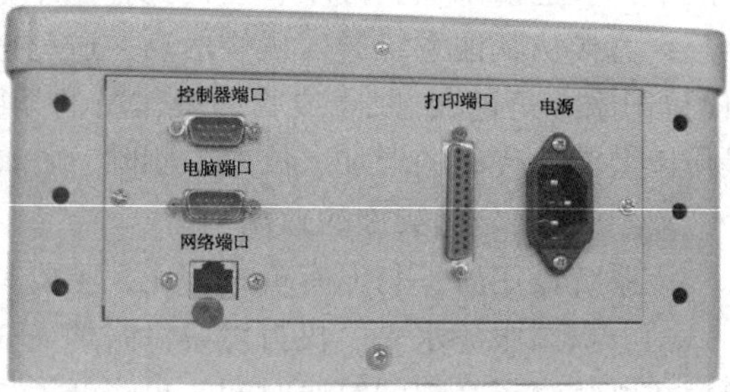

图 3-46　PD-3N 的接口面板

PD-3 使用之前，应通过专用电缆连线与 PLS 液位计的电源控制器正确连接，正常通电后，显示仪的电源指示灯和状态指示灯亮，显示仪正常工作。

1.3　主要技术性能

(1) 可同时监控多达 16 个油罐的库存及物流情况，直观显示油品体积、油罐空容、油高、水高及油品的温度；

(2) 具有声光报警功能；

(3) 自动监测卸油情况，生成卸油报告；

(4) 卸油过程中如果有加油，卸油后可手工输入期间加油量，保证了卸油报告的准确性；

(5) 可自动生成四个不同时间的班报，同时可以手工交班；

(6) 静态测漏功能，测漏准确率达 95%以上；

(7) 逐点导入容积表，充分保证油品体积的准确性；

(8) 可实现显示仪和计算机同时监控，充分保证系统的稳定性；

(9) 中文液晶触摸屏显示面板，操作更加简单、直观；

(10) 两个 RS-232 串行通讯端口(其中一个支持 RS-485)；

(11) 一个并行打印机接口。

1.4　显示

PD-3 能够同时显示一个罐或多个罐(最多达 16 罐)的罐存信息，在正确安装和设置后，打开 PD-3 电源开关，即可进入油罐监控屏幕(如图 3-47 所示)。

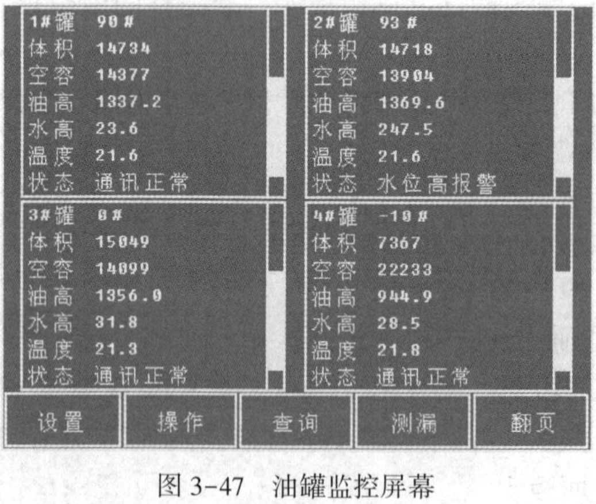

图 3-47　油罐监控屏幕

在油罐监控屏幕上，可以十分方便地查看每个罐的详细罐存信息，包括油品种类、油品体积、油罐空容、油高、水高、油品温度以及油罐状态。每罐的右边图形显示罐内的油位和水位。每页可以同时显示四个罐的罐存信息。若要查看更多的罐存信息，请点击屏幕右下方的[翻页]按钮，如图 3-48 所示。

油罐监控屏幕的下方是 PD-3 的功能栏。主界面有五个功能按钮，它们分别是“设置”、

“操作”、“查询”、“测漏”和“翻页”。

2 软件系统

2.1 数据上传信息

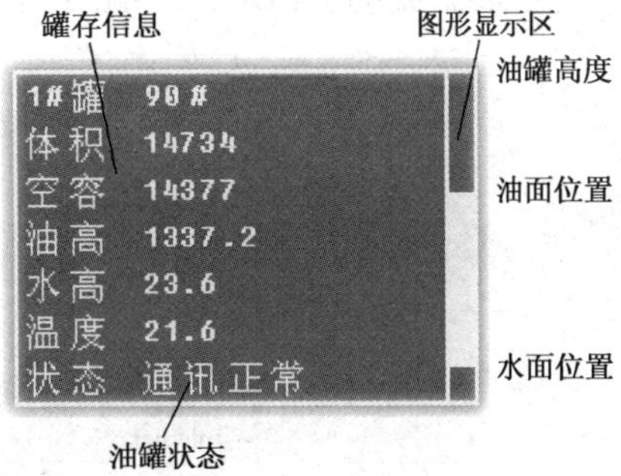

图 3-48 罐存信息页

加油站管理端系统则是采用了由上海澳杰软件科技有限公司自主开发的加油站数据采集系统之服务器端数据接收处理子系统。

管理端系统需要采集的数据：

(1) 手动交班、自动交班、软件触发交班发生时向服务器端上传交班数据(自动交班可设置四个班次)。

(2) 开启了整点上传后，每逢整点时刻向服务器端上传整点罐存数据。

(3) PD-3N 在发生报警或报警结束时，向服务器上传报警信息。

(4) 当某油罐开始卸油时，PD-3N 上传进油提示信息。

(5) 当油罐卸油结束，在保存了卸油信息后 PD-3N 向服务器上传卸油数据。

PD-3N 上传数据具备数据校验和检测网络的能力。当服务器校验数据失败或因网络中断而使数据不完整，PD-3N 会在下次上传时，重新发送这些数据。从而保证了数据上传的准确性和完整性。

PD-3N 提供的是数据上传功能，当满足上传数据的条件时，PD-3N 主动向服务器端上传数据。服务器端不能查询 PD-3N 的信息。

PD-3N 本身内置了标准的以太网接口，符合 TCP/IP 传输协议。既可以在局域网内部实现数据传输，也可以通过互联网实现数据传输。

加油站端的 PD-3N 若需要上传数据，在硬件上只要加油站有能够连接上公网的网络即可。如：已连接互联网的局域网络或能够拨号上网的电话线路等。

在已有的局域网中，PD-3N 可以和局域网中的其他计算机一起共享上网，无需增加任何设备。

若要采用虚拟拨号上网，站端需增加一台内置拨号功能的宽带路由器，可实现 PC、管控及 PD-3N 的共享上网。

PD-3N 的数据采集服务器端必须具有固定的 IP 地址，不能采用动态 IP 方式。

2.2 数据上传方案

公网上传方案如图 3-49 所示。

方案说明：

(1) 所需设备。站端增加一台内置拨号功能的宽带路由器，可实现 PC、管控及 PD-3N 的共享上网。服务器端增加一台具有公网固定 IP 的数据采集服务器。

(2) 数据流向。PD-3N→路由器→Modem→Internet→数据采集服务器→中心服务器

PD-3N 的数据上传完全由硬件设备实现，不会受到 PC、管控机的影响。同样 PD-3N 的网络连接也不会影响管控机及其他 PC 的正常上网，达到了系统的完全独立。

VPN 上传方案如图 3-50 所示。

方案说明：

- 所需设备：站端增加具有 VPN 功能的宽带路由器，VPN 协议需与 VPN 服务器兼容，实现站端 PC、管控及 PD-3N 的 VPN 共享连接，服务器端不需要增加设备。

- 数据流向：PD-3N→路由器→Modem→Internet→中心服务器

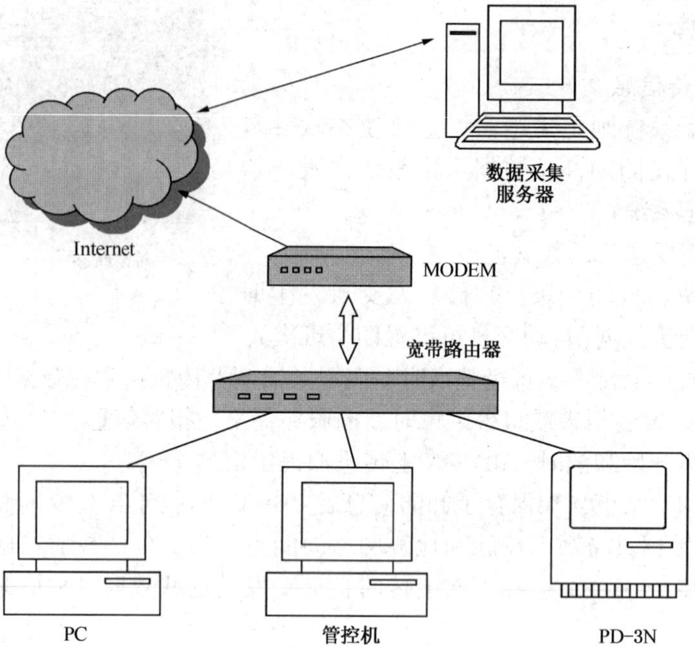

图 3-49　公网上传方案

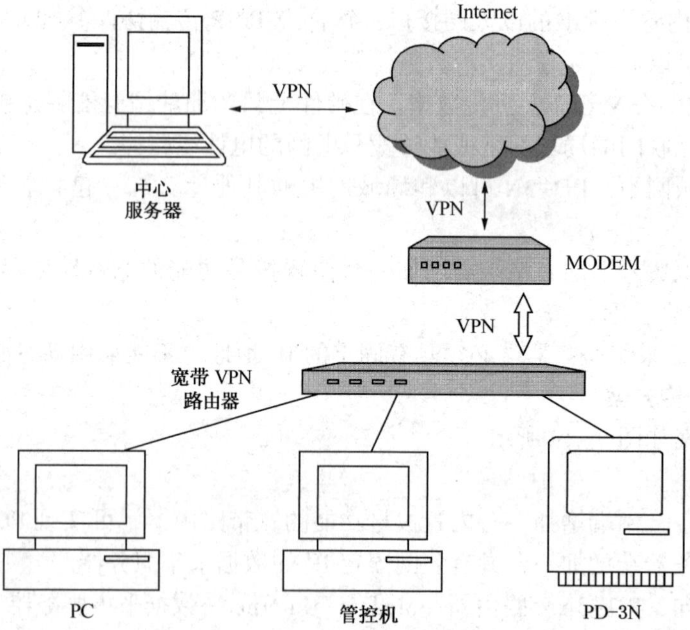

图 3-50　VPN 上传方案

2.3　软件系统

为实现系统实施、使用的安全性、便捷性，提高系统的实用性、可扩展性，软件系统采用 JAVA 技术开发，B/S(浏览器/服务器)架构搭建。

管理端系统可直接接收 PD-3N 通过网络上传的各项数据：交班数据、整点罐存数据、报警信息、卸油数据。同时，管理端程序也能与其他液位仪设备厂商系统通信，自动完成加油站的数据采集工作。

管理端程序具有强大的加油站管理功能，友好的人机交互界面。

（1）安全的用户管理。系统采用严格的用户管理机制，例如，系统自动提示密码的有效期限，并强制用户经常修改密码以保证密码的安全性和避免外泄可能。收放自如的业务权限设置可以全面满足客户对权限管理要求，如图 3-51 所示。

图 3-51　进入系统后的主界面

操作界面左侧的菜单，就可管理加油站、组织信息；管理加油站罐存信息。

（2）树型结构菜单，提供了简单易懂的组织结构管理，如图 3-52 所示。

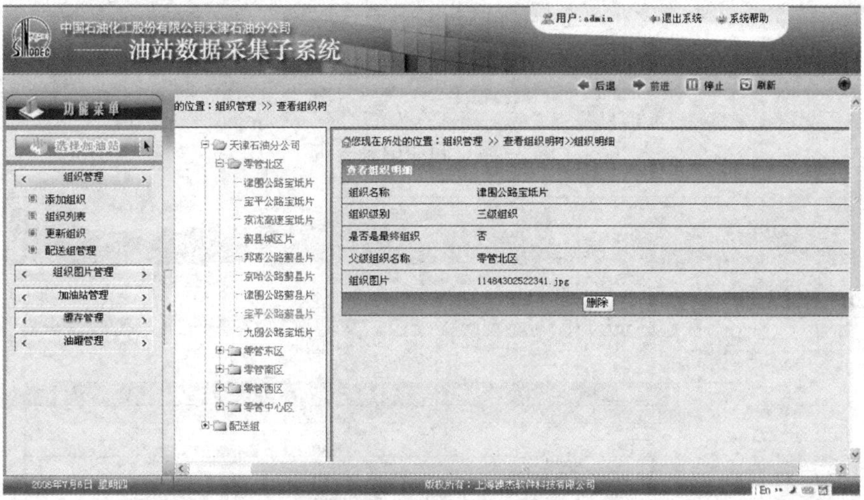

图 3-52　树型组织结构图

（3）丰富多样的查询方式，能够快捷、方便的查询、汇总加油站的各项数据。如图 3-53～图 3-56 所示。

（4）图形、数字显示加油站最近一次上传的油罐数据，充分发挥图形的直观易懂和数字显示的快速方便，如图 3-57 和图 3-58 所示。

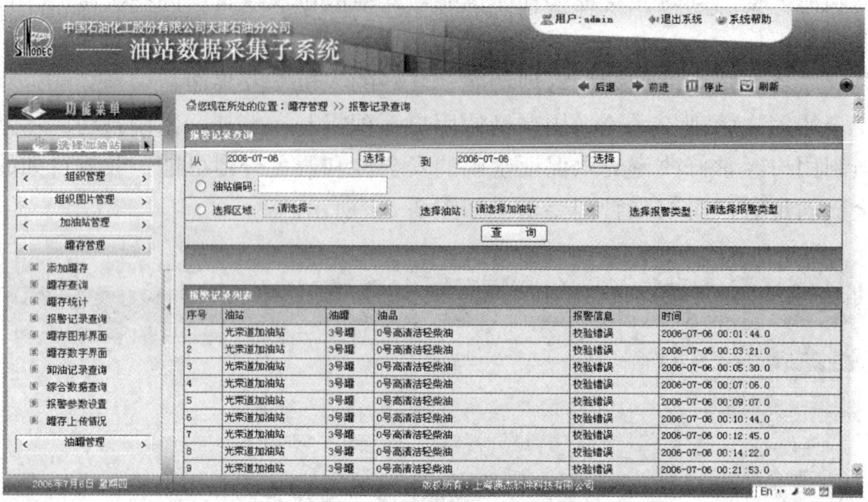

图 3-53　报警记录查询

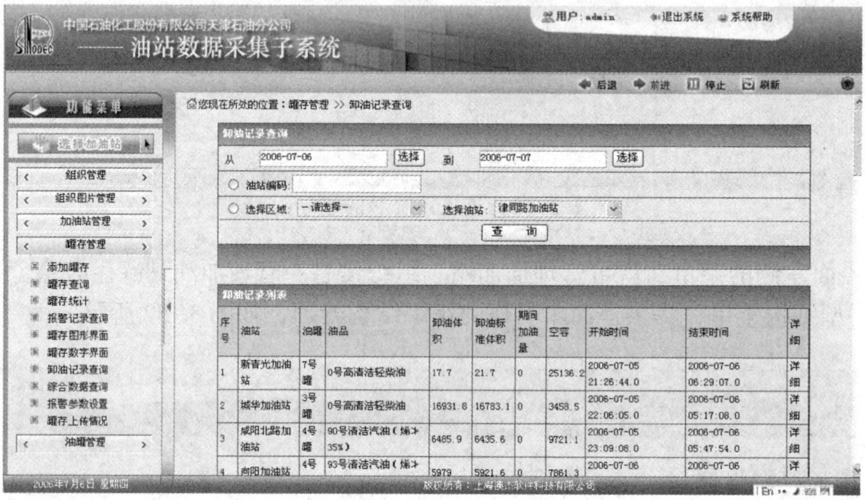

图 3-54　卸油记录查询

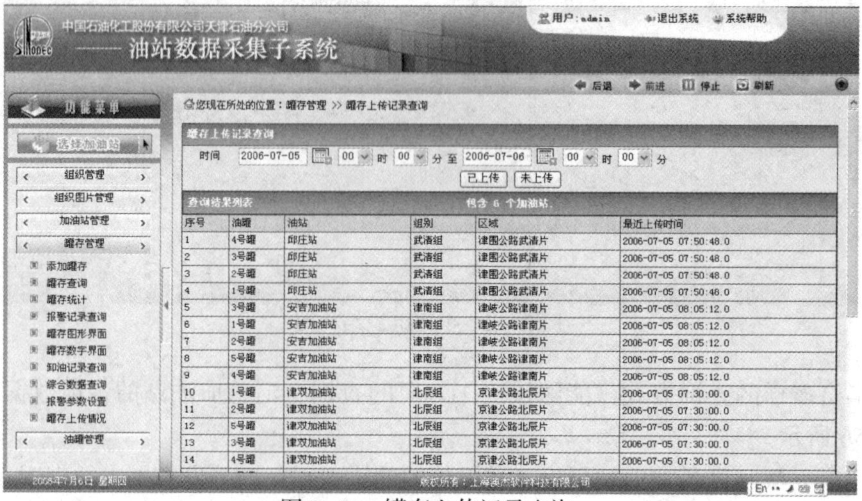

图 3-55　罐存上传记录查询

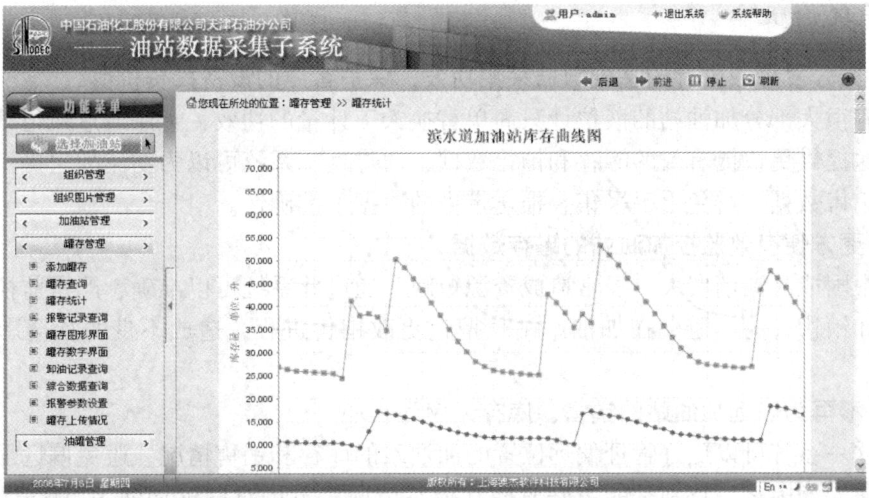

图 3-56　罐存统计

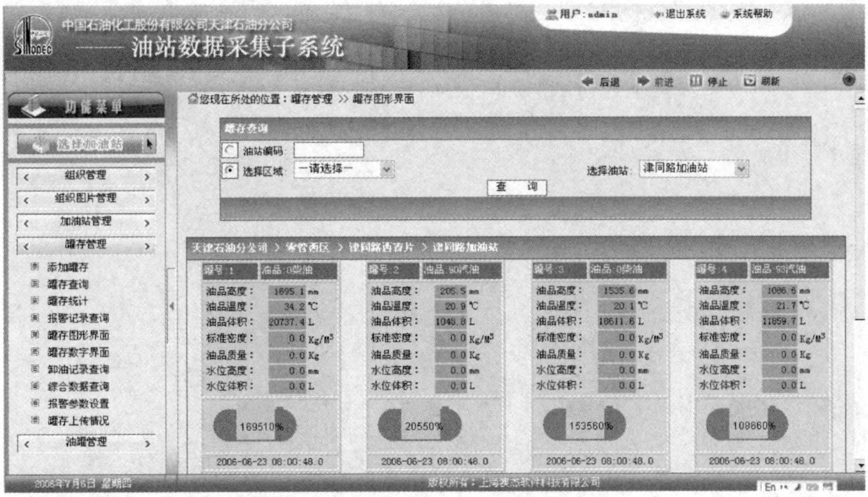

图 3-57　罐存图形界面

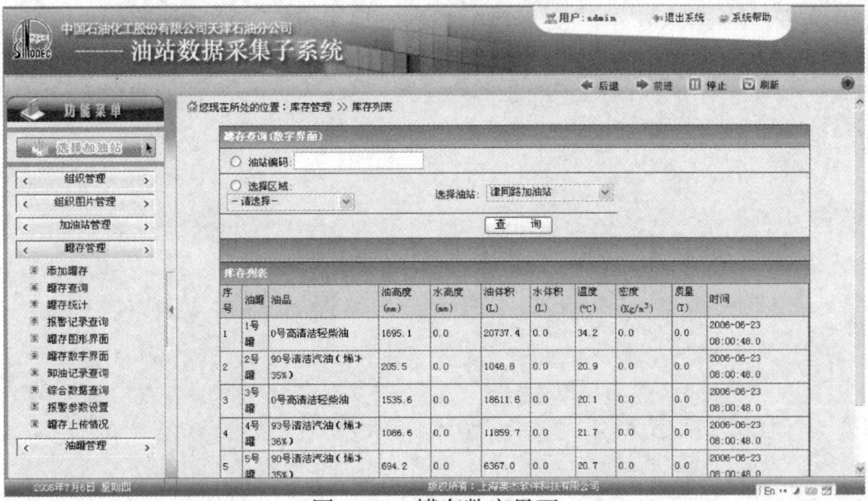

图 3-58　罐存数字界面

3　系统价值

3.1　充分发挥液位计的基础数据采集功效，保护客户的设备投资价值

当前有很大部分加油站的液位计只简单替换人工计量的功效，无法通过液位计来为当前的主动配送提供更快捷有效的罐存和销售数据，通过这一系统可以为物流配送提供及时有效的罐存和销售数据，避免手工采集、报送带来的数据不准确性。

3.2　更方便有效监控加油站的罐存数据

当前中国成品油消费大，经常造成资源短缺，通过此系统可以准确、严密监控加油站的销售进度和销售行为，避免在加油站站长擅自更改销售进程，造成不良的社会影响和经济损失。

3.3　不再为偏远加油站的销售、库存无序而担心

通过这一系统可以更好管理偏远位置的加油站的库存和销售情况，避免偏远加油站可能存在的非法人为因素，特别是能更好监控其损益情况，不再对偏远加油站“鞭长莫及”的无奈管理困惑。

第四章　加油站安全管理

石油商品具有易燃、易爆、易挥发、易渗漏、易流动扩散、易受热膨胀、易积聚静电荷等特性。加油站是经营油品并面向社会为车辆提供服务的场所，安全管理工作是否落实到位，关系到人员的生命和财产安全，也关系到石油经营企业的声誉和经营效益。要充分认识抓安全就是抓效益，要严格执行国家制定的有关安全法规和消防条例，切实贯彻“预防为主，防消结合”的消防工作方针，牢固树立“安全第一”的思想。真正把安全管理工作做深、做细、落到实处。

第一节　安全与安全管理

通常所说的安全就是预知生产过程中的各种危险，以及为消除这些危险所采取的各种手段、方法和行为的总称。安全有两个方面的含义：一是预知危险，二是消除危险，两者缺一不可。

我国历来十分重视安全。建国初期就指出“生产必须安全，安全为了生产”，同时制定了安全的方针、政策和规章制度。1998 年我国颁布了《消防法》。江泽民同志对消防工作作出了“隐患险于明火，防范胜于救灾，责任重于泰山”的指示。正确认识“安全第一”的方针是加油站安全管理的指导思想。具体是指考虑经营时，必须把安全作为一个前提条件，落实各项安全措施，保证员工的安全和健康，保证经营长期安全地进行。当经营和安全发生矛盾时，经营必须服从安全。在保证安全和员工身体健康的前提下，去组织开展生产经营活动。同时必须正确认识安全、经营与效益之间的关系。抓好经营与安全是企业生存和发展的两个重要条件。抓好经营能出效益，抓好安全也能出效益，不发生事故就是出效益。抓好安全的目的是为了更好地经营，也是为了取得长远的效益，三者相互影响，相互制约。

一、现代安全管理的基本方法与观点

（一）安全管理的概念

安全管理是科学管理的一个分支，也是安全工程学的一个重要组成部分。安全工程学包括安全技术、工业卫生工程和安全管理。安全技术和工业卫生是安全工程的技术手段，安全管理是保障安全生产的一种管理措施。

安全管理是研究人、物、环境三者之间的协调性，对企业安全工作进行决策、计划、组织、控制和协调，控制人、物、环境的不安全因素，以实现安全生产经营为目的的一项综合性管理。其中“人”是指企业员工；“物”是指与生产活动有关的设备、设施和工具等；“环境”是指生产过程中的作业环境，包括设备布置、照明、噪声、振动、温度、信号、标志和色彩等。安全管理实质上就是对人、物、环境安全性的管理。

安全管理的目的是保护劳动者在生产过程中的安全和健康；保护国家财产和资源；稳定员工队伍，增强员工的凝聚力，维护员工的合法权益，从而保障生产经营的顺利进行。最终目的和根本任务就是保护生命财产的安全，提高效率，促进生产和经营的发展。

安全管理的内容包括以下几个方面：一是安全生产方针与安全生产责任制的贯彻实施和安全生产法规、制度的建立与执行；二是事故与职业病的预防与管理；三是安全教育、训练与安全检查；四是安全目标管理。

（二）现代安全管理的基本方法

现代安全管理的核心在于预测和决策。所谓预测，就是预测事故，包括预测事故发生的可能性，预测事故发生前的每一工作环节所存在的潜在危险，寻求事故发生的规律，作出定性和定量的评价。这样就改变了传统安全管理那种只能到处堵塞漏洞，处理已发生事故的被动状态。所谓决策，就是根据对事故的预测作出指挥安全生产的决策，以达到预防事故的目的。要做好预测和决策工作，则有赖于信息管理、标准化管理和系统工程。

1. 安全信息管理

在生产经营中对人、财、物的安全起作用的信息的集合称为安全信息。管理和控制的实质是信息的处理。安全信息管理有三个特点，首先，用信息管理能量；其次，生产经营现场信息是管理能量的主要信息；再次，建立安全信息体系。

安全信息管理由三个方面构成，即管理机构、管理对象和管理信息系统。一个企业、加油站、班组等都是管理机构，整个企业安全生产活动就是管理对象。管理机构对管理对象实行计划、组织、控制和调节，这就需要根据科学的管理系统来完成。现代加油站也只有依靠信息系统提供数据，才能预测事故，防止事故发生，保证安全生产。现代安全管理实质上是信息处理的过程，即信息收集、传递、加工、判断和决策的过程。

2. 安全标准化管理

安全标准化是现代安全管理中的另一项重要内容。现代安全管理有赖于应用各类安全标准。如油品接卸，可根据“油品接卸安全规定”进行安全管理，这就是安全标准化在现代安全管理中的重要作用。随着技术的进步，加油站新设备、新工艺的不断出现，各种设备之间，人与设备之间的协作愈来愈紧密，所有这些都要求深入开展安全标准化管理工作。安全技术规程、安全操作规程、加油站明火管理制度、安全检查及事故管理制度均属安全标准。通过制定各类安全标准对提高加油站安全管理水平，防止事故发生，促进安全的科学化，都有重要作用。现代安全管理主要是按照众多复杂的安全标准进行管理。

3. 预期型安全目标管理

现代安全管理的关键是掌握预测技术，改变过去那种侧重对事故发生后追查型的传统安全管理状态。在安全工作中应用目标管理可按四步进行。首先，确定总目标并使其数量化，主要是在上级规定的目标要求的基础上，规定企业安全的具体指标数值，如加油站跑、冒油品事故频率和严重程度；其次，落实分层目标，分层目标的落实需要下级部门围绕企业总目标来进行，实现各自的目标；第三，确定完成目标的管理方法和要求，实行目标管理必须进一步制定完成目标值所采取的各项安全技术措施，确定的完成多项计划而所实施采取的手段，运用图表管理检查进度，评定在完成全年目标值过程中的各项工作；最后，定期检查目标执行情况，因为目标在实施过程中会受各种因素的影响而发生改变，必须定期进行检查，检查措施的实施状况及在实施中的缺陷，准确反馈信息，及时解决问题，使运行轨迹与企业安全生产目标保持一致。

4. 全面安全管理

全面安全管理是在传统安全管理和预期目标管理的基础上发展起来的。所谓“全面”主要包括全程、全员、全方位和全天候等四个部分。

（1）全过程安全管理。是指一项工程从计划、设计开始，一直到该项工程投产、作业和更新报废的全过程都要进行安全管理。也就是说从一个工艺的孕育应用开始，一直到报废消亡为止的全过程都要进行安全管理。

（2）全员参加安全管理

它是指从领导、管理人员、站长、班组长、技术人员和每个加油员工，全员参加安全管理。其中领导层参加安全管理是全面安全管理的核心。如果没有这个核心，一切安全工作都无法进行。“管理生产必须管安全，安全生产人人有责”，就是这个道理。

（3）全方位安全管理。只要有生产经营的地方就会有安全问题，所以对每一管理区域的工艺、设备都要进行全面分析、全面诊断、全面辨识、全面评价、全面采取措施和全面预防。在加油站的任何场所都要考虑安全管理，员工一进入加油站，就要注意安全，这些都是搞好全面安全管理的可靠保证。

（4）全天候安全管理。就是要在每年 365 天内，每天 24 小时中，充分评价各种天气变化给加油站工作带来的安全问题，采取相应措施确保加油站安全。

5. HSE 管理

HSE 管理体系是一种事前进行风险分析，确定其自身活动可能发生的危害及后果，从而采取有效的防范手段和控制措施防止其发生，以便减少可能引起的人员伤害、财产损失和环境污染的有效管理方式。

健康(Health)是指人身上没有疾病，心理(精神)上保持完好的一种状态。安全(Safety)是指在生产经营过程中，努力改善劳动条件，克服不安全因素，使劳动生产在保证劳动者健康、企业财产不受损失、人员生命安全的前提下顺利进行。安全生产是企业一切经营活动的根本保证。环境(Environment)是指与人类密切相关的，影响人类生活和生产活动的各种自然力量或作用的总和。它不仅包括各种自然因素的组合，还包括人类与自然因素之间相互形成的生态关系的组合。

由于安全、环境与健康的管理在现代石油化工企业的实际工作过程中，有着密不可分的联系，因而在石油化工行业中把健康(health)、安全(safety)和环境(environment)组成一个整体的管理体系，也是一种必然的选择。我国石油化工行业根据自身特点，将 HSE 管理体系要素设定为十项，并将三者按顺序排列定位为安全、环境和健康，只是其英文表述与世界上大多数石油公司一样，叫做 HSE 管理体系。这种管理体系已在石油石化行业得到广泛应用。

二、加油站安全现状及展望

（一）加油站安全现状

安全寓于经营之中，安全工作随经营而产生，随着经营发展而发展，随着加油站的规模增大，新建、收购加油站数量的增多。各级企业从强化员工安全意识、建立健全各项规章制度和提高加油站设施的安全性着手，强化加油站的安全经营工作，使加油站的安全保障能力明显提高，事故发生率明显降低。但部分加油站还存在一些明显的问题。

1. 存在的问题和隐患

（1）设备、设施安装满足不了规范要求。部分加油站还使用罐室式油罐进行储油。卸油仍然采用禁止使用的喷溅式卸油方法。输油管沟没有充沙填实，埋地油罐防腐处理不当，锈蚀严重，有的油罐已经严重变形。埋地油罐的基础防浮措施过于简单，造成油罐倾斜和管道弯曲变形。

（2）安全距离不符合要求。主要是生活用火场所距爆炸危险区域的安全距离不足。

（3）电气设备不符合整体防爆要求，防雷、防静电接地形同虚设。如加油机内电源接线不防爆和存在接头裸露现象。个别加油站接卸场地静电接地线松动或损坏。

（4）消防器材摆放不合理或配置不足，消防预案过于简单或局限于表面，不实用。

（5）安全制度和操作规程不健全或没有完全落实。

（6）员工业务技术水平普遍偏低，新技术应用较少。具有油气回收系统的加油站远未普及。

（7）环境保护工作达不到要求。没有按环保要求配置水封井或隔油池等安全设施的加油站还比较多。

2. 产生问题的原因分析

出现问题的原因是多方面的，主要有：

（1）不按规范要求进行设计，建站过程中施工质量没有得到保证。某些加油站为了尽快投入使用，擅自减少建设成本，降低安全要求，选用非专业性施工单位进行施工，势必埋下很多安全隐患。

（2）设备老化或带病运行。设备管理是加油站管理工作中的一项重要内容。加油站放松设备管理工作是非常危险的。如设备老化却不及时养护、更换，甚至带病运行，极易导致加油站发生油品跑、冒、滴、漏等事故。

（3）人员素质不高，缺乏责任感。随着加油站数量的增加，加油站招收了很多临时工，这些员工往往文化水平较低，缺乏油品基础知识和基本安全常识，如果没有参加专业性岗前培训而直接上岗，也会对加油站安全带来威胁。

（4）管理失控、有章不循。一些加油站的主管部门领导安全管理意识淡薄，片面追求销量，而未能实施有效的安全监督，事故往往难以避免。

（二）加油站安全展望

技术进步和管理创新，促使加油站作业自动化程度不断提高，同时安全管理的科技含量不断增加。展望加油站建设和管理发展前景，将向着科学化、规范化、标准化方向发展。

1. 系统安全管理方法进一步应用

系统安全管理即全面安全管理，由全过程安全管理、全员安全管理、全方位安全管理、全天候安全管理等四部分组成，侧重于事故的预防，使安全管理与经营活动有机结合，从而有效地预测和防止事故发生。传统安全管理方法仅依靠法规、制度，重点是放在事故的追查处理上，实施的是被动的事故管理方法，未能对事故进行有效的预测和分析，没有真正做到“安全第一，预防为主”。

2. 安全检测与控制技术不断加强

加油站事故具有突发性、意外性、紧急性、阶段性、因果性等特点。事故隐患具有隐蔽性，事故发生后扩展迅速。如果仅仅依靠人工监测、防护和控制，常因人自身的因素受到的限制，取得的效果不明显。而设备自动化的提高更需要先进的安全检测监控技术来保证。

加油站安全检测和控制技术将与计算机的开发紧密联系，这样检测面广，被测参数多，测量精度高，能够实现动态检测和静态检测相结合，从而取得良好的检测效果。如对加油站储罐进行连续巡回检测，可检测储罐的液位、压力、油气浓度、油罐泄漏及火灾信号，而且检测一个油罐仅需几秒钟，不仅降低劳动强度，并可连续检测。

3. 不断提升员工素质

为适应加油站的发展，必须通过岗位培训和专业培训不断提升员工的综合素质。员工应掌握加油站安全知识，提高动手能力和应急处理能力，遇到突发事故能采取正确方法，及时进行处理。

三、油品的危险特性

（一）易燃性

石油产品的组分主要是碳氢化合物及其衍生物，是可燃性有机物质，含有大量轻质组分，不需要很高温度，甚至在常温下蒸发速度也很快。由于油品在储存收发作业中，不可能是全封闭的，导致油蒸气大量积聚和飘移，与空气混合形成可燃性气体，只要有足够的点火能量，就容易发生燃烧。

油品的燃烧速度很快，尤其是轻质油品，比如汽油的燃烧线速度最大可达5m/s，重量速度最大可达221kg/(m^2·h)，水平传播速度也很大，即使在封闭的储油罐内，火焰水平传播速度也可达2~4m/s，因此，油品一旦发生燃烧，就难以控制，容易造成严重后果。

（二）易爆性

爆炸是一种破坏性极大的物理化学现象。石油产品的蒸气中存在一定数量的氢分子，含有氢分子的油蒸气与空气组成混合气体的比例达到一定时，碰到很小能量的引爆源，就可能发生爆炸。

可燃性气体与空气或氧气混合后，在某一浓度范围内，遇到火源将引起爆炸，此浓度范围称为混合气体的爆炸极限。当浓度高于或低于爆炸极限值时，爆炸便不会发生，所以能使可燃气体与空气或氧气组成的混合物在点火后发生爆炸的最高浓度称为混合气体的爆炸上限。同样能使混合物发生爆炸的最低浓度称为混合气体的爆炸下限。

油品的爆炸浓度下限很低，尤其是轻质油品，油蒸气易积聚飘移，影响范围大，因而，浓度达到在爆炸极限范围内的机会比较多，引爆能量仅为0.2mJ，相当与一枚大头针从一米高处落到水泥地上所产生的能量。而加油站中的绝大多数引爆源都具有足够的能量来引爆油气混合物。如明火、金属撞击、车辆尾气、静电放电闪火等，均能引爆油气混合物。

例如：2005年6月中旬福建某个体加油站，加油站站长在油罐车上计量时使用手机，导致罐车人孔处油蒸气与空气混合气体爆燃，站长双腿当场炸断，在送往医院过程中死亡。

该例说明手机振动或响铃时，其产生能量足以引爆油气与空气混合气体，因此在加油站内禁止人员使用手机是必要的。

油品的易燃性与易爆性在一定条件下是可以转变的。当空气中的油蒸气浓度在爆炸极限范围以内时，与火源接触，随即发生爆炸。如果油蒸气能够不断地补充，就创造了继续燃烧的条件，即爆炸转为燃烧。若油蒸气浓度高于爆炸极限的上限时，遇有火源，则先燃烧。当油蒸气浓度降到爆炸极限范围内时，便由燃烧转为爆炸。

油品的易爆性还表现在爆炸温度极限越接近于环境温度，越容易发生爆炸。冬天室外储存汽油，发生爆炸的危险性比夏天还大。夏天在室外储存汽油因气温高，在一定时间内，汽油蒸气的浓度容易处于饱和状态，往往先发生燃烧，而不是爆炸。

（三）易积聚静电荷性

两种不同物体，包括固体、液体、气体和粉尘，通过摩擦、接触、分离等相互运动，能产生静电荷，其中一物体带正电，另一物体带负电。静电的产生和积聚同固体的导电性能有关。油品的电阻率在 $10^{10}\Omega \cdot m$ 以上，是静电非导体。油品在运输和装卸作业时会产生大量静电，并且油品静电的产生速度远大于流散速度，很容易引起静电荷积聚，静电电位往往可达几万伏。而静电易积聚的场所，常有大量的油气存在，很容易造成静电火灾。

油品的静电积聚不仅能引起静电火灾爆炸事故，还限制了油品的作业条件，造成作业时间延迟和工作效率的降低。

（四）易受热膨胀性

油品受热后，温度升高，体积膨胀，如汽油，温度变化1℃，其体积变化0.12%左右。一个 $5000m^3$ 油罐，温度升高10℃，其油品体积将膨胀 $60m^3$，同时也使蒸气压升高。所以储存汽油的密闭油桶如靠近高热或日光曝晒，受热膨胀，桶内压力增加，容易造成容器胀裂。另一方面，当容器内热油冷却时，又会使油品体积收缩而造成桶内负压，引起容器吸瘪，这种热胀冷缩现象会损坏储油容器而发生漏油现象。

加油站要求每座油罐设置一根通气管就是考虑接卸油品时，及时调节油罐内部油蒸气压力，保证油罐安全使用。

由于油品的热膨胀性，储油容器，尤其是各种规格的油桶，不同季节都应规定不同的安全容量，输油管道上应设有泄压装置。

（五）易蒸发、易扩散和易流淌性

油气的密度，甲烷为 $0.717kg/m^3$，乙烷为 $1.357kg/m^3$，丙烷为 $2.005kg/m^3$，而空气的密度为 $1.293kg/m^3$。虽然除甲烷外都比空气重，但油气与空气混合后的混合气体密度，同空气很接近，尤其是轻质油品蒸气与空气的混合物，受风影响扩散范围广。无风时，油气也可沿地面扩散出50m以外，并沿地面和水面飘移，积聚在坑洼地带。所以加油站与周围各建筑物之间要有一定的安全距离，并考虑风向、风力大小，以防火灾及灾情扩大。

液体都有流动扩散的特性，油品的流动扩散能力取决于油品的粘度。低粘度的轻质油品，密度小于水，其流动扩散性很强。重质油品的粘度较高，但当温度升高时，粘度降低，其流动扩散性也增强。所以储存油品的设备由于穿孔、破损，常发生漏油事故。

第二节　安全管理组织与措施

由于加油站经营的是具有易燃、易爆等危险特性的油品，因此，需要周密的管理组织，健全的安全管理制度和预防事故的措施，才能确保加油站经营活动的顺利进行。

一、安全管理组织

（一）建立防火安全领导组织

为确保加油站工作正常开展，加油站应建立以站长为主的防火安全领导小组。站长为第一防火安全责任人，并应与上级领导签订安全目标责任书，全面负责加油站的安全管理工作，其主要职责为：

（1）定期召开安全工作会议。分析安全形势，总结工作经验，解决实际问题，制订工作计划，使加油站的安全管理工作经常化、规范化。

（2）定期开展安全教育。要按时组织本站员工认真学习上级的有关安全文件和加油站规章制度，参加岗位培训。同时，要根据季节的变化特点，开展形式多样的安全活动。如：消防模拟演练、安全知识竞赛、加油站典型事故分析、有奖问答等，以提高广大员工安全工作的积极性和主动性。

(3) 定期组织安全检查。在安全检查中要有一定数量的人员参加，突出重点，查找薄弱环节，制订防范措施，限期整改隐患。

(4) 定期开展安全奖惩活动。安全工作做得好坏，工作人员起决定作用。加油站要奖励那些对安全工作有突出贡献的人。对安全工作马马虎虎，不负责任的人要给予严肃处理。当然活动的目的都是一样的，即千方百计把加油站安全管理工作做好。

(二) 建立班组兼职安全员

加油站一般实行三班倒工作制，站长不可能天天跟班作业，这就要求加油站每班应指定一名专职现场安全员，并佩戴统一的安全员标志上岗，负责检查落实现场安全管理措施，其主要职责为：

(1) 发现本站工作人员有违反安全管理制度的行为，有权指出和批评。

(2) 发现客户有违反安全管理要求行为的，有权阻止。

(3) 发现不安全因素或火险隐患，有权进行处理，并立即向站长汇报。

(4) 积极参与加油站的安全管理工作，做到善于发现问题，解决问题，当好站长参谋。

(三) 建立群众性义务消防组织

建立群众性义务消防组织是全面加强和提高加油站自防自救能力的重要手段。加油站员工都应该成为义务消防队员，同时必须掌握油品的基本特性和防火、灭火知识，做到“四懂四会”，即：懂火灾危险性，懂预防措施，懂扑救方法，懂防污染措施；会报警，会使用灭火器材，会扑救初期火灾，会实施落水救护。同时，要制订详细的灭火作战方案，配有图表说明，做到分工明确，责任到人。义务消防组织，一般每半年组织训练一次，每年利用换药时间进行一次实战演习，这样，一旦发生问题，就能忙而不乱，使事故能够及时得到处理。

(四) 建立联防组织

加油站建立联防组织，对做好防火、防盗、防抢劫工作具有重要的作用。一般来说，加油站人员相对比较少，一旦发生事故，很难应付，除依靠自身的力量外，还需要依靠外部力量的支持。加油站应与周围近邻单位(包括居民住宅楼群)建立相应的联防组织，指定一二名负责人，兼顾这方面的工作，按时召开会议，定期开展安全活动。并相互走访，以座谈会的形式加强联防关系，融洽联防感情。同时，要制订联防方案，出现问题，齐心协力，以真正达到群防群治的效果。

二、安全管理措施

(一) 开展安全教育

加油站安全教育主要包括安全生产法制教育、安全科学技术知识教育、安全态度教育和典型事例教育。

安全生产法制教育，通常从安全生产思想、方针政策、劳动纪律和法制教育三个方面进行。

安全科学知识教育包括安全技术知识和安全技能教育两部分。加油站所有员工必须具备安全基本知识，都必须接受安全知识培训，每年都要按照规定的学时进行安全教育。另外，加油站员工必须熟悉自己本岗位、本工种专业安全技能知识。

安全态度教育是安全生产教育中非常重要的一个方面。经过安全技术知识教育和安全技能教育，作业人员掌握了安全技术知识和安全技能，但在实际生产操作过程中是否按照操作规程要求实行安全操作，则完全由个人的思想所支配。安全态度教育的目的就是使员工尽可能自觉地规范操作，安全工作。

典型事例教育可分为典型经验和事故案例教育两部分。在开展安全教育中，可以结合典型案例进行教育，宣传先进经验，以先进的经验教育员工，鼓舞员工，指导员工。学习先进经验的过程，既是教育员工找差距的过程，又是学、赶先进的过程。通过案例教育，可以从大量事故教训中吸取有益的东西，避免今后发生类似的事故。

（二）收、付、存作业现场的安全防范措施

加油站在经营管理活动中，油品的收、付、存是比较频繁的操作活动。加油站在人员少、管理环节多的情况下，不但要发挥每位员工一专多能的作用，又要明确分工，并有较细的管理制度，把好收、付、存作业关，防止油品发生跑、冒、滴、漏事故。

1. 防跑油措施

由于油品有流动扩散的特性，所以应严格防范油品的不正常泄漏，即跑油。跑油发生时，油品将迅速向四周流散蒸发。油气是形成火灾事故最主要的危险因素之一，必须制定切实有效的防跑油措施。

（1）加强计量工作。每班班前计量、油罐车卸油前后储油罐均要求计量。

（2）坚持来油监卸制度。卸油过程中必须有专人监卸，对发生的问题，随时采取有效措施加以解决。

（3）防止设备老化或带伤作业。加油站应定期对站内有关设备进行检查维护。

2. 防混油措施

不同油品或不同标号的油品混合，会使油品质量下降，使加油站遭受经济损失，影响加油站正常营业。如果混合后的油品加入车辆，会造成发动机故障或车辆损坏，甚至危及人的生命及财产安全，必须防止混油事故的发生。

引起混油的因素有以下几点：

（1）卸油前，加油员不验看来货单，又不检查来油，将不同标号的汽油或柴油错卸。

（2）交接班未按手续交接清楚，导致油品的错卸。

（3）加油站更换油品时，将不同品种的油品或不同牌号的油品使用同一条管道，使用前未放净余油。

（4）油罐车司机不经加油员验收自行卸油而导致错卸。

防止混油措施：必须坚持来油验看转仓单；加油站设专人负责监卸；卸油口用鲜明标志书写油品标号；按工艺流程要求连接卸油管；不同油品采用直径不同管道或管道采用不同的连接方法。不允许司机进行卸油或发油作业。员工发油时注意力要集中。

（三）防爆电气的安全措施

加油站内工作和生活设施在不同环境和作业条件下具有不同的安全要求，特别是用电要求。为了便于正确合理地进行电气设计、设备选型、安装、维护和安全管理，加油站通常划分成爆炸危险区、火灾危险区和一般用电区。

爆炸危险区是指油品蒸气与空气混合后,有可能达到爆炸极限的区域。火灾危险区是指闪点高于环境温度的可燃油品经营作业区。一般用电区是指除上述两个区域以外的其他区域。

1. 爆炸危险区域的划分

加油站经营的汽油、煤油、-35 号柴油的蒸气与空气混合形成爆炸性气体混合物，根据其出现的频繁程度和持续时间，将爆炸危险区域划分为三个等级。

0 级区域(简称 0 区)：连续出现或长期出现爆炸性气体混合物的环境。

1 级区域(简称 1 区)：在正常运行时可能出现爆炸性气体混合物的环境。

2 级区域(简称 2 区)：在正常运行时不可能出现爆炸性气体混合物的环境，或即使出现也仅是短时存在爆炸性气体混合物的环境。

正常运行是指正常的开车、运行、运转、停车，油品的装卸、输送是在密封容器盖密封正常，安全阀、排放阀等设备在其设计参数范围内的工作状态。

2. 爆炸危险区域等级划分

(1) 易燃油品加油机爆炸危险区域的等级划分见图4-1。加油机壳体内部空间划为 1 区。以加油机中线为中心，上部半径为 3m(1. 5m)(括号内数据为带有油气回收系统数值，下同)、下部半径为 4. 5m(3m)，高度为从地坪向上至加油机顶上 0. 15m 的圆台形空间，划为2 区。

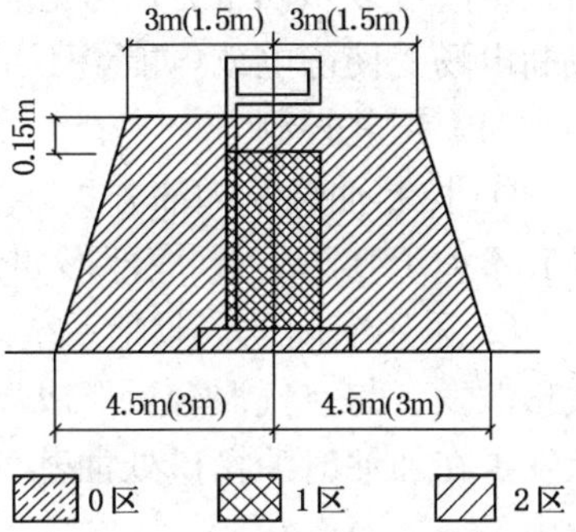

图 4-1　易燃油品加油机爆炸危险区域范围

(2) 油罐车装卸易燃油品时，爆炸危险区域的划分见图 4-2。油罐车内部的油品表面以上空间划分为 0 区。以通气口为中心，半径为 1. 5m 的球形空间，以密闭卸油口为中心，半径为 0. 5m 的球形空间划为 1 区。以通气口为中心，半径为 3m 的球形并延至地面及以密封卸油口为中心，半径为 5m 延至地面的空间划为 2 区。

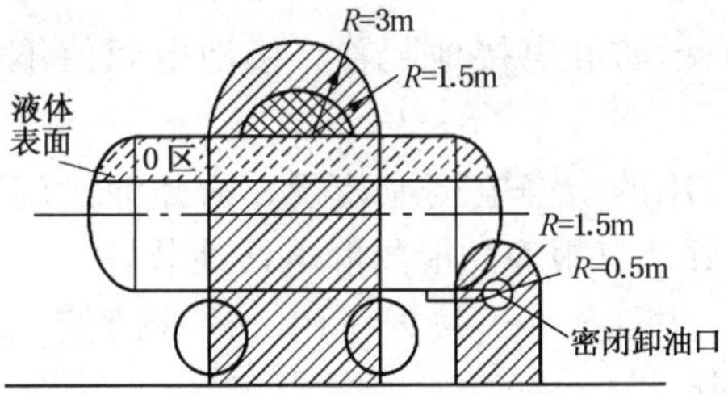

图 4-2　油罐车装卸易燃油品时，爆炸危险区域范围

(3) 储存易燃油品埋地卧式储罐爆炸危险区域的划分见图 4-3。油罐内部油品表面以上的空间划为 0 区。阀井内部空间，以通气管口为中心，1. 5m (0. 75m)为半径的球形空间，及密闭卸油口为中心，0. 5m 为半径的球形空间划为 1 区。

距阀井外边缘 1. 5m 为边界，距地坪 1m 高的圆柱体空间，以通气管口为中心，半径为 3m(2m)的球形空间，及以密闭卸油口为中心，半径为 1. 5m 的球形空间并延伸至地面部分划分为 2 区。

(四) 雷电、静电的安全防范措施

加油站在接卸、输转、加油过程中，由于液体之间相互摩擦，或液体与管道等设备之间摩擦都会产生静电。静电荷积聚到一定程度就会形成静电放电。有可能引起火灾、爆炸事故。

雷电就是人自然中静电放电过程，是雷云团接近大地时，地面感应出相反电荷，当电荷积聚到一定程度时，产生云与云之间以及云和大地之间放电，以光能和声能的形式将能量释放的现象。雷电是一种自然现象，有极强的破坏作用。加油站中各类建筑物、电气线路和变配电装置等设施非常容易遭到破坏，间接导致其他各种事故发生。

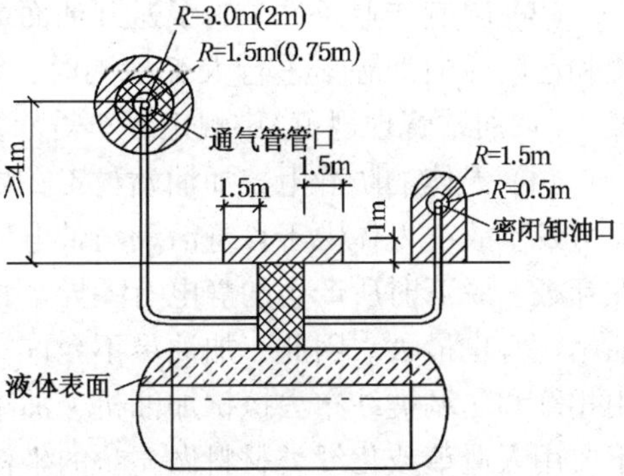

图 4-3　储存易燃油品的地下卧式油罐爆炸危险区域范围

1. 加油站静电灾害的控制和防护

静电作为火源导致爆炸和燃烧事故发生需要四个条件同时具备，只有四个条件同时具备才能

构成放电导致事故发生。其四个条件为：一是有静电产生来源；二是静电得以积聚；三是能量积聚达到足以引爆爆炸性混合物；四是静电放电周围有足够的爆炸性混合物存在。要避免火灾事故的发生，只要消除其中的任何一个或几个条件即可。也就是说要避免由于静电积聚引发事故可以从四个方面考虑：防止或减小静电荷的产生；及时消散或中和静电荷；避免形成高电场，使静电放电能量不足；杜绝爆炸性混合气体形成。

（1）工艺控制

① 控制油罐车卸油方式。加油站在接卸罐车油品时必须采用密闭卸油方式，卸油管距罐底不大于 0.2m。且底部形如伞柄状或切成一定角度，以减少产生的静电荷的数量。

② 采用密闭油气收集系统。由于在加油或卸油过程中，油蒸气会从油箱或油罐通气孔大量散发，与空气混合后形成爆炸性混合气体。故应设置密闭收集系统防止油气在加油站中散发。在加油时油箱口处油蒸气被加油机中气泵吸回至油罐；卸油时油罐中油气转至油罐车中。

（2）静电接地。静电接地是将储存容器、管道及其设备，通过金属导线和接地体与大地连通而形成等电位。跨接是指将金属设备以及各管道之间用金属导线相连形成等电位体。

加油站中爆炸危险场所和火灾危险场所内的所有装置都要静电接地。当然，如果金属体已经与防雷保护接地系统连接时，没有必要另做静电接地了。接地装置严禁与电气设备的接地装置共用。加油站静电接地应符合以下要求：

① 地上或管沟铺设的输油管道的始端、末端，应设防静电接地装置。接地电阻值不大于 30Ω。

② 加油站中汽车罐车卸油场地，应设罐车卸油时用的防静电接地装置。为卸油设施跨接而设置的静电接地装置，宜采用能检测跨接是否良好及有报警功能的静电接地装置。

③ 在爆炸危险区域内的输油管道的弯头、阀门、法兰盘等连接处应用金属线跨接。不少于五根螺栓连接的法兰，在非腐蚀环境中，可不跨接。

④ 防静电接地装置的接地电阻值不大于 100Ω。

⑤ 接地体不应少于两根，可用角钢、钢管垂直铺设，埋地深度不应小于 2.5m，两根接地体之间的距离不应小于 2.5m，铺设在地下的接地体不应刷漆。接地体的最小尺寸：圆钢直径为 8mm；角钢厚度 4.5mm；钢管壁厚 3.5mm；扁钢截面为 $4\times12mm^2$，厚度 4mm。接地线必须连接有效，不得把几个应与接地的干线连接在一起，防止损伤，并应铺设在便于检查的地方。

（3）限制作业条件。为了避开油面最大静电电位，防止静电事故的发生，对刚接卸的油罐和运输后的油罐车进行人工检测时，油品需要静置一段时间，以保证容器内静电荷的消散。《加油站管理规范》中规定罐车需静置 15min 后方可进行计量检测。

（4）人体的防静电。加油站员工在爆炸危险场所频繁作业及接触设备，可能由于带电从而引发事故。人体由于自身活动与带电体接触而产生静电。人体穿戴衣物，由于材质不同，在穿戴、脱下时所产生的静电有差异。化纤品或毛纤品产生静电量最大，形成静电危险对加油站危害也最大。因此，加油员不允许穿戴化纤衣物，应穿戴棉织品的衣物。在加油站不能用化纤和丝绸类纱布去擦拭加油机、油罐口、量油口等部位。在爆炸危险场所设置坐椅，也不要用人造革或化纤类材料做靠垫的坐椅。

2. 加油站雷电灾害的控制与防护

加油站的防雷接地装置包括埋设在地下的接地线和接地体，其结构形式与静电接地装置相同，也可同防静电接地装置共用，但不得与电气设备的接地装置共用。接地电阻值是用来衡量接地装置是否合格的重要指标。接地电阻越小，雷电流导入大地的能力越好，反击和跨步电压也越小。

加油站的防雷应符合以下要求：

(1) 钢质油罐必须进行防雷接地，接地点不少于两处，接地电阻不大于10Ω。

(2) 埋地油罐的罐体、量油孔、阻火器等附件，应相互做电气连接并接地，接地电阻不得大于10Ω。

(3) 当加油站的站房(罩棚)需要防直击雷时，应采用避雷带(网)保护。

(4) 加油站的信息系统(通讯、液位、温度、压力、计算机系统等)应采用铠装电缆或导线穿钢管配线。配线电缆金属外皮两端、保护钢管两端均应接地，接地电阻不大于10Ω。

(5) 加油站信息系统的配电线路首、末端须与电子装置连接时，应装设与电子器件耐压水平相适应的过电压保护器。

(6) 380/220V 供配电系统的电缆金属外皮或电缆金属保护管两端均接地，在供配电系统的电源端应安装与设备耐压水平相适应的过电压(电涌)保护器。

(五) 用户进站加油的安全防范措施

加油站是面向社会、服务用户的窗口，因此，对前来加油的各种不同车辆做好安全工作不是一件容易的事。每个加油站工作人员都应懂得什么车辆允许加什么油，什么车辆不允许加什么油，这样才能防止"病从口入"。

(1) 禁止向非金属容器注入易燃油品。

客户利用塑料桶来加油站加油现象比较多，塑料桶不导电，在加注时产生的静电无法及时消除，很容易导致事故发生。

(2) 禁止在加油站内从事可能产生火花的作业。

如检修车辆，敲击铁器，作业现场穿、脱、拍打化纤服装，脚穿铁钉鞋进出等。对装带有火药、爆竹、液化气等易燃易爆车辆拒绝加油。

(3) 对拖拉机、摩托车、助动车，要坚持做到熄火进站加油(包括汽车进站熄火加油)。

近年来，摩托车、助动车来站加油频繁，但加油量小，往往易发生溢油，机器发动时，比较危险。所以，应要求这些车辆熄火、驾驶人员下车以后开始加油。加完油推离危险区域后才能起动。有条件的加油站应离开加油岛单独设置加油机为这些车辆加油。或者采用过渡形式加油，即由站内自备铁桶将油注入该类车辆油箱中。

(4) 加油车辆的司机、乘坐人员进站不得影响加油站安全。

(5) 不准在站内使用通讯设备。

(6) 加油船舶系缆绳泊锚要牢固、可靠。

(六) 防盗的安全防范措施

现在加油站采取的基本都是IC卡加油及现金加油，因而加油站平时存有大量的现金，这些现金往往成为不法分子的主要攻击目标。他们利用加油站防范上的薄弱环节，及加油站站址经常位于国道线上和进出较方便等条件，进行抢劫、盗窃活动。

防抢劫、盗窃的安全防范措施具体须做到：

(1) 加油站要安装必要的防盗门、窗、通讯联络设备(电话对讲机)和声光报警器。有条件的加油站可以考虑安装摄像装置，及时进行监控。

(2) 配置适当的防范武器，如：橡皮击棍、石灰粉等，以防万一。郊区加油站可到有关部门申请特批配置类似猎枪等武器。

(3) 当天的油票当天清，该剪角的剪角，该盖付讫章的要盖付讫章。当天收进的现金应及时存放到银行，少量积存现金也要及时放入保险柜。

(4) 播放背景音乐声音要轻柔。货架堆积物品不宜太高。平时提高警觉注意附近闲逛的人员。及时清理墙壁等处乱贴乱画等物品(及时清洗墙上乱贴乱画的及墙角等处的物品)。

(5) 票证、现金、印签、各类发票等要有专人负责和保管，明确责任。对顾客询问加油站经营状况等事宜婉转回避。对来往的车号不明或有意遮掩车牌号的车辆最好拒绝付油，或应在加油及收款过程中提高警觉。留意有意纠缠、无理取闹的顾客举动。

(6) 保险柜应使用带有报警装置的铁皮保险柜；报警装置必须灵敏有效，并定期检查；现金存放数量应符合银行规定标准；非昼夜营业的加油站夜间应设两人以上警卫值班；配备必须的防卫工具，保持联络畅通，放置保险柜的房间禁止非工作人员入内。

(7) 夜间值班人员均要做到不饮酒、不擅自离岗、不睡觉，没事站内人员尽量不要集中在一起，要经常注意加油站内外动向，发现问题，要采取果断措施。

(8) 要与当地派出所或联防队经常取得联系，最好进行电脑报警联网，以及时取得支持和帮助。每个员工都要记住报警电话“110”。

(9) 为防伪票，在提高加油站人员鉴伪技术，采用先进印票技术的同时，应缩短新旧票更换时间。

(10) 积极推广使用IC卡加油。

(七) 防中毒措施

油品及蒸气具有毒性，特别是含硫及含铅汽油毒性更大。油蒸气经口鼻进入人的呼吸系统，能使人体器官受害而产生急、慢性中毒。

防中毒措施有：保证设备严密，防止泄漏，注意加油站通风；严禁使用汽油洗手或洗衣物；倒罐或清罐时，应将油罐充分通风后，佩戴防毒面具进入油罐；加油员应定期检查身体，及时除铅。

第三节　消防管理

熟悉消防管理的方法和要求，有助于预防火灾的发生；掌握加油站火灾扑救方法，使得即使发生火灾，也可以及时有效地进行灭火，尽可能使损失控制在最小范围内。

一、明火管理

(一) 生产性动火管理

加油站因设备检修等情况必须动用明火时，要书面报告上级有关部门，经批准取得上级安全部门动火作业票后停止加油作业，采取安全可靠措施后方可动火。动火作业必须申报动火作业的原因、地点、时间及相应的安全防范措施。属一级动火作业范围的须报请当地公安消防部门批准。凡没有经过批准的动火作业，应视为违章。没有落实防火及指定动火作业责任人的，一律不准动火。电焊、气焊(割)作业者必须具有“特殊工种操作证”资格，持证操作。下面主要介绍一下生产性动火“电焊、气焊(割)现场作业”的防火管理。

1. 焊割明火作业中火灾爆炸事故的预防

在焊割作业前首先要明确作业任务，了解作业现场情况，对储有汽、煤、柴油品的容器、设备，作业前应采用“一问、二看、三嗅、四测”的检查方法，决不盲目焊割。对于焊割作业环境复杂的临时作业场所，要与有关部门协同制订安全操作实施方案，做到定人、定点、定措施，落实特殊作业岗位责任制。

为了防止焊割明火作业中火灾之类爆炸事故的发生，在安全管理中应采取以下技术措施：

（1）拆迁。在易燃易爆场所和禁火区域内，应把焊割件拆下来，转移到安全地带进行焊割。

（2）隔离。对确实无法拆卸的焊割件，要把焊割的部位或设备与其他易燃易爆物品严格隔离。

（3）清洗。对储存易燃易爆液体的设备和管道进行焊割前，应先用热水、蒸气或酸液、碱液把残存的液体清洗干净。对无法溶解的污染物，应先铲除干净，然后再进行清洗。

（4）移去危险品。把作业现场的危险品搬出，5 米以内不准置放易燃易爆物品。

（5）敞开设备。被焊割的设备，作业前必须卸压，开启全部人孔、阀门等。

（6）加强通风。在有易燃易爆气体（油蒸气）的室内作业时，应先进行通风，待室内的易燃易爆和有毒气体排出室外后，才能进行焊割作业。

（7）准备灭火器材。针对不同的作业场所和焊接对象，配备一定数量的灭火器材。

（8）消防监护。现场动火作业时，应有消防人员进行监护。对危险性大的明火作业，必要时可请企业专职消防员现场监护。

2. 禁止明火作业的情况

有下列情况之一的，安全管理人员、焊工有权拒绝焊割。

（1）焊工没有操作证，不能进行焊割作业。

（2）凡属特殊动火作业一、二级动火作业范围的焊割，未办理动火审批手续的，不能擅自进行焊割。

（3）焊工不了解焊割现场周围的情况，不能盲目焊割。不了解焊割结构和设备内部是否安全时，不能进行焊割。

（4）盛装过可燃气体、易燃气体、有毒物质的各种容器，未经彻底清洗，不能焊割。

（5）用可燃材料做辅助、隔热、隔音的部位，在未采取切实可靠的安全措施前不能进行焊割。

（6）有压力或密封的容器、管道不能焊割。

（7）焊割部位附近有易燃易爆物品，在未作彻底清理或采取有效的安全措施之前，不能焊割。

（8）在与外单位相接触的部位，在没有弄清外单位是否有影响，或明知存在危险又未采取切实有效的安全措施之前，不能焊割。

（9）焊割场所与附近其他工种互有抵触时，不能焊割。

3. 焊割明火作业后的注意事项

焊割作业的火灾爆炸事故，有不少是发生在明火作业结束阶段，或在工程结束以后。因此，对加油站内生产性动火作业后的安全防范，也是一项十分重要的工作，其注意事项如下：

（1）作业后应及时检查是否有漏掉或假焊及焊接质量不符合要求的情况，如需进行少量补焊时，也应认真对待，同样要落实安全防范措施。

（2）设备经焊割或加热后，必须待完全冷却才能进行付发、接卸油作业。焊接过的储油容器，必须经水压、气压试验合格后才能使用。

（3）焊割作业结束后，必须及时清理现场，彻底清除遗留下来的火种，关闭电源、气源。

（二）生活用火管理

加油站生活固定用火点必须符合《汽车加油加气站设计与施工规范》（GB 50156—2002）规定的安全距离要求。固定用火点的确定应由上级主管部门审核。新建加油站在设计中对应有的生活固定用火点作系统设计。固定生活用火点应确定责任人，做到定点、定人、定设备、定措施、定燃料。

1. 生活固定用火点管理要求

（1）加油站站长应对生活固定用火点全面负责，经常对站内员工进行安全防火教育，提高员工的安全防火责任性，克服麻痹思想和侥幸心理，同时制订相应的用火管理制度。

（2）确定用火器具。如果使用煤炉的，禁止用易燃液体或可燃液体生炉子，或把易燃及可燃物品堆放在炉旁。从炉内取出的炉灰，要用水浇灭后倒在安全地点。如果使用液化石油气钢瓶者，应按照液化石油气管理规则执行。同时，应配有一定数量的干粉灭火器。

（3）指定一名专职或兼职人员负责固定用火点的防火管理工作，做到有火应有人，火灭人方走，真正做到万无一失。

（4）禁止在火炉旁烘烤易燃物品，无关人员不得擅自进入固定用火点。

2. 其他防火管理要求

（1）凡逢重大节日，加油站附近生活区、居民区可能为庆祝而燃放烟花、爆竹。尤其是某些烟花，其窜行距离及高度极大，威胁加油站的安全，为此，应在节前走访居民，讲清道理，也可用“告居民信”的形式进行宣传。同时，与当地公安部门、派出所联系，在加油站周围区域内明确划定禁放区，并加强值班巡逻。

（2）加油站内的工作场所，禁止使用电热器具。如：电烫斗、热得快、饮具电杯等。

（3）水上加油站，船只来加油时，一是禁止船员吸烟；二是熄灭明火（炉子）。加好油后，需撑开 1m 外再发动。

（4）控制闲杂人员逗留加油站，防止随意使用火种吸烟。

（5）禁止加油站内使用手机、BP 机等通讯设备。

二、消防器材的选用与保养

（一）陆地加油站消防器材的配置

（1）每 2 台加油机应设置不少于 2 只 4kg 手提式干粉灭火器或 1 只 4kg 手提式干粉灭火器和一只 6L 泡沫灭火器。加油机不足 2 台按 2 台计算。

（2）地上储罐应设 35kg 推车式干粉灭火器 2 个。当两种介质储罐之间距离超过 15m 时，应分别设置。

（3）地下储罐应设置 35kg 推车式干粉灭火器 1 个。当两种介质储罐之间距离超过 15m 时应分别设置。

A、B 类加油站应备灭火毯 5 块、沙子 $2m^3$；加油加气合建站，按同级别的加油站配置灭火毯和沙子。

其余建筑的灭火器材配置应符合现行国家标准《建筑灭火器配置设计规范》GB 50140 的

规定。

(二) 水上加油站消防器材配置

甲板配置 8kg 手提干粉灭火器 4 只，70kg 手推车干粉灭火器，100 升泡沫灭火器各一只，消防水桶 4 只。

机舱(泵舱)配置 8kg 手提干粉灭火器 2 只，厨房配置 8kg 手提干粉灭火器 2 只，每条船配置太平斧 2 把，铁杆和铁钩一套。

加油站在配置消防器材后，在分布上要以油罐、加油区为主，摆放整齐，位置合理，道路畅通，取用方便。

(三) 消防器材的使用与保养

消防器材保养得好与坏，直接影响到它的使用和寿命。如果保养得好，一旦发生问题，就可以随时取用，扑灭初期火灾。如果保养得不好，一旦发生问题，就可能延误时机，酿成大祸。因此，平时必须加强对消防器材的保养和管理，做到“四定”，即：定人管理、定时检查、定时养护、定期换药，保证完好有效，并做好保暖工作。同时，加油站每个员工都要了解器材的品名、性能、使用方法，做到正确操作、正确使用。

下面介绍几种常用灭火器的使用与保养。

1. 干粉灭火器

干粉有苏打干粉、钠盐干粉、氨基干粉等。其主要成分为：灭火基料(小苏打、碳酸氢钾、磷酸铵等)，少量的防潮剂和流动促进剂组成的微细固体颗粒，使用时由气体(CO_2)或氮气为动力将干粉喷出，干粉大量地吸收火焰中的活性基因，使其数量急剧减少并中断燃烧的联锁反应，从而使火焰熄灭。

使用干粉时，要注意上下颠倒数次，使干粉预先松动，并且要平射，由近及远，快速推进，以防止回火复燃(因干粉冷却作用甚微)。

要注意防止干粉受潮结块，保持 CO_2 或氮气储量，并防止漏气。干粉灭火器应置放在阴凉通风地点，防止阳光曝晒和强烈辐射。

2. 二氧化碳灭火器

二氧化碳灭火器有手提式和推车式两种。二氧化碳平时是以液态灌装在钢瓶内的，依靠二氧化碳的蒸发作用喷射出雪花状固体颗粒的干冰，干冰温度为-78.5℃，能吸收燃烧物的热量。同时干冰遇热后即升华为气态二氧化碳，覆盖于燃烧物表面，冲淡空气中氧的含量。二氧化碳灭火器在使用时，应先去掉铅封，翘起喷筒对准火源，转动手轮，打开阀门，瓶内高压气体即自行喷出。由于二氧化碳灭火器的射程近，喷射时间短，因此，在喷射时要迅速果断，接近火源，从近处喷起，快速向前扫射推进。使用中应注意瓶身垂直，不可颠倒使用，以防液体喷出。灭火时手要握住喷管木柄，切勿用手接触喷筒，以免冻伤。另外在灭火时，应站在上风位置，顺风喷射，在空气不流通的场所，要注意二氧化碳浓度过大给人身带来的危险。二氧化碳灭火器适合扑救电气火灾。

3. 泡沫灭火器

加油站主要采用化学泡沫灭火剂。化学泡沫灭火剂是由酸性粉和碱性粉的水溶液经混合后发生化学反应而生成的。反应生成的二氧化碳，在溶液中形成大量细微的泡沫，同时使灭火器内的压力上升很快，使生成的泡沫从喷嘴压出。灭火作用主要是通过泡沫覆盖在燃烧物表面，隔绝空气与燃烧物表面的接触，并对燃烧物表面进行冷却，从而使燃烧停止。泡沫灭火器用于火场灭火时，使两种液体混合后，即产生泡沫，使用时需注意：手提式因无法控制开关，在提往火场途中，筒身不能倾斜或震荡，更不能扛在肩上，否则使内外药液混合而喷出。灭火时，人宜站在上风位置，尽量接近火源，喷射时应从边缘开始，由点及面，逐步覆盖整个燃烧面。灭火器药液必须一次用完，切勿中途堵住喷嘴，否则容易发生爆炸事故。

4. *石棉被、沙子*

对于石棉被、沙子的运用大家容易掌握，主要是在保养过程中要注意防止受潮。沙子要细，无杂物，存放在规定的容器内，加盖盖好，以防雨水淋湿。

三、一般火灾的扑救

物质燃烧必须具备三个基本条件，即：可燃物、助燃物、着火源(明火)。如果破坏其中的任意一个条件，燃烧就不可能发生。因此，加油站要着重杜绝火种、火源。但是，加油站每天的进、付、存油作业相当频繁，包括人员、车辆来去及平时作业、生活用电用火等，稍有不注意或管理不严就有可能发生燃爆事故。因此，加油站每位员工都要掌握一般火灾的扑救方法，正确使用灭火器材，一旦发生火灾事故，就能够把初期火灾消灭在萌芽状态，下面简单介绍扑救一般火灾的主要内容。

(一) 对易发生火灾部位制订灭火作战方案

一般来讲，加油站要根据有关规定和本站实际情况，对易发生火灾部位制订相应的灭火作战方案，并编制图表说明，作为实战和灭火演练的主要依据，它的好处是：加油站每个义务消防队员都要熟知易发生火灾部位的特点和情况，做到心中有数，以便沉着应战，忙而不乱。制订灭火作战方案的一般内容为：

(1) 组织领导和指挥系统。

(2) 地理位置；油罐数量、容积；加油机位置、数量；输油管道走向；其他油品的存放地点、数量。

(3) 水上加油站的船舶平面布置图，油舱容积表，流量表位置、数量，输油管道工艺流程图。

(4) 建筑物的结构形式、耐火等级、面积、高度、内部设施及相互间的距离。

(5) 灭火作战(防污染、救生方案)人员的配备、分工，警卫力量的布置，物资抢救、人员疏散措施及相应的操作程序。

(6) 各种消防器材的数量，防污染措施，救生设备的数量、摆放位置和应急补充措施。

(7) 对外通讯联络及外援力量的部署、指挥等。

(二) 发生火灾后应注意的事项

石油产品燃烧分为三个阶段，即：初期阶段、发展阶段、猛烈阶段。一旦加油站发生火灾，站内的每一位员工都要沉着、冷静，把火灾遏制在初始阶段。站内能处理的，应采取积极主动的方法，就地取材，把火扑灭。如火势蔓延，无法处理时，除采取有效的防范措施外，应尽快向当地公安消防部门报警，请求支援。发生火灾后应注意：

(1) 主动切断电源，停止一切作业，关闭闸阀，盖好进油口、量油口盖等；

(2) 按照预案，该灭火的灭火，该报警的报警，千万不能惊慌失措；

(3) 有秩序地疏散人员、车辆，进出口两侧要有人监视，严加控制；

(4) 及时收理票证、现金、印签等贵重物品，尽可能保证站内财产不受损、不丢失；

(5) 引导外部力量的支援；

(6) 保护好火灾事故现场，以便善后处理和查明原因。

（三）易发生火灾部位的扑救方法

1. 扑救敞口容器内油品火灾的方法

当敞口容器内的油品发生火灾时，其扑救方法如下：

在场人员切不可慌乱，不可用水浇，可用平时配置的干粉、泡沫和二氧化碳灭火器扑救。使用泡沫灭火器灭火时，应注意使泡沫沿罐壁流下覆盖油面，不可直接对准油面而降低灭火效果。

2. 扑救油罐汽车火灾的方法

油罐汽车在加油站着火时，首先应迅速驶离油品作业现场，再进行扑救。

扑救罐车的罐口着火时，可首先用石棉被将罐口闷住，还可使用随车携带的灭火器对准罐口将油火扑灭。亦可使用其他覆盖物(如棉衣、麻袋等)堵实罐口将油火扑灭。

油罐车在行驶途中着火，驾驶员无法将火扑灭时，应尽量将车辆靠右停下，立即就近寻找电话或拦阻公路上行驶的汽车，向消防部门报警。

若油罐车因高温变形而出现裂缝，使罐内油料外流时，应利用罐车附近的排水沟或挖沟，让油料流入沟内燃烧，控制火势，防止蔓延。

油罐车不管在什么情况下发生火灾，驾驶员都必须认真处理善后工作，把残留在地面上、排水沟内的油料收集起来，或用土掩埋等，不能草率处理，以避免油火复燃。

3. 扑救人体油火的方法

当人体沾上油火时，常惊慌失措或急于找人解救拔脚就跑，这种方法是错误的。因为人体沾上油火时，一般是先烧衣服，如果人一跑，着火的衣服得到充足的空气，会燃烧的更加猛烈。另外，着火的人一跑，势必将火种带到经过的地方，有可能扩大火灾。因此，人体着火者应注意以下三点：

（1）尽可能迅速地脱下衣服，浸入水中，或用脚踩灭，或用灭火器、水扑灭。

（2）如果衣服来不及脱，可就地打滚，把火窒熄；倘若附近有河渠、水池时，可迅速跳入浅水中。但当人体烧伤过重，则不能跳水，以防细菌感染。

（3）如果有两个以上人在场，未着火的人要镇定沉着，立即用随手可以拿到的麻袋、衣服、扫帚等朝着火人身上的火点覆盖、扑打或浇水，或帮他脱下衣服。

4. 扑救车辆在加油时发生火灾的方法

加油站来往车辆频繁，无论是车辆加油，卸油或维修作业，都可能发生火灾，在扑救此类火灾时，应注意以下几点：

（1）如果是车辆的油箱口着火，可脱下衣服或其他适当的物品将油箱口堵严，使火窒熄。

（2）当摩托车发动机着火时，应立即停止加油，先设法将油箱盖盖上，然后再用水浇灭或用灭火器扑灭。

（3）当遇到加油机操作室内着火时，应停止加油，切断电源，关闭油罐闸阀，加油车辆立即驶离加油站，迅速用灭火器扑救。

5. 加油站因油蒸气燃烧或爆炸时所采取的扑救方法

加油站因油蒸气燃烧或爆炸威胁整个加油站安全时，应采取以下程序扑救：

（1）立即停止加油，关闭闸阀，堵住油罐通气管，切断电源，清理疏通站内和站外消防道路。

（2）报告消防机关。

（3）指挥排队等待加油的车辆迅速驶离加油站，并派一人在交叉路口等候和引导消防车。

（4）由加油站领导组织在场人员（包括等候加油的驾驶员）利用现有消防器材扑灭油火，配合消防队员投入灭火战斗。同时转移地面上的油桶等小型储油容器，最大限度地减少火灾损失。

四、灭火作战预案制订与演练

灭火作战预案制定在加油站安全消防工作中是一项十分重要的基础工作，是灭火准备的主要内容。它是针对加油站重点保护部位可能发生的火灾，根据灭火战斗的指导思想和战术原则，结合现有消防装备和器材，以假设火情而拟定的灭火战斗预案，是灭火指挥员下达作战命令的主要依据。

（一）制定灭火作战预案的意义和原则

1. 制定灭火作战预案的意义

通过灭火作战预案的制定和演练，一是有助于消防人员掌握保护对象的情况，预测火灾发生特点和规律，提高战术、技术水平和快速反应能力，一旦火灾发生可以掌握主动权；二是可以促进消防人员学习和掌握消防知识。在调查和制定灭火作战方案的过程中，按照消防法规的要求，对火险部位进行整改，作好火灾预防工作；三是按照灭火作战方案进行演练可以促进训练和实战结合，有助于增强“以练为战”的战略意识。演练中义务消防人员的参加，可使全员学习和掌握防火、灭火知识，有利于提高全员的安全意识；四是制定灭火作战方案，要进行大量调查研究，分析历史教训，判断起火后可能出现的各种情况，计算灭火所需力量（含人力、装备器材、灭火药剂等），提出相应对策，做到有备无患。

2. 制定灭火作战预案的原则

制定灭火作战方案应体现如下原则。一是预防为主，防消结合的原则；二是统一指挥，协调配合，准确迅速、机智勇敢，保证安全灭火的原则；三是集中兵力打歼灭战，先控制、后灭火的战术原则；四是救人第一，减少损失的救灾原则；五是机动灵活，保障重点，兼顾一般的供水原则。

总之，灭火作战方案的制定和演练，既是预防工作，又是灭火的准备工作，有助于贯彻“预防为主，防消结合”的消防工作方针，确保加油站安全。

（二）确定消防重点保护部位

根据1985年5月国家消防局批准颁布的《关于公安消防队做好重点保护单位灭火作战准备的规定》，加油站属于重点保护单位。因为，加油站储存的油品是易燃易爆物品，发生火灾爆炸的危险性大，一旦发生火灾爆炸事故，损失大，伤亡大，影响大。

加油站火灾爆炸事故的主要燃烧物是油品和油气。加油站事故发生概率的顺序是作业区、辅助作业区、储油区。其主要发生部位是油罐、罐车、加油机、加油车辆、配电间、呼吸管等部位。这些一般规律对确定加油站消防保卫的重点具有指导意义。

（三）灭火作战方案的主要内容

1. 加油站重点保卫部位概况

（1）加油站及重点部位地理位置、周围环境、道路交通情况，与责任区公安消防队的距离。通常用简图来表示。

（2）加油站及重点部位的平面布局。重点建筑物和构筑物的特点、耐火等级、建筑面积和高度。通常用平面图、立面图、剖面图加文字说明表示。

(3) 加油站及重点部位储存油品的数量和形式，以及工艺管道等，通常用平面图和表格表示。

2. 加油站重点部位火灾特点

(1) 油品发生火灾后，火势发展变化特点、蔓延方向及可能造成的后果。

(2) 火灾发生后，在什么情况下具有爆炸危险性，可能波及的范围。

(3) 火灾发生后，在什么情况下，可能形成有毒气体，影响灭火战斗的正常进行。

3. 灭火力量部署

(1) 加油站火灾重点保护部位可利用消防栓的位置、距离、供水管网的形式、管径，蓄水池的容量、位置、距离，以及其他可用于灭火的水源，储存量和利用方法。

(2) 灭火所需消防车辆、器材、灭火剂的种类、数量；消防车停靠位置和供水方法；水带铺设线路，以及分水器、水枪位置、方向和任务。

(3) 加油站义务消防队员的任务。

4. 扑救措施

(1) 根据不同油品的性质、数量及火灾特点，采取相应灭火措施。

(2) 针对建筑物、构筑物和设备设施的火灾特点，采取相应的灭火措施。

(3) 根据火灾的不同阶段，火场上可能出现的各种情况，采取相应的灭火措施。

(4) 抢救人员、疏散物资的方法和路线，以及灭火战斗中应注意的事项。

5. 组织指挥

组织指挥是灭火作战方案不可缺少的组成部分。其组成是根据方案的具体情况，建立一级、二级或多级指挥机构。通常加油站火场组织机构由总指挥、副总指挥、技术参谋，以及火场供水、灭火、后勤、通讯、警戒、医疗等组成。

(四) 灭火作战方案的演练

加油站进行消防演练是贯彻“预防为主，防消结合”方针的重要内容。为使灭火作战方案在实践中得到正确运用，消防演练应按照灭火作战方案进行。

1. 演练次数及其形式

加油站每年应按照灭火作战方案进行两次消防演练，不得少于一次。演练时间应根据季节变换、人员更新及火灾发生规律等情况确定。通常可安排在冬、夏两季到来之前。演练前应讲授相关的消防知识和演练的内容和要求，演练后应进行总结，肯定演练的成绩，提出演练中出现的问题，并将演练情况和存在问题登录记录备案。演练形式分为操场模拟演练、实战模拟演练、专业性灭火演练三种。

(1) 操场模拟演练是消防车到达现场后，以停靠水源、铺设水带、设置分水器、连接水枪等为主要内容。同时结合熟悉地形、道路、水源、建筑、设备等情况。

(2) 实战模拟演练是消防车到达现场后，按照试验要求出水、出泡沫，或者进行抢救人员和疏散物资。

(3) 专业性灭火演练，通常是按照加油站罐车、加油机等可能存在的火灾形式，设置模拟火灾，组织公安消防、专职消防、义务消防人员参加，根据设置的模拟火灾，采用石棉被、干粉或泡沫灭火器、消防车等进行灭火演练。

2. 演练检查的主要内容

(1) 检验灭火组织指挥系统。即火场组织指挥、供水组织指挥、灭火组织指挥、火场组织指挥，分工、参谋作用、通信联络等。

（2）检验灭火力量的调度和配合。即车辆出动和行车、各种灭火力量的配合、各专业组的效能职能等。

（3）检验水源使用。即水源的使用方法、水带的铺设路线、分水器设置，以及水源合理的使用和供水方法的科学性。

（4）检验战斗员技能和作战能力。即通过水带铺设、分水器设置、出水、出泡沫、冷却、灭火等检验战斗员的灭火技能和作战能力等。

（5）灭火作战方案修订。根据演练中发现的问题和薄弱环节，对灭火作战方案进行修订和完善，使之更符合实战的需要。

（6）由于加油站重点保卫部位情况的变化或消防装备的调整、更新，以及战术、技术水平的提高等，应及时对灭火作战方案进行修订，以适应新情况下的实战需要。

第四节　安全检查与隐患整改

由于加油站的工作是开放式的，相应产生的隐患会比较多，故在加油站的管理工作中一定要加大检查力度，对发现的问题一定要限期整改。

一、安全检查的主要内容和方法

开展安全检查是达到消除事故隐患的重要手段，是深入推动安全管理工作的有力措施。通过安全检查，才能了解安全状况，及时发现存在的问题，掌握安全动态，做到对症下药，因此，加油站的安全检查是必不可少的。

（一）安全检查的主要内容

加油站的安全检查主要查安全管理制度，岗位职责的执行情况；查安全教育和活动的开展情况；查安全台账记录情况；查作业现场安全与卫生状况；查机械设备、电器设备、消防器材的使用保养情况；查灭火作战预案以及隐患整改情况；查现金、票证等管理情况。

（二）安全检查的方法

主管公司每月和重大节假日要对加油站进行一次全面的安全检查；专职或兼职安全员每周应对加油站进行有侧重点的安全检查，发现违章行为和不安全因素，有权制止和向上级反映；班组每日应对本岗位的安全状况进行检查。其方法是多种多样的，如：定期与不定期相结合；节假日与平时相结合；重点与一般相结合；白天与夜间相结合。

（三）安全检查要求

加油站开展的各项安全检查比较频繁，所以，一定要讲究质量，切不可搞走过场。每次检查，应有专人负责，交代检查的重点和内容，检查结束，立即把查出的各类问题进行汇总、登记，提出整改意见，指定有关部门或有关人员限期整改，要求做到隐患整改件件有落实，信息有反馈。加油站无力解决的问题和隐患，必须以书面形式向上级报告，同时采取有效的防范措施。

二、隐患整改的目的和要求

任何一个加油站，事故隐患都是存在的，这就要求不仅要善于发现隐患，而且还必须加以认真整改。曾有一加油站，营业室内的防爆开关长期失修，已不防爆，加油站站长也知道这一情况，但麻痹大意，结果长年累月油蒸气挥发积聚在开关周围已达到爆炸极限，有一天使用时，由于开关打出火花，随着“轰”的一声，火苗窜出，幸好扑救及时，才未酿成大祸。从中可以看出不及时整改隐患的危害性。因此，加油站不管发现什么隐患，都要及时解决，以杜绝事故的发生。

第五节　事 故 处 理

事故是危险因素与管理缺陷相结合的产物，加油站经营的油品的危险性是导致发生各种事故的重要原因，为此，必须严格遵守安全技术操作规程，执行有关规章制度，采取积极有效的措施，最大限度地消除发生事故的一切潜在危险因素。

一、加油站事故的分类和等级划分

（一）事故分类

凡在加油站区域内或生产作业过程中发生的有关人员伤亡、财产损失均称为加油站事故。按事故类型分为：爆炸事故、火灾事故、设备事故、生产作业事故、交通事故、人身伤亡、海损与污染事故；按事故性质分为责任事故、非责任事故或破坏事故。

（二）事故分级

根据《中国石油化工股份有限公司加油站管理规范》事故等级划分方法，加油站事故等级可分为六级，划分标准具体如下：

1. 特大事故

凡符合下列条件之一，为特大事故。

一次事故造成死亡 10 人及以上。

一次事故直接经济损失达 500 万元及以上。

2. 重大事故

凡符合下列条件之一，为重大事故。

（1）一次事故造成死亡 3~9 人。

（2）一次事故造成重伤 10 人及以上。

（3）一次事故造成直接经济损失达 100 万元及以上，500 万元以下。

3. 一级事故

凡符合下列条件之一，为一级事故。

（1）一次事故造成重伤 1~9 人。

（2）一次事故造成死亡 1~2 人。

（3）一次事故直接经济损失 10 万元及以上，100 万元以下。

（4）一次事故跑、冒、漏油及油品变质达 10 吨及以上。

（5）一次混油混入量 100 吨及以上。

4. 二级事故

凡符合下列条件之一，为二级事故。

（1）凡发生火灾或爆炸事故者。

（2）一次事故直接经济损失达 1 万元及以上，10 万元以下。

（3）一次事故跑、冒、漏油及油品变质达 5 吨及以上。

（4）一次混油混入量 20 吨及以上。

5. 三级事故

凡符合下列条件之一，为三级事故。

（1）一次事故直接经济损失达 0.6 万元及以上，1 万元以下。

（2）一次事故跑、冒、漏油及油品变质达 1 吨及以上。

（3）一次混油混入量 2 吨及以上。

6. 四级事故

凡符合下列条件之一，为四级事故。

（1）一次事故直接经济损失达 0.1 万元及以上，0.6 万元以下。

（2）一次事故跑、冒、漏油及油品变质在 0.5 吨及以上。

（3）一次混油混入量 1 吨及以上。

二、事故报告

（1）发生事故后，事故当事人或发现人应立即报告站长（领班）和主管公司的有关领导，紧急情况要报警；伤亡、中毒事故，应保护现场并迅速组织抢救人员及财产；重大火灾、爆炸、跑油事故，应组成现场指挥部，防止事故蔓延扩大。

（2）凡属二级以上事故，加油站要立即报告主管公司，主管公司应在事故发生后 4 小时内将事故发生的时间、地点、起因、经过、造成的后果、初步分析、已采取哪些措施等情况报省（区、市）公司；省（区、市）公司应在事故发生后 20 小时内，以电话、电报或传真方式，按《事故快报》的要求报上级有关部门。涉及到人员伤亡及重大事故要立即按事故性质，相应报告企业所在地的消防、安全管理部门。

（3）由于油品质量、跑油、火灾、爆炸等原因造成较大社会影响的事故，应迅速报上级公司。

（4）发生涉及死亡的特大、重大和一级事故，由省（区、市）公司的主要领导、主管部门负责人、安全处长及事故单位的主要负责人，在对事故原因基本调查清楚的基础上，提出处理意见，在事故发生 3 天内向上级公司汇报。

（5）凡发生一级以上事故，在事故发生后 25 天内，按事故报告的要求写出正式报告报上级公司。省（区、市）公司每半年应将辖区内所属加油站事故情况，按报表格式报上级有关部门。

（6）水上加油站发生事故后要按规定的程序及时上报有关部门，报告的内容：

船舶设施及相关名称、呼号；事故发生的时间、地点及简要经过；损失情况及现状；救助要求等。

三、事故调查

（1）发生二至四级事故，由主管公司会同地方职能部门组织调查；发生一级事故，由省（区、市）公司会同主管公司、地方职能部门组织调查；发生重、特大事故，由总公司会同当地有关部门调查。

（2）外包工程乙方发生的事故，由乙方负责组织调查、处理。

（3）加油站应配合事故调查部门进行调查，提供有关资料，任何部门和个人不得拒绝接受调查。

四、事故处理

(1) 事故调查和处理要坚持“四不放过”的原则，即事故原因分析不清不放过；事故责任者和群众没有受到教育不放过；没有防范措施不放过；事故责任人(包括有关管理人员)未受到严肃处理不放过。

(2) 因忽视安全生产、违章指挥、违章作业、违反劳动纪律造成事故的，由企业主管部门或企业按照国家有关规定，对企业负责人和事故责任者给予行政处分和经济处罚，构成犯罪的，由司法部门依法追究刑事责任。

(3) 事故发生后隐瞒不报、谎报、故意拖延不报、故意破坏事故现场，或无正当理由，拒绝接受调查以及拒绝提供有关情况和资料的，由主管公司按规定给予有关责任人行政处分。

【思考题】

1. 什么是安全？谈谈安全与生产经营之间关系。
2. 什么是 HSE 管理体系？其中 H、S、E 特指什么含义？
3. 加油站安全教育包含几方面内容？
4. 加油站防静电措施有哪些？
5. 灭火作战方案的主要内容。
6. 油罐车在加油站卸油过程中发生火灾时，如何进行扑救？
7. 平时对消防器材如何进行保养？
8. 安全检查方法有哪些？
9. 加油站事故如何划分？

结合以下案例，分析事故发生的原因是什么？我们从事故中可以得到哪些启发？

【案例题】

案例一　溢油引发重大爆炸

1999 年 6 月 19 日 18：30，某加油站承包经营者宋某接卸一车 90 号汽油 10000L，在保管员和监督员不在和未对油罐计量的情况下，宋某将油罐卸油口铁锁撬开，进行卸油，卸油期间，没有安排现场监督人员。卸油开始后，宋某就陪司机到营业室吃西瓜。18：50 左右，宋某到院内油罐口查看，发现溢油，就连忙让司机张某关闭了油罐车阀门，同时让雇用的加油员王某赶紧回收溢油。王某回收溢油时，用铁桶、塑料盆等器具回收，造成器具碰撞产生火花，引起油气爆炸。19：10 消防干警投入灭火和抢救烧伤人员，30 分钟后，大火被扑灭。

这次事故使王某(女)当场烧死，宋某与在同一加油站工作的妻子一周后死亡，在加油站游玩的宋某孙女和王某的外甥在一个月后死亡。这起事故造成汽油溢出 1466L，直接经济损失 16.35 万元。

案例讨论题

1. 经营者宋某在整个接卸过程中有几个环节违反操作规程？
2. 在回收溢出油品时，王某的做法是否合适，应怎样回收油品。

3. 事故发生的根本原因是什么？我们从该事故当中可以得到哪些教训。

案例二　喷溅式卸油导致静电放电引燃油气

2001 年 6 月 22 日 21：45，某加油站在 3 号罐接卸一车 97 号汽油时，当班卸油工林某将卸油胶管插到计量孔里卸油。卸油过程中，汽油从油罐中溢出，沿地面流淌，流进低于地面的管沟，管沟穿过营业室与加油机相连，汽油充满了从计量口到加油机的管沟和地面，卸油工没有采取措施处理，继续违规卸油，油气遇火源发生燃烧，卸油工不知所措，司机见势不好，匆忙关闭卸油阀门，扯断卸油胶管接头后开车离开现场。大火于 23 日 2：00 被扑灭。在这起事故中，一座油罐、四台加油机等设施被烧毁，卸油工林某烧伤，烧伤面积达 80% 以上。

案例讨论题

1. 林某在接卸油品过程中，其做法是否正确？
2. 司机在紧急状况下，应急处理方法是否正确？
3. 卸油工在事故发生时不知所措，反映了什么问题？
4. 加油站设备、设施布置存在哪些隐患？

第五章　加油站计量及计量管理

油品计量及计量管理是一项专业性、技术性很强的工作，是加油站日常管理的重要工作内容之一。对加油站实行计量管理，就必须掌握加油站油品计量基础知识及相关要求和规定，包括油品的接卸、验收、损耗及损耗管理，加油机校验等。由于国内加油站的体制、经营模式等各不相同，因此在管理上也会存在差异，但基本方法应该是相同的。

第一节　油品计量基础知识

一、油品计量的定义和计量人员的职责

1. 油品计量的定义

实现单位统一和量值准确可靠的测量叫计量。油品计量中，常用的单位有质量单位，如 t，kg 等；有体积单位，如 m^3、L 等；有长度单位，如 m、mm 等；有温度单位，如℃等。

2. 加油站计量人员的职责与任务

加油站计量人员的基本任务和职责是按照规定验收来油容积，并与油库发货单据(有的公司称为加油站进油核对单，有的称为零售资源配送单，有的称为油库发货单)比较，确认交运数；每天停止营业或交接班后都必须对油罐进行计量，并与加油机的发油总量和票款进行核对，确定当班或当天的损耗量，作出完整的油罐动态分罐保管账记录；做好月度、季度和年度的盘点计量工作；及时提供各种油品的存油变化情况，为制定进货计划提供准确数据，防止脱销和进油时溢油事故的发生；通过每天计量防止因油罐渗漏等各种特殊原因而产生的异常损耗。还有加油机的检定、计量器具的保管以及当国家执法部门对加油站数质量检查时的协助和协调工作等。

各加油站应按规定配置合格的专职或兼职的计量人员，负责上述计量工作。

二、计量的基本计算方法

目前，国内外对油品的计量分重量计量和体积计量两种，对于加油站计量来说，销售时均按体积计量，但进货时有按重量计量，习惯上称为“吨进升出”，也有按体积计量的，习惯上称为“升进升出”。这几年好多企业都已把“吨进升出” 改成“升进升出”。两种方法各有利弊。

1. 体积计量的计算

油品计量中用 V_t 表示油品在温度 t 时的体积，体积的计量单位主要有立方米(m^3)、升(L)、桶(B)等。由于油品热胀冷缩，同一油品的体积在不同温度下是不同的，所以在油品计量中，凡是不注明温度的体积是没有意义的。我国把 20℃ 称为油品的标准温度，所以 20℃的油品体积即为标准体积，用 V_{20} 表示。显然对于以“升进升出”计量方式的加油站来说，如果在较低温度下进油，又在较高温度下销售，显然有利可图，反之就要亏损。如果进油也换算成 20℃下的体积，出油也换算成 20℃的体积，那么由温度变化引起的盈亏就不会

产生。在大宗的以体积作为计量单位的油品交易中，就是这么做的，否则就无法交易。但对于以零售为主的加油站来说，就只能按油品实际温度t℃下的体积即V_t来进行销售了。

油品从t_1温度变化到t_2温度时的体积变化可用下式表达：

$$V_{t2} = V_{t1}[1 + f(t_2 - t_1)] \quad (5-1)$$

同样也有

$$V_{20} = V_t[1 + f(20 - t)] \quad (5-2)$$

令

$$VCF = [1 + f(20 - t)] \quad (5-3)$$

则有

$$V_{20} = VCF \cdot V_t \quad (5-4)$$

在油品计量中，VCF称为体积修正系数。(5-4)式表明，VCF可把任意温度t℃下的油品体积V_t换算到标准体积V_{20}，变化(5-4)式，可得$VCF=V_{20}/V_t$，即体积修正系数是油品的标准体积与它在t℃下体积之比值。显然，VCF的大小与温度t有关，还与f有关，VCF也可从有关表格中查得，从而计算出V_{20}。

f为油品的体积膨胀系数，在油品计量中也叫体积温度系数。不同标准密度油品的体积膨胀系数是不同的，当油品的标准密度从0.71kg/L增至0.73kg/L时，f从0.00123/℃减至0.00115/℃，若取4位小数的话，一般可以认为汽油的f为0.0012/℃。当油品标准密度从0.81kg/L增至0.85kg/L时，f从0.00089/℃减至0.00079/℃，同样取4位小数，对于柴油来说，f可近似为0.0008/℃或0.0009/℃。近似计算中，当总体积量不是很大的情况下，分别代入柴油和汽油的f值，就可以用(5-2)式代替(5-4)式，不必查VCF就得到V_{20}。

2. 重量计量的计算

小批量的油品可用秤称一下就可以称出重量来，比如说一些小包装的桶装的油品。现在也有可称100多吨的电子地磅秤。对于吨进升出的加油站，验收时要以重量计量。对于升进升出的加油站，如果以地磅称来交接，同样存在体积与重量之间的换算问题，所以我们就很有必要讨论大批量散装油品的计量方法问题，即用“体积-重量法”求油品的重量。

在讨论“体积-重量法”之前先引入密度的概念。密度，即单位体积内物质的质量，一般用ρ表示。如果质量用m表示，则根据定义就有$\rho=m/V$。由于同一油品的体积随温度变化而变化，同样密度也随温度变化而变化，这就有$\rho_t=m/V_t$，当t取20℃时，就有$\rho_{20}=m/V_{20}$或

$$m = \rho_{20} \times V_{20} \quad (5-5)$$

就是说油品的质量等于该油品的标准密度与标准体积的乘积。质量是物质量的多少，它是惯性的量度，一般情况下是不变的常量。而油品交易都是在空气中进行的，如前面所说的用磅秤来称油品，在称量的过程中，油品和砝码都受到了空气的浮力作用，见图5-1(a)。用等边天平称油品，并把它们放入真空的容器中，调整砝码至平衡，显然，左边油品的质量就是右边砝码的质量。打开阀门，空气回到真空的容器内，如图5-1(b)，由于油品的体积远大于同质量下砝码的体积，所受到空气的浮力比砝码大，我们用三个向上的箭头表示油品受到大的向上的浮力，用一个向上的箭头表示砝码受到小的向上的浮力，于是天平就不平衡。要平衡，必须取掉一些砝码，或者计算油品质量时减去一些油品的密度才行。换句话说，空气中称出来的油品质量要比真空中的质量小。可用直接扣去油品的密度值或者乘以一个比1小的系数来扣去空气的浮力，即空气中油品的质量m可用式(5-6)或(5-7)计算。

$$m = (\rho_{20} - \beta) V_{20} \quad (5-6)$$

$$m = \rho_{20} V_{20} F \quad (5-7)$$

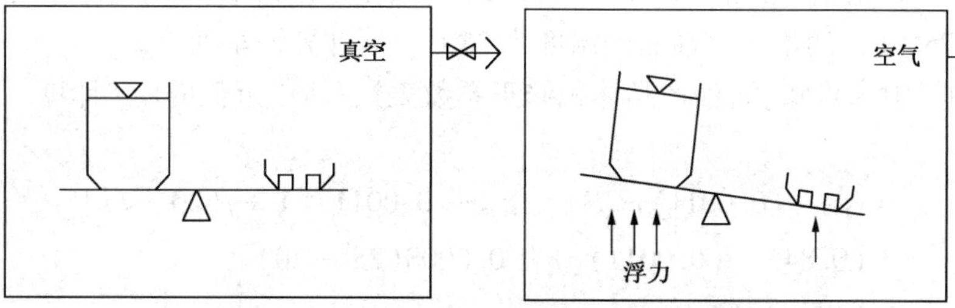

(a)在真空中　　(b)在空气中

图 5-1　空气浮力对油品重量计量的影响

β 或 F 可以通过公式进行推导。在加油站油品计量中，常用的是公式(5-6)，密度单位取 kg/m^3，β 值近似取 $1.1kg/m^3$，这样(5-6)式就变为：

$$m = (\rho_{20} - 1.1)V_{20} \tag{5-8}$$

把 V_{20} 用公式(5-4)代入，就有

$$m = (\rho_{20} - 1.1)VCF \cdot V_t \tag{5-9}$$

上式就是 GB/T 1884—1998 所推荐的关于油量计算的基本公式。

按照 GB/T 1884—1998 所规定的方法，(9)式中的标准密度 ρ_{20} 是通过在油品试样中测得视密度 $\rho_{t'}$ 和试验温度 t'，然后再查《石油产品标准密度表》得到；(5-9)式中 VCF 值是通过测量容器中的油品温度 t 和查表求出的 ρ_{20}，再查《石油产品体积修正系数表》得到，把查得的 ρ_{20} 和 VCF 代入公式(5-9)，就可求出容器中油品的重量。

令

$$G_t = (\rho_{20} - 1.1)VCF \tag{5-10}$$

则有

$$m = G_t V_t \tag{5-11}$$

以后油品计量中提到的质量亦好，重量也好，都指扣除空气浮力以后的质量，这个名词太长，为了方便起见，有的称"商业质量"，也有称"重量"的，通常，我们把式(5-10)中的 G_t 称为"换算密度"。在已知商业质量时，可以用"换算密度" G_t 来计算对应温度下的油品体积，即：

$$V_t = m/G_t \tag{5-12}$$

油库发油时，已知油品重量，就可以用式(5-12)来求当时实际油温下的发油体积，用地磅秤验收时，也是采用这个公式求油品体积的。

例 1　用地磅称得柴油重量为 11230kg，已知该柴油的标准密度为 0.8488kg/L，称油时罐车内油品温度为 32℃，如没有提供产品体积修正系数表，用 f 近似计算该油品体积。

解：先求 G_t，

因密度单位取 kg/L，所以 β 值近似取 0.0011kg/L。

$$\begin{aligned} G_t &= (\rho_{20} - 0.0011)VCF \approx (\rho_{20} - 0.0011)[1 + f(20 - t)] \\ &= (0.8488 - 0.0011)[(1 - 0.0008(32 - 20)] \\ &= 0.8396(kg/L) \end{aligned}$$

用公式(12)得

$$V_t = m/G_t = 11230/G_t = 11230/0.8396 = 13376(L)$$

该体积与发货单据体积进行对照，可以查验是否发足油品。

例 2 已知某柴油的标准密度为 0.8455kg/L，用量油尺测量罐车内油品高度，并查得该高度下体积为 17560L，测量时该油品的温度为 28℃，请计算该车油重。

解：由于题目中未告知《石油产品体积修正系数表》，所以近似的用 f 计算。

先求 G_t，

$$G_t=(\rho_{20}-0.0011)VCF\approx(\rho_{20}-0.0011)[1+f(20-t)]$$
$$=(0.8455-0.0011)[1-0.0008(28-20)]$$
$$=8390(\mathrm{kg/L})$$
$$m=G_tV_t=0.8390\times17560=14733(\mathrm{kg})$$

答：该车油的重量为 14733kg。

三、加油站计量器具及使用

（一）量油尺

量油尺是测量容器内油品高度或空间高度的专用尺。

汽车油罐车是使用专用的量空间高度的丁字尺，其最小分度值为 1mm。测量时，在直尺的估计高度处抹上量油膏，从检尺口垂直、平稳地插入液面内，当丁字的横尺两端与检尺点同时接触后，迅速取出读取空高值，并记录。目前很少有测量油罐车空高的，而是测量实高，所用的卷尺和测量方法与测量卧罐相同。

测量卧罐内油面高度使用标称长度为 5m 的量油尺，它由尺砣、尺架和尺带组成，其最小分度值为 1mm。使用中的量油尺钢带不准有扭折、弯曲等残存的变形；尺带表面必须洁净，不得有明显的斑点、锈迹；边缘应平滑，不得有锋口、倒刺；m、dm、cm 和 mm 等刻度及相应的数字应均匀、清晰，并垂直于钢带边缘；尺砣尖部无损坏，是挂钩连接的要明确尺砣与挂钩的配合，经检定后不许调换；有调正螺丝的，必须有明确的记号，不许私自调正，否则由于尺砣管理不善会造成很大的误差。5m 长量油尺的全长允许误差为±1.3mm，并有检定周期内的长度修正值表。

量油尺使用前应检查尺砣与挂钩是否连接牢固，搭配是否正确，使用后应擦净、收卷好。油品交接计量用的量油尺检定周期一般为半年，最长不超过 1 年。

加油站卧罐内油高的测量应检实尺。检尺应在油面稳定后进行，进油后稳油时间至少为 15min。检尺时，人应站在上风头，一手握尺小心地沿计量口下尺槽下尺，尺砣不要摆动，另一拇指和食指轻轻地固定下尺位置，使尺带下伸，尺砣将接触油面时应缓慢放尺，以免破坏油面平稳。估计即将触底时，用拇指或用摇把卡住尺带，手腕缓缓下移，手感尺砣确实触底后，可立即提尺读数。读数时先读油痕的毫米数，再读厘米数，读数应迅速。若尺带油痕不明显，可在油痕附近的尺带上涂试油膏。连续测量两次，读准至 1mm，当两次读数差不大于 1mm 时，取两次中的第一次读数作为量油结果，超过时应重新检尺。测量汽车罐车内油高方法与上述相同。

（二）量水尺

卧罐应定期测量水高，及时排水。收油时，也应测量汽车罐内是否有水。测量水高使用量水尺。量水尺用铜或铝合金材料制成，有方形和圆形两种，全长为 300~500mm，最小分度值为 1mm。量水尺表面应光洁，刻线清晰，垂直立在平面上应构成 90°角，倾斜误差不超过 0.5%。使用时应读准至 1mm。一般应避免用量油尺代替量水尺。

（三）温度计

测量卧罐或汽车罐车内油温以及试样的温度，使用最小分度为 0.2℃的精密、全浸、棒式水银温度计。温度计的玻璃应光洁、透明，不得有裂痕和影响强度的缺陷，刻度应清晰，数字清楚，毛细管内液柱不得中断，并有检定周期内的修正值表。

测量汽车罐车和卧罐内油温时，应将带有保温盒的温度计放入油高的中部，停留至少 5min，然后提绳读数。读数应迅速，避免因保温盒内油温变化引起读数误差。注意视线与水银柱应垂直，先读小数，后读大数，并记录，准确到 0.1℃。注意不应将保温盒内的油品洒到计量口外。

0.2 分度的温度计每一个最小分度代表 0.2℃，奇数温度刻度线不刻数字，用略长于最小分度线的刻度线表示，偶数温度线用数字表示，在读数时应注意，否则容易读错。

一般轻质油料测量顺序如下：

（1）将带有保温盒的温度计投到油位的中部；

（2）测量水高；

（3）测量油高；

（4）拉起温度计进行读数，并记录上述数据。

（四）标准容器

加油站配置的 20L 规格的标准容器是用来对加油机进行自校的计量器具。发现加油机误差超标，应及时通知法定检定部门来进行调整，除此以外的其他单位和个人不准自行调整。

标准容器的外置刻度表不准移动，避免碰撞，否则稍有变化，就会引起标准容器的容积不准。标准容器刻度不准时，应送法定计量检定部门进行重新检定。

现行的 20L 标准容器见图 5-2，它主要由器身、器颈、透明连通管和游标液位指示卡尺组成。连通管上固定有游标液位指示卡尺，该卡尺由定尺、动尺和液位指示线组成。

上下移动游标动尺，使液位指示线与透明连通管内的油品液位弯月面下缘高度一致，动尺的零位对应定尺的读数为毫米数；动尺上分度线与定尺对接成水平的线条在动尺的读数，为百分之二毫米数；二者相加为保留到二位小数的毫米高度数。根据此毫米高度数进一步可求出标准器内的油品体积。

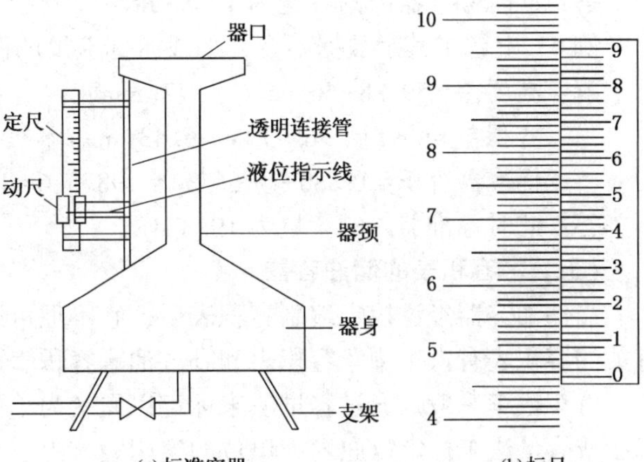

图 5-2　20L 标准容器图及标尺

一般在标准器检定证书（检定证书范例见图 5-3）上均会注明如下数据：

① ××.××mm 刻度处的容量为××.××L；

② 计量颈（器颈）分度容量 V=×.××mL/mm。

根据上述检定证书上的数据和读得的液位毫米读数，可以计算标准器内的体积。

例 3　已知标准器检定证书注明：

66.65mm 刻度处容量为 19.880L，计量颈（器颈）分度容量 V=0.95mL/mm。移动游标卡

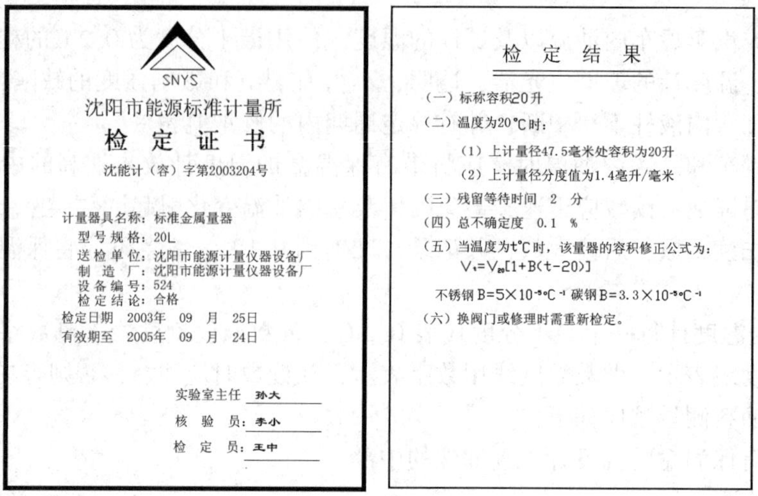

SNYS

沈阳市能源标准计量所

检 定 证 书

沈能计（容）字第2003204号

计量器具名称：标准金属量器
型号规格：20L
送检单位：沈阳市能源计量仪器设备厂
制造厂：沈阳市能源计量仪器设备厂
设备编号：524
检定结论：合格
检定日期 2003年 09 月 25日
有效期至 2005年 09 月 24日

实验室主任 孙大
核验员：李小
检定员：王中

检 定 结 果

（一）标称容积20升
（二）温度为20℃时：
（1）上计量径47.5毫米处容积为20升
（2）上计量径分度值为1.4毫升/毫米
（三）残留等待时间 2 分
（四）总不确定度 0.1 %
（五）当温度为t℃时，该量器的容积修正公式为：
$V_t=V_{20}[1+B(t-20)]$
不锈钢 $B=5\times10^{-5}$℃$^{-1}$ 碳钢 $B=3.3\times10^{-5}$℃$^{-1}$
（六）换阀门或修理时需重新检定。

图 5-3 检定证书范例

尺的动尺，当液位指示线与透明管内液位一致时，读得该指示线在游标卡尺上的读数为74.86mm，求此时标准器内的容量。

解：据题意，已知每mm的容量为0.95mL，66.65mm刻度处容量为19880mL，则有

高度差=74.86-66.65=8.21(mm)

容积差=0.95×8.21=7.80(mL)

标准器容积=19880+7.8=19887.8（mL)=19.888(L)

答：此时标准器内的容量为19.888L。

例4 上题中其余数据不变，如改游标卡尺的读数为59.88mm，求标准器内容量。

解：高度差=59.88-66.65=-6.77(mm)

容积差=0.95×(-6.77)=-6.43(mL)

标准器容积=19880+(-6.43)=19873.6=19874(mL)=19.874(L)

答：此时标准器内的容量为19.874L。

（五）带容积表的储油容器

当储油容器经过检定编制容积表后，它不但可以储油，而且是容积计量器具。与加油站有关的容积表有汽车罐车容积表和卧式油罐容积表。

汽车罐车一般是通过容量法来标定以厘米为单位的容积表；卧式油罐一般可以用测量计算法或容量法来标定以厘米为单位的容积表。由于上述容积表都是以厘米为单位，所以量油高不在整厘米刻度上时，要用内插法求出毫米高度上的容积。

例5 已知卧罐容器在177cm处为23865L，在178cm处为24088L，问在177.6cm(即1776mm)处的容积是多少L?

查容积表时，认为厘米范围内每毫米高度的容积增加量是线性的，所以可以采用比例插值法求不在厘米高度时油品的容积。

解：高度每增加178-177=1cm时，容积增量为24088-23865=223(L)

那么高度增加177.6-177=0.6cm=6mm时，容积增量为223×0.6=133.8(L)

所以1776mm处的容积为：23865+133.8=23998.8=23999(L)

即

$$V_{177.6} = V_{177} + (V_{178} - V_{177})(177.6 - 177)$$
$$= 23865 + (24088 - 23865) \times 0.6 = 23865 + 133.8 = 23999(\mathrm{L})$$

答：当油高为 1776mm 时的容积为 23999L。

汽车罐车的容积表使用方法同上。

第二节　加油站的油品接卸与验收

不管那一种管理体制的加油站，都存在着油品的接卸与验收问题，即发货方、承运方、收货方的三方责任问题以及三方责任的处理问题。把住加油站接卸与验收这一环节，就等于把住了损耗问题的第一关。

由于计量方式的不同，就会存在不同的验收方法和处理办法。

一、油品交接三方责任

油库为发货方，油罐汽车为承运方，加油站为收货方。

运输损耗的定额按 GB 11085—89《散装液态石油产品的损耗标准》的规定。运输损耗的处理，原则上应按关联各方之间的合同规定。当然，各企业也有自己的相关规定，如 Q/SH 039-019—90《中石化成品油计量管理标准》中规定：发货方承受溢余，收货方承担定额运输损耗，责任方负责超耗。2002 年起又采用了保量运输，即扣除定额损耗后的超耗部分由承运方承担。

《散装液态石油产品的损耗标准》中规定，当运距在 50km 以内时，定额运输损耗为 0.01%，每增加 50km，增加定额为 0.01%，不足 50km 的按 50km 计算，汽油、柴油相同。

企业也会制定一些定额损耗标准，但一般均与上述国标定额相差不多。运输损耗扣除定额运输损耗后的这部分叫超耗，超耗量与交运量之比值的百分数为超耗率。当超耗率大于 0.2%时，责任方应赔付超耗，赔付量为全部的超耗部分，从 1kg(1L)起算。按保量运输的规定，当超耗率大于 0.2%时，收货方应向承运方提出索赔，也可在承运方确认后定期统一向运输公司索赔，索赔量从超耗的 1kg(1L)起算，赔付款应冲抵当月的损耗。

具体操作中，发货方应根据发货单发足油料，不准在发油时掺入各种人为的误差，要完整地填写发货单据中要求填写的各项数据。承运方应确认所收的油料符合发货单上的数量。承运方为了确认数量，可采用测量罐车内油高，甚至用地磅来复核。如数量确实不足，可以向油库提出，要求复核，油库经复核，如确认不足，应予补足。承运方签单后，就要保证将交运数足额送到加油站。

在低库存条件下，由于库存液位较低，油库在发油时可能会产生拉气现象，即在发油时，油罐进出管口上部会形成漏斗形的旋涡，把空气一起吸进管线，而流量计又无法辨认空气，于是很可能会产生发油短少现象。因此油库与承运方均应认真核实发货量，保证交运数的准确。当液位与发油口的距离低于 1.5m 时，应尽量避免用流量计作为交接计量工具。

对于无汽车罐车容积表的运输工具，原则上不应租用。万一租用时，也应签订数量验收方案的合同及索赔规定，以书面形式确认，以免发生不必要的纠纷。

二、油品接卸的注意事项

油品接卸中，除了做好数量验收外，还应了解来油油品质量，按规定做好安全接卸；检查罐车的水平情况；尽量避免收发油在同一罐同时进行；收净余油；并注意量油前的稳油时间。

三、油品接卸操作步骤

（1）油罐车到站后，应指引驾驶员将车停在规定的位置；

（2）做好静电接地；

（3）查验出库单据，确认油料品名、规格、数量；

（4）查验铅封、阀门、车况及有无渗漏等；

（5）停车15min后上车计量，先投入带保温盒的温度计到液位中部，测水高，再测油高，油高测两次，按规定读数，最后提出温度计按规定读取温度。如按重量交接验收的还要进行采样，测量视密度和试油温度，采样部位应在液位的中部，记录上述测量数据；

（6）查容积表，求出油品在计量温度下的体积；

（7）根据体积计量与重量计量的不同要求分别进行验收，求出运输损耗；

（8）计量验收数据经与发油油库和承运方共同对比确认，如无差异或在允许误差范围内的，承运方与收货方双方签名确认。加油站根据进货单据中的交运数量进账；当运输超耗，且超过0.2%时，加油站按超耗量向承运方提出索赔并填写《成品油罐车运输超耗确认表》得到确认，可以卸油。

四、重量交接与验收

如以重量交接的，则应将试样倒入量筒进行密度测量，按规定读取视密度和试验温度，根据视密度$\rho_{t'}$和试验温度t'查产品标准密度表求出ρ_{20}，根据ρ_{20}与罐内油品的计量温度t查产品体积修正系数表得VCF值，将测量高度对应的油品容积代入公式(5-9)

$$m=(\rho_{20}-1.1)VCF\cdot V_t$$

即可求出到站油罐车内油品的重量。交运重量与到货重量的差即为运输损耗，运输损耗扣减定额运输损耗即为超耗量，超耗量与交运量比值的百分数即为超耗率。

当超耗率超过互不找补幅度0.2%时，应进行索赔。索赔量从超耗的1kg起算，赔付款冲抵当月损耗。

如加油站无密度计，一般可采用发货方的标准密度，以收货时对应计量温度t下的VCF值和体积V_t，用公式(5-9)求重量。

五、体积交接及验收

如以体积交接的，则不必采样及测密度，但仍然应该测量油罐车内计量温度。

由于温度变化时，油品的体积会发生变化，所以当油库发油温度下的体积装入汽车罐车时，如在运输途中油温变化，则体积就会发生变化，此时应该用公式(5-1)将加油站收油温度下的体积进行换算，只有在同一温度下，二个体积才可以进行比较，否则就会有较大的误差，造成不必要的损失。

在本章第三节中，我们会谈到验收时，把到站的油品体积换算到销售温度下的体积是一种比较方便、合适的办法。

例6 油库按出库单数量用流量计向油罐车发汽油12000L，发油后量得罐车内油温为30.0℃，与流量计核对无误后铅封放行。加油站验收时油温为34.0℃，计量油高比发油时略有上升，对照容积表查得容积为12008L，应如何处理？（设运输损耗为80km）

解：加油站可近似地用(1)式进行验收，计算因温度变化到34℃后的应收量：

$$V_{t2}=12000\text{L}[1+0.0012(34.0-30.0)]=12058(\text{L})$$

即当温度从30.0℃升高到34.0℃时，12000L油体积应该增大到12058L。

因为已知运输损耗为80km，运输定额损耗率为0.02%，则运输定额损耗量为2升。

现34℃下的验收数为12008L，短少50L，超过运输损耗定额且超过0.2%，应向承运方索赔，索赔量为48L，赔付数冲抵当月损耗。

反之，在收油油温降低时，油品体积会缩小，应收量变小，也可用上式进行计算，不能盲目索赔。

上面是根据加油站收油温度进行验收，即把发油温度下的交运数12000L换算到加油站收油温度下应收体积12058L，与收油温度下的实收体积12008L进行比较。

当然也可以把34℃下实收的数量12008L换算到30℃时的数量，与30℃下的12000L进行比较，计算运输损耗量，两种算法结果应该一致。

第三节　加油站的油品损耗及损耗管理

油品在进销存的作业环节中，由于种种原因而减少的这部分量叫损耗。所以损耗量的计算是作业环节前的量减去作业环节后的量。这个量越大，损耗就越大，这个量越小，损耗就越小，这个量为负时，叫溢余。

油品损耗处理的原则：一切损耗处理必须实事求是，不得弄虚作假，不得把损耗转嫁给用户，出库(站)前的一切损耗均由油库(站)负责。定额损耗必须经过批复后方可核销。

油品损耗管理的办法是：分环节实行定额管理。没有定额就没有规矩，关键是制订合理的定额损耗标准。

一、关于吨升转换的损耗问题

从第一节中的式(5-8)、式(5-9)可以知道：油品重量 $m=G_t\cdot V_t$，G_t 为换算密度，显然，G_t 是随油品的标准密度和发油时的油温 t 的变化而变化的。

当零售价格定为 N 元/kg时，如柴油价格是3.6元/kg，如果这批油品在销售时的换算密度 G_t 为0.8400kg/L，则每升价格应为：

$$NG_t\text{元/L}=3.6\text{元/kg}\times0.8400\text{kg/L}=3.02(\text{元/L})$$

当这批油的换算密度 G_t 为另一个值时，每升的价格又变化了。为了适应交易的需要，便于计算，国家物价部门就给出了各种油品固定的换算密度，为了区别于实际的换算密度，我们将国家给的固定的换算密度定义为“计价密度”，用符号 D 来表示，目前全国各省规定的计价密度各有不同，如某省规定的90号、93号、97号汽油和0号柴油的计价密度分别为0.7400、0.7520、0.7710和0.8533kg/L，则每升的油价就可以卖到 $N\cdot D$ 元，如前面柴油的价格就为：

$$3.6\text{元/kg}\times0.8533\text{kg/L}=3.07(\text{元/L})$$

这样，每一升的价格差就是：

$$NG_t-ND=3.02-3.07=-0.05(\text{元/L})$$

如果在销售温度下一共零售了10000L，则产生价格差：

$$V_t(NG_t-ND)=(3.02-3.07)\times10000=-500(\text{元})$$

负号表示盈余，用这些钱相当于可买进多少 kg 的柴油呢？

因为每 kg 单价为 3.6 元，即 $N=3.6$ 元/kg，所以 $-500/3.6=-139$(kg)

即 $V_t(NG_t-ND)/N=V_t(G_t-D)=10000\times(0.8400-0.8533)=-133(\text{kg})\approx-139(\text{kg})$

两者计算的差别是因为计算单位价格时，每升价格的第三位小数进位产生误差所致，如不进位计算结果是一样的。显然，当 $G_t<D$ 时，就会产生吨升转换的溢余，当 $G_t>D$ 时就会产生吨升转换的亏损。当 $G_t=D$ 时，吨升转换的损耗量为零。

例如某炼油厂的柴油标准密度普遍较大，在 0.8600～0.8700kg/L，如换算密度为 0.8640kg/L，则每销售 10000L 柴油的实际损耗量就为 $10000\times(0.8640-0.8533)=107$(kg)，即以吨进油转换成以升零售时的吨升转换损耗量将达 107kg。

实际操作中，用下式来表示吨升转换损耗量：

$$\text{吨升转换损耗量}=V_t(G_t-D)=V_tG_t-V_tD=m-V_tD \tag{5-13}$$

即吨升转换损耗量为换算密度与计价密度的差与零售量的乘积，也可以看成油品实际重量 m 与计价重量 V_tD 的差。

上述损耗或溢余量既不是油库的，也不是加油站的，与油库和加油站的损耗管理好坏无关。当油品换算密度 G_t 和零售体积不变时，吨升转换损耗或溢余量是一个常量。由于不同油品的标准密度和销售时油温不同，所以 G_t 也存在一些变化，因此吨升转换损耗量也有变化。

从公式中可以看出吨升转换损耗量的大小与零售量大小和换算密度的大小有密切关系。

吨升转换损耗量应由专门独立单位或人员在油品出库时，按单登记，逐月统计，上级可随时按单抽查。这样就不与油库和加油站的实际损耗混在一起，避免了该项损耗在管理上出现漏洞或挪作他用。

对于以吨进升出的油库来说，吨升转换损耗(溢余)就落在油库，这时同样应按单据把这笔数量单独列出来，而不应与油库的本身损耗混在一起。

对于以吨进吨出的油库来说，就不存在这个问题。

对于以吨进升出的加油站，一定要将吨升转换损耗(溢余)这笔数量单独列出来，而不应与加油站的损耗混在一起，否则就会分不清责任。

同样，对于以升进升出的加油站，也不存在这个问题，加油站只产生本身在经营中的各项损耗。

有的公司可能在当地没有油库，直接从炼厂拉油到加油站，则可建一个虚拟油库，该油库为吨进吨出，损耗为零，吨升转换损耗单独登统。通过换算以体积交给加油站，关键是如何换算这个体积。

以什么温度下的油品体积交给加油站最合适，这个问题将在下面处理加油站虚假损耗问题时再作讨论。

通过上述分析，对于拥有油库又拥有加油站的大公司来说，在公司的油品损耗上就可以分成三条线：加油站一条线，以升进升出，损耗单独产生；油库一条线，以吨进吨出，损耗单独产生；吨升转换损耗一条线，由专人登记，三条线的损耗加在一起，即为公司的总损耗。这样在数量管理上就非常清晰，责任分明，不会混乱。

二、油品损耗分类

油品的损耗按其原因可分为蒸发损耗、跑冒滴漏损耗和油品混油、变质损耗。

蒸发损耗不但使油品数量减少，造成安全隐患，而且还会使油品的质量下降，甚至变质造成不合格。加油站在收发油过程中，均会造成蒸发损耗。

跑冒滴漏损耗不会使质量变化，但会使数量损耗，严重时会带来较大的安全隐患，因油罐漏油而发生的火灾事故也时有发生，对于高龄油罐来说尤其应注意，要强调每天计量。当发现损耗异常时要立即检查原因，这是十分重要的，应做到“查原因，不过夜”。

混油、变质虽然数量不会减少，但因油品变质不能使用或降级使用，同样会造成损耗。在加油站管理中要注意运输工具的混油问题。

加油站管理中一般是按业务环节来对损耗进行分类的。不同的油品由于其蒸发性能和环境条件不同，在各个业务环节中损耗是不一样的。加油站业务中一般可以分运输、零售、清罐等几个环节。

由于目前大多数的加油站均已采用升进升出，所以下面讨论中均以体积计量为主。

（一）运输损耗

油库发油后油罐车内容积与到站后油罐车内容积之差为运输损耗。

油品在汽车运输环节中的损耗，一是因为油库未发足油，而承运方又没有及时要求补足；二是因为自然蒸发损耗和其他漏、渗等损耗；三是因为温度变化引起体积变化而未验收计算的问题；四是因为其他各种承运方人为的问题。以上这些都会引起运输损耗，所以在计算运输损耗时，应先用公式(5-1)将运输环节前后的体积计算到同一温度下，然后再来求运输损耗。扣除定额运输损耗后，确认加油站无责任的情况下超耗部分要向承运方索赔。

油库发油量不足是一个长期而普遍存在的问题，其主要原因：一是设备的误差问题，二是人为习惯问题。由于油库对准确发油不够重视，造成客户对流量计的准确度不信任，不得不用油罐车甚至用地磅来校核流量表，这是一种不正常的计量手段，一般来说，油罐车容积表和磅称的准确度低于流量计。

影响油罐车容积表准确度的因素很多，除编表结果本身误差外，使用中的不确定因素也十分复杂，如编表时用水，使用中有时装柴油，有时装汽油，重量不同，使轮胎和钢板的压缩程度不同，即使是装同一车油，如果轮胎充气压力一旦变化，也很容易因汽车油罐的倾斜而造成虚假收油容积。

有些油罐汽车签封只封了下边的出油口与上部计量孔，其实好多油罐车远不止 2 个孔可以进出油。据查，多的居然有 7 个孔可进出油，就算你把所有孔都封死，司机还可以钻孔，平时用螺丝堵住；有的司机利用场地的不平，余油就流到靠车头的一边，检查时也看不清，往往可有 10 多升的余油；个别司机甚至不择手段，采用水置换油等方式偷油，尤其在夜间当加油站疲劳收油时，容易让司机的伎俩得逞。这些都说明运输过程中因承运方的人为原因也很容易造成油品损耗。随着科学技术的应用，电子签封、GPS 定位仪可以在一定程度上抑制偷油，但加油站还要规范计量验收。

（二）零售损耗

根据《中国石油化工总公司成品油计量管理标准》(Q/SH 039-019—90)，零售损耗是指零售商店、加油站在小批量付油过程和保管过程中发生的油品损失，保管损耗是指油品从入库到出库，整个保管过程中发生的损耗，其中包括储存、输转、灌桶、装卸等五项损耗。因此对目前加油站来说，零售损耗包括了卸油时的大呼吸损耗，收油后的跑、冒、滴、漏，少量的自然蒸发、转罐等输转损耗，还有油枪向客户汽车发油灌装过程中的蒸发损耗。所以零售损耗一般可包括卸油损耗、储存损耗和发油损耗。

1. 卸油损耗

油罐车到站后的量车数与进地下贮罐后的容积之差为卸油损耗。

卸油时，尤其是卸汽油时，可以看见大量的油蒸气从油罐的排气管线中冒出来。在一般的蒸气浓度情况下，每收 $1m^3$ 的汽油，排出的油蒸气约 1kg，按照汽油的平均换算密度为 0.74kg/L 计算，收卸汽油的蒸发损耗率约为 0.13%，加上卸油后的挂壁和可能的底油未卸尽，每车很可能有 5~6L 很难卸干净，以每车运 1 万升计，就会增加 0.05%~0.06%的损耗，还有验收时可能存在计量误差等，则卸汽油的实际损耗应大于 0.15%。

所以采用密闭卸油，回收油蒸气，卸尽余油；在卸油时检查车况，注意异常情况。把好验收这一关，对减少卸油损耗，解决入站不准的问题是非常重要的。

2. 储存损耗

一般油品在储存期间会因昼夜温度变化而产生小呼吸损耗，也叫储存损耗。

储存损耗大小和罐内一天内温度变化的幅度有关，与本身温度的高低无关。由于加油站的油罐均埋地 0.5m 以上，昼夜温度变化影响不大，所以基本上不会产生储存损耗，这也是加油站油罐不装呼吸阀的原因。

但是，对于 97 号等高标号汽油来说，由于销售量较小，库存一般不会很多，油罐内油面上的空间较大，所以不可避免地会产生一定量的小呼吸蒸发损耗。尤其在夏天时，由于销售速度慢，使得油品温度往往低于销量大、低标号的汽油温度，体积就会变得更小，从而使得销量小、高标号的汽油储存损耗远大于低标号、销量大的汽油。

3. 发油损耗

用油枪向客户汽车油箱内发油的灌装损耗属于发油损耗。

加油站管理人员往往误认为这部分损耗已由客户承担，反正加油机上已经走数了。殊不知这部分的损耗一直是由加油站承担的，因为政府有关部门在检查加油机、向标准罐灌油时，已有大量蒸气挥发出来，形成灌装损耗，使在标准罐内的油品减少。蒸发量的大小除与油品特性、环境有关外，还和注入方式有关。按这种标准罐内减少后的油品数量作为标准值来调正的流量计，其中就形成了这部分检机灌装油品时产生的损耗。

以汽油为例，根据注入管子离底部高低情况和温度、速度不同，可以计算灌装损耗约为 0.13%~0.15%左右。

除了发油时不可避免的蒸发损耗外，还会因加油机的误差而产生发油损耗。因加油机误差而产生的损耗大致可从以下几点来分析：

① 使用时间增加和油品中的水杂会使计量器缸腔磨损增加，引起活塞四周的泄漏量增加，使加油机负损耗增加，从而加油站损耗加大。

② 泄漏量大小与油品粘度有关，汽油粘度小，所以在相同情况下泄漏量较大，损耗增大。因此应考虑加油机在线检定。

③ 底阀不严，吸入管线回流或低液位拉气都会造成管线内产生气体，会以气代油，使发油量减少，造成加油机正误差增加，从而使加油站溢余增大。

④ 流量变化引起误差变化。当小流量发油时，因单位时间内泄漏量不变，同一数量油品的发油时间增加，所以引起负误差增加，当流量越小时，损耗将会成倍增加。日常生活中可以看到，当自来水龙头拧得很小时，发现水表不会转动，此时产生 100%的负误差。一般市区加油站由于摩托车、小车多，加油流量小，损耗就会大些。

⑤ 因电磁阀损坏、电脑累计系统故障、计数部件损坏等计数装置问题而引起的特发性

油品损耗。

⑥ 检定时温差大而未修正、检定初始油流中有气体等问题造成检定失准而导致误差调正错误，从而造成加油机损耗过大。

因此，要定期正确检定，及时维修，经常清洗，使加油机在正常误差范围内工作，以避免损耗加大和不准确发油。

当然，其他因操作不当而引起的跑油、冒油、加错油等都会使发油损耗增加。

（三）清罐损耗

清罐发生的损耗一般不包括在零售损耗内，单列处理。

随着对油品质量要求的提高，清罐周期相应缩短，一般用底部采样器可以决定底部水杂的多少，决定是否要提前清罐。清罐次数增加，清罐损耗就会增加。由于清罐损耗的弹性较大，所以各加油站在清罐时应事先上报处理方案，核定清罐损耗。加油站清罐损耗的定额国标没有明确规定，企业可按罐容大小，用每标称立方米 0.4~0.8kg 进行内部控制。

以汽油为例，扣除清罐损耗，在正常情况下，不考虑其他因素和计量误差，各环节发生的总损耗应在 0.30%左右，如有超耗，就应检查原因。

加油站损耗中还会存在因个别工作人员素质问题而产生的人为损耗，这种情况将在关于加油站督查的内容中专门讨论。

三、油品定额损耗和处理方法

1. 损耗定额与计算

按照《散装液态石油产品损耗》标准，加油站各环节定额指标如表 5-1。

表 5-1 加油站各环节损耗定额（GB 11085—89 散装液态石油产品损耗）

零售损耗率		运输损耗率	
汽油	柴油	50km 以下	50km 以上
0.29	0.08	0.01	每增加 50km 增加 0.01，不足 50km 按 50km 计算

为了计算方便、容易管理，一般规定加油站某种油品综合损耗按下式计算：

$$综合损耗量=期初库存+本期交运总量-本期销售总量-期末库存 \tag{5-14}$$

$$综合损耗率=\frac{综合损耗量}{本期销售量}\times 100\% \tag{5-15}$$

综合损耗包括了除清罐损耗单列以外的加油站全部损耗，有运输损耗、卸油损耗和零售损耗，还有可能因计量误差和种种原因引起的虚假损耗。当上述损耗为负时，称溢余。注意交运总量应为全部出库单据上交运数的总量，销售量应为走字数总量扣去检机回油量。

按表 5-1 计算，如 A 类地区省份，在运距 50km 以上的加油站总的定额损耗中，汽油为 0.30%，柴油为 0.09%。

企业都会制订各自的加油站综合损耗定额，这些定额一般都小于国家标准，但也不应太小，例如汽油不应小于 0.3%，否则就不切合实际，这样会逼着加油站去动别的脑筋，因为油站毕竟不是油田，不会自己冒出油来！

当加油站的损耗在定额损耗以内时，应按实核销。加油站损耗一般实行同品种油品损、溢互抵，按月计算，损溢允许跨月，年终清算。核销时，加油站应填写《油品损耗（溢余）报告单》，经站长签字，上报上级各相关管理部门审核确认。实行承包制的加油站，当超耗时，其超耗部分由承包人赔付。如在年终前终止承包合同的，在终止日进行盘点清算。

有些公司规定的汽柴油汽车运输 50km 以内为零损耗，50km 以上运输定额为 0.01%，100km 以上为 0.02%，这笔运输定额损耗已包括在综合损耗定额以内。提出这个运输损耗定额是作为加油站与承运方交接验收的依据。油罐车进站后的计量数据应经双方确认后，共同在出库单据上签字。油品运输损耗在定额以内，由加油站承担，超过定额，并当超耗率大于 0.2%时，则由承运方负担全部超耗，赔付量应从 1kg(1L)起算，赔付款冲抵当月损耗。

2. 库存盘点与账表

加油站应对每班次发油情况实行有效的计量监控。建立每班计量交接班制度，进行油罐发出量与加油机走字数的核对。计算每班作业的盈亏情况，填好加油站油品分罐保管账表，发现某班损耗异常，屡亏屡盈，超额较大的，应及时分析处理。

月度盘点在站长和计量员测量计算基础上，由公司计量部门会同零管和财务部门进行抽查核实；年度盘点在站长和计量员测量计算基础上，由公司计量部门会同零管、财务部门逐一核实，并按规定填报《年终盘点复核记录》。

反映实时盘点情况的《加油站分罐保管账》是一份十分重要的账册，对加油站计量检查工作有着十分重要的意义。从该账中可以看出以下几方面的问题：

(1) 从每日损耗大小看。应检查引起较大损耗的原因。如运输超耗是否索赔，驾驶员偷盗，检枪油不回罐，有否进油及进油时的温度变化，不同液位时油罐倾斜所引起的误差，日温度变化幅度的大小，漏油和人为损耗等。

(2) 从损耗的周期变化看。如有规律的盈余，使每天累计盈余有规律地增加，到一定量后又突然变成损耗，如此周而复始的变化，而月未并不反映超耗，这就可能存在人为盗取油品的因素。

(3) 不定期盘点检查与《加油站分罐保管账》核对。计量检查人员下加油站时，一定要校验加油机，了解加油机的真实误差，并进行现场实物盘点，与《加油站分罐保管账》进行对比，可以发现是否存在瞒报损耗或瞒报溢余的问题，据此判断问题的性质。

盘点中，有以下情况之一者，可以认为加油站的损耗有问题，应该进行仔细检查：

① 加油站的综合损耗是本公司规定的定额损耗 2 倍时。如该公司规定某种油品的定额损耗为 0.4%，则当期损耗达到 0.8%时，应判断有问题。

② 如不清楚定额，或对该定额另有看法时，可按“不考虑其他因素和计量误差所发生的最少综合损耗”计，即汽油为 0.3%，柴油为 0.1%，则当期汽油的综合损耗达到该数量的 2 倍时，即汽油为 0.6%，柴油为 0.2%时，应判断有问题。

③ 可以按同地区、同规模、同品种油料、同时段内的各加油站平均损耗率为判断依据，当该加油站当月损耗是这个平均损耗率 2 倍时，如“四同”条件下的加油站平均损耗为 0.1%，则当该加油站的损耗为 0.2%或 0.2%以上时，均应判断有问题。

例 7 某加油站 0 号柴油期初库存 12560L，全月交运数总量为 283000L，共有运输超耗 280L，其中 190L 已经索赔成功，尚有 90L 无法索赔。全月累计 0 号柴油机出走字数为 288650L，校泵数为 205L 已回罐，月未盘点时实物库存为 6685L，问该月 0 号柴油的损耗量(冲抵后的损耗量)和损耗率，应如何处理？

解：由于 190L 已索赔成功，可以冲抵损耗，其余超耗因无法索赔只能计入损耗，所以

$$本月损耗量=12560+283000-(288650-205)-6685-190=240(L)$$

$$损耗率=240/(288650-205)=240/28845=0.083\%$$

实际损耗率小于定额损耗率，可以报上级批准后按实核销，核销量为240L。

不同企业会有不同的盘点报表格式，但是大同小异。以下例8为某公司的盘点报表格式、填制方法以及计算步骤，供参考。

例8　对某加油站的90号汽油和0号柴油进行月度盘点，得到各有关数据如表5-2，注意：表5-2中所列体积数量单位均为L，高度单位为mm，调进量即为交运量。

已知0号柴油罐在177cm处容积为24568L，在178cm处的容积为24782L，在1cm处的容积为64L，在2cm处容积为154L。90号汽油罐在90cm处容积为11460L，在91cm处的容积为11645L，在2cm处为162L，在3cm处为248L。

试根据表中数据，填写月度盘点计算表并在表格下方列出主要公式和计算步骤。

表5-2　加油站月末盘点表

品名	期初库存	调进量	发出量	期末库存	实测库存	损耗	损耗率
90号	10374	351000	348475	12899	11340	1407	0.40%
97号							
0号	13750	492000	481189	24561	24614	-217	-0.05%
合计							
审批意见			情况说明	来油短少量：90号：152L 0号：164L 均已索赔成功			

原始数据表

90号汽油				97号汽油				0号柴油			
油枪	月初数	月末数	走字数	油枪	月初数	月末数	走字数	油枪	月初数	月末数	走字数
1	73235	320920	247685	1				1	144667	351271	206604
2	83928	184877	100949	2				2	31448	59336	27888
3				3				3	688457	935154	246697
小计	157163	505797	348634	小计				小计	864572	1345761	481189
减：校、修泵和抽空数量			159	减：校、修泵和抽空数量				减：校、修泵和抽空数量			0
合计		348475		合计				合计		481189	

罐号	1	2	3	4	5	6	7	8	
液高	906						1776		
水高	28						12		
数量	11340						24614		

站长：　　　　　　统计：　　　　　　仓管：

解：

（1）首先查上月盘点表中的油枪月末数作为本月月初数。同时在规定盘点时点记录各油枪示值作为本月月末数。如90号汽油，上月盘点表中的1号油枪月末数是73235L，则在本月1号油枪月初数一栏填73235L；在盘点时点记录1号油枪示值320920L作为本月月末数。

（2）计算本月油枪走字数=本月月末数-本月月初数。如90号汽油中，1号枪走字数=1号枪本月月末数-1号枪本月月初数=320920-73235=247685(L)

（3）根据校、修泵和抽空数量计录，填写校、修泵和抽空数量。如 90 号汽油中，根据校、修泵和抽空数量计录，本月曾检定油枪后油品回罐 159L，则在校、修泵和抽空数量栏填 159L。

（4）表 5-2 中的期初库存也就是上月盘点时的月未实物库存。在 90 号汽油中，由于上月盘点表中的 90 号期末实物库存为 10374L，则在本月 90 号汽油的期初库存为 10374L。

（5）油品的调进量=各出库单据上的交运数之和。查得各出库单据上的交运数之和为 351000L，则油品的调进量为 351000L。

（6）表 5-2 中的油品发出量指的是实际销售量，油品的发出量=该油品的合计走字数-校、修泵和抽空数量计录。如 90 号汽油的发出量=348634-159=348475(L)。

（7）表 5-2 中的期末库存也就是通常所说的账表期末库存，则账表期末库存=账表期初库存+调进量-发出量。90 号汽油的账表期末库存=10374+351000-348475=12899(L)

（8）计量员测得各油罐的油高、水高，并根据各油罐容积表，分别用内插法计算其油水。体积和水的体积，油品体积=油水总体积-水的体积。在“数量”栏上填写对应油罐的油品体积。90 号汽油中

$$油水总体积=11460+(11645-11460)/(910-900)\times(906-900)=11571(L)$$

$$水体积=162+(248-162)/(30-20)\times(28-20)=230.8(L)$$

$$油品体积=11571-230.8=11340.2(L)$$

在“数量”栏上填写对应的 7 号油罐的油品体积是 11340L(填升均保留整数)。

0 号柴油中

$$油水体积=24568+(24782-24568)/(1780-1770)\times(1776-1770)=24696.4(L)$$

$$水体积=64+(154-64)/(20-10)\times(12-10)=82(L)$$

$$油品体积=24696.4-82=24614.4(L)$$

在“数量”栏上填写对应 1 号油罐的油品体积是 24614L。

（9）各油品实测库存=同类油品各油罐的油品体积之和。以 90 号汽油为例，90 号汽油的实测库存=装汽油的 1、2、3 号罐中汽油体积之和=11340+0+0=11340L。

（10）冲抵后损耗=账面期末库存-实测库存。90 号汽油损耗=该油品账面期末库存-该油品实测库存=12899-11340-152=1407(L)

当无索赔量时，就不必冲抵，该项为零。

（11）$损耗率=\dfrac{冲抵后损耗量}{销售量}\times100\%$

$$90号汽油的损耗率=\frac{冲抵后损耗量}{销售量}\times100\%=\frac{1407}{348475}\times100\%=0.404\%$$

（12）站长、统计、计量员(仓管员)签名确认后上报。

例 9 计量检查人员于元月 8 日去某加油站检查，查看有关数据如下：1~8 日油库共发 90 号汽油 50000L，油库发油时平均油温为 15℃，1~8 日加油站共销售 90 号汽油 50000L，加油站平均销售油温为 18℃。查得加油机的误差为 0.25%，如无运输损耗，也无跑冒滴漏，不考虑计量误差和容积表不准等问题，则此时的损耗从理论上计算应为________。当损耗大于________时，应判断有问题存在。(精确到 10L)

A. -300L　　B. -150L　　C. 0L　　D. 150L　　E. 300L

解：填空一答案为 B，填空二答案为 C。

分析

(1) 由于加油站平均销售温度大于油库发油温度，加油站实际销售体积可近似按下式计算：

$$V_{销1}=50000\times[1+0.0012\times(18-15)]=50180(L)$$

即可盈余180L。

因加油机误差为0.25%，实际销售体积为

$$V_{销2}=50000\times(1-0.25\%)=49875(L)，即少发125L。$$

上述两笔盈余共计305L，精确到10L，盈余为300L。

剔除其他因素，加油站汽油不可避免要蒸发损耗0.3%，即损耗量为50000×0.3%=150(L)。

溢、耗相加，损耗为-150L，精确到10L，所以填空一答案为B。

(2) 按0.3%的二倍计，即当综合损耗为0.6%，损耗量为300L时，应判断有问题。溢、损相加，损耗为0L时，应判断有问题。因此填空二答案为C。

四、油品的虚假损耗及处理

从加油站综合损耗计算公式可知，当上述某项参数不真实时，就会产生虚假损耗或溢余，分析虚假损耗问题，对整个加油站的损耗分析有十分重要的意义。

排除人为操作、计量错误等主观因素，引起虚假损耗的原因主要有温度和体积不真实等。

(一) 温度变化引起的虚假损耗

1. 产生原因分析

当加油站计量采用目前的升进升出时，如果油库发油油温高，加油站销售油温低，就会引起油品体积在销售时缩小，产生虚假亏损，用公式(5-1)可以计算缩小量。

例10 油库发汽油10000L，发油时油温为32.0℃，加油站销售时油温为28.0℃，不计其他损耗则销售体积为：

$$V_2=10000[1+0.0012(28.0-32.0)]=9952(L)$$

可见，虚假亏损48L，亏损率为0.48%。如果该加油站月末盘点时汽油的总损耗率为0.68%，扣除虚假亏损，则实际损耗率为0.2%，应属于管理比较好的加油站。但从上述结果来看，就严重超定额。这就是目前按升进升出计量中因发油温度与加油站实际销售温度不同而引起的虚假损耗，这笔损耗不应由加油站来承担，否则加油站就会因虚假损耗过大，无法落实相应的管理措施和考核责任。

如何剔除上述虚假损耗，目前尚无统一的方法，下面是国内某些公司已经采用的和即将采用的剔除上述虚假损耗的方法，供参考。

2. 温度变化而引起虚假损耗的处理

加油站改成升进升出后，月末盘点时损耗的计算公式为

$$月损耗量=V_{月初}+V_{进货}-V_{销售}-V_{月末}$$

式中，月初与月末的平均罐内油品温度近似等于全月的销售温度，所以月初、销售与月末的油品体积可理解为在同一温度下，即平均销售温度下的体积，唯有进货体积的油温与平均销售温度不同。只要进货体积的温度也与平均销售温度相同，那么上述月损耗计算就是真实的了。但事实上进货体积的温度与平均销售温度一般并不相同，有的油库发货油温会高于加油站平均销售温度10~20℃，尤其是从炼厂直接出库到加油站的情况。于是应先考虑如何确定

平均销售温度。

平均销售温度可以按省为单位，也可以按市(地区)为单位，在所辖的加油站中，取一定数量的有代表性的加油站，测量这些加油站每天的平均销售温度(地罐内油温)，以这些温度数据为样本，统计出该省或市(地区)的平均销售温度。按月向各所属加油站和油库公布上述加油站的平均销售温度，这样各油库和加油站就可以按上述公布的平均销售温度进行发油和验收。我们把上面所讲的加油站平均销售温度简称为公布温度。

"公布温度"的产生对剔除加油站因温度变化引起的虚假损耗有着重要的作用。具体剔除处理时，应结合加油站出库单上发货量的单位，有的以重量计，有的以体积计，所以处理方法也不同。

当以重量计时，在出库单上应填写两个体积数。

一个为油库实际发油温度下的体积数，用下式计算：

$$V_t = \frac{m}{(\rho_{20} - 0.0011)VCF_t} = \frac{m}{G_t} \tag{5-16}$$

式中 m——发油重量，kg；

ρ_{20}——该油的标准密度，kg/L；

VCF_t——发油油品的计量温度下的体积修正系数；

G_t——计量温度下的换算密度，即 $G_t=(\rho_{20}-0.0011)VCF_t$；

V_t——提供给发油工的，告诉其应发多少体积。

另一个为公布温度下的体积数，用下式计算

$$V_{公} = \frac{m}{(\rho_{20} - 0.0011)VCF_{公}} = \frac{m}{G_{公}} \tag{5-17}$$

式中，$V_{公}$、$VCF_{公}$、$G_{公}$ 分别代表公布温度下的体积、体积修正系数和换算密度。

$V_{公}$ 是提供给发货记账用的，作为加油站的交运体积数，对加油站来说可用以收货记账和验收，加油站是按这个公布温度下的体积进行验收的。对于上级公司来说，该数就是交运数。

对于直接从炼厂进货向加油站发货的运作模式来说，就可以采用上面这种方式，即公司建立一个虚拟油库，收炼厂 $m$kg 油，又同时发出 $m$kg 油，一进一出虚拟油库损耗为零。送加油站的体积为 $V_{公}=m/G_{公}$，这样对加油站来说消除了因发油温度和销售温度不同而引起的虚假损耗。

当出库单据上的发货量以体积计时，油库应理解这个体积就是公布温度下的体积数，由于油库本身的需要，应计算这单油的重量，即公式(5-9)

$$m = (\rho_{20} - 0.0011)\ VCF_{公} \times V_{公}$$

式中，$V_{公}$ 就是出库单上的发货体积，对于公司来说就是交运数，对于加油站就是收货量及验收体积。

油库实际计量油温 t℃下的发油体积可用公式(5-16)来求：

$$V_t = \frac{m}{(\rho_{20} - 0.0011)VCF_t}$$

为了避免查表等繁杂的计算，近似的也可用下式来求油库应发的体积：

$$V_t = V_{公}[1 + f(t - t_{公})] \tag{5-18}$$

式中，f 为油品体积温度系数，近似地取柴油为 0.0008/℃，汽油为 0.0012/℃，$t_{公}$ 为公布温度，t 为计量温度。

不管体积如何变化，作为油库来说，发出的重量是不变的。油库不会因多发了体积而增加损耗，这是因为多发体积时，换算密度变小，重量还是不变。当然，也不会因为加油站损耗的减少而降低整个公司的损耗，因为这时吨升转换的损耗会同步增加。对整个公司来说，其所属的油库损耗不变，加油站损耗减少，吨升转换损耗同步增加，那么整个公司的总损耗不变。但由于此方法剔除了油库发油温度与加油站销售温度变化而引起的虚假损耗，加油站损耗真实化了，这有利于加油站的数量管理清晰，考核责任落实到位，加油站队伍也能稳定。这是一项多赢的措施。

式(5-18)可理解为：当发油油库实际油温高于加油站的平均销售温度(公布温度)时，油库应对加油站进行温度补偿，当油库的发油温度与加油站的销售温度差($t-t_{公}$)越大时，补偿的量就越大。一般南方的加油站或直接从炼厂进货的加油站发油油温较高的情况就比较普遍，一年内所占的月份也较长，二者的温差也较大。而冬季时，埋地油罐内的油温可能会高于地面罐的油温，此时就会产生销售油温高于进货油温的现象，加油站就会因此得到虚假溢余。图5-4为某省油罐内油品月平均温度年走势图。显然全年因发油油温和销售油温的变化而引起的虚假损耗不可以抵消。由于各地温差不同，加油站销售量不同，都会使具体处理时产生不同的效果。因此，对于上述温度变化而引起虚假损耗的处理应结合各自的具体情况，坚持实事求是的原则来决定相应的处理办法，解决是否需要补偿或如何补偿的问题。

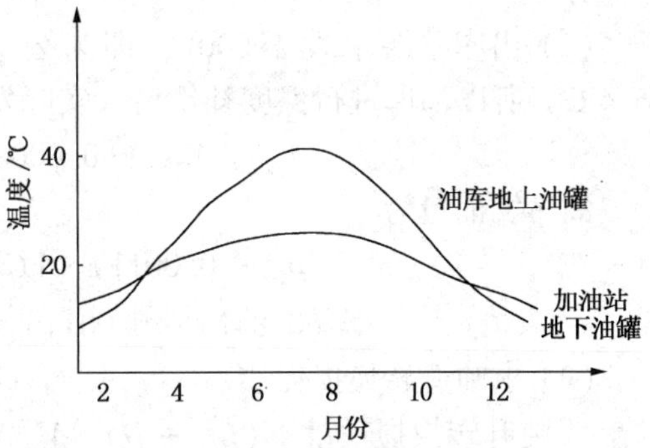

图5-4 某省油罐内油品月平均温度年走势图

由于公布的平均销售温度的取法比较复杂，所以对有些加油站就会产生温度补偿过度或补偿不足的问题。

按加油站的销售温度实行温度补偿只是尽量剔除因油库发油温度与加油站销售温度不同而引起的虚假损耗，使加油站的损耗更加真实，以便于管理措施的落实，但这也只能说是相对的合理。

3. 按公布温度进行验收的方法

加油站验收应测量油温，然后在同一温度状态下来计算运输损耗。从验收计算来说，可以按发货温度验收，也可以按收货温度验收，但前面所讨论的公司给加油站的交运数就是加油站公布温度下的体积数，加油站按这个交运数作为收货总量进行登统，这样验收时，把验收温度下的体积换算到平均销售温度下的体积，对于登统来讲就比较方便。

设到站的油温为 $t_{收}$，公布的平均销售油温为 $t_{公}$，到站油温下的收油体积为 $V_{收}$，则公布温度下的验收体积 $V_{验收}$，可用下式计算

$$V_{验收} = V_{收}[1 + f(t_{公} - t_{收})] \qquad (5-19)$$

运输损耗用下式计算：

$$运输损耗 = V_{交运} - V_{验收} \qquad (5-20)$$

当运输损耗超过定额运输损耗，且超耗率大于0.2%时，加油站应向承运方索赔，赔付款冲抵当月的损耗。

例 11 某油库 3 号柴油罐有一批标准密度为 0.8415kg/L 的 0 号柴油。发油时罐内计量温度为 36.4℃。查表得该油品在 36.4℃时的 *VCF* 值为 0.98196。现收到发往某公司大桥加油站出库单据一张，要求交运量为 29000L。该公司当月公布温度为 26℃，运距不足 50km。大桥加油站收油时罐车内计量温度为 34.8℃，量得对应高度下的容积为 29056L。驾驶员已确认发油量，而加油站在计量中无责任。

试分析(1) 油库应如何发油？发多少？如何登统？

(2) 应如何登统吨升转换损耗？

(3) 加油站应如何处理？如何登统？

分析

(1) 出库单要求发 29000L，即为公布温度 26℃下的体积，现油库实际计量油温为 36.4℃，所以油库进行温度补偿后，实际发油体积为

$$V_{36.4}=V_{26}[1+0.0008\times(36.4-26)]=29241(\mathrm{L})$$

油库发油量为

$$m=(\rho_{20}-0.0011)\cdot VCF_{36.4}\cdot V_{36.4}$$
$$=(0.8415-0.0011)\times 0.98196\times 29241=24131(\mathrm{kg})$$

(2) 求吨升转换损耗量

$$\text{吨升转换损耗量}=(G_{26}-D)\cdot V_{26}=G_{26}\cdot V_{26}-D\cdot V_{26}=G_{36.4}\cdot V_{36.4}-D\cdot V_{26}$$
$$=m-D\cdot V_{26}=24131-0.8533\times 29000=-615(\mathrm{kg})$$

(3) 加油站按公布温度验收。计算如下

$$V_{\text{验收}}=V_{\text{收}}[1+f(t_{\text{公}}-t_{\text{收}})]=29056[1+0.0008(26-34.8)]=28851.5(\mathrm{L})$$

运输损耗 = 29000−28852 = 148(L)

定额运输损耗 = 29000×0.01% ≈ 3(L)

超耗量 = 148−3 = 145(L)

超耗率 = 145/29000×100% = 0.5%>0.2%

应该索赔，索赔量为 145L。

分析处理结果如下：

(1) 油库在计量温度 36.4℃下，应实发柴油 29241L，交运数为 29000L，按发油重量 24131kg 登统。

(2) 记发大桥加油站收油 29000L；记某公司吨升转换损耗量−615kg。

(3) 加油站按交运数 29000L、验收数 28852L、损耗数 148L 作登统，超耗量 145L 向承运方进行索赔，索赔数冲抵当月损耗。

(二) 因储罐容积表不准造成盘点时虚假损耗

卧罐容积表不准，或卧罐埋地以后产生倾斜、变形，都会引起库存数据不准。尤其当倾斜时会产生非常大的计量误差，这样也会产生虚假盈亏。以 $50\mathrm{m}^3$ 卧罐为例，如储油液位为直径的 40%~60%，当产生 0.6%左右的倾斜时，经计算误差可达 400~500L。

如果期初库存测量的油高刚好和期末测量时的油高相同，则所反映的损耗是真实的，如液高不在同一位置，则损耗反映就会不真实，从而产生虚假损耗。计算如下：

设测量上期库存时的液高为 h_1，该处有误差 Δ_1，期末 h_2，误差 Δ_2，则

$$\text{本期损耗}=(\text{期初库存}-\Delta_1)+\text{本期交运}-\text{本期销售}-(\text{期末库存}-\Delta_2)$$
$$=\text{本期损耗}-(\Delta_1-\Delta_2)$$

当二者在同一位置时显然 $\Delta_1 = \Delta_2$，误差为零，损耗为真实的，但这种机会很少，所以就有虚假损耗。

另外，不测量罐底存水，或虽测量，但因长期未清罐导致油水界面模糊，引起计量不准，也会造成盘点时的库存量不准，从而产生虚假盈亏。

卧罐容积表不准，严重时，应重新复检，重新编表。如因倾斜产生误差，当倾斜度 $tg\alpha<0.01$ 时，可对测量液高进行修正，以油罐中间的高度代表整个罐的平均高度，如图 5-5。

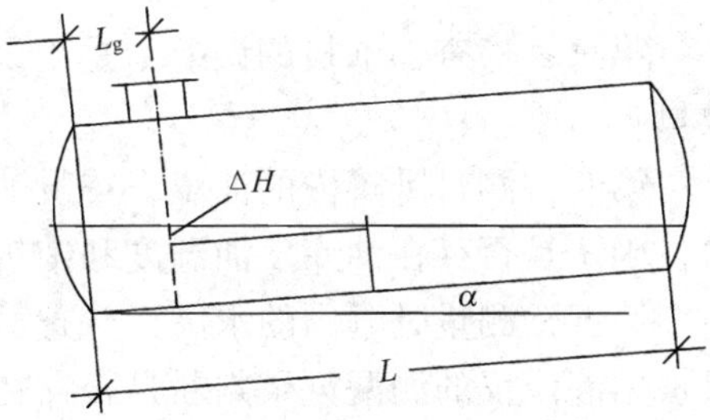

图 5-5　油罐倾斜图

计算公式如下

$$\Delta H = (L/2 - L_g) \cdot tg\alpha \qquad (5-21)$$

式中　ΔH——测量时液高的修正值，当油罐向计量口一端倾斜时，ΔH 为负数，当油罐向计量口另一端倾斜时，ΔH 为正数；

L——卧罐筒体的总长，mm；

L_g——从计量口到近筒体一端焊缝处的长度，mm；

$tg\alpha$——油罐倾斜度，若超过 0.01，则不能用上式计算。

一般埋地油罐的倾斜度要等清罐后进入罐内才能测量，所以测量比较困难，修正倾斜就更困难。

装有自动液位仪油罐的液位仪探棒应与手工检尺孔一样通过油罐圆截面的圆心，同时安装探棒时应确定探棒与计量孔零点的准确距离，再套用原容积表，否则也会引起所显示的容积不准，当然，如果容积表本身不准的话，液位仪的显示值肯定也不准。

加油站的容积表不准问题比较普遍，按实测高度编制容积表是一种最好的方法，它可以解决倾斜、变形、容积表不准，甚至两罐相连的问题。

按实测高度编制容积表一般有标准容量法以及高精度流量计配合液位仪的方法。因为这两种方法都是采用注入法，会引起停产而影响销售，并需要有一定的技术力量和设备。所以采用经误差修正后的加油机作为流量计，同时测量罐内液高，以决定对应销售量下的液位下降量，取一定的下降高度作为测量间隔，使下降高度与销量一一对应，编制油罐容积表计算软件，可以很方便地标定油罐容积表，这在企业内部交接和盘点中使用是完全可以的。如某公司通过上述方法自编软件，在一年内对辖区 2 千多座加油站中的 7 千多个卧罐进行重新标定与复核，取得了良好的效果。

五、油品损耗检查流程

凡是损耗异常，一定是有原因的。一般加油站的损耗有两种情况，一是人为的隐瞒损耗或溢余，通过现场盘点检查时查出。可以直接询问加油站有关人员，从而打开查出损耗的原因；另一种是在账表中出现较大的损耗，检查中可以看到这个损耗，现场盘点也可以核实这个损耗，当期损耗复原后与油站账表中的损耗进行比较，当差异率在 5%以内时，认为加油站盘点准确，否则加油站存在盘点数据的隐瞒。

如该损耗超过规定，认为有问题时(根据本节中三 2 中的判断方法)，检查可按以下步骤进行：

第一，查看加油站油品分罐账中的每天损耗大小的规律及累计损耗，与进油情况和销售情况的关系；

第二，查看油库发货的配送单据，查看运输损耗是否异常。如有超耗，是否索赔及赔付款的去向；

第三，检查加油机的误差，是正误差还是负误差，确认加油站是否多发油或少发油及其数量；

第四，测量卧罐内的油温，查看油罐车到站时计量油温，并与油库发油温度进行比较分析，确认是否存在油库发油温度和销售温度不同而引起的虚假损耗以及虚假损耗的数量；

第五，测量卧罐内的水高，并查看加油站油品分罐账中的水高变化。有油罐液位仪的，可根据液位仪的测漏记录判断是否存在漏油现象；没有液位仪的，可根据损耗异常、水位变化及油罐的使用年限，考虑油罐漏油的可能性；

第六，查看量油尺、量水尺、标准罐等计量器具的准确性；

第七，分析卧式油罐容积表的准确性，确认是否存在因容积表不准而引起的虚假损耗及其数量。

第八，如果排除以上客观原因，则可判断为人为原因所致，要根据数量大小追究人为责任。

第四节　加油机的标准罐法在线检定

本节介绍《加油站计量监督管理办法》在加油站经营和计量检定测试工作中的规定，并介绍法定计量部门强制检定加油机时的规范做法。虽然加油站在自校时的测量次数、标准容器的量值修正等作了简化，但在加油站计量管理与操作中有必要了解这些内容。

一、加油站经营和计量检定测试工作的规定

（一）加油站经营的规定

（1）遵守计量法律、法规和规章，制订加油站计量管理及保护消费者权益的制度，对使用的计量器具进行维护和管理，接受质量技术监督部门的计量监督。

（2）配备专（兼）职计量人员，负责加油站的计量管理工作。加油站的计量人员应当接受省级质量技术监督部门组织的计量业务知识培训，持证上岗。

（3）使用属于强制检定的计量器具应当登记造册，向当地质量技术监督部门备案，并配合质量技术监督部门及其指定的法定计量检定机构做好强制检定工作。

（4）使用的燃油加油机等计量器具应当具有制造计量器具许可证标志、编号和出厂产品合格证书或者进口计量器具检定证书；燃油加油机安装后报经当地质量技术监督部门授权的法定计量检定机构检定合格，方可投入使用。

（5）需要维修燃油加油机，应当向具有合法维修资格的单位报修，维修后的燃油加油机应当报经执行强制检定的法定计量检定机构检定合格后，方可重新投入使用。

（6）不得使用非法定计量单位，不得使用国务院规定废除的非法定计量单位的计量器具以及国家明令淘汰或者禁止使用的计量器具用于成品油贸易交接。

（7）不得使用未经检定、超过检定周期或者经检定不合格的计量器具；不得破坏计量器具及其铅（签）封，不得擅自改动、拆装燃油加油机，不得使用未经批准而改动的燃油加油机，不得弄虚作假。

（8）进行成品油零售时，应当使用燃油加油机等计量器具，并明示计量单位、计量过程

和计量器具显示的量值，不得估量计费。成品油零售量的结算值应当与实际值相符，其偏差不得超过国家规定的允许误差；国家对计量偏差没有规定的，其偏差不得超过所使用计量器具的允许误差。

(9) 申请计量器具检定，应当按物价部门核准的项目和收费标准缴纳费用。

(二) 计量检定测试工作的规定

(1) 按照国家计量检定规程进行检定，在规定期限内完成检定，出具检定证书，并在燃油加油机上加贴检定合格标志。在实施检定时发现铅封破损应当立即报告当地质量技术监督部门。

(2) 不得使用未经考核合格或者超过有效期的计量标准开展检定工作。

(3) 不得指派未取得计量检定员证的人员从事计量检定工作。

(4) 不得随意调整检定周期，不得无故拖延检定时间，不得超标准收费。

二、加油机计量检定管理

计量检定管理是保证在正常条件下使用的加油机符合 JJG 443—98 规程要求。

1. 首次检定

加油机首次检定在最大流量(Q_{max})、最小流量($0.1Q_{max}$)和中间流量($0.4Q_{max}$)下分别检定三次，各次检定的示值基本误差不得超过规程要求。加油机的首次检定，由国家质量技术监督机构向授权的有关法定计量检定机构进行。

2. 随后检定

加油机的随后检定，应在最大流量(Q_{max})和最小流量($0.2Q_{max}$)下分别检定三次，各次检定的示值基本误差不得超过本规程的要求。首次检定后使用中的加油机都应按要求进行随后检定。

3. 检定结果处理

对于检定合格的加油机，发给检定证书，并给予准用标记；对于检定不合格的加油机，发给检定结果通知书，并注明不准使用的字样。

检定合格的加油机，必须在能改变计量准确度的部位上加以铅封。

4. 检定周期

检定周期视加油机使用情况而定，一般不超过半年。

5. 使用中的检查

在检定周期内的加油机示值需进行使用中检查。加油站应配备在检定周期有效期内的自校标准器(不小于 20L)进行自校，发现量值超出最人允许误差限值时，即请当地定点计量检定部门及时检定。

新投产和维修后的加油机在投产前应及时在当地法定计量部门申请检定，未经检定不得擅自使用。

三、检定的一般要求

1. 环境要求

(1) 环境温度。检定时环境温度应在-20～+40℃范围内，检定过程中环境温度的变化应不超过 3℃。

(2) 相对湿度。对机械加油机，相对湿度应在 30%～80%之间；对电脑加油机，应在

45%~75%下进行。

(3) 大气压。84~106kPa。

2. 供电电源

电源标准电压220(1%±10%)V;

电源标准频率(50±1)Hz。

3. 检定介质

检定介质应与加油机实际使用的介质一致或粘度相当。若加油机用于不同性质的介质,则应对每种介质进行检定。检定时,不允许用水作检定介质,介质的最高温度不应高于30℃,最低温度时介质(如轻柴油)不应有凝固现象。检定时加油机的介质温度与标准装置中介质温度之差应不超过4℃,否则不能进行检定。

4. 标准设备

标准设备为标准金属容积罐,或能满足被测器具计量学特性要求的其他计量标准器。

标准容积罐须经有效检定且合格。标准容积罐容积不小于加油机在最大流量下1min的排放量。标准容积罐的计量准确度,应不低于加油机最大允许误差的1/5。

目前生产的加油机,当使用普通油枪时,最大流量为60L/min;当使用自闭油枪时,最大流量为45L/min。在现场检定小流量时分别为12L/min和9L/min。因此,在不影响计量准确度的情况下,标准容积罐容积规格可作如下考虑:

(1) 可以用100L标准容积罐检定加油机的大、小流量(普通油枪的加油机);

(2) 可以用50L标准容积罐检定加油机的大、小流量(自闭油枪的加油机);

5. 检定附属设备

温度计:测量范围为0~50℃,最小分度为0.2℃的温度计。

秒表:分度值为0.1s。

水平仪:准确度为0.05mm/m。

储油罐的容量应足够大,一般不应小于加油机最大流量下10min的排放量。

四、检定项目及检定方法

(一) 外观检查

用目测法检查加油机外观,其结果应符合有关要求。

(二) 示值检定

检定流量点和检定次数。

用标准金属容积罐检定。

1. 检定准备

(1) 安放、接地。将符合要求的标准容积罐放置在坚硬的平地上(若标准容积罐安放在运载汽车上,则必须保证检定时无任何晃动),并使标准容积罐做好接地。

(2) 安全要求。检定人员禁止携带火种、穿带铁钉鞋或穿化纤服装进入加油站进行作业。

(3) 用水平仪将标准罐调整到最佳水平状态。

(4) 试运行及湿润量器(量器位置如图5-6所示)。

从托架上取下油枪,启动加油机,同时计数器回零,用油枪将油液注入量器,进行试运行。检查加油机的操作性能,同时观察视油器,视油器内的油液应是透明的,无气泡存在。

若当油液注满量器时，仍有气泡存在，则应在排除气泡后再进行检定。当油液注满量器后，关闭油枪，停止注液，并将油枪放回托架。按量器的规定放液时间，将量器放空后关闭阀门，使量器处于准备状态。

2. 检定程序

（1）取下油枪，启动加油机，使加油机的计数器回零，将流量调至检定流量，向标准量器内注油；同时，用温度计测量油枪出口处的油品温度 t_J，当油液注满标准量器时，关闭油枪，读取并记下加油机示值 V_J。

注油过程要求一次连续完成。

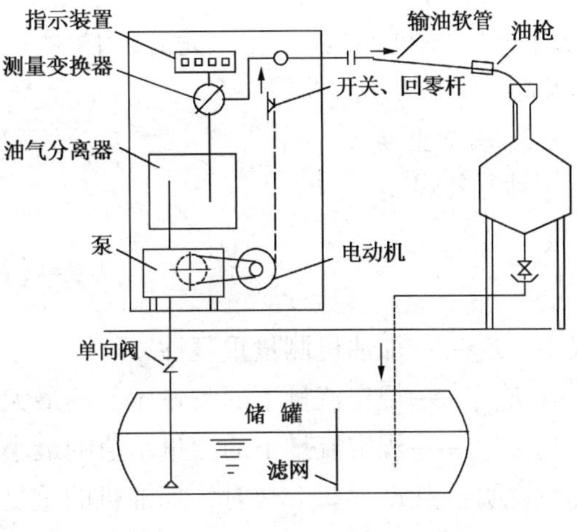

图 5-6　用标准量器检定加油机

（2）待标准量器内的油沫和气泡消失后，按要求读取标准量器内油液体积的示值 V_B，同时，读取并记录标准量器中油液温度 t_B。

（3）加油机的示值读数和标准量器的示值读数，应以 L 为单位取至小数点后两位。

（4）至此完成一个流量点的一次检定测试。

3. 应按加油机的检定点和检定次数规定，按照检定有关要求完成全部检定测试。

4. 将检定测试数值如实填入检定记录表。

（三）示值检定计算和检定结果处理

1. 标准金属量器测得的加油机在实际油温 t_J 下的实际体积量 V_{Bt} 的计算公式

$$V_{Bt} = V_B[1 + \beta_\gamma(t_J - t_B) + \beta_B(t_B - 20)] \quad (5-22)$$

式中　V_{Bt}——标准金属量器在 t_J℃下给出的实际体积值，L；

V_B——标准金属量器在 20℃下标准容积，L；

β_γ、β_B——分别为检定石油成品油和标准量器材质的体膨胀系数（汽油为 12×10^{-4}℃$^{-1}$；煤油和轻柴油为 9×10^{-4}℃$^{-1}$；不锈钢为 50×10^{-6}℃$^{-1}$；碳钢 33×10^{-6}℃$^{-1}$；黄铜为 50×10^{-6}℃$^{-1}$）；

t_J，t_B——分别为加油机内流量计输出的成品油油温（由油枪出口处油温代替）和标准量器内油温。

注：一般情况下，为简化计算，当 $|t_J - t_B| < 0.5$℃或 $(20-5)$℃$< t_B <(20+5)$℃时，可对 V_B 不进行温度修正，即 $V_{Bt} = V_B$。

2. 体积量相对误差

计算公式

$$E = \frac{V_J - V_{Bt}}{V_{Bt}} \times 100\% \quad (5-23)$$

式中　E——加油机的体积相对误差，%；

V_J——加油机在 t_J 下指示的值，L。

注：当 $|E_i|_{max} \leq 0.3\%$ 时，加油机的准确度合格；$|E_i|_{max} > 0.3\%$ 时，加油机的准确度不合格。$|E_i|_{max}$ 为加油机各检定点各次检定的绝对值最大的相对误差。一般定义这个绝对值最大的相对误差为基本误差。

3. 测量重复性

计算公式

$$E_m = |E_{imax} - E_{imin}| \tag{5-24}$$

式中 E_m——加油机测量重复性,%;

E_{imax}——规定流量下的测量示值的最大相对误差,%;

E_{imin}——规定流量下的测量示值的最小相对误差,%。

说明：当 $E_m \leq 0.15\%$ 时，加油机的重复性合格；当 $E_m > 0.15\%$ 时，加油机的重复性不合格。

(四) 加油机示值检定举例

用容积法对加油机进行检定，检定用标准量器材质为不锈钢，检定介质为轻柴油，检定记录见表 5-3，试判断该加油机是否合格。

表 5-3 加油机检定记录表

流量/(L/min)	测量次序	加油机示值 V_s/L	标准量器示值 V_B/L	油枪出口处油温 t_J/℃	标准量器内油温 t_B/℃	温度修正后的 V_{Bt}	相对误差 E_{Vi}/%
Q_{max}	1	99.97	99.76	17.5	17.3	99.75	0.22
	2	99.96	99.84	17.6	17.6	99.83	0.13
	3	100.06	99.96	17.6	17.5	99.95	0.11
$0.2Q_{max}$	1	19.88	19.84	18	18.1	19.84	0.21
	2	19.84	19.81	18.2	18.5	19.81	0.16
	3	19.87	19.82	18.5	18.5	19.82	0.26

(1) 数据记录

标准量器材料不锈钢，体膨胀系数 $\beta_\gamma = 50 \times 10^{-6}℃^{-1}$。

检定油品轻柴油，体膨胀系数 $\beta_B = 9 \times 10^{-4}℃^{-1}$。

(2) 检定记录

(3) 检定结果

示值误差 \ 序号	1	2	3	示值误差 \ 序号	1	2	3
E_{max}	0.22%	0.13%	0.11%	$\|E_i\|_{max}$	0.26%		
E_{min}	0.21%	0.16%	0.26%	E_m	0.11%		

(4) 通过计算可得 $E = 0.26\% < 0.3\%$，加油机准确度合格；

$E_m = 0.11\% < 0.15\%$，加油机重复性合格。

结论：该加油机示值误差检定合格。

五、加油机的自校

加油机自校周期一般为10天、半月或一个月不等，自校分小流量加油和5L间隔定量加油二种，一般均用20L规格的标准容器。自校时，一般均检定一次，在可能条件下，应用同一种方法检定三次，这样还可求出加油机重复性误差。不必测量油温，但向标准器注油后，迅速进行读数，避免油温变化，为了读数准确，应观察油中是否有气泡，如有气泡，应轻轻拍打注油口，以使气泡尽快逸出。调节游标卡尺的动尺部分，当液位指示线与透明管中液位一致时，用固定螺丝拧紧动尺，进行读数，并计算标准罐容量，与加油机走字示值进行比较，求出加油机的误差。

例12 某加油站计量员用20L标准罐对加油机进行发油计量准确度日常校验，数据如表5-3所示。试计算加油机基本误差和重复性误差。同时判断该加油机是否合格？是否能继续使用？（注：该标准罐检定证书注明，68.35mm刻度处为19.750L，计量颈分度容量V=2.1mL/mm。注意均要列出公式。）

表5-3 数 据

	1	2	3		1	2	3
加油机示值/L	19.769	19.820	20.002	相对误差/%			
标准罐刻度值/mm	37.36	67.64	132.17	基本误差/%			
标准罐示值/L				重复性误差/%			

解： 1. 计算标准罐示值

序号1，标准罐刻度值读得37.36mm，求标准罐的示值。

根据检定证书，在17.750L时，其刻度值为68.35mm。而计量颈分度每上升或下降1mm，其容量增加或减少2.1 mL。

则　37.36mm时标准罐的示值=(37.36−68.35)×2.1/1000+19.750=19.685(L)

同样　67.64mm时标准罐的示值=(67.64−68.35)×2.1/1000+19.750=19.749(L)

132.17mm时标准罐的示值=(132.17−68.35)×2.1/1000+19.750=19.884(L)

2. 计算相对误差

序号1，加油机示值为19.769L，标准罐示值为19.685L，

其相对误差E_1=(加油机示值−标准罐示值)/标准罐示值×100%

=(19.769−19.685)/19.685×100%=0.43%

同理，

序号2，其相对误差E_2=(19.820−19.749)/19.749×100%=0.36%

序号3，其相对误差E_3=(20.002−19.884)/19.884×100%=0.59%

3. 计算基本误差

上述各项相对误差中，E_3=0.59%的绝对值最大，所以E=0.59%。

4. 加油机的重复性计算

$$E_m = |E_{max} - E_{min}| = |0.59\% - 0.43\%| = 0.16\%$$

通过计算可得　E=0.59%>0.3%，加油机准确度不合格。

E_m=0.16%>0.15%，加油机重复性不合格。

计算结果如表5-4所示。

结论：该加油机示值误差检定不合格。

表 5-4　计算结果

	1	2	3		1	2	3
加油机示值/L	19.769	19.820	20.002	相对误差/%	0.43	0.36	0.59
标准罐刻度值/mm	37.36	67.64	132.17	基本误差/%	0.59		
标准罐示值/L	19.685	19.749	19.884	重复性误差/%	0.16		

第五节　加油站账表

以下为某公司所设计的加油站计量账表及填写方法，仅供参考。

一、加油站油品分罐保管账

此账表(见表 5-5)是在每次进油、每日计量和月末盘点时使用。每次进油部分必须按油库发货单据每单填写，即每车油填写一次。本表由计量人员填写、保管。规定如下：

表 5-5　加油站油品分罐保管账

油罐编号：　　　　　　　　　　　　　　品种：　　　　　　　　　　　　　　单位：L

年		期初账面账存	进货验收						发出量	期末账面库存	期末罐存实测数				累计损耗	当日损耗	计量人员
月	日		单号	油库发车液高	油库发车体积	油站收车液高	油站验收体积	进油损耗			液高	水高	油温	实测库存			
1	2	3	4	5	6	7	8	9=6-8	10	11=3+6-10	12	13	14	15	16=12-15	17=本日 16-上日 16	18

(1) 油罐编号　油罐的自编号。

(2) 品种　指油品的全名称。

(3) 年月日　指作业时的日期，如 2006 年 3 月 2 日。

(4) 序号 3，期初账面库存=上日期末账面库存，每月第一天的期初库存为上月实物库存盘点数量。

(5) 进货验收　按本节三中的零售资源配送单填写，每车油填写一次。

① 单号　《零售资源配送单》的配送单号码；

② 油库发车液高　油库发油后测得的从油品液面到检尺点的距离；

③ 油库发油体积　《零售资源配送单》的交运数量；

④ 加油站收车液高　油罐车到站计量时测得的从油品液面到检尺点的距离；

⑤ 加油站验收体积　根据油罐车到站计量所得的液高和水高，分别查卧罐容积表取得油水总体积和水体积之差；

⑥ 进油损耗=油库发油体积-加油站验收体积。

(6) 发出量　每日各班次的累计发出油品数量，即该油罐所连接的加油机累计走字数减去校机、修泵和抽空回罐油数量，每日登统一次。

（7）期末账面库存=期初账面库存+调入量（油库发油体积）-发出量。

（8）罐存实测数

① 液高　期末实测的从油品液面到检尺点的距离；

② 水高　期末实测的从油水界面到检尺点的距离；

③ 油温　实测罐内油品计量温度，用来分析监控加油站损耗原因；

④ 实测库存=油水总体积-水体积。其中油水总体积和水体积分别由液高和水高查卧罐容积表得到。

（9）累计损耗　期末账面库存-期末罐存实测数中的实测库存，正数为损耗，负数为溢余。

（10）当日损耗=本日累计损耗-上日累计损耗。

（11）计量人员　计量人员的签名。

二、加油站月末盘点表

此表（见表5-6）是在规定盘点时点加油站使用，由计量人员填写。规定如下：

表5-6　加油站月末盘点表

加油站：　　　　　　　　年　　月　　日至　　年　　月　　日　　　　　　　　单位：L

品种	账面数量										期末实测库存	损耗	损耗率/‰	非机出量
	期初库存	本期收入				本期付出			期末账面库存	代管油				
		代管油	升（L）	千克（kg）	其中：代管油/L	数量（L）	金额/元	其中：代管油/L						
90号汽油														
93号汽油														
97号汽油														
0号柴油														

……油品				……油品				……油品				……油品			
油枪	月初数	月末数	走字数	油枪	月初数	月末数	走字数	油枪	月初数	月末数	走字数	油枪	月初数	月末数	走字数
小计				小计				小计				小计			
减：校机数量				减：校机数量				减：校机数量				减：校机数量			
本期实际机出				本期实际机出				本期实际机出				本期实际机出			

罐号	1	2	3	4	5	6	7	8							
油品															
液高															
水高															
油品体积															

损耗分析	进货损耗： 其中发货运输损耗： 储发损耗：	备注	
上级审批	签字（盖章）	签字（盖章）	签字（盖章）

计量员：　　　　　　　　　　　　　　　　　　　　　　　　　　　　站长：

（1）加油站　加油站的全称；

（2）年　月　日至　年　月　日　指年(月)度盘点的时间；

（3）期初库存　指以上月月末盘点的实测库存(含代管油)作为本月期初库存；

（4）本期收入　指配送到加油站经验收合格的油品的随货同行单上反映的数量(含非机出小额配送量和代管油调入)；

（5）本期付出　指加油机实际机出(含代管油付出、机出小额配送量)、非机出小额配送量，即本期付出=加油机本期实际机出+非机出量

（6）期末账面库存=期初库存+本期收入-本期付出；

（7）期末实测库存指的是油罐实测液高、水高分别查容积表相减得到的油品体积。

（8）损耗=期末账面库存-期末实测库存，正数为损耗，负数为溢余；

（9）损耗率=损耗/本期付出×100%；

（10）非机出量，指的是非机出的小额配送量。

（11）原始数据表中的

① 油品　指油品全名称；

② 油枪　加油机油枪的编号；

③ 月初数　加油机期初累计读数；

④ 月末数　加油机期末盘点累计数；

⑤ 走字表　走字表=月末数-月初数；

⑥ 本期实际机出=同品种各油枪小计-校机、修泵和抽空数量；

⑦ 液高　盘点时测得的从油品液面到检尺点的距离；

⑧ 水高　盘点时测量的从油水界面到检尺点的距离；

⑨ 油品体积　盘点时测量的储油油罐常温下的净油体积。

（12）计量员　计量人员签名及证书号；

（13）站长　加油站站长。

三、零售资源配送单

此表(见表5-7)作为油库、承运方、加油站三方交接的记录凭证，油库计量交接数据由油库和承运司机共同填写确定，加油站计量交接数据由加油站和承运司机共同填写确认。规定如下：

（1）制单日期　根据零售资源配送部门开出的内部移库单，油库发油台制本零售资源配送单的日期；

（2）内部移库单号码　零售资源配送部门开出的出库单据编号，即内部移库单的号码；

（3）出库时间　油罐车离开油库的时间，具体填到年月日时分；

（4）入站时间　到达加油站的时间，具体填到年月日时分；

（5）配送单号码　该配送单据号码；

（6）出库单位　发出油品油库的所属公司名称；

（7）出库部门　发出油品的油库；

（8）交运数量　交运油品的体积数，即上级公司公布的加油站平均销售温度(公布温度)下的交运体积；

（9）车号　配送油罐车的车牌号码；

表 5-7　零售资源配送单

制单日期：　　　　　　　　　　　　　　　　　　　　　　　　　　　　内部移库单号码：No

出库时间：　　　　　　　　　　　入站时间：　年　月　日　时　分　　配送单号码：No

<table>
<tr><td colspan="2">出库单位</td><td colspan="3"></td><td>出库部门</td><td colspan="3"></td></tr>
<tr><td colspan="2">入库单位</td><td colspan="3"></td><td>入库油站</td><td colspan="3"></td></tr>
<tr><td colspan="2">出货油库</td><td></td><td>品名规格</td><td></td><td>交运数量</td><td></td><td>交运数量（大写）</td><td>升</td></tr>
<tr><td colspan="2">车号</td><td></td><td>实测温度下流量计发油体积/L</td><td></td><td>交运重量（kg）</td><td></td><td>交运重量（大写）</td><td>千克</td></tr>
<tr><td rowspan="13">附油库—加油站交接计量数据</td><td>流量计编号</td><td>标准密度/（kg/m³）</td><td>发货密度/（kg/m³）</td><td>公布温度/℃</td><td>计价密度</td><td>计价重量/kg</td><td colspan="2">吨升转换损耗/kg</td></tr>
<tr><td></td><td></td><td></td><td></td><td></td><td></td><td colspan="2"></td></tr>
<tr><td rowspan="2">油库量油高度/mm</td><td>1 舱</td><td>2 舱</td><td>3 舱</td><td>4 舱</td><td>实测平均温度/℃</td><td>罐车计量总容积/L</td><td rowspan="2">体积修正系数(VCF)</td></tr>
<tr><td></td><td></td><td></td><td></td><td></td><td></td></tr>
<tr><td>实测计量温度/℃</td><td></td><td></td><td></td><td></td><td>清净剂名称</td><td>添加数量/L</td><td></td></tr>
<tr><td colspan="2">发油净油体积/L</td><td></td><td></td><td></td><td></td><td></td><td></td></tr>
<tr><td>对比损耗量/L</td><td colspan="2"></td><td>损耗率/%</td><td></td><td colspan="2">油库计量员签名</td><td>司机签名</td></tr>
<tr><td rowspan="2">油库封条号码</td><td colspan="4">进口：</td><td colspan="2" rowspan="2"></td><td rowspan="2"></td></tr>
<tr><td colspan="4">出口：</td></tr>
<tr><td rowspan="2">油站量油高度/mm</td><td>1 舱</td><td>2 舱</td><td>3 舱</td><td>4 舱</td><td>实测温度/℃</td><td>罐车计量总容积/L</td><td>司机签名</td></tr>
<tr><td></td><td></td><td></td><td></td><td></td><td></td><td></td></tr>
<tr><td>油站计量温度/℃</td><td></td><td></td><td></td><td></td><td>油站签收数/L</td><td>油站签收数（大写）</td><td>油站计量员签名</td></tr>
<tr><td>收油净油体积/L</td><td></td><td></td><td></td><td></td><td></td><td></td><td></td></tr>
</table>

出库油库签章：　　　　　　　　　　　　入库油站签章：　　　　　　　　　　　　制单：

（10）品名规格　具体油品品名；

（11）交运数量　指零售资源配送部门开具的出库单据（内部移库单）上的交运数；

（12）实测温度下流量计发油体积　油库油品实测计量温度下，流量计显示的发油体积，即把公布温度的交运数换算成实测计量温度下的体积；

（13）交运重量　交运油品的商业质量；

（14）油库计量交接数据

① 流量计编号　指所发货的流量计编号；

② 标准密度　油库当批（次）对外公布的标准密度；

③ 发货密度　指发货时实际温度下的密度；

④ 调整温度　上级公司公布的加油站平均销售温度（公布温度）；

⑤ 计价密度　物价部门规定的固定的换算密度；

⑥ 计价重量　按计价密度计算的重量，即计价密度与交运数的乘积；

⑦ 吨升转换损耗　油品换算密度和计价密度不同引起的重量差额，即交运重量减去计价重量；

⑧ 油库量油高度　从油品液面到检尺点的距离；

⑨ 实测平均温度　油罐车各舱实测计量温度的算术平均值；

⑩ 罐车计量总体积　各装油分舱实测容积之和；

⑪ 实测计量温度　油罐车各舱实测的计量温度；

⑫ 体积修正系数　指油库实际发油温度下的体积修正系数；

⑬ 发油净油体积　根据各舱所测高度分别查容积表所得的舱内油品体积；

⑭ 对比损溢量　在发油后、油品出库前，经核实的油罐车实测体积与交运体积的差异量；

⑮ 损溢率　对比损益差异量占交运数的百分比；

⑯ 油库封条号码　发油计量后，油库在油罐车进出口施封的封条编号；

⑰ 清净剂名称　该油品中所加清净剂的品牌名称；

⑱ 添加数量　所添加的清净剂体积数；

⑲ 油库计量员签名　在出库前，油库计量员签名确认计量数据；

⑳ 司机签名　在出库前，配送油罐车司机签名确认计量数据。

(15) 加油站计量交接数据(油罐车到达加油站后)

① 加油站量油高度　从油品液面到检尺点的距离；

② 加油站计量温度　油罐车内油品的计量温度；

③ 收油净油体积　到站实际计量温度下油罐车内的油品体积；

④ 实测温度　油罐车内油品的计量温度；

⑤ 油罐车计量总容积　油罐车到站计量验收时的总容积；

⑥ 加油站签收数　公布温度下的验收体积；

⑦ 加油站计量员签名　计量人员的签名及证书号；

⑧ 入库加油站签章　站长或委托人。

(16) 制单　制单人。

【思考题】

1. 什么叫密度、标准密度、换算密度和计价密度？

2. 测量罐内液高时，应注意哪些问题？

3. 安排去加油站实习，测量油高、水高和温度。

4. 已知汽油在30℃时的容积为1500L，问它在25℃时的容积为多少L？

5. 某油罐液高为86、87、88和89cm时，对应的容积表容积分别为15590、15811、16032、16254L，问当液高分别为874mm和888mm时的对应容积为多少？

6. 第5题中，如果该油品的标准密度为0.8426kg/L，油温分别为18℃和26℃时，请用f近似计算各自的重量。

7. 根据图10-3数值，当油标卡尺上读数为63.40mm时，求标准罐内的油品容积。

8. 完整的发货单据上应填写哪些数据？

9. 交接三方的责任如何确定？确定发生非加油站责任的运输超耗时加油站索赔对象是谁？

10. 验收油罐车来油时，如不测量油温，会有什么后果？

11. 油罐车未处于水平状态时，会对加油站验收油品数量产生什么影响？

12. 加油机产生负误差和正误差时，对加油站的损耗有何影响？
13. 为什么要进行重复性误差的检定？重复性误差超标时应如何处理？
14. 检定时，蒸发量大小对误差调整有何影响？
15. 检定时，流量大小对误差调整有何影响？
16. 检定时，油温与大气温度对误差调整有何影响？
17. 为什么市区加油站往往损耗比较大，在检定时应注意什么？
18. 加油机检定中分别代表测量值和真值的数据是什么？加油机的误差如何计算？

【案例题】

案例一

某日上午8点，一加油站盘点结束，有关数据如下：0号柴油加油机累计走字数6345865L，库存量6898L，损耗量400L。计量检查人员下午2点到现场，进行盘点检查，检查数据如下：累计走字数6349900L，量得库存柴油为5236L。

案例讨论题

1. 从盘点复原后的数据可以得出什么结论？
2. 加油站责任人（站长或计量员）是如何制造、形成上述数据的？
3. 加油站责任人（站长或计量员）为何要这样做？这样做可能会有什么后果？

案例二

有一个盗油手段非常高明的加油站责任人（站长或计量员），他采用以下的办法经常盗油而又不被发现：

(1) 他的加油机是少发油的，可以从用户中扣下油，并且他很清楚少发油的数量，但又隐瞒少发油的事实。

(2) 每天的《加油站分罐保管账》在计量、做账时已经做平，不会反映少发油的盈余，从而隐瞒了盈余的事实。

(3) 累积的盈余到达一定量后，如400L时，碰到油罐车来送汽油，在卸油时，他会对驾驶员说："要放些自用油（如发电用油），装在桶内"。驾驶员认为此举很正常，即在卸油时放了二桶，约400L。

(4) 因罐内已有隐瞒的盈余汽油400L，此时灌走2桶并不会在进罐验收后发现问题。

(5) 伺机借口将此油转走，完成一次偷盗。

案例讨论题

如果你是一个计量检查人员，试分析可从哪些方面去检查，以防止此类事情发生。

第六章　加油站的财务管理和会计核算

做好加油站财务管理和会计核算工作，对于确保加油站经营管理的顺利进行和经济效益的提高有重要意义。如果熟悉了独立核算加油站的财务管理和会计核算，则比较容易胜任非独立核算加油站的相关工作，因此，本章将在介绍相关的财务和会计核算知识的基础上，侧重探讨独立核算加油站的财务管理和会计核算，兼及非独立核算的加油站。

第一节　加油站的财务管理

财务管理是企业管理的重要组成部分，不同类型的加油站应根据各自的特点，开展相应的财务管理活动。

一、财务管理基础

（一）企业财务和财务管理

企业财务是指企业生产经营过程中的资金运动及其体现的经济利益关系。

资金运动指资金的循环和周转。资金循环，指企业的资金随着经济业务的进行，从货币资金开始，经过非货币资产最终又变为货币资金的过程。资金不断的循环即构成周转。不同类型的企业，其资金运动的过程有所区别，商品流通企业日常资金运动的主体形式是由货币资金转化为商品资金，再从商品转化为货币资金。从大的环节看，企业资金运动包括筹资、投资、营运和分配四个方面。

资金运动所体现的经济关系主要包括企业与投资方、受资方、债权人、债务人、政府有关部门(主要为税务部门)、其他经济组织、员工之间以及企业内部各单位之间的关系。

企业财务管理是利用价值形式对企业生产经营过程进行的管理，是企业组织财务活动，处理与各方面财务关系的一项综合性管理工作。其目的是既要理顺企业资金的流转，确保企业生产经营的有效运行，又要理顺各种经济关系，确保各方面的利益要求得到满足。

（二）企业财务管理的目标

企业财务管理的目标是企业价值或股东(所有者)财富最大化。

股东创办企业的主要目的是创造尽可能多的财富。他们是企业的所有者，企业价值的最大化，就是股东财富最大化。企业的价值，在于它能给所有者带来未来报酬，包括获得利润和出售股权获取现金。所谓企业价值最大化包含两层内容：一是指企业获取的利润达到最大；二是指企业资产升值达到最大。企业财务管理的各项工作均应围绕这一目标展开。企业价值最大化的主要途径是提高投资报酬率和减少风险。

二、加油站的财务管理概述

独立核算的加油站必须按照《中华人民共和国会计法》、《企业会计准则》、《企业会计制度》、《企业财务通则》和企业内部财务会计制度，建立健全财务管理制度，设立独立核算体系，实行严格的财务管理和独立的会计核算。

非独立核算的加油站不设立独立的财务管理和会计核算体系，一般实行由主管公司“集中管理，统一核算”的财务管理模式。主要内容如下：

（1）资金管理一般实行“收支两条线”，所有销售收入必须按主管公司规定及时上交，不准做支销货款。

（2）费用支出一般实行报账制。日常零星费用根据主管公司规定的使用权限，从加油站的备用金中暂支，定期集中报主管公司批准报销。日常零星费用开支较少的加油站也可直接到主管公司报销。

（3）实行单站核算或模拟核算。加油站上级主管部门应对加油站经营成果实行财务核算或模拟核算，主要核算指标包括收入、费用、利润等。

三、加油站资金管理

资金是以货币形态存在的资产。加油站的资金主要包括库存现金、银行存款和其他货币资金。为了加强资金管理，保证资金安全，提高资金使用效益，加油站应严格执行国家的《现金管理条例》及相关的资金管理规定。建立和完善现金管理制度和银行存款管理制度。

（一）现金的管理

现金是加油站中流动性最强的资产，而且收付频繁，易出差错，因此要特别加强管理。

1. 完善加油站现金的内部管理制度

要加强现金的管理，制度的建立和完善是首要的。

（1）明确职责分工，建立内部牵制制度。即现金的收支保管与记账由不同人员担任，实行账款分管，以减少差错，防止弊端的产生。

（2）建立现金清理核对和盘点制度。现钞收支必须当面点清、辨其真伪；库存现金应做到日清月结，以确保库存现金账面余额与实际库存数相符合；银行存款日记账与银行对账单定期核对；现金、银行存款日记账数额定期与现金、银行存款总账数额核对（每月至少核对一次）。发现不一致，均应逐笔查明原因并及时处理。

（3）加强现金收支凭证的管理。包括强化收据与发票的领用制度，加强空白凭证与使用过凭证和印鉴的管理。收支凭证要与印鉴分管，财务章由出纳保管，法人章和公章由站长保管，不配置出纳的加油站法人章、公章和财务章也应由站长和相关人员分开保管；支票、汇票使用必须做到随签发、随盖章，不预盖印鉴；使用支票、汇票或汇款必须由站长审批。

（4）按国家《现金管理暂行条例》和《银行结算办法》中有关现金使用规定和结算纪律处理现金收支。

2. 遵守现金管理的有关规定

（1）库存现金使用范围的规定。根据国家规定，加油站可在以下范围内使用库存现金。

① 职工工资、奖金、各种工资性津贴；各种劳保福利费以及国家规定对个人的其他支出。

② 垫支加油站水电费、电话费、业务费、修理费、办公费等零星支出，原则上应在结算起点以下。

③ 出差人员必须随身携带的差旅费。

④ 收款找零。

⑤ 其他根据规定确需现金支付的支出。

（2）现金管理“六不准”规定

① 不准坐支现金。即不得从加油站的现钞收入中直接支付各种款项，切实执行收支二条线的原则。加油站可拥有一定数额的备用金，用于日常零星费用的开支。对备用金的借入、支出、归还、监管等应建立严格的管理制度。

② 不准向银行套取现金。

③ 不准利用银行账户代其他单位和个人存取款项。

④ 不准挪用现金。不准“白条抵库”。

⑤ 不准将公款以个人名义存入银行。

⑥ 不准私设小金库。

(3) 库存现金限额的规定。由开户银行根据加油站的实际需要和距离银行远近等情况核定限额，对超过库存限额部分应及时解缴银行；主管公司对营业过程中柜内可存放的现金也应确定最高上限，超过部分应当及时投入保险柜。

(二) 银行存款的管理

1. 银行存款的管理

独立核算的加油站应在银行开立账户，办理存款、取款和转账等核算业务。加油站开设、变更、撤销银行账户必须履行申请报批制度。为保证资金安全，加油站应经主管公司同意与开户银行签订“银企协议”。如果需上门收款，可与银行另外签订“上门收款服务协议”。

账户使用实行分项核算、分户管理。分项核算即将经营货款收入与经营支出款项的核算分开，严禁将收入直接冲抵支出；分户管理即设置收入账户管理各类收入，支出账户管理经营过程中的一切支出。

2. 银行存款收支控制

认真执行核算制度，一切支出，除按规定可用现金支出以外，均需通过银行办理转账。严禁以任何名义利用账户为他人或单位套取现金，严禁套取银行信用，严禁签发空头支票、远期支票。各种支票和支付凭证必须妥善保管，使用时按编号顺序登记，支票如有遗失，必须及时向银行办理挂失手续。银行印鉴必须分别保管。不得在空白凭证、账单、支票、发票、单位稿纸上加盖印鉴。按月编制存款余额调节表；及时核对未达账项。

四、加油站资产管理

加油站的资产比较多。此处介绍几项主要的流动资产和固定资产、无形资产的管理。

(一) 应收账款的管理

应收账款是指加油站对外赊销油品而应向购货单位收取的款项。

应收账款最主要的作用是扩大销售增加利润。虽然赊销仅仅是影响销量的因素之一，但在油品零售市场竞争激烈，尤其是在市场疲软、银根紧缩、资金匮乏的情况下，赊销的促销作用会比较明显。但赊销同时会带来风险和成本。

应收账款的持有成本包括：

(1) 机会成本。将资金投放于应收账款而放弃其他投资所带来的相应收益。

(2) 管理成本。对应收账款的日常管理发生的成本。

(3) 坏账成本。应收账款由于不能收回而发生的损失，运用赊销最大的风险便是发生坏账损失。因此，应从严控制赊销业务的发生。如确需运用，应注意选择具有良好信誉的客户。应收账款的期限和额度应在规定的范围内，并须经主管公司审批及与赊销单位签订协议。

同时，要加强对应收账款的日常管理，贯彻“谁批准谁负责，谁经手谁催要”的原则，对各项应收账款做好跟踪分析和回收工作。

（二）存货的管理

存货指企业在生产经营过程中为销售或者耗用而储备的物资。包括商品、材料、低值易耗品和包装物等。存货在加油站的流动资产中占有较大比重，其中以油品为主。对存货的管理应注意以下几点：

（1）为了满足经营业务需要，同时亦为了减少资金占用，加油站应保持适量油品存货。

（2）完善存货计价和核算工作。存货的计价由主管公司根据会计制度和经营实际确定。油品购入按实际成本计价，此实际成本指进货原价，而不包括运杂费等进货费用。特殊情况下，应计入商品成本的税金计入实际成本。各加油站应按会计制度的规定，正确核算油品的购进、销售和成本结转；正确核算油品的进货损耗、零售损耗及保管损耗和升溢。

（3）各加油站应按品种、规格、型号等设立库存商品明细账，并建立定期和不定期的账实核对制度，发现账实不符要及时查明原因，及时处理。

（三）固定资产管理

按照新的企业会计准则，固定资产是指为生产商品、提供劳务、出租或经营管理而持有的，使用寿命超过一个会计年度的有形资产。加油站的固定资产是指使用年限在一年以上的房屋、建筑物、机器设备、器具、工具等，如站房、油罐、加油机等。

加油站应当根据国家和企业的财务会计制度，建立固定资产购置、建造、出售、转让、报废和盘点制度，按企业会计准则的规定，进行确认、计量、处置和披露，加强对固定资产的管理。

特别要注意正确计提折旧。折旧是指在固定资产使用寿命内，按照确定的方法对应计折旧额进行系统分摊。而应计折旧额，是指应当计提折旧的固定资产的原价扣除其预计净残值后的余额。

因此应当合理确定固定资产使用寿命和预计净残值，合理选择固定资产折旧方法（可选用的方法包括年限平均法、工作量法、双倍余额递减法和年数总和法等）。

（四）无形资产管理

无形资产指企业拥有或者控制的没有实物形态的可辨认的非货币性资产。加油站的无形资产包括专利权、商标权、非专利技术、土地使用权、特许权、商誉等。它们在一定程度上会影响到顾客对加油站的忠诚度和加油站的经营效益。

无形资产的确认、计量（取得按成本计价，摊销一般在估计使用寿命内按直线法摊销）、处置和报废按规定进行。

五、加油站收入的管理

加油站的收入是指销售商品、提供劳务和让渡加油站资产等日常活动中形成的与投入资本无关的经济利益的总流入，包括销售商品收入、提供劳务收入、使用费收入、租金收入等。

加油站收入的主体是商品销售收入，即油品销售收入。但是，今后通过增设便利店等形式产生的非油商品销售收入等会明显增加。

加强加油站的收入管理应注意做好以下几项具体工作：

（一）正确核算各种收入

加油站的各项收入必须纳入财务核算范围，并及时入账。不得隐匿和转移销售收入，不得私设“小金库”和公款私存。如果收到支票等票据，必须在核对无误，并确认款到账后才能付油。杜绝“坐支”等不规范的行为发生。

（二）处理好几种特殊的收入

加油站在经营过程中会出现油票、预收款、IC 卡等特殊的营业收入。其中油票视同现金，要妥善保管，做到日清月结。要完善油票内部交接手续，登记油票明细账；对于先收款后加油的予收款业务，要与客户办理购油手续，签订合同，并为客户建立加油卡。同时，加油站应建立预收款加油专用台账，随时掌握顾客存油数量，并根据存油状况及时通知顾客办理续购手续。

（三）控制赊销业务的发生

在加油站经营管理过程，有时难免出现赊销现象。赊销有一定的促销作用，但同时会带来风险，增加成本，故应严格控制赊销业务的发生，未经上级主管批准，不能发生赊销业务。对经批准发生的赊销业务，应严格控制，做好对应收账款的日常管理工作。

六、加油站费用管理

费用，是指企业销售商品、提供劳务等日常活动所发生的、与所有者利润分配无关的经济利益的流出。按照能否归属分配对象划分，费用可以分为营业成本和期间费用。其中，营业成本是指可归属于商品(产品)成本或劳务成本的费用。营业成本按照其对应业务在企业日常活动中所处地位的不同，可分为主营业务成本和其他业务成本。期间费用是指不能归属于商品(产品)成本或劳务成本，但应计入当期损益的费用，包括营业费用、管理费用和财务费用。在售价趋同的情形下，加油站通过费用正确的计划、控制、核算、分析和考核，将费用控制在相对较低水平，就能获取更多的利润，从而取得持久的竞争优势。

1. 营业成本的具体内容

加油站的营业成本主要指主营业务成本，即商品(油品)销售成本，即商品(油品)的进价。商品(油品)采购过程中，发生的运输费、装卸费、保险费、包装费、仓储费等和运输途中的合理损耗，不列入进价，作为期间费用直接计入当期损益。

2. 期间费用的基本内容

加油站的期间费用包括营业费用、管理费用和财务费用。

(1) 营业费用。指加油站在购、销、存环节发生的各种费用，包括运输费、装卸费、包装费、保险费、检验费、保管费、商品损耗、广告费、职工工资、福利费等。

(2) 管理费用。指加油站为管理和组织经营活动而发生的各项费用。包括工会经费、职工教育经费、业务招待费、管理人员工资、福利费、差旅费、办公费、折旧费、修理费、劳动保险费、待业保险费、董事会费、咨询费、审计费、诉讼费、排污费、绿化费、费用性税金(房产税、土地使用税、印花税、车船使用税)、土地使用费、无形资产摊销、开办费摊销、坏账损失、存货盘亏(减盘盈)、毁损和报废等。

(3) 财务费用。指加油站为筹集资金而发生的各项费用，主要包括利息支出(减利息收入)和金融机构手续费。

3. 不得列入费用的开支

(1) 为购置、建造固定资产的支出；

(2) 赞助和捐赠支出；

(3) 违约金、罚款、滞纳金等；

(4) 国家规定不得列入费用的支出。

4. 加强费用管理的措施

(1) 建立和健全内部费用管理实施细则。根据主管公司的总体要求和加油站实际情况，由主管公司或加油站自行制定费用管理的实施细则，以便于日常操作。

(2) 采用预算管理、定额管理和例外管理原则相结合。对加油站的费用按时期和项目编制预算，制定合理的定额(如吨油费用和一些项目定额)来加强对费用的日常控制和考核，对一些合理的超预算和超定额支出，则须经过严格的报批。

(3) 加强事前的计划、事中的控制、事后的核算和分析。只有坚持将这三个环节作为一个整体运用，才能收到持久的效果。

(4) 实施费用的 ABC 管理法(即区分主次法)。应根据费用项目的数额和可控性大小来确定费用管理的主次。可控费用包括运杂费、商品损耗、工资福利费、业务招待费、差旅费、办公费等；不可控费用指折旧费、劳动保险费、各种费用性税金等。

(5) 注重激励措施。如果某个加油站在成本费用控制方面取得了成绩，那么站长和全体员工均应得到相应的精神和物质奖励。

七、加油站纳税管理

税收是国家财政收入的主要来源，及时足额交纳税金是每个纳税人的义务。加油站作为经营单位，有依法纳税的义务。加油站主要缴纳的税金包括增值税、所得税，城市维护建设税、房产税等。

(一) 增值税

增值税是对在我国境内销售货物或者加工、修理修配劳务，以及进口货物的单位和个人，就其取得的货物或应税劳务的销售额，以及进口货物的金额计算税款，并实行税款抵扣制的一种流转税。

根据我国现行法规规定，从事成品油销售的加油站，一律作为一般纳税人纳税，适用17%的增值税基本税率。

1. 应纳税额的计算

当期应纳税额=当其销项税额-当其准予抵扣的进项税额

当期销项税若小于当期准予抵扣的进项税，当期进项税不足抵扣部分可以结转下期继续抵扣。销项税额是指纳税人销售货物或者提供应税劳务，按照销售额或应税劳务收入和规定的税率计算并向购买方收取的增值税额。

2. 销项税额的计算

销项税额=不含税销售额×税率

不含税销售额=含税销售额÷(1+税率)

3. 进项税额的计算

纳税人购进货物或者接受应税劳务所支付或者负担的增值税额为进项税额，但并非支付的所有进项税额均可从销项税额中抵扣，准予从销项税中抵扣的进项税额，主要限于下列增值税扣税凭证上注明的增值税税额和按规定的扣除率计算的进项税额。

(1) 从销售方取得的增值税专用发票上注明的增值税额。

（2）从海关取得的完税凭证上注明的增值税额。

（3）增值税一般纳税人购进农业生产者销售的农业产品，或者向小规模纳税人购买的农产品，准予按买价和13%的扣除率计算进项税额。

（4）增值税一般纳税人外购货物(固定资产除外)所支付的运输费用，以及一般纳税人销售货物所支付的运费金额依7%的扣除率计算进项税额准予扣除，但随同运费支付的装卸费、保险费等其他杂费不得计算扣除进项税额。

4. 按《增值税暂行条例》规定，下列项目的进项税额不得从销项税额中抵扣：

（1）购进固定资产。

（2）用于非应税项目的购进货物或者应税劳务。

（3）用于免税项目的购进货物或者应税劳务。

（4）用于集体福利或者个人消费的购进货物或者应税劳务。

（5）非正常损失的购进货物或者应税劳务。

（6）纳税人购进货物或者应税劳务，未按规定取得并保存增值税扣税凭证，或者增值税扣税凭证上未按规定注明增值税额及其他有关事项的，其进项税额不得从销项额中抵扣。

【例1】 某加油站某日97号汽油的挂牌零售价为4.68元/升，销售10000升97号汽油开的均是普通发票，该油品适用增值税率为17%，进项税额为5600元，计算该油品的增值税应纳税额。

解： 该油品的不含税销售额=10000×4.68/(1+17%)=40000(元)

该油品销项税额=40000×17%=6800(元)

该油品应纳税额=6800-5600=1200(元)

（二）企业所得税

企业所得税是指国家对境内企业生产、经营所得和其他所得依法征收的一种税。它是国家参与企业利润分配的重要手段。

企业所得税的纳税义务人是在中国境内实行独立经济核算的企业或者组织。显然，独立核算的加油站为企业所得税的纳税义务人。

1. 税率

此处的税率指对纳税人应纳税所得额征税的比率，即企业应纳税额与应纳税所得额的比率。现行的为33%的比例税率。另设两档照顾性税率，即对应纳税所得额在10万元(含10万元)以下至3万元的企业，暂减按27%的税率征收所得税；对年应纳税所得额在3万元(含3万元)以下的企业，暂减按18%的税率征收所得税。如果企业上一年度发生亏损，可用当年应纳税所得予以弥补，按弥补亏损后的应纳税所得额来确定适用税率。

2. 应纳税所得额的计算

其应纳税所得额是指纳税人每一纳税年度的收入总额减去准予扣除项目金额后的余额，其计算公式为：

应纳税所得额=收入总额-准予扣除项目金额

应纳税所得额与会计利润是两个不同的概念。前者是指税法确定的纳税人在一个时期内的计税所得。而后者是根据会计准则和会计制度的规定，按会计核算方法计算出来的，两者有差异。会计利润根据税法规定作相应调整后，才能作为企业的应纳税所得额。如国库券利息收入是构成会计利润的内容，但它不记入应纳税所得额，因为按规定它可免交所得税；又如违法经营的罚款，被没收财物的损失，各项税收的滞纳金、罚金和罚款，在计算会计利润时均作了扣除，但按税法规定，计算应纳税所得时均不能从收益中扣除，即上述支出变成了所得税后支出。

(1) 收入总额。收入总额指企业在生产经营活动及其他行为中取得的各项收入总和。包括生产经营收入、财产转让收入、利息收入、租赁收入、特许权使用费收入、股息收入、其他收入。

(2) 准予扣除的项目。它是指在计算应纳税所得额时准予从收入额中扣除，纳税人每个纳税年度发生的与取得应纳税收入有关的所有必要和正常的成本、费用、税金和损失。就加油站而言，成本指商品进价成本；费用指期间费用(营业费用、管理费用和财务费用)；税金指企业在经营过程中依法缴纳的营业税、城市维护建设税等，教育费附加可视同税金；损失指经营过程中发生的各项营业外支出、经营亏损和投资损失，以及其他损失。

(3) 不得扣除项目

① 资本性支出。如购置、建造固定资产，对外投资的支出。

② 无形资产受让、开发支出。

③ 违法经营的罚款、被没收财物的损失。

④ 各项税收的滞纳金、罚金和罚款。

⑤ 自然灾害或者意外事故损失有赔偿的部分。

⑥ 超过国家规定允许扣除的公益救济性捐赠，以及非公益救济性捐赠。

⑦ 各种非广告性质的赞助支出。

⑧ 销售货物给购货方的回扣等。

(1) 应纳所得税计算：应纳所得税=应纳税所得额×税率

【例2】 某加油站一个纳税年度内经营状况良好，经核定全年应纳税所得额为500000元，请计算其应纳所得税。

根据规定，其适用33%的税率，故其应纳所得税=500000×33%=165000(元)

八、利润和利润分配的管理

1. 利润的管理

(1)利润的概念。利润是指企业在一定会计期间的经营成果。企业生产经营过程中，通过销售过程将商品卖给购买方，实现收入，收入扣除当初的投入成本以及其他一系列费用，再加减非经营性质的收支及投资收益，即为企业的利润总额或亏损总额。概括而言，企业的利润包括营业利润、投资收益(减损失)、补贴收入和营业外收支等部分。其有关计算公式为：

① 利润总额=营业利润+投资收益(减投资损失)+补贴收入+营业外收入-营业外支出

② 营业利润=主营业务利润+其他业务利润-营业费用-管理费用-财务费用

③ 主营业务利润=主营业务收入-主营业务成本-主营业务税金及附加

④ 其他业务利润=其他业务收入-其他业务支出

⑤ 税后净利=利润总额-所得税

对加油站而言，主营业务利润即油品销售利润，其他业务利润包括出租业务和兼营的其他业务取得的利润，投资收益为对外投资取得收益(一般加油站无此项目)。

(2) 利润管理的主要内容。

① 编制利润预算，进行利润预测。可借助本量利法，即通过研究一定期间成本(费用)、

销量和利润之间的关系来预测和确定一定时期达到的利润数。

② 加强对收入、成本、费用、税金、损失和其他支出的管理。这是加强利润管理的基础。

③ 对利润进行正确的核算。

对利润的核算是通过"本年利润"账户进行的，对其正确核算首先要保证对一定时期的所有收支进行正确核算，同时要保证期末收支类账户发生数结转到"本年利润"账户的正确性。期末，企业将各收益类账户的余额转入"本年利润"账户的贷方，将各成本费用类账户的余额转入"本年利润"账户的借方。结转后，本年利润账户如为贷方余额，反映本年度自年初开始累计实现的净利润，如为借方余额，反映本年度自年初开始累计发生的净亏损。年度终了，应将"本年利润"账户的全部累计余额，转入"利润分配"账户。

2. 利润分配的管理

（1）利润分配的概念。利润分配是指企业把一定时期实现的净利润，按国家和企业财务制度的规定进行分配。主要包括提取盈余公积金、公益金和向投资者分配利润三部分。

（2）利润分配的顺序。按《公司法》和《企业会计制度》等财务会计制度规定，加油站实现的净利润可按以下顺序进行分配：

① 弥补以前年度亏损

指超过用所得税前的利润抵补亏损的期限后（抵补期限最长为5年），仍未补足的亏损，可以用税后净利润弥补。

② 提取法定公积金。指按照一定比例（10%）从税后利润中提取的公积金。公积金可弥补或转增资本金。当盈余公积达到注册资本50%时不再提取。

③ 提取法定公益金。指按一定比例（5%~10%）从税后利润中提取的用于集体福利设施的资金。

④ 提取任意公积金。指按公司章程或董事会决议提取的公积金。

⑤ 支付投资者利润。公司弥补亏损和提取公积金、法定公益金后的剩余利润，按公司章程或董事会决议进行分配，有限责任公司按照股东的出资比例进行分配，股份有限责任公司按照股东持股比例进行分配。

具体实施是：股份制加油站和联营加油站根据公司章程和董事会决议确定。非独立核算加油站不进行单独的利润分配。

第二节　加油站的会计核算

为了对加油站实施有效的财务管理，必须组织规范的会计核算。

一、会计核算基础

（一）会计要素

会计要素是对会计对象的基本分类，是组成会计报表的基本构件。会计要素可分为反映企业财务状况的会计要素和反映企业经营成果的会计要素。前者包括资产、负债和所有者权益，后者包括收入费用和利润。

1. 资产

资产是指过去的交易、事项形成并由企业拥有或者控制的资源，该资源预期会给企业带来经济利益。

资产按流动性大小，可分为流动资产、长期投资、固定资产、无形资产和其他资产等。加油站的资产以流动资产和固定资产为主。

2. 负债

负债是指过去的交易、事项形成的现时义务，履行该义务预期会导致经济利益流出企业。按流动性大小，分为流动负债和长期负债。加油站的负债以流动负债为主，包括应付账款、预收货款等。

3. 所有者权益

所有者权益是指所有者在企业资产中享有的经济利益，其金额为资产减去负债后的余额。包括企业投资人对企业的投入资本(实收资本或股本)以及形成的资本公积、盈余公积和未分配利润。

4. 收入

收入是指企业在销售商品提供劳务及让渡资产使用权等日常活动中所形成的经济利益的总流入。加油站的主要收入是油品销售收入。

5. 费用

费用，是指企业销售商品、提供劳务等日常活动所发生的、与所有者利润分配无关的经济利益的流出，包括营业成本和期间费用。加油站的营业成本是指商品进价，主要是油品进价。加油站的期间费用指营业费用、管理费用和财务费用。

6. 利润

指企业在一定会计期间的经营成果。利润总额是企业全部收入扣除全部费用后的差额。即“收入－费用＝利润”，正数为盈利，负数为亏损。

(二) 会计平衡公式

会计要素由本身性质所决定，互相存在着对应关系，可用以下公式表示：

$$\text{资产}=\text{负债}+\text{所有者权益} \tag{6-1}$$

$$\text{收入}-\text{费用}=\text{利润} \tag{6-2}$$

① 式表明企业生产经营活动处于任一时点，其全部资产均由投资者投入和借入两种来源构成，故三者在数值上存在相等关系，是企业资金运动的静态表现。这一公式是复式记账和编制资产负债表的理论依据。

② 式表明企业在某一会计期间内，其生产经营活动的最后成果是由全部收入减去全部费用后得到的，是企业资金运动的动态表现。这一公式是编制利润表的理论基础。

(三) 会计核算的一般原则

为了规范会计核算，保证会计信息质量，加油站的会计核算应该遵循企业会计基本准则，其主要内容是会计核算的一般原则，包括：客观性原则、实质重于形式原则、相关性原则、可比性原则、及时性原则、明晰性原则、权责发生制原则、配比原则、历史成本原则、划分收益性支出与资本性支出原则、谨慎性原则、重要性原则。

(四) 会计的确认和计量

1. 会计确认

会计确认是指对符合条件的经济交易或事项，明确以何种会计要素及何时登记入账并列报于财务会计报告的过程。会计确认贯穿于会计核算的全过程。

2. 会计计量

会计计量是指在将会计要素登记入账并列报于财务会计报告时，要以货币为单位，并按规定的计量属性进行计量，确定其金额。

会计计量属性主要包括历史成本、重置成本、可变现净值、现值和公允价值。

历史成本，又称原始成本，是指以取得资产时实际发生的成本作为资产的入账价值。历史成本原则是目前我国会计核算的一项基本原则。

二、加油站的会计核算

当前，加油站的会计核算主要采用独立核算和非独立核算两种形式。在此，主要介绍独立核算加油站的会计核算，兼及非独立核算加油站的会计核算。

（一）会计工作的依据

加油站必须按照《会计法》、《企业会计准则》、《企业会计制度》和主管公司制定的内部会计制度组织会计核算。独立核算的加油站应设立独立的会计核算体系，对资产、负债、所有者权益和收入、费用、利润进行记录，按规定编制财务会计报告。对非独立核算的加油站，由主管公司实行“集中管理，统一核算”的财务管理和会计核算模式。

（二）会计人员配备和管理

各加油站应健全会计机构，配备合适的会计人员，一般应配备一名会计，一名出纳。非独立核算加油站，一般配备核算员或记账员和出纳。会计人员均应持证上岗，接受经常性的培训和考核。对会计人员应实行定期或不定期的轮岗制度。

（三）账表单设置

加油站应根据《企业会计准则》、《企业会计制度》和公司内部会计制度的规定，设置总账和明细账。

为了全面反映加油站商品(油品)流转情况，可以考虑设置以下账册表单：《加油站进油核对单》、《加油站交接班表》、《加油站付油日报表》、《加油站销售日报表》、《加油站商品盘点月报表》、《加油站库存商品明细分类账》和《加油站油品分罐保管登记账》等。

（四）主要会计报表

财务会计报告是指企业对外提供的反映企业某一特定日期财务状况和某一会计期间经营成果、现金流量的文件。编制财务会计报告主要是为了向使用者提供决策有用的财务信息。财务会计报告包括会计报表、会计报表附注和财务情况说明书。其中，会计报表是财务会计报告的主体和核心，包括资产负债表、利润表、现金流量表及相关附表，独立核算的加油站应按规定编制会计报表。

1. 会计报表的种类

（1）按反映的内容不同主要分为资产负债表、利润表和现金流量表。

（2）按反映的时期不同主要分为月报、季报、半年报和年报。其中月报、季报和半年报属中期会计报表。

2. 会计报表的编制要求

（1）真实性。企业应当根据实际发生的交易和事项，按照企业会计准则和企业会计制度的规定进行确认和计量，在此基础上编制会计报表，而不能弄虚作假。

（2）可比性。会计报表各项目的编报应当在各个会计期间保持一致，不得随意变更，使之具有可比性。

(3) 相关性。会计报表所反映的财务信息应与会计信息使用者的需求相关联。

(4) 重要性。如果某个项目的省略或错报会影响使用者据此作出经济决策，该项目被认为具有重要性，应单独列报。重要性主要考虑项目的性质和金额大小。

1. 资产负债表

资产负债表是反映企业在某一特定日期(如月末、季末、年末)财务状况的报表。它反映企业在某一特定日期所拥有或控制的经济资源、所承担的现时义务和所有者对净资产的要求权。它是根据“资产=负债+所有者权益”这一基本公式，按照一定的分类标准和一定的顺序，把企业一定日期的资产、负债和所有者权益各项目予以适当排列编制而成的。具体格式参见表6-1。

表6-1 资产负债表

编制单位：××公司　　　　年　月　日　　　　单位：元

资　产	行次	年初数	期末数	负债和所有者权益(或股东权益)	行次	年初数	期末数
流动资产				流动负债			
货币资金	1			短期借款	42		
短期投资	2			应付票据	43		
应收票据	5			应付账款	44		
应收股利	6			预收账款	45		
应收利息	7			应付工资	47		
应收账款	10			应付福利费	48		
其他应收款	11			应付股利	49		
预付账款	12			应交税金	50		
应收补贴款	13			其他应交款	51		
存货	16			其他应付款	52		
待摊费用	17			预提费用	53		
一年内到期的长期债权投资	19			预计负债	54		
其他流动资产	20			一年内到期的长期负债	55		
流动资产合计	21			其他流动负债	56		
长期投资							
长期股权投资	22						
长期债权投资	23						
长期投资合计	24						
				流动负债合计	57		
固定资产				长期负债			
固定资产原价	27			长期借款	58		
减：累计折旧	28			应付债券	59		
固定资产净值	29			长期应付款	60		
减：固定资产减值准备				其他长期负债	61		
固定资产净额							
工程物资	30						
在建工程	31			长期负债合计	62		
固定资产清理	32			递延税项			
				递延税款贷项	63		
固定资产合计	34						
				负债合计	64		
				所有者权益(股东权益)			
				实收资产(或股本)	65		
无形资产及其他资产				资本公积	66		

续表

资　产	行次	年初数	期末数	负债和所有者权益(或股东权益)	行次	年初数	期末数
无形资产	35			盈余公积	67		
长期待摊费用	37			其中：法定公益金	68		
其他长期资产	38			未分配利润	69		
无形资产及其他资产合计	39						
递延税项							
递延税款借项	40			所有者权益(股东权益)合计	70		
资产总计	41			负债和所有者权益(或股东权益)总计	75		

表中“年初数”栏内各项目数字，应根据上年末资产负债表“期末数”栏内所列数字填列。表中“年末数”栏内各项目数字，一般根据有关账户期末余额直接填列或经计算分析后填列。

2. *利润表*

利润表是反映企业一定会计期间(如一个月、一季度、半年度、一年)经营成果的报表。该表是以“收入-费用=利润”这一等式为依据，按照各项收入、费用以及构成利润的各个项目分类分项编制而成的。具体格式参见表6-2。

表6-2　利 润 表

编制单位：××公司　　　　年　　　　单位：元

项　目	行次	上年数(略)	本年累计数
一、主营业务收入	1		
减：主营业务成本	4		
主营业务税金及附加	5		
二、主营业务利润(亏损以“—”号填列)	6		
加：其他业务利润(亏损以“—”号填列)	7		
减：营业费用	9		
管理费用	10		
财务费用	11		
三、营业利润(亏损以“—”号填列)	12		
加：投资收益(亏损以“—”号填列)	13		
补贴收入	14		
营业外收入	15		
减：营业外支出	16		
四、利润总额(亏损总额以“—”号填列)	17		
减：所得税	18		
五、净利润(净亏损以“—”号填列)	19		

补充资料：

项　目	上年实际数	本年累计数
1. 出售、处置部门或被投资单位所得收益		
2. 自然灾害发生的损失		
3. 会计政策变更增加(或减少)净利润		
4. 会计估计变更增加(或减少)净利润		
5. 债务重组损失		
6. 其他		

报表中“本月数”栏反映各项目的本月实际发生数，在编制月度报表时，应根据有关损益类账户的本月发生额分析填列；在编制中期报表时，应将“本月数”栏改为“上年同期数”栏，填列上年同期累计实际发生数；在编制年度报表时，应将“本月数”改为“上年数”栏，填列上年全年累计发生数。报表中“本年累计数”栏，反映各项目自年初起至报告期末止的累计实际发生数。

报表中各项目主要根据各损益类科目的发生额分析填列。

3. 现金流量表

现金流量表是反映企业在一定会计期间现金和现金等价物流入和流出的报表。其中，现金是指企业的库存现金，可以随时用于支付的存款；现金等价物是指企业持有的期限短(一般指从购买日起，3 个月到期)、流动性强、易于转换为已知金额现金、价值变动风险很小的投资。

三、财务分析

加油站的财务分析是以加油站的会计报表及其他相关资料为主要依据，利用专门方法，对加油站的财务状况和经营成果进行评价和剖析，反映加油站在经营过程中的利弊得失和发展趋势，从而为改进加油站的财务管理工作和优化经济决策提供重要的财务信息。

财务分析的方法主要包括比较分析法、比率分析法和因素分析法。

(一) 比较分析法

比较分析法是指通过对比两期或两期以上相同的财务指标，确定其增减变动的方向、数额和幅度，以揭示企业财务状况或经营成果变动趋势的一种方法。一般有三种形式：实际指标与计划指标对比；本期实际指标与历史同期指标对比；同一指标在不同单位和部门之间的对比。如加油站某月实际利润(费用)可与计划利润(费用)比较，可以与上月实际利润(费用)比较，可以与规模相近的其他加油站的同月实际利润(费用)比较，分别揭示其计划完成程度、未来发展趋势、先进程度等。

(二) 比率分析法

比率分析法是通过计算两个具有内在联系的项目之间的比率，以评价企业财务状况或经营成果的一种方法。分为构成比率、效率比率和相关比率。

构成比率是指某项财务指标的各组成部分数值占总体数值的百分比。如加油站某一时点的流动资产、固定资产和无形资产和其他各项资产占总资产的百分比，即为其资产构成比率。

效率比率是指某项经济活动中所费与所得的比率。如加油站某月的净利润与销售收入对比，可以计算其销售净利率，即：

$$销售净利率=(净利润\div销售收入)\times100\%$$

利用该公式的计算结果，可反映加油站的盈利能力。

相关比率是以某个项目和与其有关但又不同的项目加以对比所得的比率，反映有关经济活动的相互关系。如加油站某一时点的流动资产与流动负债对比，可以计算其流动比率，即：

$$流动比率=(流动资产\div流动负债)\times100\%$$

利用该公式的计算结果，可反映加油站的短期偿债能力。

加油站某一时点的负债总额与资产总额对比，可以计算其资产负债率，即：

$$资产负债率=(负债总额\div资产总额)\times100\%$$

利用该公式的计算结果，可反映加油站的长期偿债能力。

(三) 因素分析法

因素分析法是依据分析指标与其影响因素的关系，从数量上确定各因素对分析指标影响方向和影响程度的一种方法。它包括两种具体方法：连环替代法和差额分析法。

非独立核算加油站可以实行模拟核算。加油站模拟核算一般是指在月末结账后，根据加油站的收入、成本、费用等数据，核算出加油站实现的利润等数据。通过加油站模拟核算，分析加油站的各项数据，及时发现经营中存在的问题，为加油站编制预算和进行经营管理决策提供参考数据。加油站模拟核算月报表可以依据加油站的实际情况自行设定格式。

第三节　加油站发票管理

加强发票管理，是做好加油站财务管理和会计核算工作的重要基础。

发票是一种记录经济活动、具有法律效力、代表一定经济责任、有着相应格式的会计核算的原始凭证和商事凭证。它是指在购销商品、提供或接受服务以及从事其他经营活动中，开具、收取的收付款凭证。目前最常用的发票有普通发票和增值税专用发票等。

作为加油站，必须遵守国家法规，管好用好发票，主动接受监督部门的检查。

一、发票的领购

加油站使用的增值税专用发票和普通发票，应由专人向主管公司财务部门领用。增值税专用发票按照核定量领取，普通发票按照以旧换新的原则领取。独立核算加油站可以向主管税务机关直接购买增值税专用发票和普通发票。加油站记账员按照发票号码、份数、联次认真查点清楚，有缺页、错号等不符现象，应立即声明，并向主管公司财务部门调换。

二、发票的开具

(1) 开发票必须按号码顺序使用，不得拆本使用；不得转借、转让和代开发票；不得擅自扩大专业发票使用范围。

(2) 发票全部联次一次填开，上下联金额、内容完全一致，不得单联填开。

(3) 填开发票必须项目齐全、内容真实、字迹清楚，不得涂改、描写、挖补等。

(4) 发票按规定时限开具，开票日期不得提前或滞后。

(5) 发票必须票、物相符，户名真实，票面金额与实收金额相符，严禁虚开发票。

(6) 发票金额计算必须正确，大小写保持一致。

(7) 不得开具伪造的或作废的发票，未经批准，不得跨规定使用区域开具发票。

(8) 发票所填金额不得超过版本规定金额，否则为无效发票。

(9) 错票、误票等作废票要在全部联次上明显注明“作废”字样，并把各联粘贴”(或装订)在存根联后面，不得撕毁。

(10) 使用电子计算机开具发票，须经主管税务机关批准，并使用税务机关统一印制的机外发票，开具后的存根联应按照顺序号装订成册。

(11) 发票填完后，应在发票联及有关联次上加盖单位财务专用章或发票专用章。

（12）开具发票后，如发生销售退回需开红字发票的，必须收回原发票并注明“作废”字样或取得对方有效证明，重新开具销货发票。

三、发票保管

（1）设置专人办理领用发票手续和负责发票保管工作。

（2）建立发票领用存制度，设立《发票领用存登记簿》，及时记录发票的购买 、领用、结存、缴销等情况。

（3）发票领用须以旧换新，已开具过的发票存根，应按规定检查审核后按顺序整理，并及时上缴。独立核算的加油站，其发票存根由自己保存。

（4）未使用完(或未使用)的过期发票，由加油站或上级有关部门审核后交税务机关作缴销处理。

（5）发票保管人员变更时，要做好交接工作。

（6）发票丢失，应立即向主管部门及税务部门报案，不得有意隐瞒和有案不报。

（7）已开具过的发票存根和《发票领用存登记簿》，应当保存五年。保存期满，报经税务机关查验后，方可销毁。

【思考题】

1. 请你谈一谈企业财务管理的目标。
2. 你认为加强现金管理首先要解决什么？
3. 现金管理的“六不准”规定是什么？
4. 油品存货管理的主要内容是什么？
5. 加油站费用的主要内容是什么？加强费用管理的主要措施。
6. 应交增值税和应交所得税是如何计算的？
7. 税后净利是如何形成的？
8. 简述六大会计要素及其相互关系。
9. 如何评价加油站的偿债能力和盈利能力？
10. 加油站应如何开具发票？

第七章　加油站营销策略

随着成品油零售市场的开放，加油站营销环境日趋复杂，市场竞争已处于白热化状态。加油站的发展关系到石油销售企业的生存。面对竞争激烈的市场，企业必须采取相应的对策，深入研究油品市场顾客需求的特点，运用有效的营销策略，切实把终端销售做好，赢得市场经营活动的主动权，夺取理想的市场份额。

第一节　营销的基本问题

市场营销是加油站必须具备的重要职能，市场营销在很大程度上决定着加油站生存和发展。市场竞争越是向深层次发展，加油站所面临的环境就越复杂，加油站的经营行为就越市场化，市场营销的作用就越显得重要。加油站作为成品油销售的窗口，提高销量是加油站的重中之重，只有深入理解市场营销的内涵，通过有效的市场营销活动，把握市场营销的特征和任务，才能确立自己在市场竞争中的优势地位。

一、加油站营销的新认识

市场是经济发展的产物，市场的涵义随着经济的发展而变化。市场包括供给和需求两个相互联系、相互制约的方面，是两者的统一体。市场包含三个要素：有某种需要的人、为满足这种需要的购买能力和购买意愿。现代营销学的范畴中市场往往等同于需求。

（一）做营销就是做客户

市场是由需求构成的，需求构成加油站的市场容量，而需求的满足状态制约着加油站销量的高低。在市场上需求活动的最佳状态是满意，客户的满意是加油站效益的源泉。从这个角度来讲，加油站做营销就是做客户。

做客户，就是要想客户，经常与客户进行交流与沟通，与客户有了默契，客户在心里自然就会想着你。但是，每位客户对加油站的贡献是不同的，加油站营销不应将营销努力平摊在每一位客户身上，而应该充分关注核心客户，即加油量大的客户、老客户和关键客户。这些客户会给企业带来更多的利益，想方设法将客户的满意度转化为持久的忠诚度，把与客户建立长期关系作为目标。在营销过程中，加油站不仅要对客户进行“量”的分析，而且还要进行“质”的分析。不仅要去满足既有的需求，而且要去创造客户的需求，这是时代所要求的全新的营销理念。

（二）做营销，就是做个性

知识经济改变了整个社会状态。人们的思考方式发生了巨大的变化，对商品的需求也逐渐向个性化方向发展。国外许多优秀企业的定制营销方式实质上就是个性化营销，比如，实施“顾客库”的希尔顿酒店，推行“零距离”的海尔集团，它们卖的不只是产品，而是根据消费者的需要不断推出的按需定制的个性化商品。

加油站也要顺应市场变化，创造出让竞争者在短时间内难以仿效的个性化品牌，就能使自己的产品和服务形成特色，让不同层次、不同地域、不同消费习惯、不同情感需求的消费者得到满足。如长途车司机和小轿车司机、高峰期的司机和非高峰期的司机、白天的司机和夜间的司机，他们对于加油过程中的营销和服务方式都有不同的要求。加油站就要迎合不同顾客的差异需求，这样，市场才会变得丰富多彩，竞争才会变得得心应手。

（三）做营销，就是抓机会

市场瞬息万变，善借机者从不放过任何一个机会。惟有能及时抓住机会的人，才能成为真正的市场赢家。如今，加油站的竞争也已达到了白热化，大家都为争夺市场份额而各显神通。市场挑战者频频向市场领导者发起挑战，目的就是想抢占先机，争当赢家。所以，加油站就要认真进行市场调查，保持对市场敏锐洞察力，善于捕捉市场先机，走在对手之前，抢占新的机会。

二、加油站营销的特征

（一）市场营销是一种经营活动

加油站营销涉及的范围不仅仅限于商业性内容,它既有销售中的活动,又有销售前和销售后的活动。把油品卖出去并不是营销活动的结束,还需要确保顾客在油品使用过程中达到满意,并需要通过反馈信息指导加油站新的经营活动,以此来把握加油站经营活动的全过程。

（二）市场营销是通过整合要素发挥功能

市场竞争是企业运用更有效的营销策略和营销手段实现对竞争对手的控制和把握，营销策略是一个有机的系统，任何一项策略均难以单独发挥作用。加油站要实现竞争的目标，不但要调动多种关系，制定出多种策略，更要发挥营销的综合协调能力。

（三）市场营销以顾客的需求作为一切活动的出发点

市场营销观念决定了市场是营销活动的起点，它标志着：第一，以消费者需求为中心与出发点，强调细分市场，满足目标市场顾客的需求和欲望。第二，运用市场营销组合手段，追求全面满足消费者需求。第三，刺激新产品开发，以新的功能满足消费者需求。第四，强调市场信息沟通，建立营销决策中心，为经营决策服务。

三、市场营销的基本任务

在成品油销售行业，不同加油站出售的油品已趋向同质化，它们单靠提高油品本身的特性来赢得客户的竞争手段已变得软弱无力，因为客户已很难从油品的内在品质和外在特征区分不同油站的油品。从某种意义上说，“以质取胜”已成为过去，企业品牌形象的差异和服务的优劣正在取代传统的油品本身的差异，加油站卖的不再是差异化的油品，而是差异化的品牌理念和服务意识。因此，提高品牌价值，为顾客提供优质服务，已成为石油销售企业不断提高市场份额，提升成品油零售网络的整体竞争能力和盈利能力的重要途径。

（一）营销传播企业理念

一个竞争力强、长盛不衰的企业，必有它所崇奉的信仰。将这种信仰内化为基本信条，成为指导企业各种行为的准则，这就是理念，再通过企业员工行为将这一理念传达给社会公众，从而为企业创造良好的营销环境。众多客户认识石油企业主要是从加油站开始的，我们通过加油站向客户展示企业高品位的形象识别系统、方便舒适的购油环境、热情周到的员工服务和先进的企业理念，不断地向客户传播优秀的企业文化，客户在接受加油站千百次的服务中，潜移默化地感受和认同企业文化。

（二）营销提升服务层次

服务带来顾客，顾客带来销量，服务已成为竞争取胜的一块王牌。服务质量的好坏，直接关系到加油站的生存，体现着加油站经营管理水平的高低。当顾客在某一加油站加油后，还想再度光临，这就表明他曾在这家加油站受到过热情的欢迎和接待，简单地说，他获得了满意的服务。服务对于加油站而言，并不仅仅指加油站员工是否热情，服务是否周到，它还同时从油品质量保证、站内环境整洁、加油收银准确无误等方面表现出来。可以说，从车辆进站，到加油完毕礼送出站，无时不充满着对服务质量的检验。

1. 服务让顾客惊喜

服务在加油站中是一根链条，任何一个环节都非常重要，服务渗透于加油站管理的方方面面，它不单单反映加油站的服务层次，从某个意义上讲，服务的好坏说明了对顾客是否尊重，也体现了每一位加油站员工工作责任心的高低。加油站员工没有办法把油品的质量变得更好，却有可能把顾客的购买过程变得无滋无味。顾客花了钱而没有得到应有的服务与尊重，这是顾客最反感也最痛恨的事情。任何环节出了问题，顾客即使可以原谅，但绝对不会满意，对于一个不满意的加油站，谁还会频频光顾呢？相反如果一个加油站尽可能多地为顾客提供满意的服务，并使原来的服务不断得到提升，超越顾客的期望，那么顾客不仅会感到满意，而且会产生惊喜、兴奋，使顾客融购油于服务享受之中。

让顾客满意不是靠一种油品,一次买卖就能做到,而是在无数次的买卖和提供的服务中逐渐形成的,是靠全体员工的素质和职业道德累积起来的。如某加油站站长在得知一位经营5辆大货车运输客户的女儿患病住院无人照顾时,该站长亲自带着营养品去看望,还安排员工到医院轮流帮忙护理,直到身体康复。这位客户出车从外地回来后专门赶到这个站表示感谢,并当着全站员工的面动情地说:“你们真是服务到家了,我不知怎么感谢你们,今天我表态,今后我车队用油都由你们供应,你们给什么价我们都愿意!”真是油品有价,服务无价。

2. 了解顾客的期望

个性化营销的时代，要求不同区位的加油站研究各自顾客的购油心理，提供个性化的服务项目，采取针对性的心理诉求。如高速公路上加油站的司机，由于经常在外奔波，一次购油量大，所以，他们对价格比较敏感，要求加油站提供温馨服务，突出品牌宣传，提供多种服务项目；而市区加油站则需加快服务速度，提供舒适的购油环境，使顾客产生认牌购买，建立品牌忠诚。只有通过关心顾客的不同需求，才能使顾客成为永久的合作伙伴。

3. 让顾客超值感动

美国营销专家维特说过：“未来竞争的关键，不在于企业能生产什么产品，而在于产品能提供多少附加价值。”这就是说，加油站应改变赚钱的思路，以超值服务的理念销售油品，超越顾客对加油站的期望，让顾客感动。主要途径有通过“自找麻烦”，主动及时地解决顾客的问题；帮助顾客省钱；更加注重价值与感受等。如某加油站为了解决长途货车“回空”的难题，加油站站长向司机推出联系配货服务，协调当地各有关单位建立配货联系点。这一行为，司机们得到了更多的利益，为之感动。同时，加油站也结交了许多长途车司机朋友，争取了更多的忠实客户。

（三）营销整合品牌资源

整合营销传播的到来，特别需要传播的手段。我们的油品需要两个经销商：一个是把油品送到客户的面前，让其很方便买到其所需要的油品；另一个是把油品送到客户的心里，让其有印象，产生感觉，占领心间。

市场竞争分为两个阶段，一是产品的竞争，二是品牌的竞争。产品竞争更多表现在口味、包装、价格、物质及技术层面的竞争；品牌竞争则是精神及心理层面的竞争。油品依赖的是厂家，品牌依赖的则是客户。品牌的定位不是卖油品，而是卖希望，卖感受。品牌是用来沟通和传播的工具。

品牌价值无疑是企业无形资产中重要的组成部分，越来越多的企业认识到，一个有实力的品牌既可以使企业获得更多的利润，也可以获得更多投资者的青睐。如中国石化牵手 F1 方程式，树立中国石化国际化品牌形象，并在终端领域不断强化渗透，逐渐形成比较显著的品牌竞争优势。

营销开拓市场

对企业来讲，市场是企业生存和发展的空间，有市场的企业才有生命力。英国经济学家格里·奥斯库先生曾经说过："创造市场是企业仅次于创造产品的第二个竞争。"在经济运行日趋市场化、加油站竞争日益激烈的形势下，企业能否做到面向市场，最终体现在能否实现油品的销售上，也就看能不能构筑一个强大的营销平台挤进市场并抢占市场。

加油站要开拓市场，就要从加油站的客户细分入手，明确加油站的市场定位和竞争定位，建立特色营销网络体系，通过实施有效的营销策略，达到对成品油销售市场的占领和控制。

推行品牌战略，树立优良的加油站形象是一个系统工程，其核心内容是创导服务至上的营销理念。加油站营销的实质就是服务营销，但营销的措施是多方面的。首先要做好加油站环境分析，包括加油站周围的用户状况、竞争格局等。其次，要制定营销服务措施，提供相应的油品知识咨询，主动提供延伸服务，开展"多元化"经营。再次，开展各种有效的营销策划活动，吸引顾客购买。从以往的实物有奖、赠品销售等低档次的促销手段，转变到把加油站营造成司机之家，给司机以生活体验，品牌感动，使加油站整体竞争力得以提升。

在加油站的营销过程中，还要特别重视争取回头客。除了日常开展的促销活动外，最重要的还是如何加强与顾客的相互了解，加深感情，使他们产生一种信任感，觉得来这里加油既放心又舒心。如果有很多司机一再光临某个加油站，那就足以证明该加油站已经获得了相当的好评，其促销工作已经获得成功，留住了顾客。对于普通的司机，只要有品质良好、价格合理的油品，配以亲切、周到的服务就能得到其高度的赞赏。有时候，加油员对司机一声亲切的问候，或者与司机闲聊几句，也能获得司机的好评，吸引他们回头。所以说，真正好的促销并不是简单的口头应付，它要求真正去和顾客沟通，给顾客以时时刻刻、方方面面的关心和照顾，这才是好的促销。加油站出售的不只是油品和服务，更多的是信誉和形象。

总之，在成品油市场竞争异常激烈的态势下，要拓展市场空间，增加市场份额，活就活在营销，胜就胜在品牌，赢就赢在服务。"用户就是衣食父母，顾客就是亲朋好友"并非一句空话，在创品牌、树形象活动过程中通过塑造强势品牌，提供优质的服务，加油站就能在与同行竞争中，创造持久的市场活力。

第二节　营销创新

一、营销思维创新

(一) 营销创新，理念先行

随着中国经济逐步融入经济全球化的浪潮之中，越来越多的跨国公司进入中国市场，中国企业正面临着前所未有的压力，企业要想在激烈的竞争中求得生存和发展，赢得市场，占有先机，必须学会改变，从思维方式到企业战略再到营销策略均需作重大调整。

1. 思维的改变是企业成功的前提

企业要变，员工首先要变。一个企业发展的最大阻力来自于公司内部职工根深蒂固的旧观念。尤其是对从计划经济时代走过来，垄断性很强、官商作风严重的老公司来说，要转变思想观念并非易事，所以要采取一切措施转变思路，从生存的环境和长远发展来看，竞争会越来越激烈。如果固守传统的经营思想和经营模式，路肯定是越走越窄。

2. 快速的市场反应是企业成功的关键

在社会进入信息化时代的今天，市场反应速度决定着企业的命运。美国思科公司总裁约翰·钱伯斯在谈到新经济的规则时指出：现代竞争已"不是大鱼吃小鱼，而是快鱼吃慢鱼"，这无疑是成功者的经验之谈。如今竞争异常激烈，市场风云瞬息万变，市场信息流的传播速度大大加快，谁能抢先一步获得信息，抢先一步做出应对，谁就能捷足先登，独占商机。

3. 适时的战略调整是企业成功的保证

在进入WTO以后，对中国企业和企业家来说，靠"摸着石头过河"的方式已经不可能生存下去。因为，一个没有长远发展战略的企业，一个缺乏对市场和环境深刻了解的企业，注定是长不大的企业，注定是要被淘汰的企业。同样，一个企业如果有了明确的战略，但不能适时而变，不断调整战略，也是难以在竞争中取胜的。

1997年前后，由于市场的开放，成品油的批发经营利润越来越低，有的企业就意识到这是一个机遇，于是把经营的重点迅速转向了零售，加快加油站建设，大力抢占零售网点，迅速提高了市场控制能力，也提高了自身的生存和发展能力。

（二）灵活应变，做大市场

人类步入信息时代，买方市场表现得更加充分，市场竞争日趋激烈，要想在竞争中赢得市场，占有先机，必须学会变化，就像《谁动了我的奶酪》中的两只老鼠一样，随时保持灵敏的嗅觉。

1. 要紧跟变化了的市场，以变制变

市场在变，竞争在变，消费者的消费需求更在变，这就要求企业的战略思路要超前一步，适应这种变化。跨国石油公司如壳牌、BP为了应付经济全球化和市场一体化下日益激烈的国际竞争，纷纷调整产业结构，出售盈利能力低下的炼油厂和加油站，提高产业集中度，降低了经营成本，实现了可持续发展。国内成品油市场的变化也是符合市场规律的。

2. 要有居安思危意识

美国联邦快递公司有一句名言：首要规则是改变规则。市场在变，规则必须跟着变。现在一些企业往往容易被现有的成绩所蒙蔽，看不到未来的发展趋势和即将到来的危机，好像温水中的青蛙，当水温逐步上升时，它有能力跳出，却忘记跳出，等到烫得难受时，再想跳出，已没有力气了。很多企业就是在这种"温水效应"中进入安乐死。明智的企业家总是居安思危，提前为企业寻找出路。

（三）提高市场反映速度

当前优秀企业已从过去推测性商业模式，转移到高度回应需求的商业模式。面对迅速变化的市场，要满足顾客的需求，建立关联关系，企业必须建立快速反应机制，提高反应速度和回应力。这样可最大限度地减少抱怨，稳定客户群，减少客户转移的概率。网络的神奇在于快速，企业必须把网络作为快速反应的重要工具和手段。以往，日本企业在质量上也并不是一味追求至善至美，而是追求面向客户的质量，追求性能价格比。他们并不保证产品不出问题，因为那样成本太高，它们是在协调质量与服务关系的基础上建立快速反应机制，提高服务水平，对问题快速反应并迅速解决，这是一种企业、顾客双赢的做法。

二、营销策略的创新

经过多年的实践，传统的市场营销已经制造了无数神话和传说，在理论上达到了相当的高度，然而这些成就在新世纪大潮前，也可能成为一种束缚。营销环境和消费者需求的改变，原有的营销观念和陈旧的营销方法已难以适应。

（一）产品—消费者（product—consumer）

其核心是企业重视研究消费者的消费倾向，消费偏好，生产与之相适应的产品，以满足其需求。从“产品”转变到“顾客”有人曾形象地描述为：忘掉产品，考虑消费者的需要和欲望。意思是说，企业不能只关心质量如何、包装如何，而要多想一想我的产品是否符合顾客的需要。因此，能够准确地把握不同目标顾客的消费需求，并适时、适地、适度地实施这一策略。例如，日本的本田公司十分重视研究消费者需求，把这一策略发挥到极至。以摩托车为例，本田公司发现美国人骑乘摩托车主要是为了休闲及赛车，产品要具有流线型的外观和强劲的马力，以减少空气阻力和增强赛车动力；亚洲人通常把摩托车作为基本的交通工具，希望成本低廉和方便；加拿大牧羊人骑摩托车是为了赶羊，他们要求能长时间低速运转而外观可以不讲究。本田使用同样的基础技术，针对不同地区消费者的不同需求开发出不同种类的摩托车，以满足各个目标市场的需要。

（二）价格—成本（price—cost）

其核心是制定价格时，考虑消费者为满足需求而愿意支付多少。这就要求企业降低生产成本，提供给消费者质优价廉的产品，使消费者从心理角度对价格认可，从而刺激消费者的购买行为。康柏电脑曾成功地运用了此策略，才实现了企业和消费者的双赢。上世纪90年代初康柏电脑一向以贵族电脑自居，其销售对象是追求高档消费的富豪，不料，销售却步履维艰。1991年菲弗尔出任康柏电脑公司总裁，凭借其丰富的市场营销经验以及对市场深刻的洞察力，提出了“发展、普及个人电脑”的新战略，并分析了企业自身的竞争实力及消费者的购买心理，详尽调查竞争对手后，制定了具有战略意义的价格决策，将康柏电脑的售价降低了1/3，使消费者以更低的价格购买了品质性能均无可挑剔的康柏电脑。在转入批量生产时，每一道工序的造价成本都尽可能地降低。1993年当年产量从150万台提高到300万台时，全部生产成本几乎下降了1000万美元。菲弗尔坦诚地说：“康柏的降价与降低生产成本和进行规模生产是并行的，只有这样，才能减轻顾客的负担，又使康柏得到理想的利润。”

（三）渠道—便利（place—convenience）

其核心是销售渠道的选择和设计应考虑到消费者购买的便利性。渠道是否畅通，顾客购买是否便利将直接影响顾客的购买心理和行为。众所周知，中国零售业目前处于过度竞争状态，相当一部分商场亏损或处于亏损边缘。而隶属于荷兰SHV的万客隆连锁店却在中国市场上取得了令人瞩目的业绩。万客隆之所以能脱颖而出，除采取低价策略外，还在于万客隆的选址策略。其店址一般选在经济较发达地区中心城市的出口处，这种地方既可避免市区的地价昂贵而引起成本上升，又可避免偏僻地区的客流不足，同时具备便利的交通条件，并为顾客提供免费停车位。此外，万客隆还定期为顾客推出万客隆快迅，介绍商品信息，极大地节约了顾客的时间，而所有这一切，正是顾客切实关心的问题。

(四) 促销—沟通(promotion—communication)

其核心是企业应以积极的方式与顾客双向沟通，使顾客愿意接受产品，达到促销目的。从促销到沟通的转变，实际是从“消费者请注意”到“请注意消费者”的转变。企业营销不仅是企业提出承诺，单向劝导顾客，更重要的是追求企业和顾客的共同利益，同时，良好的双向沟通，有利于协调关系，融洽感情，培养忠诚的顾客群。

90年代后期，美国学者赫海凯特在研究“4C”的基础上，提出了“4R”理论，即保持(Retention)、关系(Relationships)、推荐(Referral)、恢复(Recovery)。这一观念对建立成功的营销计划非常重要。它不仅仅把注意力放在管理营销工具上，而且要求管理层领悟到如何才能导致长期的成功。

保持是指通过满足和超越客户的需求来留住他们。保持客户比取得客户的成本小得多。客户保持的核心问题是必须自愿。客户有选择卖主的机会，一旦他们脱离了被俘获的状态，这些客户就会立即把自己的业务转移到别的地方。

当客户自愿地甚至热情地与一家公司长期进行交易时，就可能是存在着某种关系了。建立关系意味着要努力接近客户，试图更好地理解他们。关系是建立在诚信、交流和理解的基础之上的。

推荐指的是由客户的满意度带来的口头传播效应——那些感到满意的顾客会向别人传递强有力的信息。当顾客对产品或者服务完全满意的时候，他们就可能向值得信赖的同事、朋友或者家庭成员传播这种信息，并推荐他们购买。

恢复不满的客户服务也是现代营销业务管理的一个重要组成部分，意外的因素难免会导致错误的发生，使顾客和员工感到失望。然而，错误可以转化为打动顾客和赢得顾客的机会。修复错误可以向忠诚的顾客和新的顾客申明你对客户服务和满意度的承诺。

对于加油站来说，当然也不例外，售出你的油品只是最基本的任务，而让顾客对你的服务具有良好的认知与忠诚度，这才是最重要的。

三、营销手段的创新

(一) 概念营销

所谓概念营销就是将一种新的消费概念向消费者宣扬、推广，使消费者认识并接受这种消费概念，最终实现这一概念产品消费的营销方式。概念营销着眼于顾客的理性认识与情感因素的结合，和一般营销相比，概念营销更能把握住顾客的需求，更能抓住油品的本质特征，也更能通过概念把不同油品的诉求点表达完整，从而更有利于与顾客产生共鸣。

1. 发掘新概念

即抓住该油品的卖点——新的概念。该概念要新，要具有鲜明的特色、功能和品牌形象，能够得到顾客的关注与认同。如加油站推出高标号油品时，着重诉求该油品为顾客带来的利益，这是顾客最为关注的。

2. 宣传攻势

新油品上市之前，概念营销首先为顾客传递新的消费观念、变化趋势和生活标准，推出即将上市的油品信息。加油站围绕新油品项目的概念展开宣传活动，通过电视、报纸、网络等媒体广告以及加油站现场营业推广，将概念营销信息传递给顾客，从而引起顾客的关注与认同，并唤起顾客对新油品的期待。

3. 油品演示

通过加油站销售人员的工作，直接向顾客展示油品的特点和它的内涵，并把油品增加的价值和服务也告诉顾客。加油站人员进行现场解释与说明，可以降低顾客的心理预期，引导顾客形成新的消费观念。

4. 售后服务

产品的成功并不意味着市场的成功，企业要把握新油品开发的必要资源，有适应需求并迅速转化为批量生产与经营的能力，同时，还必须要有一系列的市场推广手段才能把成功的产品成功地推向顾客。售后服务是营销成功的保障。

（二）差异化营销

从卖方市场到买方市场的转变，使得那种以生产者为中心的企业营销体制、营销理念发生了根本性的变化。差异化营销就是现代营销策略中最常用的一种。所谓差异化营销就是企业凭借自身的技术优势和管理优势，生产出在性能上、质量上优于市场上现有水平的油品，或者是在销售方面，通过有特色的宣传活动、灵活的推销手段、周到的售后服务，在顾客心目中树立起不同一般的良好形象。

1. 产品差异化

指某一企业生产的产品，在质量、性能上明显优于同类产品的生产厂家，从而形成独特的市场。对于同一行业的竞争对手来说，产品的核心价值是基本相同的，不同的是性能和质量，在满足顾客基本需要的情况下，为顾客提供独特的产品是差异化战略追求的目标。

2. 形象差异化

即加油站实施品牌战略和CI（Corporate Identity，意为"企业识别"）战略而产生的差异。加油站通过强烈的品牌意识、成功的CI战略，借助媒体宣传，使加油站在顾客心目中树立起优异的形象，从而对该加油站的油品发生偏好。

3. 市场差异化

指由油品的销售条件、销售环境等具体的市场操作因素而产生的差异。包括价格的差异、渠道的差异和服务的差异。

4. 价格的差异化

加油站油品的定价有一定的选择范围，是选择高价还是选择低价策略，最主要的是要根据油品的市场定位、本企业的实力和油品生命周期来确定。

5. 渠道差异化

采用灵活的分销渠道策略，为顾客提供便利。根据产销之间的环节多少，有长渠道和短渠道之分。在同类油品中，根据自己的特点和优势，采用合适的销售渠道可以取得事半功倍的效果。

6. 服务差异化

随着买方市场的到来，出售相同功能、相同质量油品的加油站越来越多，人们为什么要舍此择彼呢？重要的原因是售后服务的差异。

（三）情感营销

一个加油站，为什么一些顾客会成为其固定用户，为什么顾客会对它情有独钟，为什么销量会持续上升，除了运用良好的营销策略以外，情感维系也是一个重要因素，用情感凝聚了员工，用情感赢得了顾客，用情感战胜了对手。

1. 用情感凝聚员工

一个加油站如同一个企业，员工和企业之间要有一个心理契约——互相间的信任和承诺，它是靠企业的文化、靠情感的投入、靠人性化的管理来达成的。如某石油分公司的一加油站站长李梅，注重人性化管理，天热发现宿舍有蚊子影响员工休息，她马上买来灭蚊器放到每个员工宿舍，天冷了，她又把热水袋、手套和带护耳的毛线帽送到每个员工手中，员工生病她坚持亲自送到医院看病。严格要求辅以人性化的管理，使临时工集中的加油站员工队伍表现出很强的凝聚力、战斗力和亲和力，每年员工流失率低，加油站的销量连年刷新。

2. 用情感赢得顾客

(1)用微笑锁住顾客。销售人员如果是单纯的微笑必定是廉价的，因为它缺少知识的支撑。要让顾客得到轻松感受，必须具有高知识含量，销售过程不仅仅只是收钱，把油加到油箱，也不仅仅是一笑了之，而是要把相关的知识一并交给顾客。这样，企业就要加强对销售人员的职业培训，让其具备良好的交际技巧，懂得怎样尊重顾客，怎样塑造轻松氛围，让顾客接受微笑的同时愉快地完成购买。

(2)真诚架起情感沟通的桥梁。很多加油站由于对客户真诚相待，赢得了顾客的好感，有些客户不仅成为油站的星级客户，而且还与油站员工结为知心朋友。福建某石油公司盛建加油站的员工们，就是用真心和真情，一步步地提升了自己的市场销售实力。这个站把客户都当做“形象工程、信誉工程，甚至生命工程”来对待，因为员工们记住了这样一句话：“开发一个客户、交一方朋友、树一块牌子、拓一片市场，因为他们是我们的衣食父母”。

(3)用真情消除误会。加油站有南来北往、各种身份的顾客，员工与顾客发生不愉快也是常见的事，有些顾客甚至蛮不讲理，出口伤人或动手打人。员工经常把委屈埋在心理，仍然一丝不苟地为顾客加好油。员工们常说，跟顾客打交道是不能应付的，只有诚心诚意，顾客才会再次光顾。真情能够消除误会，能够赢得信任。

3. 用情感战胜对手

加油站从情感入手，强烈地感染着顾客，同时也征服了竞争对手。

(1) 确定情感营销的战略。加油站除了确保提供优质油品外，还应策划一套能触动情感的营销方案。如能引起顾客心理反映的价格策略，富有个性化、情感化、使顾客过目不忘的包装，促销活动的主题设计，让顾客切实感受到加油站的温情，从而在市场竞争中脱颖而出。

(2) 让更多的顾客了解自己。只有知名度才有可能产生美誉度。加油站要想拥有永久顾客，首先要让顾客了解，确认自己提供的油品和服务是最优的，然后，通过口碑相传，扩大影响。如一些加油站推出优质的服务模式，灵活运用微笑服务、站立服务、跑动服务、亲近服务等先进服务法赢得了顾客的赞誉，大大增加了固定客户和忠诚客户。

(3) 为顾客提供解决方案。很多企业强调基于客户价值的追求，设法为客户提供解决方案。加油站在实行规范化管理过程中，以培育市场为切入点，发动每位员工深入客户，从了解这些客户的基础设施入手，把他们的月需求量、品种和意愿等等，纳入销售前的开发工作，并建立客户档案，有的放矢地培育客户群。坚持售前协助分析用油情况、售中全程关注着服务的每一个细节、售后不忘征求对油站的工作意见和建议等等，真正让客户享受到“星级”服务待遇，创造了竞争对手难以模仿的核心竞争力。

（四）体验营销

1. 加油站体验式营销的内涵

车辆进入加油站加油，需要完成一系列的服务程序，如导引、问候、拧油箱盖、付款结算、洗车、车辆检验服务，甚至需要解决食宿等，如果加油站真正能从顾客的角度出发，想顾客所想，急顾客所急，千方百计地为顾客减少麻烦，让顾客体验到轻松地购油，享受到亲近化的服务，逐步形成有别于竞争对手的差异化服务，顾客就会认同。如安徽淮北石油公司在所属加油站打出“到站了就到家了”的标语口号，给加油站创造温馨舒适的家庭氛围，使司机们备感亲切，乐此不疲，使加油站的效益得到了提升，这就是体验式营销的运用。

2. 追求交易中细节的完美

营销方式的转变就是要使加油站运作更加贴近市场，更加关注顾客需求，更加兼顾顾客利益，零售网点的整合和服务的拓展要为顾客提供全程化、全方位的服务，真正让顾客体会到“轻松”。

3. 轻松下的感情销售

（1）建立顾客数据，强化情感联络。加油站建立顾客数据库，可以为员工迅速提供优质服务所需要的资料，为收集所有与顾客有关的细节资料创造条件，促进同顾客的关系，改进产品和服务，从而与顾客建立长期的双向服务关系。

（2）销售中注入情感。顾客进入购买角色，销售人员就要立即察颜观色，有针对性地开展推销说服工作，始终站在顾客的立场上，用心、用眼、用真实的情感赢得顾客的心，使交易过程变得轻松、愉悦。

① 销售从心开始　在销售界，真正顶尖的销售人员都很乐于为别人服务，并给他们带来欢乐。加油员面对急于赶路的、长途跋涉的司机，如果能够从心开始，将顾客服务的理念融进销售，以朋友或亲人的诚挚之心忠诚对待，定能赢得司机回头，取得优良的销售业绩。

② 服务以微笑相伴　让顾客真正满意的不只是面带微笑或问候一声一路平安，市场上最不缺少的便是廉价的微笑，缺少的是那些能帮助顾客的知识型服务以及令顾客肃然起敬的职业风范。在同质产品的竞争中，真正能崭露头角的是那些切实达到顾客服务卓越境界的销售人员。

③ 沟通由眼神传递　在一些特殊的场合，有时销售人员无法与顾客大声打招呼，此时，与顾客沟通的惟一方法是用眼神与其交流。加油站的顾客尽管匆匆忙忙，但也必然存在着情感与思想的交流过程。销售人员在与顾客接触的一瞬间，都应该用饱含关注的眼神看着顾客，用自己的眼神去告诉对方你是多么希望为他服务。

（3）承诺中创造轻松。加油站实施服务承诺的最佳时机，可选择在新标号的油品推出之时，顾客了解不多，购买阻力较大，这时，承诺可以帮助油站减少顾客购买时的阻力。当然也可以对原有出售的油品实行质量和数量的承诺。同时，加油站还要研究承诺的有效性，即承诺的内容必须与顾客的要求相吻合，承诺必须是加油站经过努力可以达到的，承诺项目应该明确、简洁，承诺是无条件的。

四、全员营销

（一）全员营销，需要人人营销

“人人营销”并不是要求每个人都要到企业的营销部门去工作，而是每个人在各自工作中树立起市场意识和营销理念，主动配合，协调一致，各个环节都为营销提供最优质的服务。

（二）全员营销，要用活优秀人才

成品油市场的竞争归根到底也是人才的竞争。加油站要生存、要发展，就必须去竞争，特别是人才使用上的竞争，谁能用活优秀的人才，谁就能获得更大的市场。

（三）全员营销，要加强队伍建设

全员营销能够为企业创造更好的环境、提供更多的便利，企业不仅要充分利用好这些资源，而且更需要加强队伍建设。开展经常性的人员培训，全面提高员工素质，更好地掌握油品知识和营销技巧，灵活地做好营销工作。

五、关系营销

（一）企业与员工的关系

明智的企业高层领导，心中装有两种“资源”：一种“资源”是顾客，另一种“资源”是员工。企业要进行有效的营销，首先要有具备营销观念的员工，能够正确把握企业营销组合策略，并能自觉地以顾客为导向开展营销活动。企业要尽力满足员工的合理要求，提高员工的忠诚度。

（二）企业与竞争者的关系

企业所拥有的资源条件和核心能力各不相同，为有效地通过资源共享实现共同发展目标，企业要善于与竞争对手和睦共处，开展合作营销。

（三）企业与顾客的关系

在企业与客户的关系发生了本质性变化的市场环境中，抢占市场的关键已转变为与顾客建立长期而稳定的关系。

（1）现代市场营销的一个重要思想和发展趋势是从交易营销转向关系营销。不仅强调赢得客户，而且强调长期地拥有客户。

（2）从着眼于短期利益转向重视长期利益。

（3）从单一销售转向建立友好合作关系。

（4）从以油品性能为核心转向以油品或服务给客户带来的利益为核心。

（5）从不重视客户服务转向高度承诺。

所有这一切的核心是处理好与顾客的关系，把服务、质量和营销有机地结合起来，通过与顾客建立长期稳定的关系实现长期拥有客户的目标。

（四）企业与影响者的关系

政府机构、金融机构、新闻媒体、公共团体等，对企业营销活动都会产生重要影响，企业必须以公共关系为主要手段争取它们的理解和支持。

第三节　客户管理

客户是企业最重要的资源，所有的利润都直接或者间接来自于客户。加油站所有工作的重心，必须围绕客户的需求和客户偏好的变化。加油站要从分析客户的心理着手，提供优质油品，设置服务项目，准确定位，寻找销量的最佳增长点。

一、客户购油心理细分

（一）客户心理因素

1. 高速公路、国道、省道大车司机消费心理

由于在高速公路、国道、省道上，面对的大多是跨地区跨省的大型客、货车驾驶员，这

些驾驶员大多性格开朗、直爽、粗犷、喜欢开玩笑。对成品油质量、数量有着较强的感性认识。如按消费者分类来说属从众型的消费群体，流动性大、口碑效应强。他们是市场上占较大份额的消费群体。他们要求加油站提供的服务类型必须多样化，服务必须迅速、方便。如希望加油站能提供加油、吃饭、住宿一条龙服务，且价格要低，有洗车、洗澡设施更好，但对具体服务设施要求不高，只要价格便宜、方便就行。

他们对加油站的品牌认同度比较低，喜欢有多种促销方式或小礼品。但由于这类顾客单次单车加油量大，且在直接消费者中数量上占有绝对优势，是高速公路、国道、省道上各种加油站争夺的主要对象。所以只能服务好，不能得罪，尽量满足他们的合理甚至不合理要求来提升和稳定加油站的销量。这部分司机对油价相当敏感，油价的涨、跌信息他们了解得相当快。如果不能及时调整价格，容易造成客户的流失。

这些司机经常在外，难免会遇到车辆故障、扣车、交通事故等麻烦事，他们非常想得到帮助。加油站可以成立排忧解难小组，以站长为主，为他们解决车辆修理、扣证等困难。他们一路疲劳不堪，特别需要有一种到家的感觉。为此可增设成本餐厅、便利店、休息、住宿等多元化服务内容，努力给他们营造一种家的氛围。

2. 市中心加油站顾客消费心理

（1）出租车司机消费心理。市内出租车分为自有和租用两种，自有出租车客户对成品油质量、数量特别关心，而对价格要求不会太在意，租用出租车司机把油价摆在第一位，对成品油质量不太讲究，但对数量特别关心。所有出租车司机加油时都要求快捷、准确，在交接班时希望加油员能兑换零钱，免费为出租车提供开水和洗车业务。更希望提供附加值较高的服务，如再能提供一些小物品如毛巾、手套等就会成为加油站的忠诚顾客。

（2）轿车司机消费心理。轿车司机分为单位司机和私人用户，两者都要求成品油质量高，数量准确，并希望提供优质服务，而对油价不太在意。私人用户通常对成品油的质量要求相当高，成品油质量是他们选择消费的首要因素。对产品的进货渠道和企业的品牌形象比较注意，对价格和数量同样关注。单位司机是成品油的使用者和购买决策的执行者。个别人希望能从中拿回扣、捞好处，如果加油站管理严格的话，他们会说三道四，指责加油站的做法不灵活，这样可能暂时会影响销量，让加油站左右为难。他们希望提供附加值较高的服务，也喜欢提供一些报刊、小奖品，喜欢参加各类促销活动。

（3）旅游车司机消费心理。他们对加油站的油品质量、数量、价格都比较关心，特别对加油站的环境、加油员的精神面貌、服务态度较为重视，希望能在加油的同时，对城市的风景名胜、旅游线路等提供简单咨询服务。在有困难时，希望得到帮助，有时要求为他们提供免费就餐。对奖品、促销等活动不一定在乎。

（4）摩托车司机消费心理。每次加油量少，较重视加油站氛围。对加油员服务态度，整体形象，仪容仪表较在乎，对成品油数、质量要求诚信无欺。他们喜欢花样翻新的促销手段，信任加油员、乐意听取建议，希望得到帮助，这类消费者大多是年轻顾客，是新的消费潮流的倡导者与体验者，是未来市场的消费主体。

（5）单位负责人和经办人消费心理。单位负责人是最高决策权威，买什么、买多少、向谁买、什么时候买都由他决定。经办人处在决策的中间环节，对决策不起决定性作用。但由于特殊的角色和地位，他是信息的提供者，决策的影响者。他在决策中起着重要的作用。他们在购买成品油时，既考虑价格、质量、服务，更关心送货、结算、油料管理等其他交易条件。有时会关注是否有好处。他们的态度是营销活动是否成功的关键。要尽量满足他们的需求，要通过加强联系、感情投资，促使他们成为朋友。

3. 农村加油站顾客消费心理

他们家庭条件比较拮据、生活责任和压力较大，机具的性能较差，或者是对劣质商品带来的消费后果了解甚少。这类消费者通常对价格非常在意，微小的价格变动都会引起消费行为的改变，便宜是他们选择商品的头等因素。他们较少关心成品油质量，认为加油站都差不多，车子能跑，机器能运转就行，节省下来的钱就是利润。有时明明知道是劣质成品油，还是要选购。他们对服务毫不在乎，有时热情的服务会招来他们的疑心甚至讥讽。

（二）购买行为因素

1. 购买时机

许多成品油的消费者购买成品油时机有所不同，厂矿的消费者往往是月初购买本月所需的成品油或是月底购买下月所需的成品油，作为企业应该紧紧把握时机，在月底或月初及时与厂矿联系或登门走访。而出租车司机则喜欢在交接班前将油箱加满。

2. 追求利益

同样的顾客他们追求的利益有所不同，有的消费者对价格反应较敏感，只有价格比同类竞争者便宜时，才会购买，他们接受小折扣和一般性的服务；有的消费者对产品价格和服务非常敏感，一般接受较高的价格折扣和高于平均水平的服务，他们往往知道竞争对手的产品和服务；还有的消费者是讨价还价的能手，要求享有最大的价格折扣和最好的服务，他们又往往是企业的重要客户。

3. 产品使用率

根据顾客购买成品油数量的大小可把顾客分为大用户、中用户和小用户。大用户在企业的顾客中所占的比例较小，但它所占企业的销量则很大，有人认为80%的销量是由20%的用户所购买的，因而成品油销售企业应把自己的营销资源主要使用在大用户上，对每一个大用户提出的不同价格和服务做出相应的反应，以锁定这部分顾客。

4. 忠诚程度

可以根据消费者对产品的忠诚程度来细分市场，通常可分为四种类型：

（1）专一的消费者，指始终购买一家企业的产品。

（2）动摇的消费者，指同时购买两家以上企业产品的消费者。

（3）转移的消费者，指从购买一家企业的产品到购买另一家企业的产品。

（4）易变者，指不忠于任一企业产品的消费者。

任何市场都是由不同数目的上述购买者组成的。这种市场细分的意义在于：企业通过分析对自己产品的专一忠诚者的特征，可以准确地找到自己的目标市场。企业通过分析动摇的消费者，确认哪些企业是自己的竞争对手。通过分析转移的忠诚者，可以了解到自己营销上的弱点，并采取措施加以改进。企业通过分析易变者，可以考虑用特殊办法来吸引他们。

二、客户细分寻商机

客户细分策略的实现途径：

（1）地理因素。掌握不同区位客户的特色，有利于加油站因地制宜地开拓区域市场。

（2）人文因素。加油站对客户年龄、性别、职业、教育状况、收入等内容进行细分，才能寻找到最有效益的目标市场。

（3）心理因素。针对不同生活方式和个性的客户，注意满足他们的心理需求，争取从心灵的高度赢得客户的心。

(4) 行为因素。时间细分(出租车交接班、旅游旺季、农业春耕生产)；利益细分(降价销售、赠品促销、累计送礼、送油上门、高标号油品推广)；忠诚度细分(对某一品牌的偏好、购买频率、口碑效应)。

三、客户细分求利润

理解不同用户群体的偏好、购油态度、价格观念是市场营销成功的关键，加油站站长有效地规划市场，做到营销工作的精细化。

(1) 通过客户细分，找到自己的顾客；

(2) 通过客户细分，把握每一类顾客的特点和规律，从而更加准确地认识顾客；

(3) 通过客户细分，实施针对性的营销策略。

四、客户的分类、开发与管理

(一) 客户金字塔的基本构成

包括积极型客户、非积极型客户、潜在客户、怀疑型客户和其他类客户。其中积极型客户又可分为主客户(占总数的1%)、大客户(占总数的4%)、普通客户(占总数的15%)、小客户(占总数的80%)。

积极型客户。在过去特定期间内，曾不断向公司购买产品或服务的个人或企业。

非积极型客户。过去曾经向公司购买过产品或服务，但已有一段时间没有购买的个人或企业。是潜在收入的重要来源。

潜在客户。暂时没有向公司购买过产品或服务，但有潜在需求，并与公司接触过的企业或个人。如询问过价格或要过宣传资料的人。

怀疑型客户。公司提供给他们油品和服务，但却还未和他们建立关系。通常先和怀疑型客户建立关系，再从中筛选出潜在客户从长远来看，希望这群人能成为企业的积极型客户。

其他类客户。不需要购买或使用公司产品或服务，虽然公司不可能直接从这群人身上赚到钱，但重要的是，可能为公司的油品或服务做口碑广告。

(二) 网住客户，让对手无机可乘

客户自己提供的资料：包括客户姓名、网址、地址、性别、生日、职业、家庭。

通过订单获取的客户资料；

从采购历史获取的客户资料；过去的采购资料是未来销售的参考。

从网络获取的客户资料；

通过外部活动获取的客户资料；电话行销、现场推广、客户接触、产品退回等活动所产生的资料。

通过外界补充获取的客户资料。共用的资料，如政府统计资料。

单位客户资料：基本资料、业务资料、财务资料(购买金额、付款方式、信用度)和公关资料。

(三) 客户资料的建档

发行会员卡、管理格式的完成(客户基础资料电脑化，即记录日常活动各种资料的账表化，以提供满意的服务，并促进以下目标：开发客户、维系客户、稳定客户)。

（四）有效运用客户资料的七大策略

对常客提供优惠；经常提醒你的客户；经营新油品提供新服务；区别你的客户特性；做知心的朋友；看准目标提供特别服务；确认新客户。

（五）客户开发的三种途径

增加客户数量；客户购买的频率更高；增加每一客户单笔交易量。

（六）客户互动取得

通过问卷、咨询及公益活动找寻客户(油品及质量、用户满意度等)；以促销活动来吸引顾客(特价、赠送、抽奖和游戏、现金减让、购买点展示等)；通过追踪活动开发客户(售后跟踪、激发客户的想法)。

（七）直接拜访找寻客户的技巧

加油站站长要设法去寻找、开发并拜访自己的客户。而且我们的身边就有许许多多准客户，他们是一个潜在的、庞大的客户群，如果能利用开发客户的方法与技巧将他们挖掘出来，那么，在我们的销售生涯中无异于找到了一个用之不竭的“宝藏”。

通过个人的人际关系和典型的行销策略寻找客户；

争取面谈的机会；

要有推销自己的艺术："第一印象”的重要性；创造推销的勇气；创造推销的信心；创造自我魅力；做一个受欢迎的人。

（八）客户管理

对积极型客户的管理，可采取利益或情感维系。

对非积极型客户的管理，可采取上门做工作、提供优惠措施维系。

对潜在客户的管理，可采取分类编制潜在客户名册并加以开发。

对怀疑型客户的管理，可扩大品牌宣传、提供承诺服务，增加信任度。

对其他客户的管理，可视具体情况而定。

第四节　品 牌 策 略

一、品牌营销时代的到来

（一）整合营销传播的兴起

市场营销观念的发展，经历了四个阶段：第一个阶段是以产品为中心的时代，企业更多考虑如何生产出合格产品，提高产量；第二个阶段是以消费者为中心的时代，企业要研究如何做出适销对路的产品，满足需求；第三个阶段是以竞争者为中心，考虑如何在竞争者中取胜，走在竞争者前面的问题；第四个阶段是整合营销时代，也就是强调品牌传播的时代。

在成品油销售行业，不同加油站的油品已趋向同质化，它们单靠提高油品本身的特性来赢得客户的竞争手段已变得软弱无力，因为客户已很难从油品的外在特征区分不同加油站的油品。从某种意义上说，“以质取胜”已成为过去，企业品牌形象的差异正在取代传统的油品本身的差异，加油站卖的不再是差异化的油品，而是差异化的品牌理念。在油品销售过程中，起决定性作用的也不再是油品本身，而是一个企业独特鲜明的品牌形象。

（二）品牌的五个价值

1. 品牌是经验

当一个人用惯了某一品牌的油品，并肯定是优质的，他就会在以后放心地购买该油品，这实际上是一种经验，是对每一次购买行为的肯定。

2. 品牌是依据

速度经济的时代，产品信息量加大，人们对自己的购买行为越来越难判断，那么品牌就是最好的依据。

3. 品牌就是合同

这个多变的时代有太多不确定的因素，用户购买油品的时候，从根本上关心的是油品质量是否过硬，广告和售后承诺是否可信，放心就是品牌带给客户的最大保证。因此，品牌是一种承诺，是一种契约，是一种保证。

4. 品牌就是身份

品牌是地位和荣耀的象征，标明一个人的成功与否。一般人会认为坐奔驰的人很成功，而坐夏利车的人不成功，至于说这两个人到底谁成功，其实只有他们自己才知道。客户更愿意购买有品牌的油品和服务，并愿意付出更多的代价。

5. 品牌就是个性

油品除了自身的内在质量、性能、市场适应性，以及品牌附加的服务等要素外，还凝结着更多的个性成分，展示个性特征。如世界名车奔驰显示地位和身价、宝马寻找刺激和感觉、沃尔沃突出安全可靠性能。它们都是以个性造就强势品牌的典型。

（三）品牌营销的威力

油品依赖的是厂家，品牌依赖的则是客户。品牌的定位不是卖油品，而是卖希望，卖感受。油品力支撑着品牌力，同时品牌力又拉动着油品力，品牌是用来沟通和传播的工具。

二、品牌与加油站形象

（一）品牌是竞争的重要手段

由于对外开放战略的实施，大量的外资加油站、地方加油站应运而生。加油站之间的竞争日趋激烈，它的处境要求它不能光靠已有关系，而是要靠新的主体行为——良好的加油站形象去吸引客户。

品牌之所以成为加油站市场竞争的关键，是因为它是以高质量油品和服务的持久作用升华而成的一种加油站信誉，是加油站经营理念的一种浓缩。加油站的信誉、品质和形象被凝聚在品牌之中，被强烈的认同和广泛的传播。优质油品通过品牌形象的塑造重新获得了市场竞争力。

（二）品牌可以提升加油站形象

品牌的功能在于告诉消费者该加油站出售油品的质量水平和提供服务的优质程度。消费者之所以在众多同类加油站中恰恰选择某种品牌的加油站，无非是对该品牌所代表的油品和服务质量有着某种程度的信赖。当消费者越难获知油品真实的质量水平时，优秀加油站的品牌价值就越高。加油站一旦建立起新颖的具有个性的品牌，就会通过各种直接体验和间接信息在用户头脑中产生质量水平认同，形成消费偏好。也就是在用户中产生了品牌信赖，从而树立了品牌加油站的知名度和信誉度。

三、品牌与顾客的购买过程

顾客在选购物品时，面临着一个复杂的思考。他们既被自己的经济收入约束，也被寻找、储存和处理品牌信息的能力所限制。当顾客寻找有关品牌信息时，对购买过程中的步骤和信息寻找的程度，是受一系列因素影响的，比如时间紧迫性、过去的经历、来自朋友的建议等等。然而有一个因素对解释顾客如何作出决策特别有用，那就是他们对竞争品牌之间任何差异的感知。他们一旦对某一品牌的加油站有着独特的识别时，顾客就会“对号入座”，准确地知晓这是哪个类型的加油站，这就是品牌的魅力。

竞争越来越激烈的油品零售市场，顾客日益注重以品牌形象来选购油品，这是因为：

（1）相信品牌形象好的加油站出售的油品自然具有较高的品质。

（2）品牌形象高的加油站购买油品能为顾客带来心理上的满足感，即满足所谓“形象消费”的需要。

（3）依据品牌形象来选择，可避免繁琐的品质判断，从而提高购买的效率。

四、加油站品牌的塑造

在激烈的市场竞争中，现代加油站无不以将品牌形象战略作为加油站整体竞争战略的重要组成部分。因而，塑造品牌形象就成为目前加油站形象竞争中不可或缺的一部分。满足用户的需要是品牌的本质，品牌策略的核心在于品牌形象的塑造。加油站要根据用户的不同需求和社会意识潮流来塑造品牌形象，发掘自己的市场潜力，扩大其市场份额，为加油站的持续发展、市场竞争力的不断增强打下坚实的基础。有的石油公司正以其明显的个性和差异化，以自己强势的品牌领导着市场，也赢得了较大的利润空间。

要塑造加油站的品牌，须做好以下几点：

（1）首先需要树立品牌意识。要有这样一个观念：追求最佳，是市场竞争取胜的黄金准则。那些平庸的品牌只能在竞争中被挤跨，从而被挤出竞争舞台。

（2）要树立战略思想，具有战略眼光。品牌的建立是一项艰巨的工作，要从基础工作抓起，早做准备，从而完成从品牌创立到名牌传播的全过程。

五、加油站品牌维护和创新

（一）认识品牌战略的重要性

1. 关系到加油站发展的方向

品牌战略作为CI系列的一项重要内容，它关系着加油站的总体方向，如加油站寻求的新的经营领域是什么，在该领域期望取得怎样的判别优势，必须采取哪些推进步骤等等。

2. 着眼于长远利益

美国市场营销专家的研究显示：许多企业要花数十年才能在市场上打开销路，树立名牌形象。

3. 寻求加油站的长期稳定发展

通过对外部环境因素进行分析，对环境变化进行预测，辨明环境带来的机会和威胁，通过加油站内部资源的调整、优化以及取得新的资源等措施寻求在未来时期加油站与环境相协调，以谋求长期的稳定发展。

（二）强化品牌意识教育

1. 竞争意识的教育

竞争是市场经济条件下加油站的立足之本。不管是油品质量的竞争、价格的竞争、服务的竞争，还是市场占有量的竞争，最根本的竞争还是思想意识的竞争。只有全体员工都充满忧患意识，上下一心，将全部心力凝聚起来，才能取得思想意识的优势、精神面貌的优势、形象识别的优势，并将这种优势转化为有形优势，即油品质量、经营规范、服务水平的优势。

2. 客户意识教育

加油站所追求的是为顾客提供优质的油品和一流的服务。因此，加油站的经营就要面向顾客，反映油品质量和服务水平，把良好的加油站形象和信誉，视为加油站在激烈的市场竞争中求得生存、赢得优势的关键。要时刻引导员工用服务客户的重要性来规范自身的行为。

3. 发展意识教育

面对竞争的市场环境，守成是没有出路的，停滞本身就是倒退。在加油站员工中要培养发展意识，实际上就是要产生一种振奋精神，一种奋发进取的意识。

4. 整体意识教育

某一实体的加油站，虽然布局是分散的，但应把其看成是一个整体。尽管各连锁加油站为独立的利益主体，加油站的员工也都有自己的个体利益，但它们都是整体的有机组成部分。只有整个连锁系统都围绕着一个轴心运转，才能保持自己形象的统一性。

（三）不断创新品牌内涵

1. 观念创新

观念创新，意味着否定自我，重新定位。观念创新的过程是一个具有自省性的自我超越的过程，我们既要超越传统的思维方式和模式，又要超越已形成的利益格局和习惯作法，这就不仅在物质上，而且在心理与精神方面不得不承受巨大的压力和痛苦，但这是无法避免的，因为它是生存和竞争的需要。

观念的创新关系到加油站乃至企业的生存。观念创新首先要打败自己，其次要突破已有的利益格局，再次要有充分的思想准备，最后会面临巨大的风险，准备接受重大的挑战。

在品牌内涵创新的过程中，加油站应倡导的新观念有：

(1) 智力资本的观念。智力资本是指花费在教育、培训等提高员工综合素质方面的开发所形成的资本。它比一般的人力资本投入会带来更长期的收益。

(2) 新的竞争观念。信息与网络技术的广泛应用，缩短了企业与企业、企业与消费者之间的距离，加油站要想突破原有的经营格局需要有全局的、分步实施的发展战略和策略。

(3) 注重效率的观念。未来的社会是一个高效率的社会，在这个社会中，每个企业都在追逐效率。加油站效率的高低往往决定了一个加油站的生存与否。

(4) 建设企业文化与企业形象的观念。加油站未来的文化与形象建设，主要应作以下努力：一是致力于企业价值观的塑造；二是注重突出本企业的气质个性。

2. 制度创新

制度创新是一个动态概念。需要加油站在改革中创新，在创新中再改革，不断调整加油站的组织结构、权责关系、运行规划、管理规章等制度要素，使加油站制度满足内部一系列创新的要求，迎接外部环境多变性的挑战。

3. 市场创新

买方市场的出现，给加油站的经营带来了巨大的压力。加油站进行市场创新，应是孜孜以求的一个永恒的目标，但这种创新又是一件非常困难的事情，因为，加油站在市场创新时，遇到的最大难题就是如何创新，朝着什么方向创新。为此，加油站必须善于对市场进行调查和理性分析，善于捕捉市场机会，采用恰当的市场创新手段，勇于创造市场。

市场创新主要指不改变现有产品，而寻找新的市场机会，扩大油品销售。市场创新有两个基本方向：一是纵向创新，即对现有市场的挖掘和深化，提高油品的市场渗透率；二是横向创新，即开拓新的市场，扩大油品的销售量。因此，市场创新可以有两个基本途径：渗透性市场创新和开发型市场创新。

（1）渗透性市场创新。渗透性市场创新，是指加油站利用自己在原有市场上的优势，通过挖掘市场潜力，强化销售，扩大现有油品在原有市场上的销售量，提高市场占有率。具体来说，渗透性市场创新又有三种基本途径：

一是通过各种促销活动，扩大现有顾客多购买本加油站的油品。可采取特殊政策优待大量购买者，或对老主顾重复购买实行优惠等等。如某市区某日 93 号汽油，本公司统一标价为每升 4.00 元，系统外站普遍标价为每升 3.95 元，而该区域市场内有出租车约 800 辆，经常惠顾前者的只有 50 辆，为了扩大销售，公司零管部门对出租车购油推出每购 100 升汽油赠送 2 升的促销方法，一下增加到 200 多辆。

二是通过完善售后服务，将竞争对手的顾客争取过来。如推出比竞争对手更完善的售后服务措施，提高加油站的竞争地位，将竞争对手的顾客吸引过来。

三是寻找新顾客。这是指原来不使用本站油品的顾客成为购买者。如：送样本、说明书、试用等引起用户的兴趣和注意，增加用户对使用油品的信心，扩大油品的广告宣传，进行各种销售促进活动等。

渗透性市场创新应该是加油站首选的市场创新，对加油站来说，通常支付代价最小，成功率最高。因为加油站对环境和油品都比较熟悉，便于实施，只要原有市场没有饱和，这种战略就容易成功。

（2）开发型市场创新。开发型市场创新是指加油站用已有产品去开发新市场。具体来说也有三种基本途径：

一是扩大市场半径。即加油站在巩固原有市场的基础上，努力使经营从区内走向区外。

二是寻求新的细分市场。

三是重新确立市场定位，创造特色。

采用开发型市场创新，要求加油站不断了解新市场用户的要求和特点，预测该市场的需求量，同时要了解新市场中竞争的激烈程度和竞争对手的状况，估计自己的竞争实力。

一个善于进行市场创新的企业，应该全方位面对三个层次的市场。首先是企业的产品应该适应现实的市场，然后用已有的产品挖掘潜在市场，进行渗透性市场创新或开发型市场创新，同时还能够开辟未来市场、创造市场，引导消费。在油品终端销售中，面对市区油品市场已经饱和，可抢占的空间已十分有限的情况下，石油销售企业要面向农村需求进行市场创新。同时，通过网络营销，扩大市场范围，接受绿色时代的挑战，积极经销高清洁汽油，中心城市在市区选点扩容时，要开始考虑加气站的建设，这些都必将为我们带来新的巨大的市场开发机会。

4. 管理创新

知识经济时代更加激烈的市场竞争和经营环境不确定性的增强，对战略管理提出了更迫切的要求。企业战略管理是企业适应外部环境变化的需要，是企业在激烈竞争环境下的管理创新。加油站的管理创新要适应内部员工的需求和外部环境变化的要求，从以物为中心的刚性管理过渡到以人为中心的柔性管理，强调民主，鼓励员工发挥其自觉性和个性，从而提高工作效率。

第五节 竞争策略

现实越来越清楚地表明，加油站运行空间在延伸，竞争范围在扩大，竞争对手在增多，竞争方式在变化。因此，加油站的竞争意识和竞争策略必须适应这种变化。

一、加油站竞争对手分析

经过认真分析研究，明确自己的主要竞争对手，了解竞争对手的主要策略，以及双方的实力对比情况，这样才能知己知彼，扬长避短，在竞争中取胜。

对竞争对手的分析，主要包括以下几个方面：

(一) 竞争者整体情况

(1) 竞争对手的名称和所在地　弄清有哪些竞争对手？它们的名称是什么？分别布局在何处？这样，就可以了解到竞争加油站的位置状况。

(2) 竞争对手的经营规模　从竞争对手的经营规模可以看出该加油站的竞争力和整体实力。

(3) 竞争对手的市场占有率　通过市场调查，实地观察对方的销售业绩，以获得其市场占有率资料。

(4) 竞争对手的整体实力　竞争对手的整体实力决定该加油站的销售能力和发展潜力，通过分析，确立自己的竞争对策。

(5) 竞争对手的发展趋向和前景　分析竞争对手的发展趋向，预测它的发展前景，不仅可以作为自身发展的借鉴，还可以作为营销定位的基础。

(二) 了解竞争对手的营销状况

竞争对手的营销状况，是策划本加油站营销方案的主要参照因素。对竞争对手营销状况的了解，主要包括以下内容：

(1) 竞争对手的营销规模：主要包括销售额、加油员数量、销售费用投入等。

(2) 竞争对手的营销策略：每个加油站都有自己的营销策略，保证营销活动的顺利开展。了解这些策略可以在市场竞争时知己知彼，从而制定针对性的营销对策。

二、加油站竞争策略

市场竞争也是一种艺术，面对加油站林立的油品零售市场，为了压倒竞争对手，扩大市场份额，我们必须选择有效的竞争策略。加油站可运用的竞争策略有以下几种。

(一) 以提供优质服务为核心的竞争

加油站在确保油品质量和数量的前提下，应十分重视服务工作。优良的服务是客户满意的关键，加油站人员在日常加油业务中始终应奉行的宗旨是：“我们不是在做买卖，我们是在为我们的客户服务。”要做到这一点，加油员就必须把握住接待顾客的每一个环节，主动说服顾客，成功地处理与顾客的关系，持久地开展规范化服务，通过扩散效应争取更多的回头客。

（二）以降价竞销为手段的竞争

这是一种以低价吸引顾客购买，以致来争夺市场份额的竞争策略，有些地方加油站正在采用。在某地调查中发现，社会加油站93号汽油的挂牌价比国有石油公司加油站的挂牌价每升要低0.05~0.10元，这就是一种以低价来吸引用户的竞争策略。我们认为，从长远来看，这是不可取的。价格虽然是吸引用户购买、扩大销量的不可忽视的手段，但作为零售网点的加油站不能把成功的希望寄托在“提供最低价位的油品”上。因为降价竞销会产生过度竞争，而过度竞争的结果会使参与竞争的各方都蒙受很大的损失，它也会使用户对加油站产生不信任感，用户会担心价格优惠是以降低油品质量为代价的。从顾客购买行为来看，也可以得出结论，建立在最低价基础上的顾客的忠诚性是不稳固的，只要市场区域内出现任何比你定价更低的竞争者，你就会立即失去那些曾因廉价因素而光顾的顾客。因此，应巧妙地运用定价技巧和定价策略，如竞争导向定价、需求导向定价以及折扣定价等，靠优质的服务和良好的品牌形象，来吸引更多的用户。

（三）以培养品牌忠诚度为目标的竞争

（1）通过油品质量、服务方面的竞争来建立用户的品牌忠诚度，使用户出于对加油站油品和服务的高度信赖而产生对品牌的特别偏好。其成功的关键在于企业在产品和服务上有别人难以取代的特定优势，这样才能建立真正的品牌忠诚度。如河南省某石油公司的一加油站，某日遇到一位司机求助，称自己的旅游出租车在一个体户加油站加油后，行驶到这里时抛锚，要求加油站员工协助处理。站长热情接待后，立即前往，迅速查明原因在于油箱内柴油含水分过多，及时帮其处理，并指出劣质油品的害处，耐心劝说以后要看准牌子购油。这一举动令司机甚为感慨。

（2）通过树立和改变用户的观念来建立品牌忠诚度。这种做法的关键在于要使消费者感觉到 在满足需求方面，加油站永远是他们的朋友。因此，扩大加油站和品牌的知名度，提高加油站和品牌的美誉度是这一竞争的主要内容。如，一般用户认为，企业历史越悠久，产品就越好，国有企业信誉好，因此，国有石油公司可以以悠久历史和信誉作为一种优势进行宣传推广，以建立用户对自己的品牌忠诚度。

（3）通过改变市场环境来改变加油站的市场地位，从而建立用户对加油站的品牌忠诚度。在这一竞争中，加油站改变市场环境的立足点还是在于促使人们消费习惯的改变，而且使加油站成为改变消费习惯的创导者，只有这样才能使用户建立起对加油站的品牌忠诚度。

第六节　促销策略

一、广告策略

广告是一种大众传播工具，它引导人们去购买商品、劳务或接受某种观点。广告具有告知性、大众性、有偿性等特点。

（一）广告的作用

（1）传播信息。广告是为用户服务并积极影响消费需要的手段，广告通过多种媒介把油品或服务的信息传递给用户。

(2) 促进销售。广告是市场营销的重要手段，它通过显露、认识、态度等来增加营业额，起到促进销售的作用。

(二) 广告的目标

(1) 以介绍为目标。主要包括向市场介绍新站的投入运行、经营品种的调整与增减，纠正购买者对加油站可能存在的误解，减少顾客的顾虑以及建立加油站的声誉等等。介绍性的广告属于开拓性广告，其目的在于促进市场产生初步需求。

(2) 以说服为目标。说服的内容很广，如改变顾客对加油站特色的理解，说服顾客相信员工对油品质量和数量的承诺等等。这类广告的目的在于建立特定的需求，产生对本加油站的信赖。

(3) 以提醒为目标。提醒大众新供应的油品，新增加的服务项目，提示用户能获得的益处等。如最近上市的一种高清洁汽油，有些加油站就用横幅挂在醒目位置，以提醒顾客使用。

(三) 广告媒体

(1) 印刷传播媒介。主要包括报纸、杂志、自办宣传小册子和传单等。它们具有信息量大、传达详尽、可反复阅读等优点。加油站可以选择运用。

(2) 视听广告。视听广告包括广播、电影电视、新兴电子媒体等，在很大程度上打破了不同文化层次的接收界限，表达力强，在短期间内给人以强烈印象。

(3) 邮寄广告。加油站可以印刷的广告物，直接寄送给老客户或潜在客户。

(4) 户外广告。户外广告通常包括招贴、广告牌、交通广告以及电台广告等。其特点是人们随时随地可能看到，传递信息比较广泛。可选择在闹市、交通要道等醒目地方。

(四) 广告媒体的选择

加油站选择广告媒体一般要经过以下四个步骤。

(1) 制订广告计划。在选择媒体之前，加油站要制订广告计划，如在一定时期内广告刊(播)出的次数、接受人群、广告预算等作业安排。

(2) 选择广告媒体。选择广告媒体时，主要考虑：

① 目标市场的习惯；

② 广告媒体的效果；

③ 广告费用的高低。

(3) 确定具体的媒体。加油站可在上述这些媒体中选择最合适的媒体。

(4) 确定广告的具体时间。加油站在研究广告具体时间时，一般要考虑三方面因素：第一是新的经营品种或服务项目的推出。第二是用户的周期变化，即当有新客户可能进入市场购买时，应事先作广告。第三是市场竞争加剧时，加油站要增加广告投入。

二、营销员推销

营销员推销是一种效果最好、费用最高的促销手段，为了更好地发挥人员推销的作用，加油站必须制定科学的切实可行的人员推销策略，其主要内容包括以下几个方面。

(一) 推销人员的任务

(1) 寻找新用户。推销人员要善于挖掘和培养新用户，开拓新市场。

(2) 传递信息。推销人员要把有关加油站的油品和服务的信息传递给用户。

（3）推销油品。推销人员要积极向客户推销油品，这要求推销人员精通推销技巧，包括如何接近客户、介绍油品，回答顾客的异议和洽谈、成交业务。

（4）提供服务。向顾客提供多种服务，包括向顾客提供咨询、技术指导、货款赊欠、安全运送等服务。

（5）收集信息。推销人员要兼做市场调研工作，收集市场信息，向站长提出建议。

（二）组建推销队伍

（1）确定推销人员数量。

（2）选择推销员。一个加油站推销能力的强弱不仅取决于推销人员的数量，更重要的还取决于推销人员的素质。优秀的推销人员能为加油站带来很大的效益，吸引许多新顾客。如某石油公司从社会上挑选一批推销人员，按每推销一吨汽油领取报酬50元，每推销一吨柴油取得报酬30元。由于公司选拔的推销人员素质较高，平均每人每月推销油品在50吨以上，而且他们的业务量不断扩大。而不合格的推销人员不仅推销效率低下，而且会使加油站失去潜在顾客，带来损失。选择推销人员必须要有一个选择的标准，一般认为高效率的推销人员总是要有以客户为中心的思想，有吃苦耐劳精神和强烈的进取心，有丰富的业务知识和推销技巧，以及较好的语言表达能力。

（3）培训推销人员。通过培训，使推销人员掌握以下知识：

① 有关公司和加油站情况

② 油品知识

③ 客户和竞争者的情况

④ 推销技巧

⑤ 推销的程序和责任

（三）合理分配推销人员

按区域分配推销人员；按油品分配推销人员；按客户分配推销人员。

（四）人员推销的步骤与策略

营销的目标是增加销售，这就需要营销人员掌握推销的艺术：一是推销术，主要包括七个步骤。二是洽谈的艺术，这是达成双方都满意的交易条件的艺术。三是关系管理，这是在双方之间创造更亲密的交易关系与相互依赖关系的艺术。

1. 推销术

任何一个行业不可能找到在任何情况下都极其有效的推销方法，但一次有效的推销过程都应包括以下七个步骤。

（1）寻找和确定潜在顾客。在人员推销活动中，推销人员是以寻找潜在目标顾客，推销油品为目标而开展一系列活动的，寻找目标顾客是人员推销的第一步，也是最具基础性和关键性的一步。目标顾客必须具备以下五个条件：一是对促销的油品有需求；二是有购买能力；三是有购买决策权；四是有接近的可能性；五是有使用该油品的能力。

（2）推销访问前的准备工作。它包括四项内容：①搜集有关资料。②制定访问计划。③样品的准备。④仪表修饰。

（3）接近顾客。接近顾客是指推销人员直接与顾客发生接触，以便成功地进入推销面谈。接近顾客可分为约见和接近两种方式。

（4）介绍和论证油品。这是整个人员推销过程中的一个关键环节。推销人员在推销过程中，应详尽介绍油品特征、用途、使用方法、保管，进行技术示范，用成功的经验说服顾客购买。

(5) 处理异议。顾客常常会对推销员推销的油品提出怀疑、否定或反面意见，因而形成促销推广的障碍。顾客异议产生的原因有两类：一是顾客心理方面。如认识障碍、情绪障碍、行为障碍、群体障碍等；二是加油站方面。如加油站所提供的售前、售中、售后服务措施，处理异议的能力。而处理异议的方法有直接查实法、转化法、优点补偿法、反问法、回避法等。

(6) 结束推销访问。一旦当顾客接受推销人员建议，作出购买决定和行动后，就可认为结束了推销工作。

(7) 善后工作。在达成交易后，推销人员还要为顾客提供各种售后服务，如小包装油品的保管，消除顾客的后顾之忧，树立加油站长期信誉。

2. 洽谈的艺术

在整个推销活动过程中，推销洽谈是关键性的一个环节，推销人员要准确地把握顾客心理，一步步把顾客往成交方向诱导，争取洽谈的成功。

(1) 引起顾客注意。推销人员通过推销活动刺激顾客，使顾客对推销品引起注意。在推销活动中，要使顾客注意推销活动，必须营造一个顾客与推销人员息息相关的推销环境，一开始就让顾客感觉到自己是被关注的中心，这样，就会引起顾客的注意。

(2) 激起顾客的购买欲望。推销人员通过推销活动，在引起顾客的注意后，使顾客产生购买推销品的强烈愿望，从而导致顾客购买。

在推销过程中，刺激顾客的购买欲望可分为三步：

第一，推销人员提出推销建议；

第二，推销人员得到顾客反映后，采取针对性的论证说服；

第三，耐心诱导顾客的购买欲望。

(3) 促成交易。推销人员运用一定的成交技巧来促使顾客采取购买行为。

3. 关系管理

关系管理是指加油站为了使营销人员更好地与客户沟通，用一定的方式建立客户档案，并进行日常管理的一种方法。凡善于与主要顾客建立和维护牢固关系的推销人员，将从这些顾客中得到许多未来的销售机会。关系管理是市场营销人员必须具备的重要管理技术。

关系管理对未来将起更大的作用，许多加油站认识到，他们向现有顾客继续销售所得的收益比花钱吸引新顾客所得的利益更多。所以加油站有必要制订关系管理计划，经常与客户沟通，巩固老顾客，吸引新顾客。

加油站建立关系管理计划的主要步骤是：

(1) 提出需要建立关系管理的主要客户；

(2) 搜集准备列入关系管理的客户的有关资料；

(3) 明确关系管理人员的职责范围；

(4) 指派专人与客户保持联系。

三、营业推广

营业推广是指在特定的时期内用一些超常规的方法来促进油品的销售，其产生效应的基础是引起人们的充分注意和强烈的购买欲望。营业推广具有见效快、使用灵活等特点，它是协助其他促销活动，并使之发挥更好效果的辅助性推广活动。

（一）营业推广的重要性

（1）有利于加油站在短期内获得理想的推广效果。

（2）有利于迅速提高加油站知名度、优化加油站形象。

（3）有利于潜在购买的实现。

（4）有利于加油站在竞争中处于优势地位。

（5）有利于加油站与中间商建立稳定的业务关系。

在竞争日益激烈的油品零售市场中，营业推广已成为一种有效的促销形式，它比广告更具有“实惠性”，对购买者和推销人员的吸引力更大。但在实际营销活动中不可滥用，它本身是一种刺激，还应赋予它一些可视的品牌的价值。营业推广的开展，应当与宣传加油站品牌，提升加油站形象相联系。

（二）营业推广的主要方式

1. 刺激用户

加油站关心的是吸引更多的司机进入站中光顾并采取购买行动。刺激用户购买的主要方法有：

（1）赠送样品。加油站可以向用户赠送完整样品或试用样品，尤其是当推出新品种油品时，效果更佳。

（2）有奖销售。顾客每购买一定数额的油品，发给其一张兑奖券，等到一段时期后一次性开奖兑付。

（3）折价优惠。就是给持有人一个凭证，他在购买某种油品时可凭此证免付一定数额的款项。

（4）交易印花。它是顾客通过购买而得到的一种特殊类型的赠奖。顾客通过印花兑换中心可以将其兑换成某些物品。如有一个体加油站先给司机一张画有100个空格的纸，当司机购买油品满40升时就发给一张印花，贴到格子上去，贴满100格就送给司机一件衬衫，司机感到非常满意。

（5）附赠品销售。当顾客购买一定数额油品时，赠送一件实物礼品，以此来促进销售。要注意的是这种礼品往往是顾客所需要的，如每购买50升汽油赠送一条毛巾或其他实物。

（6）特价优惠。加油站选择某一特定时期（如新开业）将自己的所有油品或某一类油品以特别低廉的价格出售给用户。

（7）油品展示。油品展示活动包括油品示范、实地操作表演、示范表演等方式，它可在加油站现场进行。一般来说，展示的油品系新上市的油品，可由用户自己试用、比较，也可由加油站员工现场操作表演。展示的内容可以是油品的特性、功能、定价和使用方法等。通过展示活动，用户可以了解新产品的品质、使用方法、使用效果以及价格信息。

（8）特别服务。加油站在开展特别服务方面，应考虑三个问题：

①服务内容要求多样化。②服务程度要求多层次化。③服务方式要求新颖化。如交货的可靠性、技术指导、售后服务、昼夜营业、零配件更换、新品种的性能测试等。

2. 刺激中间商

加油站为了取得中间商的合作，可以运用下列促销手段：

（1）价格折让。它是指购买者在规定期限内购买某种油品时，每买一次就可以享受一定的小额购油折让，以鼓励其大量购买。

（2）经销津贴。对长期经销本站油品的中间商，定期发给一定数额的津贴，以示激励。

（3）推广竞赛。加油站组织全部经销其油品的中间商，开展竞赛，对优胜者予以奖励。

3. 激励推销人员

推销人员经常要将许多不同品种的油品推荐给用户使用，因此，加油站常运用销售竞赛、销售红利、奖品、特别推广金等销售促进工具直接激励推销人员，包括外勤推销人员和自有推销人员。

四、公众关系

公众关系是指加油站为宣传其油品和服务，获得公众信赖和支持、树立良好的加油站形象而进行的一系列活动。公众关系对加油站的促销能够产生积极的作用。

（一）公众关系的构成

1. 内部公众

（1）要培养员工对自己所在的组织的认同感，进而产生“自己的组织”的认识。

（2）培养员工的信任感，树立“可以依托”的组织形象。

2. 外部公众

（1）与广大客户的关系。这是加油站最重要、涉及面最广的外部公众对象。加油站联系着各行各业，客户养活着加油站，加油站要生存，要兴旺发达，就要拥有大量的越来越多的客户，如果没有客户，加油站就不可能存在。

因此，加油站处理好与广大客户的关系尤为重要。要处理好与客户的关系，加油站公关工作主要应注重：

第一，要真正树立“用户是上帝”的观念；

第二，要维护客户的权利与利益；

第三，要沟通与客户双向交流的渠道，经常不断地听取客户的意见，改进加油站的工作，使客户满意。

（2）同政府部门的关系。加油站的生存和发展离不开政府部门的支持、管理、指导和监督，通过公众关系，使加油站得到地方政府、社区的理解和支持，并与他们建立广泛长期的关系。

（3）同新闻媒介的关系。这是指加油站与新闻传播机构（报社、杂志社、电台、电视台）及其工作人员间的关系。由于新闻报导是一种客观的报道，是“让人家说自己好”，所以更容易在用户中产生积极的效应。

第一，要经常与新闻单位加强联系；

第二，要积极支持新闻单位主持或发起的社会公益活动；

第三，对新闻单位要有正确的态度。

（二）公众关系的内容

（1）新闻宣传。一般来说，用户总是信任新闻机构对产品或服务的报道。因此，加油站应当争取一切机会和新闻界建立关系，及时将有关信息传达给公众，增强人们的购买欲望，同时树立本加油站的良好形象。

（2）听取和处理公众意见。加油站应当主动收集公众对油品和服务的意见和建议，并尽快将处理措施或改进后的情况告知公众。

（3）建立与客户、社会团体、政府机构、公安消防等的密切关系，争取他们对本加油站的支持。

（4）建立加油站内部的公众关系。加油站应当关心员工的生活，奖勤罚懒，优化个人行为，塑造组织形象。

（5）赞助和支持社会公益活动。加油站应力所能及支持各项公益活动，在更大的范围内树立良好的加油站形象。

（三）公众关系的工具

（1）新闻；

（2）事件；

（3）公益活动；

（4）咨询活动；

（5）资料；

（6）名人宣传；

（7）电话沟通。

（四）公众活动的策划程序

（1）确定公众关系的目标

① 提高知名度；

② 建立长期信誉；

③ 激励营销人员和中间商推销。

（2）选择公关主题和公关载体。

（3）实施公关方案。

（4）评估公众关系效果。

五、加油站促销活动的策划

促销是加油站拓展市场的主要手段，促销活动的策划带有很强的艺术性。加油站在组织促销活动时，为达到期望的促销效应，必须做好策划工作，掌握其特定的技巧和手法。

（一）抓住舆论中心

加油站在利用舆论中心传播时，不能简单套用，必须与自己出售的油品的特性有机地联系在一起，这样才能给顾客留下深刻的印象。

（二）独特的创意

促销宣传活动能否产生巨大的效应，带来意想不到的效果，还在于它是否具有独特的创意。有时整个促销策划的成功可能就在于某个特别使人感到寻味的"兴奋点"，给人以意料之外，情理之中的感觉，从而产生强大的艺术感染力，使促销活动一举成功。

创意实际上是一项创新活动。一般来说，独创性的促销活动会使顾客产生强烈的兴趣，使自己的加油站成为强者，而最初的强者往往是最大的受益者，把创新做到了别人的前头，便占有了时间上的优势。当然，创意应根据自己的条件，不容易办到的事，切不可在促销创意中任意许诺。否则，会失去信用。

（三）吸引用户参与

促销活动的直接效果取决于用户的接受程度。成功的促销活动就要引导用户加入到活动中来。这样，就能使用户对加油站产生直接的感觉，加深印象。如选择几位有影响力的司机，应邀参观公司的硬件设施，参加公司的有关会议等。促销活动有用户的参与，往往能在他们的亲身经历中取得明显的效果。

（四）提供附加利益

提供附加利益指的是营销者在出售产品时所附加提供的某些利益和服务。如免费运送、维修服务、质量保证、使用培训等。附加利益往往是营销者开展竞争，赢得顾客最重要的一个产品层次，它能使潜在的交换变为现实的交换。因此，在进行促销活动策划时，就要强调能给用户提供什么样的附加利益。如油品配送中心的宣传推广就要突出“送货上门”的承诺，因为对于一般的用户来讲，是没有油料专用车辆的，因而“送货上门”就成了决定用户是否购买的一个关键因素了。不少加油站正在采用的折价让利、有奖销售、无偿服务等手法，只是一种扩大油品销量的促销办法，而给顾客提供附加利益方面的超额收益则是需要进行精心策划的。

总之，促销活动的策划要适合加油站的实际和顾客的心理愿望。加油站要精心策划，认真实施，使促销活动在加油站的市场竞争和市场拓展中发挥更大的作用。

【思考题】

1. 为什么说营销的观念决定了企业的命运？
2. 加油站如何通过营销活动去创造客户的需求？
3. 根据市场细分原理，加油站如何开展个性化服务？
4. 根据竞争的新思想，加油站如何处理好与竞争对手之间的关系？
5. 从营销角度来看，加油站应如何培育忠诚客户？
6. 为什么说品牌是竞争的重要手段？加油站如何利用自己的强势品牌提升销量？
7. 结合自己所在的油站，谈谈提高加油站销量的途径。
8. 根据我国经济发展的趋势，探讨未来加油站的营销管理模式。

【案例题】

案例一　N加油站活用营销策略创佳绩

在107国道××段，2公里范围内分布着分属不同业主的5座加油站，竞争异常激烈。

N加油站是这些相互竞争的加油站中的一个。2000年中国石化某石油分公司收购了该站。收购前，私营业主经营该站，平均月销量仅为300吨，业主采取种种措施，试图提高销量，但未能如愿，于是把加油站卖给了石油公司，那个私营业主没想到，他经营不善的加油站，转手由石油公司经营仅一年时间，就发生了巨大变化：2001年N加油站销售量突破1万吨，实现税利近100万元，并被评为分公司第一座四星级加油站。石油公司的经营业绩远非凭借时来运转，其根本原因在于两者揽客的“手法”、拓展市场的“招数”不一：公司以现代市场经济的营销理论作指导，充分发挥“中国石化”的品牌优势，深入研究消费者的消费心理，经营重诚信，服务创特色，所以，他们能够变“废”为“宝”，点“石”成“金”。

当初，石油公司在基本实现对N加油站的成功改造以后，对该站提出了“拓市创效”的要求。首任站长非常精明，他领会了分公司收购加油站的意图：让N加油站异军突起，成为分公司在107国道上的重要桥头堡。

站长采取的第一个营销策略是借助品牌形象扩大影响，引起客户关注。加油站首先与Y

地区多家媒体签订协议，各新闻媒体不定期不间断播放 Y 公司和 N 加油站在经营和服务方面的种种特色和优势。加油站还印制了宣传单，派人向国道上的各大型车队发放，向他们“毛遂自荐”。

在形象宣传初见成效的时候，站长选定了第二个营销策略是塑造诚信形象。因为经过调查发现：N 加油站在硬件设施、油品价格、奖品发放等方面都无法和毗邻的 F、C 等竞争对手的加油站相比，惟一的优势就是消费者对“中国石化”品牌的数质量比较信赖。为此，加油站专门录制了流行歌曲和相声磁带，在磁带的节目之间插播如何辨别油品质量优劣、如何识别在油品数量上弄虚作假的伎俩，以及如何识别中石化加油站与社会不法加油站的“小知识”。除了在站内播放，加油站还免费把磁带发放给司机。这既解除了他们长途行车的疲劳，又为司机提供了油品数质量等方面的知识、常识。在此基础上，为了提高油品数质量的透明度，N 加油站在站内添置了油品计量桶和汽车标准油箱，如果司机对所加的油品有疑问，加油站就对其所加油品用标准空油箱进行复核。此外，加油站还实行“三量”制度：一是测量并公布当天的发油密度；二是每台加油机旁放置自制量油尺，客户加油前测量油箱存油；三是现场称核油品重量，检验油品质量。N 加油站为让司机朋友加“明白油”、“放心油”，制作了“百公里耗油量表”发放给司机，让他们比一比，看一看，知道在哪里加油行车状况最佳，行车里程最远。N 加油站所采取的这些实实在在的营销措施，很快在消费者中赢得了“诚信”的声誉，销售量一路走高。

在充分挖掘品牌优势，成功塑造诚信形象后，站长开始运用更高一筹的第三个营销策略：塑造该站在服务上的特色。因为产品价格容易被竞争者跟随，而服务特色需要长期的积累，不容易被模仿，是企业的核心竞争力之一。基于此，该站推出了具有“N 加油站”特色的一系列服务项目。

一是乡音乡情服务。“亲不亲，故乡人”，为了营造浓厚的乡音乡情氛围，N 加油站从来站加油的河南、河北、辽宁、湖南等地的大型车队中招收司机子弟来上班。这此外省的员工，用乡音乡情和无微不至的服务引来了本省众多的专业车队到站加油，使加油站成为他们旅途中休息的温馨港湾。

二是承诺解难服务。加油站聘请了一批有代表性的司机为义务服务质量监督员，并向司机发放售后服务承诺卡，承诺在 Y 地区境内 107 国道上，如果司机遇到车辆抛锚、事故纠纷等突发事件或其他一些难以解决的问题，只要给加油站打个电话，加油站将在最短时间内，尽最大的努力为客户排忧解难。

三是护车维权服务。加油站专门设立了护车班，负责免费为客户车辆进行加水、洗车、小故障维修，维修需更换零配件的，按配件成本价收费。加油站在冬天制作汽车保温罩，发放给北上车辆，这项服务一度使进站车辆猛增。N 加油站还与当地交警部门协调，由交警部门在加油站成立管段办公室和报警服务点，让客户在加油站现场就能解决一些问题，保障车主和司机的合法权益。

四是咨询引路服务。107 国道由于车流量大，经常因路面翻修而造成堵车。加油站根据这种情况，一方面安排专人为司机咨询引路，一方面绘制了 107 国道交通示意图，方便司机从岔路绕过堵车路段。2001 年 8 月的一天，站长接到一个电话：一大批车辆由于修路而堵在 107 国道××段，当地部分群众乘机高价出售矿泉水和方便面。闻知此讯，站长立即组织员工带上矿泉水、方便面和绿豆汤直奔该地区。当身穿中国石化工作服的 N 加油站员工为司机送来方便面、矿泉水和交通示意图时，司机们无不感动。

案例讨论题

N加油站是通过哪些营销策略来创造惊人经营业绩的？

案例二　打造茶马古道上的精品站

坐落在古茶马道上的中石油四川雅安销售公司川藏加油站，面对前后均有其他系统颇具实力的加油站这一不利情况，在夹缝中勇敢迎接市场挑战，把优质服务作为提升加油站竞争力的关键。通过三项举措，最终赢得了客户、赢得了市场，在古茶马道上打造了一座中石油精品站。

诚信服务争高下

这个站在开业之初，销量并不乐观，特别是相隔不到百米的竞争对手惟恐丢失市场，从各方面对川藏站进行打压。为了尽快打开不利的竞争局面，这个站及时印刷宣传资料并发动员工不辞辛劳，在高速公路出口、交通道口和交管部门设置的检查点展开宣传，向过往驾驶员宣传“中国石油”的优质品牌、商品的良好性价比和优质服务承诺，迅速扩大加油站的社会影响，增强客户的心理认同度和依赖度。通过宣传，使很多客户本着“试一试”的想法，纷纷进站加油。

为了把这些随时都可能飞走的“金凤凰”留住，这个站一诺千金，切实履行“‘中国石油’绝对保质保量”的承诺，积极开展诚信服务。为了让顾客加到放心油、满意油，他们坚持把好油口质量和数量关，严格监督油罐车对汽、柴油实行专罐运输，在卸油时切实做到不是规定专罐车不卸油、对油品质量有疑议不卸油；他们还不辞辛劳，坚持定期对储油罐进行清洗。为了保证油品数量，这个站在自觉接受政府质检部门定期检测的同时，加油站还配备了公平计量罐，供顾客随时检测油品数量。通过认真细致的工作，这个站自开业以来没有发生一例油品数质量纠纷，并赢得了广大顾客的一致赞誉，很多顾客说我们在“中国石油”加油站加的是“放心油、满意油”。

情感服务赢客户

川藏加油站充分利用位于古茶马道上、不远处矗立着反映古茶马文化群雕这一特色文化优势，在全站员工中大力推行情感服务。为了方便顾客，他们特地在加油站醒目位置制作了美观的文化橱窗，里面张贴着当地旅游线路图和介绍古茶马文化的精美图片。同时，加油站还要求员工学习掌握了很多关于古茶马文化方面的知识，经常不厌其烦地向对古茶马文化感兴趣的来往顾客讲解，深受顾客的欢迎。他们还把对顾客的服务进一步深化，在为顾客提供服务过程中，他们注重“真诚”二字，不把客人当“上帝”敬而远之，而把客人当“亲人”亲而近之，在真心服务、细腻服务上下功夫。加油站经理向员工提出了“一切让我来做，一切让您满意”的工作要求。加油站员工始终坚持“三声”服务和规范化操作，只要客户提出的合理要求，加油站员工都尽最大努力给以满足，使客户满意而来，高兴而去。为了给顾客营造一个良好的消费环境和休息环境，这个站坚持从细节上关注客户，不仅认真搞好站容站貌，甚至对客户休息室内茶几样式、沙发质地和颜色配置等都十分讲究，使顾客有进站如回家的感觉，从点滴做起感化顾客，增强加油站的吸引力。这个站时时刻刻想顾客所想，急顾客所急，切实做到“服务一个，打动一片”。去年十月，一个外地自驾旅游者，在雅安一个风景区游玩途中，由于疏忽不慎丢失了钱包。当他把车开到川藏加油站后，油已耗尽，但他却无钱加油，尴尬、着急的驾驶员一筹莫展。当班加油员冯杰得知这一情况后，不怕风险，掏出自己的钱为这位游客垫付了油款。不久，这位游客不仅专程到加油站对他进行感谢，还把他的其他一些喜欢自驾旅游的朋友介绍到该站加油。延伸服务扩销量。

这个站充分发挥地处川藏公路门户，长途客货运车是加油站主要客源的区位优势，紧紧锁住来往川藏线的长途车，不断创新营销策略，改进服务方式，积极培养忠诚的客户群。他们根据长途客货运车对价格比较敏感的特点，在执行规定价格的前提下，对经常行驶在川藏线上的车辆实行会员制，通过有奖积分的形式，用好用活促销费，为顾客购买了饮水机、电磁炉等奖品，还免费给他们赠送手套、纸巾、报纸等物品，深受广大顾客的好评。对短途客货运车，则通过各种社会关系，加强感情沟通积极促销。这个站始终坚持客户至上的原则，想顾客所想，急顾客所急。去年12月15日凌晨，一辆康定牌照的大货车因为油料不够在离成雅高速公路多营收费站不远的地方抛锚。心急火燎的驾驶员无意摸到了川藏加油站曾发给他的名片，他立即拨通了名片上的电话。正在站上值班的加油站经理周雅琼接到求助电话后，未加思索，马上想办法以最快的速度把油送到了这个驾驶员的身边。这个藏族同胞万分感动地说："你们要不及时送油来，高管巡逻车就会把我的车拖走，那样我的损失就大了，你们中油公司加油站服务真是好！"，并掏出200元钱要表示感谢，被周雅琼婉言谢绝了。

这个加油站通过艰苦细致的工作，最终把许多新客户变成了老客户，把老客户变成了加油站的"铁杆"客户，这个站的销量也从开业之初月均100余吨，不断增长，最终到了月均600余吨，并在2005年取得销售各类油料7200吨的良好业绩。

案例讨论题

这一案例运用了哪些营销知识？评价其有效性。

第八章　加油站顾客服务

以顾客为中心、让顾客满意已成为当今大多数公司的经营理念和策略。在日趋激烈的市场竞争中，作为成品油零售终端的加油站，必须提高待客意识，密切关注要求越来越高并能左右其事业成败的服务对象——顾客。必须十分注重顾客的想法和感受，努力使自己的工作达到卓越服务的境界。

第一节　服务概述

随着社会的发展，服务在社会经济中的地位和作用日益重要。服务作为一种特殊的行为和艺术，不同的顾客对它的体验和感受是不一样的。如何为顾客提供所需的服务是企业面临的重要课题。

一、服务定义

对服务的专门研究始于20世纪60年代。由于各国学者对服务有不同的认识，因此服务的定义也各不相同。1960年，美国市场营销学会（AMA）最先给服务下的定义为“用于出售或者是同产品连在一起进行出售的活动、利益或满足感”。而后，不少学者又从不同角度对服务特征作了分析。

对于什么是服务，一般顾客在直觉上会有如下理解：

第一，售后服务。如顾客买某公司的产品后，公司给予送货上门、安装调试以及使用过程中的维修等；

第二，附加提供。如顾客购买某公司的产品，公司提供技术咨询与指导，帮助顾客了解产品性能和正确使用等；

第三，给予优惠。如顾客购买一定数额以上产品时，可享受折扣优惠、赠送礼品等；

第四，提供便利。如供货及时、地理位置方便、节省购买时间等；

第五，精神愉悦。如销售人员态度热情亲切，店内气氛轻松舒适，令人觉得购物是一种享受。

综上所述可以将服务定义为：服务是具有无形特征却可给人带来某种利益或满足感的可供有偿转让的一种或一系列活动，它通常发生在顾客同服务的提供者及其一定的资源、商品或系统相互作用的过程中，以解决顾客的有关问题。无论对服务如何定义，其核心始终只有一个，那就是满足顾客的需要。

二、服务的分类

服务活动涉及社会生活的各个方面，每一项服务活动又具有复杂的内容，通过分类能使我们更好地认识服务。

（1）按照服务的形式可分为“硬服务”和“软服务”。

提供服务需要具备一定的条件，这些条件包括服务设施（服务的硬件）、服务规范和服务功能(服务的软件)等。

"硬服务"是指为了提供服务而必须拥有的硬件设施，如宽敞明亮的店铺、干净整齐的货架等；"软服务"是指与服务有关的规章制度，销售人员的商品知识、服务技能以及与顾客的关系等。

企业为顾客提供的服务质量受服务设施性能的影响，但最主要的还在于经营者对顾客提供服务时的积极性和表现出来的情绪态度。比较起来，虽然"硬服务"中服务设施有可能出问题，但人的工作积极性以及情绪更容易波动。因此，改善"软服务"就成为提高服务质量的主要方面。

(2) 按照顾客对服务的参与程度可分为高参与度服务、中参与度服务和低参与度服务。

高参与度服务是指顾客在服务过程中参与其中全部或大部分的活动，如公共交通、美容美发、培训等服务；中参与度服务是指顾客在服务过程中只是部分或在局部时间内参与其中的活动，如银行、律师、保险等服务；低参与度服务是指在服务过程中顾客与服务的提供者直接接触较少的服务，其间的交往主要通过仪器、设备进行，如广播、电视、电话等。

此外，服务还可按服务工具不同分为以机器设备为基础的服务和以人为基础的的服务；按服务关系的时间性分为连续性服务和间断性服务；按服务组织的目的分为盈利性服务和非盈利性服务等。

三、服务的特征

服务具有多方面特征，分析服务的主要特征，对于把握服务的内涵和指导服务工作有着重要的作用。

(1) 无形性。服务是无形的，在购买服务之前和在购买或消费之中都不会被像实物产品那样呈现在人们的面前。但服务可以被感觉，并且服务接受者可以根据感觉来评价服务质量的优劣高低，因此，在提供服务时应当"化无形为有形"，增强顾客的体验或感受性。

(2) 不可分性。服务的生产与消费、提供与接受是同时进行的，顾客只有进入到服务的提供过程中，才能享受到服务。这种较高的关联性表明服务人员在服务活动中与顾客的沟通互动显得更为重要。在产品销售过程中，服务与产品融为一体、与产品一起出售，优质服务作为附加价值提升着产品的价值。

(3) 不确定性。服务是以"人"为中心的活动，但由于人个性差异的存在，使得服务品质难以完全相同。同一项服务由于服务人员的素质、修养、文化与技术水平的差异，其服务水平不同；即使是同一人做同样的服务，由于心理状态、环境条件等影响，也可能会有不同的水平；另一方面，由于顾客直接参与服务的生产和消费过程，顾客本身的因素(如知识水平、兴趣爱好等)也直接影响服务质量和效果。因此，为了提高服务质量，企业应当挑选合适的人，经过严格培训后才能为顾客服务，减少服务的不确定性。同时通过建立顾客建议和投诉系统、顾客意见调查征询系统等及时掌握顾客感受，关注顾客的个性需求，适时调整服务方式，消化服务不确定性感受。

(4) 可得性。顾客应在合适的时间、合适的地点，在合适的情景中便利地获得所需要的服务。良好的服务不在于是否获得了服务，更在于使顾客便利地得到服务。让顾客等待时间过长，或者距离过长，或者方式不恰当，都会使服务质量大打折扣。

(5) 独特性。顾客服务是专业性的具体活动，它与特定企业、顾客、产品、环境等具体因素相联系，它既不可以储存，以备在需要时提取，也不可以预支，它只能与特定载体(如产品、技术、流程等)同时存在。顾客服务可以有基本准则和一些经验供他人借鉴，但对于特定的企业及特定的顾客来说，服务的策略、措施、方式却是各不相同的。顾客是一个有着个性化情感的服务对象，有时一件小小的意外惊喜会使他们愉快，甚至永生难忘，这就是服务的独特之处。

这一特征也表明服务必须有创新性，能模仿的只是服务的一些基本方面，它不具有独特性和不足以展示本企业的独特价值。服务始终以一种令竞争对手无法真正仿效的方式增加产品和服务本身的价值。

四、顾客服务的意义

(一) 市场竞争的重要手段

传统企业的宗旨是“以产品为中心”，认为只要有了优质产品，顾客就会源源不断，但是这种观念已经过时。在科技水平日趋发达，同类产品差异性逐渐缩小的情况下，各家企业在产品质量、价格方面已难分高下，于是市场竞争在服务领域开始展开。

现在顾客已经不再满足于物质上的拥有，他们追求的是更高层次的满足感，他们非常渴望受到重视，想受人敬重、赞赏和尊敬。现在企业成败不仅仅取决于投资的规模和环境的宽松，往往要取决于顾客的感受。当顾客得到的服务比期望值低，企业对顾客有欺骗行为或态度不友好、不公正，顾客就会自然地产生失望、挫折、甚至愤怒的情绪。一家令顾客有这种感受的企业，顾客当然没有兴趣再光顾它。相反，作为顾客，如果受到企业的重视，得到殷勤友善、细致周到、彬彬有礼的服务，能顺利解决其所遇到的问题，那么，顾客就会感到快慰，产生好感，甚至给予欣赏，进而希望再次光临企业以享受这种愉悦。好感会令顾客再次光顾，而企业的成功很大程度上取决于顾客的忠诚。这一简单的原理一旦被企业真正采用，就会成为它们赢得市场竞争的关键。服务竞争是产品竞争和品牌竞争的升华，而且，服务始终以一种令竞争对手无法真正仿效的方式成为企业核心竞争力的重要构成要素。

(二) 顾客价值的提升

谁是顾客？顾客购买的是什么？这一问题看上去很简单。但实际上，不同的企业有不同的回答。

美国通用汽车公司总结的一条经验是：“顾客是愿意为你的服务付钱的人”。那么顾客为什么愿意付钱呢？

顾客产生购买行为是因为他们需要企业的产品或服务，这一点是可以肯定的。但在提供类似产品或服务的企业众多的情况下，顾客选择余地非常大，因此，要使顾客心甘情愿地“为你的服务付钱”，应该还有一些别的东西。

众所周知，专门满足个人需求的那些商品最有价值。当企业设法满足不同顾客的要求时，情况就会大不一样。而且企业的员工也明白这点，并成为商业信条，那就意味着企业正朝着吸引顾客的方向迈进。顾客只会购买他们认为有价值的东西。与企业的竞争对手相比，顾客越看重其产品及服务，就越可能与其做生意。

价值和质量是同义词。顾客认为某些东西有价值，是因为他们能使用这些东西。同样，因为服务能帮助人们达到某种目的，他们才认为服务有价值。顾客购买的从来不会仅仅是商品本身，而是他们期望从商品中得到便利、保障及满足感等，即商品和服务的内在的一些东西。如果企业没有提供高质量的服务，产品质量再高也不会赢得顾客的好感。

当企业一旦理解到顾客所需要的服务的真正内涵，就易于改善企业的能力，提供既对顾客真正有价值，又能为公司带来利润和发展的服务。如奔驰公司“保你满意的售前服务”、“时时想着为顾客的全面售后服务”和“创新服务，让产品永远处于领先地位”的“三服务”营销手段，成为公司保持长盛不衰的秘诀。

（三）利润的真正来源

顾客服务是利润之源的理念从重利思想萌芽之时起就开始出现，到如今，已成为公认的原则了。利润的获得来自顾客，如果顾客不愿意为你的企业掏钱，利润自然不会从天而降。胡雪岩的“客乃利之源”名言，说的也是这个道理。

当然，任何服务项目的背后，都隐含着企业的成本投入，但必须从长远和根本利益上去考虑企业服务成本与服务提升及利润来源之间的关系，无缘由地减少服务成本带来的只会是顾客抱怨的增加。为顾客提供卓越服务、培育忠诚顾客是提升顾客价值和取得公司利润的双赢过程。

其实，“服务”本身也是公司利润的新源泉。麦肯锡公司分析认为，服务越来越值钱，生产有形产品的企业通过降低原材料的成本来获得利润空间，因此当产品成本降低之后，他们就会高举价格战的旗帜来占领市场。但企业的价格战会导致利润的减少，最终企业承受不了。通用电气公司、IBM 等公司成功的奥秘就在于从生产有形产品转化为提供无形的服务。

服务机会和产品销售又是相辅相成的。往往许多服务机会是通过销售产品获得的，在向顾客提供服务的过程中，也会带来新的销售产品的机会。

第二节　加油站顾客服务规范

无论处于哪个行业，凡成功的企业都根据自身经营特点建有一整套严格的顾客服务标准和规范，并以此形成服务特色和品牌，提升市场竞争力。加油站直接从事加油服务工作，每天面对大量的顾客，必须建立完整的顾客服务规范。加油站每位员工都必须按照服务规范要求做好加油服务工作，以确保服务质量和提升加油站在顾客中的形象。

一、加油站服务规范的含义与特征

加油站服务规范是根据加油站油品销售和加油服务工作的长期实践经验，通过系统总结、优化而形成的一整套顾客服务标准和流程。它要求加油站员工按照程序化、标准化、制度化的服务行为准则，做好对顾客在加油过程中的一系列服务工作。它是加油站形象和服务水平的集中体现。

加油站服务规范具有以下特征：

（一）程序性

服务规范要求员工按照一定的操作流程和步骤做好加油服务工作。如从车辆进站泊位、加注油品、附加服务、款项结算，到最后离站，加油员应该按程序做好每一步工作，保证服务的完整性和避免工作差错。

（二）标准性

服务规范要求每一服务环节的工作达到规定的标准。没有标准，就会使程序流于形式。如员工的服务语言标准、仪表仪容标准、加油动作标准、油品数质量标准等。

（三）合理性

加油站的服务流程与标准必须做到科学合理，保证服务工作质量和效率。要注意简化手续、方便顾客，时刻关注顾客的感受。

(四) 严肃性

服务规范是企业内部的重要制度，一经确定，加油站每一位员工都必须严格遵守，并通过各种监督机制强化规范的执行，维护企业声誉。

(五) 艺术性

服务规范是一项严格的制度，但服务又是一项具有艺术性的工作。因此，要求员工不断提高服务艺术，创造性、艺术性地执行好服务规范。

正确把握服务规范的上述特征，有利于加油站更好地实施顾客服务规范，提高服务质量。

二、加油站服务规范的基本内容与要求

(一) 主动热情的服务态度

要求加油站员工用良好的服务态度取得顾客的好感和信任，以便双方一开始就能建立起友善关系。良好的服务态度是进一步做好服务工作的基础，是贯彻“顾客至上”服务宗旨的具体表现。良好的服务态度会使顾客产生亲切感和真情感。具体要求做到以下几点：

(1) 主动热情、微笑服务，态度谦和、尊敬顾客；

(2) 顾客有困难热情帮助，顾客有疑问细心解答，顾客有意见专心听取，顾客有误会耐心解释；

(3) 对待顾客一视同仁，不轻视、不怠慢、不讽刺、不轻薄。

(二) 文明礼貌的服务语言

语言是人们表达思想感情，进行相互交流的重要工具，它能充分体现说话者的礼貌、品德和涵养。加油站员工在服务过程中讲究语言艺术是十分重要的，它直接影响到服务质量。用语不当，不仅使顾客体会不到亲切、温暖，反而会引起矛盾。服务用语的基本要求是：“亲切、文雅、准确、生动”。具体要求做到：

(1) 迎送接待顾客时使用文明服务用语，会说普通话；

(2) 用语准确，称呼恰当，问候亲切，语气诚恳；

(3) 严禁使用不负责任的、歧视性、污辱性语言，杜绝服务忌语。

(三) 端庄文雅的服务仪态

加油站员工的仪表举止，不仅关系到自身的形象，而且关系到加油站的形象。注意修饰自己的仪表，重视规范自己的举止，单是外表就能给顾客以亲近感和信任感。因此，员工在接待顾客时总的要求是：仪表大方、姿势端正、表情自然、举止文雅。具体要求做到：

(1) 上岗着统一工作服，服装整洁，穿着得体；工号证(胸徽)按标准佩戴；发型端庄，面容清洁，精神饱满；

(2)站姿正直平稳，落落大方；坐姿端正，不前俯后仰；行走快捷、轻盈、稳健；引导车辆手势正确；

(3) 接待或招呼顾客面带微笑，实行“微笑服务”；与顾客谈话时眼睛要正视对方，神情专注，目光亲切坦然。

(四) 良好的服务环境

服务环境是加油站外观形象的重要标志，也直接影响顾客进站加油的心情。而且现场环境状况在一定程度上也反映着工作团队的精神面貌和战斗力。

加油站的形象标识、站内装饰、现场布局、绿化环保、照明亮化等必须符合设计标准，平时加强管理和维护，保持良好的站容站貌。在日常服务环境管理中必须做到：

（1）保持场地整洁，站内厕所清洁明亮、通风；

（2）设备经常擦拭保养，保持各种设备整洁完好；

（3）物品放置、商品陈列整齐美观；

（4）资料、档案健全，及时整理归档；

（5）标牌清晰、醒目，设置合理，符合统一标准。

（五）设置配套服务项目

加油站要根据顾客加油过程中客观存在的各种服务要求，结合目前自身条件，并着眼于长远发展，努力创造条件，千方百计地增设各种配套服务项目为顾客提供附加服务。如免费供应饮用水，配置方便油桶、设置车辆加水设施、业务咨询及用油知识介绍、开设便利店等。有条件的加油站应提供电话通讯、地图指路、洗车业务、车胎充气、简便修车工具、司机休息室、快餐店等服务设施和服务项目。

加油站在服务项目及功能设置中还须注意以下几点：

（1）服务项目确实是顾客需要的。要根据本站地理位置和所服务的顾客群体特点，通过认真调查分析，开设符合顾客需要的服务项目，而不是为了充数而随意设置；

（2）服务项目的内容、功能必须完整，能真正发挥效用，并确保服务质量，实现所作出的承诺；

（3）服务项目设置的位置要恰当，既要确保安全，又要方便使用。同时标志醒目，易于辩认。

第三节　提升加油站服务品质

服务是无止境的，不断提高顾客服务质量是加油站永恒的课题。加油站在实施规范服务过程中，必须不断提升服务内涵和品质，追求卓越服务的境界。

一、培育正确的服务理念

服务理念是人们从事销售服务活动的主导思想意识，反映着企业及员工对顾客服务的根本看法和态度。

加油站的生意是在一升油、一升油的售卖中建立起来的，所以每一位到加油站消费的顾客对加油站而言都是最重要的人。加油站的目标就是要使他们满意，使他们惊喜，进而使他们留下深刻的印象，并经常惠顾。为此，加油站在经营和服务活动中必须牢固树立正确的服务理念。

（一）视顾客为亲友

在与顾客交往中，不能单纯地把加油站与顾客的关系视为金钱交易关系，而应该看到与顾客之间相互支持、相互促进、相互依赖的非金钱关系。只有用高质量的情感服务来接待每一位顾客，才能使顾客以更大的热情购买更多的商品来回报加油站，加油站与顾客的关系才能步入良性循环轨道。

（二）顾客永远是对的

顾客永远是对的，从表面意义上看显得绝对化，因为顾客也是人，在接受服务的过程中，也不可避免地会说错话，做错事，即顾客不可能“永远”是对的。但是，我们倡导的“顾客永远是对的”这种服务思想的内涵显然不是从具体的一时一事角度界定的，而是从抽象意义上界定的。在加油站为顾客服务的过程中，加油站是服务者，顾客是被服务者，服务者为被服务者提供服务，自然应该以被服务者的需要和意志为转移（从人的地位上讲是平等的），况且，这里所指的顾客也不是指单个、具体的人，而是把顾客作为一个整体来看待的。不应当挑剔个别顾客的个别不当言行，更不能因为个别顾客的个别不当言行影响到加油站对整体顾客的看法。

（三）视顾客为加油站的主宰

把顾客视为加油站的主宰，既是加油站的经济属性，即谋求经济效益动机决定的，也是加油站的社会性质决定的，是奉献与获取经济利益相统一的服务思想的具体体现。

视顾客为主宰，加油站就应尊重顾客在接受服务时的安全权、知情权、公平权、受尊重权、监督权等等，认真履行应尽的义务；根据顾客的需要决定经营方式和项目；建立顾客满意的服务标准，并以此标准增加服务投入，改善服务设施，建立服务质量保证体系，使加油站及公司各部门都围绕顾客满意这一目标而开展工作，最终保证加油站服务质量得以全面提高。

（四）强化服务理念，提升服务品位

理念支配人的行为，服务理念决定着加油站的服务面貌。市场经济的发展，企业之间的服务竞争不断升级，因此，迫切要求加油站的管理者和每一位员工迅速更新理念，在现代顾客服务理念支配下，把服务提高到战略高度来认识；在服务上不断追求高目标，提升服务品位，创造服务特色；对员工进行以顾客服务为导向的严格培训，不断强化员工的服务意识和提高服务技能，这正是顾客服务管理的基石。

二、掌握顾客心理，提高服务针对性

加油站顾客的心理特征不同，要求我们采用的服务方式也不同。加油站顾客的购买心理大致有以下类型：

（一）无选择心理

这类顾客主要是图方便、省时，车到哪里加油到那里。以年轻人为多，车辆以摩托车、拖拉机为主。对这类心理的顾客，要通过认真服务，加深他们对加油站的印象，感觉到与其他加油站的差别。

（二）慕名心理

这类顾客大多开着新车、高档车，加油图个放心，对好的品牌有一种安全感和依赖感，哪家公司哪个站名声好就在哪里加油，觉得质量信得过，不易上当受骗。加油站要通过严格的数质量保证，提供准确高效和舒适的服务，使顾客有心理满足感和信任感。

（三）情感心理

这类顾客常来站加油，与站里员工熟悉，进站后喝喝茶、聊聊天，相互间建立了一定的感情。有的顾客甚至会随员工的调动而随之变换加油站点。对这类顾客要注意维护关系，巩固感情和忠诚度。

（四）惠顾心理

这类顾客常定点加油，加油次数多、数量大，要求得到一些优惠或利益，如价格上让利、积分奖励、赠送礼品等。对此，加油站必须严格履行合同，切实兑现已作出的承诺，不能失信于人。

（五）选价心理

这类顾客对油价变动特别敏感，以开出租车、个体运输车、农用车顾客为多，油品价格高低作为加油的首选，哪个站价格低去哪个站加油。对此加油站要耐心向他们解释油价差异及变动原因，强调品质保证，尽量消除其不必要的顾虑。

（六）从众心里

感性思维强的人事实上最没有主见，容易受环境的左右和听信别人的意见。这类顾客往往没有固定的选择，路过时看到哪个加油站里车子较多，就到哪里去加油，特别是初次路过的外地车辆或晚上行驶，很注意站里的车有没有，车多就会大胆进去加油。对此，加油站里适当停车、洗车或修车会有一定好处。

加油站员工在为顾客服务时，要学会观察，注意交流，从中判断顾客的心理，并采取相应的营销服务措施，尽量使初次来加油的无选择心理、从众心理、慕名心理等类型的顾客对加油站留下深刻的印象，成为回头客，使其心理逐渐转变为情感心理，进而培育顾客忠诚度。

三、有效处理顾客的投诉与抱怨

加油站面对各种类型的顾客，每天从事频繁的加油业务，由于员工素质及业务能力的不平衡，难免会出现服务不周或工作上的差错。同时在有些情况下，顾客是根据自己的直觉和愿望来判断加油站的工作及油品数质量等方面问题的，往往因为不满或怀疑而提出意见或异议。因此，我们必须加强与顾客的沟通，倾听他们的意见和不满，改正存在的不足和问题，消除他们的误会和疑虑。有效处理顾客投诉与抱怨，有助于维护加油站声誉，巩固老顾客，吸引新顾客。

在处理顾客投诉与抱怨时，站长及服务人员应该记住，企业的销售业绩和利润主要来源于满意顾客的重复购买，愿意向你反映问题的顾客说明他对你抱有信心（毕竟无理取闹的是个别现象），来自顾客的意见是加油站改进工作、提升服务质量的宝贵资源。投诉的有效解决，将会进一步提高顾客的忠诚度。因此，当顾客向加油站投诉或发出抱怨时，加油站应立即作出反应，及时解决问题，让顾客感到满意。处理顾客投诉与抱怨的适当方法是：

（一）倾听、有礼

要保持冷静，用亲切和善的态度倾听顾客的诉说，给顾客以特别的关注。倾听中作适当地提问以确定问题是什么。此时顾客总认为是“有理”的，不要试图打断对方的话，急着作解释或反驳对方的意见。更不要与对方争论，否则会激怒顾客。要表示应有的礼节礼貌，不要有任何不耐烦的情绪反应。

（二）同情、理解

在听取顾客意见时要设身处地为顾客着想，对顾客的遭遇或感受表示同情，并表示必要的歉意，如类似“给您带来这么多不便，真抱歉”或“真的不好意思”等话，以取得他的信任。但此时情况尚未核实，不可说“真抱歉，我们做错了”这类话，也不可与顾客辩解或讨论谁对谁错。要设法将顾客请到合适地方个别交谈，使其情绪平静下来。

（三）做好记录

记录顾客投诉的要点，并适时复述，可使顾客语速放慢和缓和情绪，并确信自己的问题和意见受到重视。记录的资料也是处理问题的依据。

（四）判断事实真相

通过了解当事人、查看现场情况及相关记录，运用分析判断等方法，全面、客观地确定有关的事实信息，弄清事情原委，为处理问题提供有效依据。

（五）及时解决问题

对属于顾客误会的问题，要给予耐心和有说服力的解释。如有的顾客加油后往往会以车辆油箱标定容量与加油量进行对比，认为加油数量不足，这就要给予解释油箱标定容量与实际容量的差异以及加油机法定校验事实，以消除顾客的误会及疑虑。

对属于加油站服务工作疏忽或失误造成的问题，应首先向顾客赔礼道歉，并作出合情合理的处理。也可请顾客选择解决问题的方案或补救措施，以尽可能迅速的解决问题，让顾客愉快地离站。不能对顾客表示无能为力或推卸责任。

对于超过规定权限或须由上级公司解决答复的问题，应及时向主管部门反映，同时向顾客作出解释，以取得理解。但不能无把握无根据的向顾客作承诺。处理过程中应将进展情况告诉顾客，表示我们在尽力解决。

四、强化服务质量监督

服务活动的无形性、不确定性、独特性等特征决定了加油站在实施服务规范，提升服务品质过程中必须强化服务质量监督机制。

（一）加油站服务质量的评价

服务质量是企业服务水平能够满足顾客期望程度的指标，它取决于顾客对服务质量的预期(即预期质量)与其实际感知到的服务水平(即体验质量)的对比，如果顾客对服务的感知水平符合预期水平(即在期望范围内的)，则顾客基本满意；如果企业提供的服务水平高于顾客的预期，就会使顾客感到惊喜、兴奋，从而认为企业具有较高的服务质量，并对企业留下深刻的印象；如果感知水平低于预期水平，则会认为企业的服务质量低，就是不满意。

尽管顾客的满意度受到各种无形因素的制约，服务质量不像有形产品的质量那样容易测定，但我们还是可以根据服务活动的本身规律和特点，通过一定的标准进行正确的评价，为控制服务质量提供有效依据。可以通过以下标准对加油站的服务质量进行评价：

1. 可感知性

可感知性是服务活动的“有形部分”，如加油站的各种设施、设备、环境以及服务人员的外表等。服务的可感知性从两个方面影响顾客对服务质量的认识，一方面，它们提供了有关服务质量本身的有形线索；另一方面，它们又直接影响着顾客对服务质量的感知。

2. 可靠性

可靠性是指加油站准确无误地完成所承诺的服务。许多以优质服务著称的企业都是通过“可靠”的服务来建立自己声誉。可靠性实际上是要求加油站避免在服务过程中出现差错，如果给顾客加错油或在数质量方面出现一些问题，将给加油站造成极为不利的影响。最令顾客恼火的莫过于加油站的失信。

3. 反应性

反应性是指加油站随时准备愿意为顾客提供快捷、有效的服务。对于顾客在购油过程中的各种问题能否予以及时的解决将表明加油站的服务导向，即是否把顾客的利益放在第一位。在加油站的服务过程中，顾客等候时间将直接关系到顾客的感受和印象，提高服务传递效率将大大提高加油站的服务质量。

4. 保证性

保证性是指服务人员的友好态度与信任能力，它能增强顾客对加油站服务质量的信心和安全感。顾客与一位友好、和善且专业知识丰富的服务人员打交道时，他会认为找对了公司，从而获得信心和安全感。友好态度和胜任能力二者是不可或缺的。员工缺乏友善的态度自然会让顾客感到不快，而如果他们对专业知识懂得太少也会令顾客失望，尤其是在油品技术含量及车辆用油要求不断提高的情况下，加油站员工必须具有一定的专业知识水平。

5. 移情性

移情性是指加油站对顾客真情的关心，了解顾客的实际需要并予以帮助解决(包括为顾客排忧解难)，使整个服务过程富有人性化。它也表现为易于接触、易于沟通，以及对顾客的理解程度上。

根据上述评价标准，设立相关评价项目及指标，并采用一定的组织方式，可以对加油站的服务质量进行评价和测量。具体的方法是对每一项评价标准细化为4~5个评价指标或问题，设置顾客问卷调查表，请顾客打分评价，然后汇总取得某站某一时期的服务质量分值，作为对加油站服务质量监督、考核的重要依据。

(二) 加油站服务质量监督方式

为了有效实施加油站质量评价和监督管理工作，需要建立与加油站日常运营、管理模式相适应的、内外部监督相结合的服务质量监督方式。

1. 内部监督

(1) 建立加油站站长监督制度，由站长组织对日常服务规范及质量的检查、考核。站长对本站的检查要注意以顾客的角度或身份审视加油站的服务流程及管理工作，以发现存在的问题和不足；

(2) 建立主管公司、加油站管理部门的监督制度，由主管公司、管理部门进行定期或不定期的检查、考核。检查可采用明查与暗访相结合方式，但应多采用以顾客身份进行暗访的方式。

(3) 建立服务质量监督值日员制度，发挥加油站班组和员工对服务质量的自我监督作用。

2. 外部监督

(1) 在加油站明显位置公布服务质量监督、投诉电话；

(2) 在加油站内设置顾客意见箱(或意见簿)；

(3) 聘请责任性强、办事公道的政府机关、企事业单位、新闻媒体等单位人员和顾客担任特约社会监督员；

(4) 实行“神秘顾客”监督制度。有条件的公司可借鉴国外跨国公司“神秘顾客”监督的做法，由主管公司直接聘请和培训一定数量的“神秘顾客”，让他们在平时加油接受服务过程中对加油站进行观察和感受，运用“加油站服务质量评价(意见)表”，对有关项目进行评价打分，并定期向委托公司直接寄送评价(意见)表，主管公司以此为主要依据对所管理的加油站的服务质量及规范管理工作进行考核。在这种机制下，加油站不知道哪位顾客是上级公司聘请的特殊顾客，每个加油站感到服务工作时时处于被监控中，顾客服务必须天天如此。这也避免了有些加油站出现的上级检查时规范服务认认真真，检查过后又放松的现象，有利于更好地形成加油站服务管理监督的长效机制。

【思考题】

1. 服务有何特征？把握服务特征对实际服务工作有何意义？
2. 联系加油站实际说明顾客服务的意义。
3. 怎样做好加油站的规范化服务工作？
4. 加油站应树立什么样的服务理念？为什么？
5. 加油站如何针对顾客的不同心理特征采取相应的营销服务措施？
6. 加油站如何有效处理顾客的投诉与抱怨？
7. 如何强化加油站服务质量监督？

【案例题】

案例一　加油站里可吃上“麦当劳”

汽车驶入加油站，司机不下车就可以点取一份新鲜的麦当劳快餐。2006 年 6 月 20 日，中国石化与麦当劳签订战略合作协议，在条件合适的中国石化加油站合作开设麦当劳“得来速”餐厅。双方计划先在北京、上海、天津等大中城市进行同步试点，然后逐步扩大合作范围。

据介绍，第一家麦当劳“得来速”汽车餐厅是 1975 年在美国亚利桑那州小镇谢拉维斯塔开业的，麦当劳的创始人雷·克洛克是驾车购物的“鼻祖”。1999 年该店重建时不少美国人前去拍照留念。

在美国，麦当劳的“得来速”汽车餐厅占麦当劳总店数的 50%~60%，在业绩上，麦当劳 65%的销售额由汽车外卖完成，“得来速”是麦当劳的“摇钱树”。目前，在日本、新加坡、马来西亚已经开设有超过 1000 家麦当劳“得来速”餐厅。

如今，麦当劳开进中国石化加油站是其博弈中国市场的重要一步。麦当劳中国公司高层管理者认为，他们与中国石化合作开设“得来速”汽车餐厅的自信基于几点认识：首先是麦当劳在选址方面的经验；其次是随着中国城市的发展，大量环路、高速公路都在建设中，并且未来每 5 个大陆家庭将拥有 1 辆轿车，“移动”日益成为一种生活方式，麦当劳试图抓住中国消费者消费习惯的变化；此外，与中国石化合作，可以借助其加油站得天独厚的选址优势，将汽车餐厅经营全面扩张。

对中国石化来说，与麦当劳的合作是进行品牌嫁接、提升加油站非油品业务和服务功能的重要举措。

品牌嫁接是指在同一经营地点开设两个或两个以上的特许品牌店。在国外品牌嫁接最早就是以快餐店、便利店与加油站的合作为主。合作双方的品牌影响力和合作经营活动给双方带来了更多的商机。

中国石化目前在国内有 3 万多座加油站，每天为众多的消费者提供优质油品和服务。提供高标准服务、开拓服务新领域是中国石化加油站的追求目标。通过与麦当劳合作发展加油站“得来速”汽车餐厅，将进一步提升加油站的服务内容和功能，给顾客提供更多的服务价值，共同促进双方的品牌建设。

案例讨论题

加油站如何根据顾客需求和自身条件，开展特色服务和非油品业务，进而提升服务价值？

案例二　把用心服务做到极致

泰国的东方饭店堪称亚州之最，几乎天天客满，不提前一个月预订难有入住机会。他们的经营之道令人叹服不已。一位姓王的中国客人第一次入住时感觉就不错，一年多后第二次入住时好感更是又猛升一大级。那天早上他去餐厅，服务员恭敬地问道："请问王先生要用早餐吗?"他惊奇问服务员怎么知道他姓王，服务员说他们饭店规定晚上要背熟所有客人姓名。一会儿他走进餐厅，服务员又问他"要老位子吗?"时隔一年多了，他真佩服服务员的记忆力！这时，服务员又问他是否按"老菜单"要一个三明治、一杯咖啡、一个鸡蛋……这种细致体贴的服务，王先生感叹在美国最好的饭店都没有经历过。两年后，王先生生日那天还突然收到东方饭店发来的生日贺卡和一封信，说饭店的全体员工十分想念他，希望再次见到他。这令王先生激动得热泪盈眶，发誓到泰国一定要住东方饭店，并且要说服所有的朋友像他一样选择东方饭店。

东方饭店的做法确实令人佩服，也令人深思。它没有什么新招、高招、怪招，所施之法只是惯用的传统做法——提供人性化服务，而难就难在他们能坚持不懈地把人性化服务体现在方方面面，延伸至角角落落。不遗余力地把"用心服务"做到极致，从而赢得顾客的心。

同样是直接与顾客打交道的加油站，可以从中受到启发。顾客是上帝，如果仅仅说在嘴上、做在面上是很不够的，还要深入细致地把功夫用到家。比如加油站的客户档案，不能局限于简单记录一下加油车辆、加油数量、车号车次就完了，其实它还大有文章可做，还有顾客的个人爱好、性格习惯、风土人情、宗教信仰、特殊需要等待，都可记录在档，一旦某位顾客有某种需求就可主动提供服务，给他(她)一次满意体贴的关心和服务，会使他(她)感动并长久难忘。

案例讨论题

服务无止境，加油站如何用精细化、人性化的服务来真正赢得顾客的心?

第九章　加油站环境管理

环境是指人和生物周围的一切事物，它包括自然环境和社会环境。随着工业的发展和人口的膨胀，时至今日，环境污染日趋严重，人们正为此而进行不懈的努力，以优化和美化环境。加油站虽然是工业化社会的一个小窗口，但同样存在环境问题，也需要优化和美化。

优化和美化加油站的环境是环境保护工作的一部分，因为加油站经营的是具有一定毒性和污染性的石油产品；优化和美化加油站的环境，也是加油站促销工作的需要，因为优美的环境能更好的吸引客户。因此，我们有必要研究加油站环境对人和周围环境的影响；对加油站经营活动的影响，提出对加油站环境的卫生要求、绿化要求和服务要求；有目的地改善、控制和消除加油站环境中的有害因素，利用其有利因素，以创造加油站优良的软硬环境。

第一节　加油站环境管理的意义

加油站是加油站员工工作、生活的场所，同时也是客户购买油品的场所。良好的加油站环境是加油站员工和顾客都希望的。

一、加油站环境的含义

加油站的环境是指加油站的总体构造环境、外观环境和服务环境的综合。

（一）加油站的硬环境

加油站是油品销售的一个重要终端环节，是油品零售市场的主体，而目前零售市场的竞争十分激烈，因此各成品油经营企业对加油站的建设均高度重视，对加油站的设施、设备和外观标识的要求也十分严格。

加油站的建筑、设施、设备、标识等构成了它的硬环境。同一公司的加油站应实行统一规划、统一设计、统一建造。

（二）加油站的软环境

一般来说，在一切受人类活动影响的环境中，卫生、整洁、绿化是组成优美环境的基本要素，构成了加油站良好的软环境。卫生的环境，不但能给加油站员工和顾客以清新、舒适的感觉，而且可以防止疾病，保证健康。不卫生的场所，不仅使人不舒服，而且还会传播疾病，有害人们的身体健康。优美的环境，还应该是整洁的。整洁的加油站环境给员工和顾客以愉悦和轻松感。而绿化是优美环境不可缺少的条件，绿化可以减少尘土污染、净化空气，起到保护和改善环境，增进人们的身心健康，愉悦员工和顾客的作用。此外，安宁也是构成工作和生活环境优美的一个重要因素，噪杂的声响，会使人烦躁和不安，易于疲劳，因此，应该有效地控制噪声。

加油站工作人员优良的服务是构成加油站优良软环境的另一要素，它包括员工规范的礼仪、大方的举止、得体的打扮、统一和整洁的着装、热情和彬彬有礼的服务态度等。优良的服务不仅有利于吸引顾客，而且是创立加油站品牌的重要手段。

（三）加油站的环境保护

环境污染是指自然环境受到人为或天然产生的化学物质、放射性物质、病原体、噪声、废热、废水、废渣等污染物的污染，而危害人体健康、影响正常生命活动的现象。依据污染源可分为大气污染、生物污染、水污染、油污染、热污染、食品污染、农药污染等。

加油站的环境污染主要有油气污染、含油废水污染、噪声污染等。

加油站的环境保护就是保护加油站的自然环境，防止其受到破坏和污染，使之更好地适合于顾客、员工、周围居民的工作、生活和四周生物的生存。

二、美化和优化加油站环境的意义

（一）有利于创建石化企业良好的窗口形象

加油站是石化企业经营石油产品的终端环节，是石化销售企业对外服务的一个主要窗口，其环境的好坏、工作人员素质的高低很大程度上反映了石化销售企业的形象，因此美化和优化加油站环境意义重大。

（二）有利于吸引顾客和促进销售

美感总是具有直觉性，即物体的颜色、形状、线条以及声音方面的特点在美感的产生中起着重要的作用。但外部特点的美应由事物的内容来决定，即形式与内容的统一。

美观的建筑、洁净和绿化良好的环境，会使进站加油的顾客感到视野开阔、心情舒畅，加上加油站工作人员的优质服务和高效的工作，将给顾客留下美好的印象。从而吸引顾客、促进销售。

（三）有利于提高员工的安全感和工作效率

情绪状态在一个人的生活中有着很大的影响。在一般情况下，人的一切心理活动都带有情绪色彩，而且以不同的心境，如激动、紧张、轻松等显露出来。

自然环境的美与丑对人们的健康、工作效率、精神风貌和思想情操产生很大的影响。有研究指出，在杂乱无章、空气污浊、遍地垃圾的环境下，人会感到压抑、沉闷和不舒服，产生烦躁和厌倦的情绪，工作、学习的效率会降低10%左右；而在井然有序、空气清新、干净舒适的环境下，人会感到心情舒畅、精神振奋、疲劳程度减轻，工作、学习的效率能提高15%~30%，并使工伤事故的发生率减少30%左右。因此，一个优美的环境对提高加油站员工的安全感、愉悦感和工作效率均有实际意义。

第二节　建造优美的硬环境

加油站大多处于交通要道，这不仅对加油站提出了安全要求，而且也提出了美观等方面的要求。在此需提醒的是，加油站的安全是保证加油站环境优美的前提。加油站没有安全就谈不上美化，同时美化工作对安全工作有促进作用。

一、加油站的安全要求

（一）加油站设计建造

加油站在设计、建造、改造时，必须按照有关规范、标准进行，应留有足够的安全距离和安全通道。首先要考虑整个加油站与周围单位、建筑物等的安全距离；其次要合理布置加油站内各构筑物、设备、设施，使它们之间的安全距离符合国家标准。

（二）加油站安全标识

加油站除站名、油品类别等标识外，还应有发生紧急情况时联络单位的标识，并将各联络单位的地址、电话等内容排列登记好，将此标识置于容易看见的场所。此标识一般应有以下方面的内容：

1. 相关消防单位
2. 相关警察局(所)
3. 醒目的禁火牌

供油单位，加油机厂家，容器配管等制造厂家，土建、电力、水力等部门也应记录在案。

（三）加油站设备

加油站在设计时应对加油机、加油枪、地下贮罐等设备按技术标准进行选定。特别是加油机，它是加油站的主要设备。加油机的最大流量，允许吸程，计量精度等必须满足设计要求。另外，加油枪是提高加油速度，降低油耗的主要工具。加油站应尽可能采用自封式加油枪。当加油到预定油面时，自封式加油枪能自动封闭油路，这可大大提高加油速度，并可防止油品溢出。

加油机、照明灯具等电器设备均应符合防爆要求，整个加油站在正式投入营运前必须达到整体防爆性能要求。

要尽可能地采用先进的加油工艺和安全的加油设备。

（四）加油站消防设施

加油站必须合理设置消防设施、消防器材，数量、品种、摆放等都应符合安全设计规定，并随时保证它们的使用性能和药剂有效量。

对加油站的消防设施要进行专门设计。加油作业区要重点配置消防器材，其他功能区都要有消防给水。

二、加油站美观要求

加油站一般是沿路设置，地理位置比较显要。它的建筑规模虽然不大，但对周围环境有一定的影响。加油站的规划和设计，既要考虑系统的统一要求，也要顾及与周围环境的协调，从而制定实用性、合理性和艺术性相统一的规划、设计方案。

加油站建筑造型设计要求在创造建筑空间与意境的同时，要充分注意到建筑形象的塑造。设计时可以运用简洁的手法，赋予建筑以强烈的美感。立面高低错落有致，加油站的罩棚和营业厅前后呼应，主次分明。

设计类型多样化，建筑造型有新意，适应不同的环境景观。加油站周围的环境和地形条件都不同，要因地制宜，巧妙利用地形和空间，设计出灵活多样、风格各异的加油站，并注意节省土地。

确定建筑装饰标准，对加油站各功能区的装饰进行分门别类的规定。要特别重视加油站门面和广告招牌的装饰，各石油公司要统一设计所属加油站的外观标志。

三、加油站方便使用要求

设计、建造加油站要考虑便于车辆进出加油。

加油站门面和广告招牌的装饰必须清晰、明亮，特别是广告招牌、油品标牌应在任何时候都能让客户清楚地看见。有关防火的安全注意事项的标牌也应如此；加油站要便于车辆快速进出，站内的加油通道要宽畅，最少应能顺利通过两辆汽车，并有足够的转弯半径；加油站应尽可能地使用先进的加油机，比如电脑加油机，在大、中型加油站采用多枪式加油机等等。

四、加油站照明适度

加油站的照明对加油员工的视觉、工作效率和身体健康均有影响，因此加油站的照明不仅要解决灯具的数量问题，更要解决照明的质量问题。首先要考虑照明的均匀性；第二要考虑视野内亮度的均匀性；第三要保持照度的稳定性。加油站各功能区的照度标准，应根据建筑空间尺寸、服务对象及建筑使用功能，按设计标准在规定照度幅度范围内选择。加油站室内照度标准值参见表 9-1。

表 9-1　加油站室内照度标准值(距室内地面 0.8m 的平面)

序　号	场所名称	照度标准/lx	光源色温选择/K
1	营业厅　办公室 便利店	(均布)200	3000~4500
2	值班休息室 零售油品间　泵房间	(均布)150	3000~4500
3	走廊　卫生间 库房　发电间	(均布)100	2700~4500

加油站棚罩采用均布人工照明方式，其照度标准(距离地面 1.2m 的平面)为 50~250 lx，色温为 3000~4500K。室内、罩棚及招牌应采用节能型的灯具，且灯具应选择安全防护型；营业厅应设应急照明。

特别要注意电脑加油机、电动加油机的加油显示屏的照明，如电脑加油机采用背光屏照明方式等。白炽灯和荧光灯照度折算可参见表 9-2。

表 9-2　白炽灯和荧光灯照度折算与安装容量(W)

房间面积/m^2	最低照度/lx				
	15	20	25	40	100
	白炽灯/W				日光灯/W
8	40	60	60	100	80
12	60	75	100	150	80
18	80	120	120	200	160
24	120	150	150	200	160
36	150	240	240	300	320
48	240	240	300	400	320
54	240	240	300	400	320
72	240	360	360	600	480

第三节　营造优美的软环境

优美的外形构造，是优美的加油站环境的必要条件，是形式的、外在的美，以清洁、卫生和优质的服务等构成的软环境是加油站优美环境的真正体现。

一、整洁、卫生的环境

加油站的环境总体上要求经常打扫，使之外观清洁、整齐；建筑物要经常维护、及时发现破损及时维修，特别是输、储、付油设备要使之始终处于良好状态，不渗油、不漏油，为加油站达到整洁、卫生的要求创造首要条件。

加油站由几个区域构成，各区有不同的要求，具体分述如下。

（一）加油区

该区是加油站的主要业务经营场所，由站房、加油棚和加油岛三部分组成。它是加油站的主要对外区域，应特别注意它们环境的整洁和卫生。

站房主要有营业室、接待室、站长室、值班室、配电间、发电机房和卫生间等。要求所有建筑物的顶棚及外壁无损伤、龟裂、污渍、蜘蛛网等，地面清洁干净，室内的所有物品、家具都应摆放整齐、清净、无灰尘、无油渍。窗儿明亮，无裂纹。卫生间应无异味，水龙头不锈蚀、关闭不滴水。接待室内烟灰缸内应放置一定量的水并经常清洗。

标志、公告牌等应固定得当，无损伤、污损。

加油机外壳应清洁，无锈蚀、油渍；电脑加油机键盘无油迹，显示屏无论白天还是夜间字迹均应清晰。

（二）油罐区

油罐区包括油罐组和卸油场地两部分。主要是保证无油污、其他杂物和污泥等。

（三）车道和停车场

进出车行道和停车场地应保证畅通和地面清洁，无污油和其他杂物。地面无龟裂、无破损。排水沟无龟裂、损伤、泥沙堆积等。

（四）辅助区

该区主要指加油站的车辆保养场所、零售润滑油小包装的门市部、洗车间及围墙等。物件摆放整齐、清洁，包装清晰，地面清洁等是该区域的主要要求。

（五）消防器材

加油站内的消防器材要求表面无灰尘，标志清楚，字面朝外，摆放有序、整齐。同时要求经常检查消防器材的使用性能，使之在任何时候都能有效地工作。

二、良好的服务环境

加油站员工应时刻注意服务态度，提高服务质量，一切为顾客着想。加油站良好的服务环境应包括以下内容。

（1）规范的礼仪、文雅的谈吐、得体的打扮、大方的举止、统一和整洁的服装、热情和彬彬有礼的态度。

（2）树立顾客第一的观念；无论何种情况，绝对不与客户吵架。

（3）防止错发错卖油品；防止短少油量；防止汽车未熄火予以加油；防止忘记把油箱盖拧紧；防止汽车在移动中发生事故；防止油枪使用不当。

（4）上班时间，不在营业室等对外场所就餐。

第四节　加油站的环境保护

加油站是经营油品的场所，油品是具有一定的毒性、污染性的危害性质。减少和消除这些不利于人们身心健康的危害因素是加油站环境管理的特殊内容。

一、加油站防毒

(一) 油品、油气的毒性

油品及油蒸气具有一定的毒性，一般属于低毒性物质，但由于中毒的途径不同，使人体器官能产生不同程度的急性或慢性中毒。汽油为无色或淡黄色液体，易挥发，具有特殊气味。汽油为麻醉性毒物，急性吸入后，好像有毛发沉在舌头上的感觉，大部分可由呼吸道排出，小部分在肝脏被氧化，与葡萄糖醛酸结合可经肾脏排出。主要能使中枢神经系统机能紊乱。低浓度可引起条件反射改变，高浓度能造成呼吸中枢神经麻痹。汽油对脂肪代谢有特殊影响作用，引起神经细胞内类脂质平衡失调，血中脂肪含量波动，胆固醇和磷脂改变。

轻质油品的毒性比重质油品的毒性小些，但是轻质油品蒸发性能好，蒸发量大，往往使空气中的油气浓度大于重质油品产生的浓度，因此，危害性更大。如果空气中油蒸气含量为0.28%时，经过12~24min，人便会感到头昏；如果含量达到1.13%~2.22%时，便会发生急性中毒，人会感到难以支持。当油蒸气含量更高时，会使人立即昏倒，丧失知觉。

由于柴油和重质油能产生硫化氢气体，这使油品的毒性显得严重。硫化氢为无色气体，具有臭鸡蛋味，比空气重，密度为1.19g/cm^3，在空中易积聚，不易飘散，易溶于水，也溶于醇类。硫化氢化学性质活泼，能与许多金属发生化学反应生成化合物。硫化氢是一种毒性很强的气体，空气中含量达到0.035mg/m^3，人即可嗅到气味。开始，这种强烈的臭鸡蛋味与其浓度成正比，当浓度超过10mg/m^{3}时，臭鸡蛋味反而减弱，甚至不能察觉，这时正是最危险的时刻，往往会出现“闪电式”中毒死亡。中毒形式有慢性中毒、亚急性中毒和急性中毒三种。

(二) 中毒途径

要想安全有效地防范油品和油蒸气引起的中毒事故，必须明确它们是如何侵害人体的。石油及其蒸气侵入人体的途径主要有三种：即皮肤接触、呼吸道吸入和通过食道进入消化道。有时可单独通过呼吸道或皮肤侵入人体，有时可从二条或三条途径同时侵入人体。

加油站的气体毒物和易挥发性液体的毒物，主要是从呼吸道进入人体。自鼻、咽腔至肺泡整个呼吸道的粘膜都能不同程度地吸收有害气体、蒸气及烟尘。有害物质能很快地被吸收并经过毛细血管进入血液循环系统，从而分布到全身。由于这一过程不经过肝脏解毒，因而具有较大的危险性。

有些毒物可以直接穿透完整的人体皮肤，经毛囊空间到达皮脂腺及腺体细胞而被吸收，一小部分则通过汗腺进入人体内，毒物进入人体的这一过程也不经肝脏转化，直接进入血液系统而散布全身，危险性也较大。

毒物有时可能被误食，或者由呼吸道侵入人体的毒物一部分沾附在鼻咽部而混在其分泌物中，无意中被吞下而进入消化道。毒物进入消化道后，主要在小肠内被吸收，大部分进入肝脏，经解毒转化被排出，只有一部分直接进入血液循环系统。从消化道进入的毒物，一般不及从呼吸道或皮肤粘膜吸收的毒物后果严重。

(三) 防毒方法

在明确了油品及其蒸气侵害人体的道理之后，我们应能明白该如何进行安全防范了。首先应从控制油品及其蒸气的污染着手。努力保证加油站的储油设备、输转管道、阀门、加油机等性能良好，不产生滴漏；改进储油技术，减少油品蒸发，降低油品蒸发损耗；

改善加油条件，采用密闭加油装置等；员工在加油时要认真、仔细，以防油品冒出。其次是防止人体吸入中毒，不论是轻油或重油都不得用嘴吸，以防食入或吸入。第三，在检修储运过油品的容器、管道或其他设备后，必须将手、脸等清洗干净后才能进行其他工作或进食。第四，改善加油站的通风条件、加强油气浓度检测、采用隔离式作业等都不失为好的防范措施。

（四）油气回收

油气虽然看不见、摸不着，却有浓重的“汽油味”，闻多了使人不舒服。因此，为了加油站员工的健康，为了改善空气质量，如何有效防止或减少油罐车卸油及加油作业时油气外泄，就成了加油站面临的课题。

加油站作业中容易产生挥发性有机物的原因包括油罐车卸油及加油枪加油时的挥发外泄，以及油箱满溢或加油操作疏忽的泄漏。

针对这些作业分别有下列不同的油气回收方式：

1. 油罐车密闭式卸油

在加油站卸油区，于油罐车的卸油口到地下储油槽及地下储油槽到油罐车顶部通气阀间，分别加装一套管线(含快速接头)连接成一密闭的油气回路。当油罐车卸油时，利用重力卸油的吸力，使油罐内部产生轻微真空，将地下储油槽排出的油气回收到油罐内，防止地下储油槽通气管中的油气排放到大气中造成污染。据国外经验，油罐车每卸一千加仑汽油，油气的损失约可减少九磅左右。密闭式卸油油气回收流程见图 9-1。

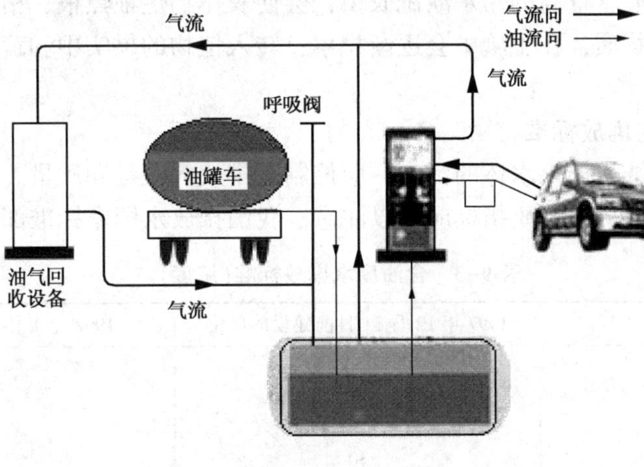

图 9-1　加油站油气回收示意图

2. 加油站车辆加油油气回收

加油站加油人员为顾客车辆加油时，若使用具有油气回收构造的加油枪，可使正在加油车辆的油箱所排出的油气，经由适当的管线回收到地下储油槽中。据国外经验，每加一千加仑汽油，其油气损失约可减少十磅左右。

3. 油库油罐车灌装油气回收

加油站油气回收系统完成后，产生的油气经由油罐车运回油库。另油罐车在灌装油料时也会产生油气，这些油气可用冷凝式油气回收设备降其冷凝为液态汽油，不仅避免油气排放而造成油库周遭空气污染，也可回收部分能源。据国外经验，每灌装一万加仑汽油约可回收五加仑汽油。

二、防含油污水的污染

（一）含油污水的来源

加油站的含油污水主要有以下几种来源：

一是加油时加油枪滴洒在地面上的油品，一般轻油很快在空气中挥发散逸，残留的油品按操作规程用拖布擦干净，用水洗净，但形成了含油污水。

二是加油站地下储油罐在进行清洗、检修时，排出的含油废水。

三是加油站内的管线、阀门、加油机等设备的跑冒滴漏及进行检修时，滴漏清洗过的废水。

四是加油站的储罐在卸油时可能产生的跑冒油品，用水清洗形成含油废水。

（二）含油污水的危害

油类物质可在水中形成油膜，阻碍大气中的氧气溶于水中，妨碍鱼类及其他生物的生长、生存。鱼虾等长期生活在受油污染的水体中，使其肉有油腥味，严重时油粘于鱼腮上，影响鱼类呼吸而导致死亡。在污油污染的水体中孵化出的幼鱼，大多呈畸形，鱼体扭曲，生命力弱；用含油污水灌溉农田，油类物质会粘附于土壤内并粘在植物根部，危害植物生长，严重时导致农作物死亡。

含油污水中其他化学物质，如酸、硫化物、氰化物等不仅有毒而且有腐蚀性，如不作处理让其排入江河湖海，对人、畜、家禽及鱼虾等水生动物都产生危害，严重时引起中毒甚至大量死亡；用化学物质含量高的污水灌溉农田，会使农作物烂根黑根，枯萎死亡，使土壤封结成板块。有些化学物质，在土壤中会逐渐积累，转入植物的果实中和蔬菜的叶子里而不能食用。

（三）含油污水的排放标准

为了保证水体清洁，排入水体的污水，应控制其排放的数量和质量。因加油站的污水数量不大，一般不用多虑，但水质指标应加以注意。我国排放水国家标准部分见表 9-3。

表 9-3 含油废水排放标准（浓度）

项 目	1997 年 12 月 31 日前建设的单位	1998 年 1 月 1 日后建设的单位
pH 值	6~9	6~9
色度（稀）	50	.50
悬浮物（SS）	70	70
五日生化需氧量（BOD_5）	30	20
化学需氧量（COD）	100	60
石油类	10	5
挥发酚	0.5	0.5
硫化物	1.0	1.0
总有机碳（TOC）		20

注：除 pH 值和水色外，其他都是以 mg/L 为单位。

（四）含油污水的处理

为使加油站内的各种地面含油污水和冲洗附着于车上的油或蜡等形成的冲洗水不直接排放到加油站以外，以防止造成事故和污染地下水源，加油站应设置油水分离池（槽），而且必须每天对油水分离池进行检查以保持其去污功能。

检查方法：打开油水分离槽盖，检查各槽内是否积存了橡胶、泥沙、油等（如果盖子特别重，可以从盖子的间隙处，用棒等插入检查槽内是否有油积存）。

措施：把油吸上来，回收于废油罐或废油桶里，将积存于槽底的泥沙掏出来，加以处理。

油水分离池可以是三节式隔油池，有必要时也可采用各种移动式废水处理机。

有洗车业务的加油站，应设有洗车污水沉淀池，用上述类似方法对含油污水、泥沙等进行处理。

收集出来的污油、油污泥沙等可用小桶运至石油库或其他能处理这类污物的单位进行处理。在此，笔者反对用深埋法，以免引起土质、水质的二次污染。

三、防噪声污染

（一）噪声的危害及环境噪声标准

环境噪声是指在工业生产、建筑施工、交通运输和社会生活中所产生的影响周围环境的声音。环境噪声污染是指排放的环境噪声超过国家规定的环境噪声标准，妨碍人们工作、学习、生活和其他正常活动的现象。噪声的危害主要在于影响人们休息；损伤听觉器官；引起心血管系统病症；噪声能导致神经衰弱和降低人们的劳动效率。国家对城区环境噪声的规定见表 9–4。

表 9–4　城市区域环境噪声标准　　dB

类别	昼间	夜间	类别	昼间	夜间
0	50	40	3	65	55
1	55	45	4	70	55
2	60	50			

0 类标准适用于疗养区、高级别墅区、高级宾馆区等特别需要安静的区域。

1 类标准适用于以居住、文教机关为主的区域。乡村居住环境可参照执行。

2 类标准适用于居住、商业、工业混杂区。

3 类标准适用于工业区。

4 类标准适用于城市中的道路交通干线道路两侧区域，穿越城区的内河航道两侧区域，穿越城区的铁路主、次干线两侧区域的背景噪声（指不通过列车时的噪声水平）限值也执行该类标准。

在夜间突发的噪声，其最大值不准超过标准值 15dB。

（二）防噪声危害的措施

噪声污染是不可避免的。控制噪声污染应从控制声源、传递途径和声纳者三方面入手进行。

声源的控制是解决噪声污染最根本的方法，合理配置噪声源，尽可能采用无声或低噪声的工艺和设备，替代高噪声的工艺和设备，从根本上解决噪声问题。在布局上，把高噪声机械和低噪声机械分开；从时间上，把白天与夜间相区别等等；加强机械运动部件的润滑；加固联接部件，不使其松动等。

一般来说，加油站发出的噪声并不突出和强烈，但有些加油站地处城区或居民生活区，在夜间付油作业时产生的各种声响还是较明显的，特别是卡车的起动声和质量不高的加油机工作时的摩擦声等，所以对现有的设备，应积极采用控制噪声传递的方法。在机器设备的外表上加隔声罩；在进气、排气口或管路中加消声器；对加油棚、营业室的天花板、墙壁、立柱表面进行吸声处理；对有较大声响的加油站可采取建隔音墙或种植树木等隔音方法，尽可能减少或避免对周围人们的生活和工作造成影响。

四、防职业病及个人防护

（一）常见职业病

职业病是指在生产劳动中由生产性有害因素引起的疾病。加油站员工由于长期接触油品和油气，会产生与此相关的一些疾病，如皮炎、油粉刺、皮肤癌肿、呼吸道疾病、肠胃道疾病、妇女病、中枢神经系统衰弱等。这些都是慢性疾病，不易发觉，多半表现为肤色暗黑、食欲不好、容易疲劳、记忆力差等与随年龄增大而出现的疾病症状相似的病症，因此要特别注意，加强防范。

（二）作业区环境卫生标准

为了保证加油站员工的身体健康，作业场所的有害物质浓度不应超过国家规定的限值，国家标准部分内容参见表 9-5。

表 9-5　作业区内有害物质最高容许浓度

污染物名称	最高容许浓度/（mg/m^3）（标准状态）	污染物名称	最高容许浓度/（mg/m^3）（标准状态）
溶剂汽油（油类）	350（以碳计为 300）	甲　苯	100
一氧化碳	10	二甲苯	100
硫化氢	10	二氧化碳	15
苯	50	甲　醇	50
乙　醚	500	光　气	3

（三）加油站劳动保护

引起加油站的环境污染和员工职业病的根本原因是加油站的油品外逸，油气大量蒸发，造成油气扩散与漂移，使油气浓度超过规定要求，以及各种车辆排出的尾气。因此，为了加油站员工的身体健康，应首先加强对油气污染的控制。油气污染的安全防护措施主要是减少油品蒸发，实现油气回收。

第二是加强加油站的通风，从目前许多加油站的建造情况来看，在正常使用情况下，加油站中各类建筑物内有害物的散发均不超过卫生容许浓度，建筑物本身就有良好的自然通风条件，当自然通风不能满足要求时，可采用机械通风。

第三是应根据劳动保护规定加强员工劳动保护措施，制定劳动保护条例，改进员工劳动条件，加油站员工应加强个人防护意识，平时养成不吸烟、不喝酒的良好生活习惯，作业时按规定进行操作。加油站领导应加强防毒管理和检查监督工作，对员工要加强防毒安全教育，定期测定工作场地空气中有害气体的含量。同时员工与员工间也应加强互相监督，提高防范意识，保证安全。

第四是加油站应按劳动保护规定发放劳动保护用品。在此是指发放个人劳动保护用品。

第五是加油站应对员工定期进行身体检查。

五、加油站绿化

绿化是环境美的基本要素之一，是属于维持生态平衡的环境保护的重要组成部分。

（一）加油站绿化要求

加油站应在满足业务需要的前提下，尽可能地进行绿化。一般加油站绿化面积应达20%以上，城市中心应达30%以上。

加油站绿化应不影响加油业务和设备检修等工作。加油站营业房背、侧面可种乔木。在加油站的出入口(临公路侧)，不宜种植高、中灌木，以免影响司机的视线，妨碍车辆的通行；可种植低于0.4m的灌木或草皮。加油站内树木种植与地下构筑物和地下管线应有一定的距离。必须注意，整个站内不得种植油性植物。

加油站应建立绿化责任制，制定绿化、保养措施。平时要及时清除枯萎的植物、树叶，补种新的植被，保持枝叶茂盛。

（二）加油站绿化作用

1. 绿化可以美化加油站环境

把我们周围的环境进行美化，做到卫生、整洁、绿化，这是环境美的基本要求。医学界研究表明，在人的视野中绿色达到25%时，心情最舒畅，精神感觉最好。绿化无疑美化了加油站，为加油站员工和客户创造了一个愉悦的环境。

2. 绿化可以净化空气、保持空气清新

植树种草，增加大地绿色植物的覆盖率，可以提供足够的清新空气。因为绿色植物通过光合作用，吸收空气中的二氧化碳，放出大量的氧气，使空气保持新鲜，这同样对加油站大有益处。

3. 绿化可以减少空气中的灰尘

树木枝叶茂密，具有强大的降低风速的作用，从而使飘浮于空中的大粒灰尘迅速下降到地面；树木枝叶表面粗糙，生有绒毛，并分泌油脂、粘液或汁浆等，能滞留、吸附大量的灰尘，使加油站内空气中的含尘量大大减少。

4. 绿化可以清除空气中的细菌病毒

空气中细菌和病毒含量的多少，不仅是环境质量好坏的重要标志，也是人们发病率高低的重要原因。据实测，绿化区域的细菌和病毒远比没有绿化的闹市区低，原因在于闹市区人口多、密度大，排出的细菌和病毒多；更重要的是由于绿化区中的许多树木能分泌出具有强烈挥发性的物质，如丁香酚、桉油、肉桂油、柠檬油、松香等，这些物质具有杀菌作用，称为“植物杀菌素”，可以杀死杆菌、球菌、丝状菌、芽生菌和病毒等，从而使空气中的细菌、病毒大量减少，保证人类的身体健康。

5. 绿化可以吸收加油站内的工业排毒

据研究证明，许多绿色植物具有抗毒的特性，有较强的解毒能力。不同的树种对不同的工业排出的毒气有不同的解毒能力。

6. 绿化可以降低加油站的噪声

绿化可以大大减轻噪声的干扰和危害，树林茂密的枝叶，像一堵“绿墙”，阻碍了噪声声波的前进；枝叶的摆动，叶表面的气孔和绒毛又大大消弱了声波的强度；绿树草木表面的凹凸不平以及千姿百态均有明显吸收声波的作用。据测，噪声通过18m宽由两排桧柏、一排雪松构成的林带后，减少了16dB。

7. 绿化可以增进加油站员工的身心健康

加油站员工在劳动之余，来到林木葱葱、叶好花香的场所，漫步休息，满目青翠，加上新鲜空气迎面而来，会感到神清目爽、疲劳消却、一身轻松。

【思考题】

1. 搞好加油站环境保护工作有何重要意义?
2. 加油站的环境保护包括哪些内容?
3. 为了保持加油站优美的环境，加油站员工应做些什么?
4. 加油站进行环境绿化的作用是什么?
5. 加油站的含油污水一般来自哪些地方?
6. 如何尽量降低加油站的噪声污染?
7. 加油站的环境与经营效益有何关系?
8. 加油站应该从哪些方面入手来减少油品对员工身体的危害?

第十章　加油站非油品业务

加油站不仅是车辆加油的地方，也是为驾驶员、其他顾客和车辆提供服务的场所。在成品油零售市场竞争越来越激烈、成品油零售利润逐步下降的情况下，加油站开展非油品业务，培育新的利润增长点，提升竞争力，是石油销售企业生存和发展的必然选择。

第一节　加油站非油品业务现状

加油站非油品业务指的是经营成品油以外的业务，包括便利店、餐饮、洗车、修车、换油、汽配销售、广告代理、电话、通讯服务、银行提款机、彩票销售、自动售货机、空车配货、化肥和农业生产资料销售等等。为开拓市场和满足消费者的需求，加油站非油品业务经营范围不断扩大，内容日渐增多。目前，非油品业务已成为加油站功能的重要组成部分。

一、非油品业务现状

我国现有加油站 8 万座左右，主要集中在中石化和中石油两大集团，其数量约占加油站总数的 50%，其余为社会加油站。各类加油站非油品业务经营的规模、管理方式和盈利情况各有不同，开展非油品业务一般有以下几种。

1. 便利店

一般来说加油站便利店的营业面积较小，营业时间较长（高速公路服务区便利店营业面积大、商品种类多，通常昼夜服务），以开架自选方式向顾客提供食品、饮料、小百货、香烟和报纸杂志，有些还可提供银行 ATM（自动取款机）、电信和票务等服务。它的目的是便捷地满足顾客的某种需求，同时取得一定的利润。大多数加油站都具有便利店的一些服务功能，但经营场地小，尚不成规模，赢利能力差。

2. 加换润滑油脂

给汽车加注、更换润滑油、润滑脂服务，这是受到汽车驾驶员欢迎的一种服务，并可回收使用过的润滑油脂，有利于油品的再生利用，控制废油带来的环境污染，但从调查的情况来看，绝大多数加油站尚未开展这项服务。

3. 汽车美容

汽车美容包括洗车、喷洒清洁剂、上蜡抛光等，现在许多城市对车辆的清洁卫生状况有要求，从美观、舒适的角度来看，驾驶员和乘客也同样有这种要求，所以汽车美容是一项经常性的业务，尤其对城区、城郊加油站更是如此。然而具备这类服务功能的加油站屈指可数。

4. 汽车修理

汽车修理的内容很多，简单的如充气换胎，复杂的如发动机的维修，能否从事车辆的维修工作，取决于员工的技术水平和设备的配置条件。汽车维修与美容宜在同一个站内完成，这样会使驾驶员感到便利。目前开展汽车修理服务的加油站不多。

5. 餐饮服务

目前加油站的快餐服务集中在高速公路的服务区，一些服务区内菜肴品种较多，价格合理、整洁卫生、环境舒适，基本能满足各类顾客的需要。一些车流量大、司乘人员聚集的服务区，餐饮已成为其主要的利润来源之一。

6. 其他

据了解，目前开展通讯、互联网、彩票销售、空车配货和农资产品销售等非油品业务的加油站还非常稀少。

二、非油品业务经营中存在的问题

我国加油站从事非油品业务起步较晚，非油品业务的规模小，营业额和利润水平很低，非油品业务尚处于发展的初期，经营中存在各种困难和问题。

1. 缺乏统一规划、布局

20 世纪 80~90 年代建造的加油站，由于各种原因，在规划、设计时一般未考虑非油品的服务功能，这种先天不足，为加油站的多元化经营造成了硬件上的困难。

2. 认识不足，随意性大

在前几年的调查中发现，非油品业务的开展存在放任自流或一刀切的现象，有的加油站是否开展非油品业务由加油站站长说了算，有的地方主管部门要求每个加油站具备非油品服务功能。非油品服务项目设置的盲目性、随意性必然造成加油站资源(人力、物力、财力)的浪费，甚至得不偿失。

3. 经营管理不到位

为了降低人工成本，加油站的人员安排普遍比较紧张，绝大多数加油站站长认为加油站业务繁重，不可能专门抽调员工去从事非油品业务，在未专门开设便利店、修理厂的加油站中，非油品业务往往由当班员工兼做，但一人兼两职，可能造成两头工作都做不好，甚至出错。在经营中，不规范的做法也有发生，如“以货充油”，即有些驾驶员要求在加油站购买商品的开支充入其买油的费用中，加油站为了吸引顾客往往会满足其要求，从而损害国家和集体的利益。

4. 不定指标，无激励机制

大多数加油站开展非油品业务，上级主管部门不下达利润指标，平时不作检查和考核。换而言之，加油站非油品业务开展与否，由加油站自己决定。在人手紧、空间小和无资金投入的情况下，非油品业务就被放到可有可无的位置，以至有些加油站站长抱着多一事不如少一事的想法，不愿意从事非油品业务。尽管大多数被访问的加油站站长认为有必要做好非油品业务，但如果经营业绩不与员工的收入挂钩，会影响员工的积极性。

5. 人手少、空间小

一座月销量 1000t 的加油站，每班一般只有 3~4 人，在正常情况下，员工没有明显的休息间隔，即使不加油时，员工也要站在天棚下迎候车辆的到来，客观上没有精力和时间去从事非油品业务。再则，非高速公路的加油站往往占地面积较小，营业用房并不宽裕，所以，设置非油品服务项目受到人手、空间或场地等条件的限制。

6. 缺少品牌意识与策略

在商品零售市场竞争异常激烈的情况下，消费者不仅看重商品质量和服务质量，而且具有较强的品牌意识。品牌就是金字招牌，是企业的无形资产和资源。在主管部门没有统一的品牌策略和要求下，由加油站自己去塑造非油品业务的品牌，这是比较困难的，而这将影响非油品业务的拓展。

7. 将非油品业务对外租赁

有些加油站把汽车修理和汽车美容等业务租赁给他人，这种做法简单方便 ，可以使加油站集中精力做好油品销售，不受非油品业务的牵制和影响。然而这种做法是有问题的，租赁的单位或个人出于效益最大化考虑，往往用最小的投入来获取最大的收益，平时又缺少必要的监督和管理，导致短期行为的发生，如对设施设备的破坏性使用，不关注作业区域的环境卫生与安全等等，从而影响加油站的信誉，最终与加油站的初衷相背离。

在我国加油站非油品业务发展的初期，遇到问题或存在困难不足为奇，它本身是一个探索、实践和发展的过程。因此，了解国外石油企业加油站非油品业务经营情况，对开展我国加油站非油品业务具有启发和借鉴作用。

第二节　国外非油品业务的经营

美国是世界上开展加油站非油品业务最早的国家。从20世纪50年代开始，加油站出现了修车服务。70年代第四次中东战争和伊朗政局的变化，导致中东产油国联合起来，把油田收归国有，抵制向以美国为首的西方国家出口石油，导致原油价格暴涨，严重影响了西方国家的经济，也极大地影响了西方跨国石油公司的赢利能力。为了降低石油经营的风险，发掘加油站新的赢利空间，增强自身生存发展的能力，70年代加油站出现了便利店服务。经过几十年的发展，各国加油站非油品业务经营的项目不断增多，范围越来越大，并逐渐形成了自己的经营模式和特色。

一、美国加油站的便利店业务经营

在加油站各种非油品业务经营发展过程中，便利店逐步成为大多数加油站采用的主要形式之一。在美国的17.4万座加油站中，有12万座设有便利店，约占69%。另外还有8000家大型超市设在加油服务区。美国加油站经营业务的组合除了加油站+便利店以外，另有加油站+便利店+快餐、加油站+汽车维护、加油站+便利店+汽车维护等模式。美国加油站与便利店联姻的常见方式主要包括以下几种类型：①拥有加油站的大型石油公司以自己的油品品牌经营便利店业务，例如埃克森美孚(Exxon-Mobil)、壳牌(Shell)、英国石油(BP)等。②一些加油站业主与大型仓储式超市合作或大型仓储式超市直接渗透到加油站，用超市品牌从事便利店业务，例如家乐福(Carrefour)、沃尔玛(Wal-Wart)等。③还有一些发展很快、拥有自己品牌的便利型零售企业，如QUIKTRIP、JET等与石油公司合作开展便利店和油品销售业务。④一些快餐公司以自己品牌从事或以连锁加盟的方式从事便利店业务。

为了增加收益，每个加油站都尽可能向顾客提供多元化服务。美国加油站的便利店业务非常发达，而且大多是24小时服务。除了配备设施齐全的卫生间以外，加油站还为顾客提供轮胎打气、汽车除尘等收费服务，尤其是高速公路上的加油站一般都设有餐厅，既方便顾客又可增加收入。此外，便利店还销售彩票、报纸等特殊商品。有些便利店甚至逐步发展成为大型的、大众化的零售商店。加油站提供的便利店、汽车修理等服务使客户不必再为夜间商店关门无处购物以及维护汽车等担心。

目前，美国绝大多数加油站的利润主要来自便利店而不是油品销售，非油品销售已成为加油站利润的主要来源。美国加油站油品销售收入占总销售收入的60%左右，而形成的利润只占总利润的30%~40%；便利店销售收入只占总销售收入的30%~40%，形成的利润却占总利润的55%~65%。

二、日本加油站的汽车服务业经营

日本是汽车业非常发达的国家，汽车年产量超过1000万辆，拥有汽车7200万辆，汽车销售、维修保养是一个巨大的市场。对此，各石油公司纷纷利用加油站抢占汽车服务市场。日本全国共有52000座加油站，绝大多数加油站都具有汽车清洗、美容、加换油、维修、零部件买卖等功能，而且员工服务规范、周到、主动、热情。这是日本加油站多元化经营的一个特色。表10-1是日本企业对汽车精化用品市场占有率的情况反映。

表10-1　日本汽车精化用品市场占有率结构　　%

企业 年份	修理厂	专业店	汽车销售公司	加油站	汽车精化用品商店
1960	50	20	30	0	0
2000	9	15	28	18	30

为增强赢利能力，各加油站还从事买卖旧车的业务，如伊藤忠艾内克公司在其旗下的2000座加油站开展买卖旧车的生意。小泽物产公司也将买卖旧车的营业点扩大到50个。由于汽油、柴油价格竞争异常激烈，日本加油站汽油的利润率已下降到10年前的1/3左右，经营加油站的各个石油公司正加快步伐开拓汽车相关的新商务，而买卖旧车就是其中之一。

在加油站开展以汽车服务为主的非油品业务是有其道理的。首先，这种服务业态在经济上是很合理的。把加油站作为一个维修服务的“平台”，依托这个“平台”提供多种服务，较之于单独设立各专业服务网点，固定成本大大下降；其次，日本是一个高速公路网密集的国家，按照加油站的分布设立维修服务点，较为合理。对汽车驾驶员来说，在加油的同时，顺便得到各种维修服务也乐意接受；再次，把加油站的油品销售和其他服务项目捆在一起，有利于统一管理，提供规范化的高质量服务；最后，这种连锁店式的服务，有利于树立公司的形象和品牌。

三、欧洲加油站的多元化经营

欧洲各国特别是欧盟成员国经济较为发达，但石油资源大多匮乏，为了抑制消费，减少对石油的依赖，政府对油品消费课以重税，油品价格普遍昂贵，成品油经营利润很小，各石油公司加油站之间的竞争十分激烈，不得不通过开展非油品业务来增加赢利。

1. 开辟其他服务项目，扩大收入来源

欧洲的加油站不论大小，大都根据自身条件尽可能提供更多的服务项目以满足顾客需求，一般设有洗手间、充气机、洗车房、加换机油、便利店、咖啡厅、餐厅等服务项目。为方便顾客住宿，一些高速公路特大型加油站旁还建有旅馆。尽管加油站的自动化程度很高，但为满足高收入群体的需要，仍有许多加油站开设了全套服务项目：不用顾客自己动手，从加油到清洗车辆，再到检查机油、打气等整套服务都由加油站提供。当然，这样的加油站的油价通常比自助式加油站每加仑高出0.15欧元左右。

2. 超市成为部分国家车用油品的最大供应商

为满足客户的便利性要求以及充分利用超市的客户资源增加赢利，传统的超市经营商进入到油品零售业务，并以其低价策略和灵活经营方式，成为各石油公司的主要竞争对手。尽管世界上第一个大型超市加油站在法国出现至今才短短7年多的时间，但已成为其车用油品的最大供应商。这主要得益于法国高度发达的大型超级市场，如家乐福、沃尔玛等，它们一般都有比较大的停车场，有场地建设加油站。超级市场加油站除了为客户带来更多便利和节省时间外，油品作为超级市场特许商品的价格折扣让更多顾客得到了实惠。目前在法国，超市加油成为广为接受的方式，已占法国车用加油量的56%，而且还呈现进一步上升的趋势。超市加油在欧洲其他国家也已比较普遍，这是市场发育成熟的结果。

超市加油站一般分为两种模式：一种是超市与大型石油公司合资、合作共建加油站；另一种是超市单独建立加油站，树立自己的品牌。欧洲超市加油站的快速发展预示了加油站的又一个发展趋势。

3. 以客户为中心开展便利店业务

在欧洲市场上，在超级市场快速向油品零售市场扩张的同时，加油站业务也迅速向便利店业务延伸。私家车数量的增加和有限的停车空间使部分需要快捷服务的顾客转向加油站便利店。如在法国，一般加油站便利店除设有汽车常用服务外，还设有快餐、新鲜食品、咖啡馆、自动取款等服务。在一些停车场较大的加油站，甚至在便利店引入一些知名品牌如星巴克、麦当劳等。目前，欧洲国家80%以上的加油站开设了便利店业务，非油品销售收入通常占到总销售收入的30%~40%，利润占到总利润的40%~50%，而且还在呈现进一步上升的趋势。如德国目前各加油站的营业收入中，来自经营油品的收入仅占40%左右，其他60%则通过向顾客提供食品、饮料、报刊杂志、香烟、工艺品等综合服务来获得。因此，开展非油品业务成为满足顾客需求多样性、提升加油站盈利能力的重要手段。

加油站油品业务的平均毛利率一般在5%左右，而非油品业务的平均毛利率则在25%以上，其中食品、饮料的毛利率甚至高达70%以上。顾客通常利用自动加油的时间购物，由于消费量不大，故对价格不太敏感。因此，便利店商品的价格比超市略高，其中啤酒一般高20%左右，香烟高出30%左右。加油站便利店因其方便、快捷、"一站式"服务、满足以顾客为中心的全方位要求等特点，已显现出强大的生命力。

BP法国公司在法国的加油站全部开设了便利店业务，以2003年为例，便利店销售收入占加油站全部销售收入的40%，而便利店业务的利润却占到了总利润的45%以上。预计以后便利店业务的利润有可能超过加油业务。BP正在培育自己的便利店品牌，而且提出了要与名店抗衡的目标。在法国巴黎，BP咖啡已有相当的知名度，不少人就是为了喝BP咖啡而来BP加油站顺便加油的。道达尔公司的情况也大体如此。

欧洲加油站的服务项目多种多样，但各服务区域经纬分明。在综合服务项目的经营上，石油公司实施了品牌多元化战略，除加油站自身的品牌之外，还通过引入其他品牌或自主创建服务项目的品牌，从而使加油站呈现出"服务综合化、品牌多元化"的特点。例如在BP法国公司的一座加油站里面可以同时看到三个品牌的服务项目。

四、国外加油站非油品业务经营特点

欧美石油公司加油站非油品业务经过几十年的经营，现已较为成熟。在加油站选址建造时就统一规划，科学设计，根据车流量和站址周边情况，设置加油站非油品业务的服务项目，力求避免盲目性。虽然国外非油品业务五花八门，种类很多，但各类加油站都有自己的服务特色。例如，在高速公路、远离城区的国道上的加油站，非油品服务内容相对丰富，有便利店、咖啡厅、餐饮部、汽车修理、阅览室，有的甚至开设旅馆，一座加油站，成为一个相对独立的生活区域；位于城区的加油站，非油品业务服务项目就少得多，有的就开设单一或特色性服务；在乡村公路边的加油站，往往仅在简易的货架上或橱窗内放置一些生活用品，有的则根本就不开展加油以外的服务。

总的来讲，国外加油站的非油品业务具有以下特点：

（1）因地制宜。非油品服务项目的设置不搞一刀切，一切从实际出发，做到服务资源的优化配置，发挥最大效益。

（2）特色明显。各个加油站努力创设具有自己特色的服务项目，以特色吸引顾客。

（3）优质服务。国外加油站的加油员往往年龄较大，而便利店、餐饮部的员工年龄较轻，他们动作利索，富有朝气，较能满足顾客的心理需要，又能胜任较大的工作强度。

（4）公司就是品牌。像 EXXON、BP、SHELL 等都是世界著名的石油公司，顾客对这些公司的信任度(包括商品质量、服务水平)都很高，公司本身就是品牌。

（5）强—强合作。在打造自己品牌的同时，石油公司根据业务的需要，进行强—强合作。如与经营快餐业的麦当劳、经营零售业的沃尔玛等合作，实现优势互补、资源共享、拓展市场、互利双赢的目的。

（6）抢抓机遇，适应变化。各石油公司善于分析研究市场，使自身总是处于市场的前端，灵活应变，科学决策，使自己在激烈的市场竞争中立于不败之地。

第三节　我国加油站非油品业务的开展

一、开展非油品业务的必然性

随着国内成品油批发市场对外开放日趋临近，国外跨国石油公司将进一步抢占国内成品油市场，加油站的竞争必将更加激烈。在此情况下，充分利用加油站的资源，为企业的发展创造新的利润增长点，成为成品油销售企业关注的热点。而加油站拓展非油品业务便成为一种必然的选择。

（1）有利于资源的充分利用。从市场角度看，加油站及其网络蕴藏着丰富的资源，拥有一个庞大的市场，开展非油品业务，是对这种资源的有效利用。

（2）有利于开辟新的利润增长点。随着成品油零售市场竞争日趋激烈，油品零售薄利化趋势日益明显。有时受国际油价等影响，油品销售甚至出现亏损现象。所以加油站经营非油品业务，能够开辟新的财源，增强加油站抗风险能力。

（3）有利于满足顾客的多种需求。开展非油品业务符合“以顾客为中心”的经营理念。随着生活节奏的加快，顾客总是希望在一个地方能够实现多种消费愿望，加油站非油品业务就顺应了顾客这种“一站式”服务的需求。

尽管目前国内一些加油站开展非油品业务步履维艰，但不能否认它是一个潜在的市场，一个有利可图的市场。据报道，2003 年美国、英国、澳大利亚三国石油公司的销售总利润中，非油品业务分别占 45%、40%和 48%，其利润额占加油站总利润的 54%、46%和 55%。国外加油站非油品业务今天的经营状态预示了我国加油站明天的发展趋势。

二、开展非油品业务的有利条件

加油站有适于开展非油品业务的条件和环境：

(1) 我国经济持续快速发展，国民收入不断提高，消费能力增强，这是加油站开展多元化经营的基本条件。

(2) 全国现有约 80000 座加油站，一个加油站就是一个小市场，所以非油品业务市场广阔。

(3) 我国现拥有 3000 万辆汽车，而且每年以 10%多的速度递增，司乘人员数量更为庞大，每人都有可能成为加油站消费的顾客。

(4) 很多加油站设施设备先进齐备，环境整洁、明亮，服务热情、周到，是顾客愿意选择的一个好去处。

(5) 随着加油站服务项目的增加和品牌形象的提升，人们消费观念的转变，加油站将会吸引越来越多的顾客光顾。

(6) 加油站成为服务站、服务区，实行“一站式”服务，快捷、便利，符合时代节拍，适应消费者需求。

三、影响开展非油品业务的因素

加油站非油品市场的成熟显然不能一蹴而就，也不受人们的意志或愿望所驱使，很大程度上与社会的经济发展水平有关，与人们的生活方式和行为习惯有关。现阶段，影响加油站非油品业务做大做强的主要因素有以下几点。

(1) 美国、日本等发达国家，汽车是一种生活必需品；而国人主要是通过自行车和公共交通出行，因此，生活消费习惯与发达国家有着很大不同，基于汽车的很多需求，还不够庞大。

(2) 美国地广人稀，居住地分散，各类店铺在美国居住区中难觅其踪，于是加油站里的便利店就填补了这个空缺。而我国的超市、便利店和杂货店遍布社区、街道和村镇的各个角落，商品丰富价格合理，营业时间长，购物便利，顾客一般不会去附近加油站消费。

(3) 在德国等欧洲国家，由于法律对普通商店的营业时间有限制，每天最晚时间不能超过晚上 8 时，周日不可营业，而加油站便利店却不受限制，可以 24 小时营业，因此得到了迅速发展。而我国的法律对普通商店的营业时间没有限制，故加油站便利店无此优势。

(4) 发达国家对司机的驾驶时间也有限制，要求司机在高速公路上连续行驶两个小时就必须休息 15 至 20 分钟，这时，加油站便利店就成了司机消磨时间的好去处。而我国对司机驾驶时间的限制没那么严格，加油站对司机的吸引力就没那么强。

(5) 国内一些加油站便利店或超市的商品价格偏高，影响了与其他零售业的竞争，也影响到顾客的购买欲望。

(6) 顾客的消费观念和习惯有待转变，这尚需时日。

四、开展非油品业务的方法与措施

在开发培育我国加油站非油品业务市场的过程中，我们既要分析研究并吸收国外非油品业务经营的经验，同时更要结合我国国情，从战略的角度来拓展我国加油站非油品业务，增强石油销售企业的赢利能力和竞争力。

1. 整体规划，合理布局

加油站非油品业务功能的总体规划和布局，要作深入细致的调查研究，分析不同区域、不同顾客群体的消费需求，因地制宜，科学合理设置非油品服务区域和服务项目。

2. 制定政策，积极支持

一个加油站开展某种非油品业务，需要得到人力、物力、财力上的支持。加油站要争取政策，取得当地工商、物价和税务等部门的支持。目前许多加油站的非油品业务都是加油站的自主行为，主管部门并没有具体而明确的要求。对很多加油站来说，开展非油品业务的主要困难是人手不足、资金缺乏、场地不够。这些困难光靠加油站自身是很难解决的，如果处理不好，不仅会影响非油品业务的开展，而且也会影响加油站油品业务的经营。

3. 完善设施，营造环境

要重视非油品业务设施、环境的建设和营造。做到场地宽敞明亮，环境整洁、舒适，标识规范醒目，商品陈列有序，信息传递快速准确，经营服务卫生安全，员工衣着整洁统一，举止行为端庄得体。良好的站容站貌能有效地吸引顾客的注意力，刺激顾客的消费欲望。

4. 严格管理，规范经营

上级主管部门对加油站非油品业务的经营行为、内部管理、利润指标等应提出明确要求并予以考核。在加油站内部要加强管理，员工的业绩要与效益挂钩，形成激励机制，调动员工的积极性。经营方法和手段要规范，符合国家的法律法规，杜绝各种不正当经营行为和损害国家、公司利益的现象发生。

5. 确保商品和服务质量

加油站非油品业务质量的好坏同样关系到加油站的声誉，关系到加油站的竞争力。在商品价格相差不多的情况下，商品质量和服务质量便是吸引顾客的决定性因素，要坚持“以人为本”和“质量第一，顾客至上”的经营理念，通过提供优质的商品和优质服务获得顾客的认可和赞誉。

6. 选择合适的经营方式

从国内外加油站开展非油品业务的情况看，加油站非油品业务经营方式主要有两类：石油公司自主经营和联合经营。两种方式各有利弊和特点，现阶段引进社会知名品牌，强强联合进行整体规划设计，利用已有的强势品牌吸引消费者，有利于加油站非油品业务迅速做大做强；另一方面，也有利于加油站集中精力做好油品销售服务，两者相互促进，相得益彰。当然，条件不具备的加油站也可选择自主经营方式。

7. 创建特色服务

服务特色是企业根据自身特点结合环境条件的创造，是长期从业过程中的经验总结，是企业核心竞争力的组成部分，它难以仿效，是吸引顾客、赢得市场的有效方法。如日本加油站的汽车全程服务、油品售后服务等。我国加油站在非油品业务经营过程中应不断总结，努力形成自己的服务特色，开展特色服务。

开展加油站非油品业务是一项多方得益又富有挑战的工作，在我国这项业务尚处于发展初期，随着我国汽车拥有量的快速增长，人们消费观念的变化，非油品业务市场的前景将日趋广阔。

【思考题】

1. 什么叫加油站非油品业务?

2. 非油品业务最早出现在哪个国家?其形式如何?

3. 加油站开展非油品业务有什么意义?

4. 我国加油站非油品业务经营状况如何?

5. 西方国家加油站经营非油品业务有什么特点?

6. 如何开展加油站非油品业务?

7. 加油站如何经营非油品业务?

8. 你如何看待加油站非油品业务的发展前景?

9. 长空加油站站长把加油站的汽车保洁、维修业务租赁给他人,定期收取租赁费,租赁者可以自主地经营各类修车保洁业务。请问:

(1) 这种租赁经营是否合适?

(2) 能否找到更好的经营方式?

10. 大地加油站为了提高油品销量,迎合了部分汽车驾驶员的要求,把在站内便利店购买的商品开支冲入其购买的油款中。请分析:

(1) 该加油站的这种做法是否可行,为什么?

(2) 怎样做到便利店的经营和油品销售相互促进?

参　考　文　献

1　吴金林,毕港峰．加油站经营与管理．北京:中国石化出版社,2000
2　刘国宁,程书博．基层领导工作手册．北京:中国致公出版社,2005
3　中国石化股份有限公司炼油事业部．中国石油化工产品大全．北京:中国石化出版社,2002
4　中国石油化工股份有限公司科技开发部．石油产品国家标准汇编．北京:中国标准出版社,2005
5　熊云等．油品应用及管理．北京:中国石化出版社,2004
6　张以祥等．燃料乙醇与车用乙醇汽油．北京:中国石化出版社,2004
7　中国石油化工集团公司、中国石油天然气集团公司、中华人民共和国建设部城市建设公司,GB 50156—2002. 汽车加油加气站设计与施工规范(第1版)．北京:中国计划出版社,2002
8　潘陆益．计算机网络技术的应用与操作(第1版)．北京:中国石化出版社, 2001
9　晨红雨．21世纪加油站实务全书(第1版)．北京:中国石化出版社,2000
10　晨红雨．加油站经营与管理(第1版)．北京:中国石化出版社,2000
11　中国石油和石化工程研究会．加油机使用维修手册(第1版)．北京:石油工业出版社,2003
12　郑一方．安全生产管理．北京:当代中国出版社,2001
13　范继义．加油站百例事故分析．北京:中国石化出版社,2005
14　范继义．油库加油站安全技术与管理．北京:中国石化出版社,2005
15　中华人民共和国计量法
16　B11085—89 散装液态石油产品的损耗标准
17　Q/SH 039-019—90 中石化成品油计量管理标准
18　《加油站计量监督管理办法》(国家质量监督检验检疫总局54号局长令)
19　田景惠,加油站营销理论与实务．北京:石油工业出版社,2003
20　宁凌志．决定营销管理命运的有效方法．北京:地震出版社,2003
21　陈凌云．世界上最有效的营销法则．北京:地震出版社,2005
22　谭地洲．世界10大营销新思路．成都:西南财政大学出版社,2004
23　叶生．思维决定一切．沈阳:万卷出版社,2004
24　张良．营销大战略．深圳:海天出版社,2004
25　丁斌,丁邦满．客户关系．北京:中国大百科全书出版社,2003
26　杨沛霆．中外管理报告精选之三．北京:中外管理杂志社,2003
27　柴志明,董黎明．成品油零售市场营销实务探讨．北京:中国商业出版社,2002
28　李海洋,牛海鹏．服务营销．企业管理出版社,1995